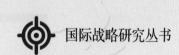

国际战略研究丛书

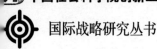
中国社会科学院创新工程学术出版资助项目

国际战略研究丛书

日本和朝鲜
封建政权改革比较
(1850~1860年代)

Comparative Study on
the Reforms of Feudal Regime
in Japan and Korea during 1850s-1860s

李永春 / 著

社会科学文献出版社
SOCIAL SCIENCES ACADEMIC PRESS (CHINA)

目 录
CONTENTS

前　言 …………………………………………………………………… 001

绪　论 …………………………………………………………………… 001

第一章　两国改革的国际背景：不断增强的"外压" ………………… 020

　第一节　鸦片战争：邻国遭受"外压"的冲击 …………………… 020

　第二节　日本感受来自美国的"外压" …………………………… 031

　第三节　"洋扰"冲击朝鲜 ………………………………………… 042

　第四节　"外压"及其对改革作用的异同比较 …………………… 053

　本章小结 …………………………………………………………… 073

第二章　改革主导势力及其施政方针比较 …………………………… 075

　第一节　日本开港后三次改革主导势力、施政方针及其特点……… 075

　第二节　朝鲜大院君改革及其施政方针 …………………………… 113

　第三节　改革施政方针的异同比较 ………………………………… 135

　本章小结 …………………………………………………………… 148

第三章　改革主要措施及其比较 ……………………………………… 151

　第一节　幕府在开港后三次改革的主要措施 ……………………… 151

第二节　大院君改革的主要措施……………………… 180

第三节　改革主要举措的异同比较………………… 203

本章小结……………………………………… 215

第四章　改革结局的异同及其原因分析…………… 218

第一节　日本开港后三次改革的结局…………… 218

第二节　朝鲜大院君改革的结局………………… 232

第三节　两国改革结局的差异及其影响……… 242

第四节　两国改革结局产生差异的原因分析… 256

本章小结……………………………………… 272

第五章　两国改革历史定位的再评价…………… 274

参考文献……………………………………… 286

后　记………………………………………… 301

在 19 世纪 50 ~ 60 年代，日朝两国统治者均面临"内忧外患"一时俱来的统治危机。在国内，两国封建制度急剧走向衰落，各种矛盾冲突不断，当权者惶惶不可终日。与此同时，欧美列强为在东北亚武力组建世界市场的最后环节，发起多次冲击，处于劣势的日朝两国面临着巨大的生存危机。民族矛盾、阶级矛盾、统治集团内部矛盾三大矛盾交织在一起，内外冲突日益尖锐化，日朝封建政权滑向总崩溃的边缘，被迫做出反应，不约而同地展开一系列改革，即日本开港后幕府接连进行的安政、文久、庆应三次改革，以及朝鲜大院君政权推行长达 10 年的内政改革，以救亡图存。

在国际学术界，对日本开港后三次改革和大院君改革，已有程度不等的研究。但是，将上述改革作为 19 世纪 50 ~ 60 年代东北亚国家近代化进程中的共同历史现象，来加以分析和比较的学术研究，则几乎是空白。本书以马克思历史唯物主义为理论指导，通过实证研究和比较研究方法，将上述改革联系起来加以把握，力图更加客观、深入地探讨两国改革全过程，总结必要的历史经验教训。

本书由以下几个部分组成：

绪论着重探讨日朝两国改革研究的学术研究踪迹，检点传统的观点，提出本书总体上的考察视角，即将两国改革纳入世界历史的范围内加以分析。笔者认为，应当在某个国家与国际关系体系的相互联系中，考察其历史进程，不能脱离国际背景论说某国的近代史。因为在欧美殖民主义势力的猛烈冲击下，各国的孤立状态已被打破，通过资本主义世界市场和殖民体系的建立，世界已经连成一片。本部分力求更加客观、准确地为开港后幕府改革和大院君改革进行历史定位，对两国近代化开端问题作出新的探索。

第一章着重对日朝两国改革的国际背景及其应对进行分析和比较。任何改革的到来都不是偶然的，往往与当时国际局势所造成的"外压"有密切的关系。作为两国改革最直接的国际背景，即工业革命后的欧美列强对东北亚的殖民征服，中国首当其冲，接连爆发的两次鸦片战争对日朝两国产生强烈的影响。鸦片战争后，中国被迫签约、开港、丧失国家主权的严酷现实，对日朝两国统治者造成程度不等的心理压力和危机意识。但两国由于国情与政情的不同，因而在同样的国际背景下，应对方式却不尽相同。为何会出现这种现象？本章对其成因进行了对比和分析。

第二章着重进行有关两国改革主导势力及其施政方针的探讨。一般来说，古今中外的改革，总要由当时的精英人士带头发动，并且形成的集团势力开风气之先，针对时弊，提出施政方针，以弃旧图新，摆脱困境。本章主要从日朝两国当时的国情和存在的国内矛盾入手，通过探讨改革主导力量的构成与演进，并就其提出的改革目标、改革步骤、实现改革目的所需途径等方面的构思，及其施政方针的异同，进行比较和分析。

第三章着重围绕日朝两国改革的主要措施进行评述，并加以比较。推行改革的过程，实际上是制定具体改革举措和具体实施改革措施的过程。改革举措与能否实现改革目标直接相关，也直接影响改革的效果。这样，本章就与第二章、第四章之间形成内在的逻辑关系。在探讨了改革势力集团的施政方针之后，本章主要论述日朝两国改革在政治、经济、军事、文化和人才等方面所采取的主要举措，也探讨了幕府开港后三次改革间的关联与互动，并对两国加强中央权力、克服财政危机、起用人才、强化国防等方面的主要措施进行比较分析，为两国改革结局的不同预作铺垫。

第四章着重比较改革结局的异同，并分析造成这种现象的基本原因。改革的结局如何，是研究改革课题的重要问题。与朝鲜大院君改革在权力斗争中戛然而止、人去政息不同，开港后日本的三次改革不仅前后相续，构成了一个完整的过程，而且为明治维新的到来未雨绸缪。本章在论述两国改革结局差异的同时，从体制、官僚构成、外压三个方面入手，分析了日朝两国改革结局不同的主要原因。

第五章作为本书的结论，笔者认为：由于战略位置、国情状况、执政者心态和文化传统等诸多因素的不同，日本幕府在开港后进行的三次改革和朝鲜的大院君改革，虽然在近代性方面存在明显差异，但均为两国近代化进程中不可缺少的环节；日本幕府在改革过程中崩溃，为明治维新的展开创造了条件，提供了某些可资借鉴的经验；大院君的下野并未触及封建政权的根基，势道政治继续存在，遏制了朝鲜自主展开近代化的可能性。对上述改革的比较研究，有助于探明近代日朝两国何以走上不同发展道路、形成两种不同近代化类型等问题。

本书以笔者在北京大学历史系撰写的博士学位论文为基础，结合近年来在中国社会科学院亚太与全球战略研究院研究工作的实践，力图有所发现、有所创新。概括起来看，本书的新意主要体现在以下几个方面：

1. 选题方面的创新

造成近代中日韩三国走上不同发展道路的原因，始终是学术界研究关注的对象，因为总结这个历史现象在任何时候都具有学术意义和现实意义。笔者认为，日朝两国封建末期统治者进行的改革具有某些近代化因素。这一观点在以往的研究中，往往引不起注意或被否认；对日朝两国改革进行比较分析，也是国际学术界尚未开展的研究课题。在这个意义上，本书具有创新意义。笔者没有简单地陷入那种"成功者必然都是优点，失败者必然都是缺点"的僵化的思维窠臼，而是从当时的国际大背景中观察西力东渐之下日朝两国传统政治文化的嬗变过程，并且将安政、文久、庆应改革与大院君改革加以对照比较，探讨在19世纪50~60年代日朝两国先后出现的封建政权改革高潮的兴起与展开，通过比较分析两国改革的异同，力图更加客观、准确地为大院君改革和开港后幕府改革进行历史定位，探讨日朝两国最终"同途殊归"的原因，并从中总结出历史的经验教训。

2. 史料方面的创新

国内外学术界目前对开港后幕府改革和大院君改革的研究，所引用的资料大部分是德川幕府或朝鲜政府主持编纂的官方文献，具有很大的局限性。笔者利用到日本和韩国考察、学习的机会，收集到反映主导改革的老中阿部正弘、政事总裁松平庆永、第15代将军德川庆喜以及为改革出谋划策的横井小楠、小栗忠顺等的思想和言论的资料，以及时任法国驻日公使罗修等参与改革过程的外国人的回忆录等幕末改革的有关资料，以及与大院君同一时代的人撰写的资料，如记录当时的政治、经济、社会等各方面状况的《龙湖闲录》《云下见闻录》，以及率领朝鲜军队击退法国侵略者的梁宪洙所写的反映丙寅洋扰时期情形的《丙寅日记》等第一手新资料，以求多层次、多角度对幕末改革和大院君改革进行更加准确和全面的分析与评价。

3. 对日本开港后幕府三次改革进行较为系统、全面的论述

综观学术界有关开港后幕府改革的研究，其尚处于起步阶段。日本的《国史大辞典》《日本史广辞典》等辞典中均收有关于安政、文久和庆应改革的词条，可见这三次改革已经成为固定的专有事件。从研究成果的题目来看，题目多样而分散，尚未出现对开港后幕府改革进行整体性研究的学术成果。笔者将以往分别进行研究的安政、文久、庆应三次幕府改革，有机地联系起来，并作为日本近代化启动时期的探索性过程，分析三次改革之间的内在联系，将三次改革作为一个整体来加以分析和研究，努力反映开港后幕府改革的全貌。对于国内的日本近代史研究来说，本书对此课题的研究是迄今为止最为完整、详尽的尝试。

由于本书是宏观、微观相结合的比较研究，加之因相关史料缺乏和笔者对此课题的研究尚属初探，因此本书中存在不足之处亦在所难免，望读者不吝赐教。而分析日朝两国社会结构对改革的影响、两国民众对政府改革的反应及其社会效用等问题，则有待在今后的研究中进一步深入。

一　研究意义

自 18 世纪 60 年代至 19 世纪前期，工业革命的浪潮从英国扩展到西欧大陆和北美，东西方的实力对比发生了根本性的逆转。随着蒸汽轮船、机车铁路等新型交通工具的普遍使用，远洋和荒漠不再是难以逾越的阻碍。东北亚国家失去了昔日天然屏障的保护，成为欧美列强武力组建世界资本主义市场的新目标。在社会发展阶段、综合国力、军事手段、文化渗透能力等方面均明显落后于欧美的东北亚国家处于劣势地位，面临着巨大的生存危机和转变的机遇。中国首当其冲，接连遭受两次鸦片战争的磨难。日本、朝鲜继而受到冲击，被迫作出反应。1853 年 6 月，美国东印度舰队司令培理指挥的舰队闯进浦贺港，以武力迫使幕府接受了美国总统要求开港的国书。1854 年 3 月，日美订立《日美和亲条约》，日本被迫打开了国门；1858 年日本与欧美列强订立“安政五国条约”，也被迫加入世界市场体系。1866 年和 1871 年，法国、美国舰队对朝鲜发起军事征服，虽然未达到缔约开港的目的，但朝鲜被迫纳入世界市场也只是时间问题，同样暗藏着严重的民族危机。马克思一语道破了这种历史现象的经济动因：“资产阶级社会的真实任务是建立世界市场（至少是一个轮廓）和以这种市场为基础的生产。因为地球是圆的，所以随着加利福尼亚和澳大利亚的殖民地化，随着中国和日本的门户开放，这个过程看来已完成了。”①

---

① 《马克思恩格斯全集》第 29 卷，人民出版社，1972，第 348 页。

当时东北亚国家均处于封建社会晚期，封建制度急剧走向衰落，国内各种矛盾冲突不断，封建王朝面临严重的统治危机。内忧外患，国难当头，迫使日朝两国的封建政权不约而同地展开一系列改革，以救亡图存。此即日本在开港后连续进行的安政、文久、庆应改革和朝鲜的大院君改革。但是，后来的历史发展却在日朝之间拉开差距，并产生深远的影响。其原因何在？值得研究。为何在19世纪50～60年代日朝两国先后出现改革运动？这些改革主导者的思想和改革措施有何异同？如何评价两国改革的历史地位？我们从中可以总结出哪些经验教训？这些问题正是本书拟探讨的主要内容。

学术界对于上述改革的评价褒贬不一、众说纷纭，但总体评价偏低。国内外学者的评论不乏真知灼见，但也有一些观点值得商榷。

首先，传统的观点就改革而论改革，未将其纳入世界历史的范围内加以考察。笔者认为，应当在某个国家与国际关系体系的相互联系中，考察其历史进程，不能脱离国际背景论说某国的近代史。因为在欧美殖民主义势力的猛烈冲击下，各国的孤立状态已被打破，通过资本主义世界市场和殖民体系的建立，世界已经连成一片。在这种新形势下，外因往往成为社会转变的决定性条件。因此，19世纪50～60年代日朝两国先后出现改革高潮与外压有着密切的联系。通过这种联系，两国的历史融入世界近代史之中。本书将开港后幕府改革与大院君改革放在欧美殖民主义势力冲击东北亚诸国的历史条件下，从当时的国际大背景中观察西力东渐之下日朝两国传统政治文化的嬗变，有助于对其进行切合实际的评价。

其次，传统的研究未将日本开港后三次改革与大院君改革对照起来展开思考、把握和比较，视野显得有些狭窄。笔者认为，选择和变革需要时间，也自然要经历一个由器物层次到典章制度层次再到精神文明层次的演化过程。由于战略位置、国情状况、执政者的思想和文化传统等诸多因素的不同，日朝两国的选择和变革各具特色、不尽相同，但也不乏一些共同之处。在这个过程中，传统的政治文化程度不等地嬗变，为下一个阶段的激进变革预作铺垫。本书将日本的安政、文久、庆应改革与朝鲜的大院君改革联系起来，探讨在19世纪50～60年代日朝先后出现的封建政权改革高潮的兴起与展开，通过比较分析两国改革的异同，以便更加客观、准确地为开港后幕府改革和大院君改革进行历史定位，并从中总结出历史的经验教训。

因此，本课题对于韩国近代史、日本近代史以及近代韩日关系史乃至东北亚近代史的研究而言，都应该具有一定的学术价值和理论意义。

二 研究状况

目前，学界有关此课题的基本研究状况如下：

首先，有关大院君改革的单项研究已有不少成果，尤其是韩国学术界对大院君的研究长盛不衰，出现了数量甚多且颇有分量的成果，也有史料集出版，如前几年刚刚出版的由大院君的后人编的《兴宣大院君史料汇编》（四卷），为有关研究者提供了方便。相形之下，有关日本开港后幕府改革即安政、文久、庆应改革的研究成果则不多，且大都是日本学者的成果；中韩朝等国学界关于该课题的专题研究还没有看到，只是在一些通史性的论著中有所涉及。

其次，将两者联系、对照起来的双向比较研究成果甚少，几乎处于空白状态。

（一） 开港后幕府改革研究

长期以来，日本学界幕末史研究的主要对象是作为胜者的西南雄藩。这是因为，其研究的中心课题是要探明与后来的维新官僚有关联的政治主体是如何产生的。因此，学界的主流观点是，在天保期乃至安政期以后的藩政改革中取得成功的西南雄藩成为维新的主角，与此相反，在同一时期的幕政改革中失败的幕府却逐渐走向没落。无论是战前的皇国史观还是战后的马克思主义史学，都没有对作为败者的幕府进行过深入的研究。当然，自明治期以来至第二次世界大战后，也出现了研究幕末期幕政改革的一些成果，但均局限于与西南雄藩有密切关系的胜海舟、大久保忠宽等部分幕臣的研究。这些成果认为，胜海舟、大久保忠宽等强烈批判幕府的专制统治，提出了与雄藩建立联合政权的构想，与西南雄藩的领导人达成共识，对这部分幕臣给予了高度评价。与此相反，小栗忠顺、栗本锟等被称为亲法派的幕臣却被当做拥护幕权的守旧主义者受到猛烈的批判①。旧幕臣中的一些人撰文对这种状况表示不满，如福地源一郎在《幕府衰亡论》序文中指出，"迄今为止的明治维新史皆以叙述明治维新之伟业为主，幕府之事置于客位甚至敌位，若无以幕府为主叙述此间事实之史，天下后世何以得知此间真相"，主张幕末史应以幕府为中心，对以"胜者"为主的

---

① 维新史料编纂事务局：《维新史》全6卷，明治书院，1939～1941；维新史料编纂事务局：《概观维新史》，明治书院，1940；等等。

维新史提出批判①。

进入20世纪60年代，部分学者开始对这种传统观点提出质疑。田中彰在《幕末的政治局势》一文中指出有关幕府及佐幕诸藩的研究非常滞后以及这种倾向战后较之战前更为明显的现状②。此后，虽然对幕末期幕府研究的重要性逐渐为人们所认知，但未出现令人瞩目的成果。

进入20世纪70年代以后，有关幕末幕府一方的研究成果明显增多。小野正雄从1975年开始利用幕府一方的史料陆续撰写并发表有关幕藩权力解体过程的论文③；池田敬正发表了涉及幕政改革的论文④。此外，较之已经取得较为丰富的研究成果的政治史、外交史领域明显落后的有关幕府财政、经济政策等方面的有分量的研究成果也陆续出现。森田武将横滨开港之后幕府的财政、经济政策置于幕末政治史之中，按照幕府采取的财政政策的特点将天保期以后至庆应期的历史分为几个阶段，具体地论述了幕府的财政政策逐步走向破产的过程，并提出幕府拒绝诸藩的借款要求以及实施以追求幕府利益为目的的产物统制计划等原因，致使幕府与诸藩关系日益紧张并最终导致诸藩脱离幕府的结果的观点⑤。

在20世纪70年代后期，研究水平一直处于较低阶段的有关朝廷、天皇的研究以政治史领域为中心积极展开。面对空前的对外危机，在幕藩体制下以幕府为主导、以朝廷为从属的传统幕朝关系发生巨大变化。关注这种幕朝关系的变化并率先进行研究的是宫地正人。他指出，对于幕藩制国家而言，朝廷是不可或缺的构成要素，只有朝幕和谐，幕藩制国家在意识形态等方面也才能成为完整的国家⑥。而此后继承他的研究成果并在20世纪80年代以后进一步提高其研究水平的是原口清⑦。箱石大在这些先学们已经取得的研

---

① 福地源一郎：《幕府衰亡论》（1892年），后由日本史籍协会复刻，由东京大学出版会于1978年刊行。

② 田中彰：《幕末的政治局势》，《（岩波讲座）日本历史》第十四卷，岩波书店，1962。

③ 小野正雄：《幕藩权力解体过程研究》，校仓书房，1993。

④ 池田敬正：《幕府诸藩的动摇与改革》，《（岩波讲座）日本历史》第十三卷，岩波书店，1977。

⑤ 森田武：《幕末期幕府的财政、经济政策与幕藩关系》，《历史学研究》430号，1976年3月，第19～29页。

⑥ 宫地正人：《从朝幕关系看幕藩制国家的特点》，《人民的历史学》42，1975年10月，第1～30页。

⑦ 原口清：《近代天皇制成立的政治背景——有关幕末中央政局基本动向的考察》，载远山茂树编《近代天皇制的成立》，岩波书店，1987。

究成果的基础上，对幕末期幕府对朝廷政策发生巨大变化的整个过程进行了总括性论述，指出幕府最后采取尊奉朝廷政策，颁布《尊奉朝廷条目 18条》，是希望通过朝幕结合来实现强化幕府权力的目的，因而招致有志廷臣和反幕诸藩的强烈反对①。

　　进入 20 世纪 80 年代，有关幕政改革的多彩且细致的研究成果陆续问世。由于幕末期的幕政改革是在欧美列强的军事压力下开始的，因此有关军制改革的研究占中心地位，而且随着日本国内未公开史料和国外史料的发掘与运用，幕末军制改革的研究进一步深入。例如，随着军制改革的实施，需要大量的铳卒（步兵），从农民中征发兵赋成为一个大问题，通过新发现的地方史料，我们可以弄清当时在天领和旗本领是如何解决这个问题的。另外，随着幕末幕臣研究对象范围的进一步扩大（以往的研究仅限于一部分有名幕臣），分析也进一步深入。菊地久发表的一系列论文②就是关于这方面的一个收获。菊地久通过对担当幕府改革重任的朝气蓬勃的有司们的人员结构及其思想的分析，论述了从"祖法"的束缚中解脱出来的这些有司为了适应国际社会而主张开国并积极投入改革的过程，从中可以看出这些改革派势力最终在维新以后由旧幕臣转变成为社会精英的经纬。

　　随着研究的进展，开始出现在 20 世纪 60 年代以前几乎看不到的对幕府及幕臣持有的肯定评价，即幕府的对外政策并非全部都是被动的，也不失一定的自主性和灵活性；在实施改革方面幕府对诸藩并不是闭锁的；等等。此外，也出现了很多肯定幕府和幕臣在产业技术以及洋学的吸收方面所做出自主性、能动性对应的观点。随着这些个案实证研究的不断积累，幕政改革的诸多成果对此后明治维新政府的政策乃至日本的近代化产生重大影响的观点逐渐为人们所知。其中，对于军制改革，传统的观点认为幕府的军制改革放弃了全国的防御而只热衷于加强幕府权力以压制反对派，而近年以来，主张幕府军制改革的目的是建立能够防御包括诸藩领在内的全国的军事机构的观点逐渐成为主流。熊泽彻的《幕府军制改革的展开与挫折》就是反映这种问题意识的论文③。他分析了 19 世纪 50 ~ 60 年代幕府实施的军制改革（限

---

①　箱石大：《公武合体引起的朝幕关系的重编——解体期江户幕府的对朝廷政策》，载山本博文编《新近世史》，新人物往来社，1996。

②　菊地久：《维新变革与幕臣的系谱》，《北大法学论集》29 卷 3 号 ~ 33 卷 5 号，1979 ~ 1983。

③　熊泽彻：《幕府军制改革的展开与挫折》，载宫地正人等编《日本近现代史》一，岩波书店，1993。

于陆军），主张幕府指导了诸藩的军事改革并显示出以幕府的军制为标准统一全国兵制的强烈意志，但最后尚未取得成果就被推翻。此外，他还主张幕府通过对旧军事组织的解散和重编将直属军变成洋式军队的意图得到了贯彻，幕府实施的军事改革的诸多成果由明治政府所继承，对自上而下的近代军队的编成发挥了重要作用，从而否定了幕府的直属军改革失败的观点。

20 世纪 80 年代以后，关注技术方面即有关铸炮、洋式造船技术以及与此相关的横须贺造船所（制铁所）、长崎制铁所、石川岛制铁所、神户海军操练所等的研究成果逐渐增多，而以往对这些问题的研究一般局限于政治、经济方面。这些新成果打破了以往的研究只限于某些先进设施的局限性，关注范围更加广阔的军事工业。铃木淳的《从"铁炮锻制"到机械工——幕末的步枪生产及其中坚力量》① 就是其中之一。他在此文中详细地论述了安政二年（1855 年）着手开始洋式步枪生产的幕府不仅建立步枪制造所，而且允许诸藩独自生产步枪并由幕府的铁炮师、铁炮锻制等给予指导以及在幕府的指导下诸藩的军事工业取得广泛、快速发展的过程，从中可以看出在生产步枪的过程中逐渐积累经验成为熟练工的数量众多的"铁炮锻制"在明治初期成为机械工业中坚力量的事实。因此，铃木淳的论文也主张，在幕政改革取得的成果的基础上，近代日本才获得了发展。

以上，对日本学界有关开港后幕府改革的整体性研究状况进行了概述。下面对开港后幕府改革的三个不同时期即安政期、文久期、庆应期的幕政改革研究成果，分别加以概括。

1. 安政期幕政改革研究

毋庸赘言，安政期幕政改革的中心是军事改革。为了对抗巨大的西洋炮舰，嘉永六年（1853 年）九月解除了大船制造禁令，安政二年（1855 年）八月在长崎的海军传习所、安政三年（1856 年）四月在讲武所开始了洋式军事训练。其间，安政三年（1856 年）二月设立了蕃书调所，以调查探究欧美诸国的实情。仲田正之的《安政幕政改革中铁炮方江川氏的作用》② 论述了安政二年（1855 年）在江户芝新钱座设置的大小炮练习场对安政期军事改革发挥的作用。仲田正之认为，在江川英龙之子江川英敏的指导下，大

---

① 铃木淳：《从"铁炮锻制"到机械工——幕末的步枪生产及其中坚力量》，《年报·近代日本研究》十四号，1992。

② 仲田正之：《安政幕政改革中铁炮方江川氏的作用》，《地方史研究》143 号，1976 年 10 月。

小炮练习场接纳众多幕臣并向他们传授了洋式炮术，安政五年（1858 年）越中岛训练场开设之后，逐渐转让主导权，以诸藩的初学者为主要对象得以运营，而在大小炮练习场对幕臣开展的训练成为庆应期实施的幕府兵制改革的滥觞，作为引进法国兵制的母体为明治陆军所继承。从中我们可以看出学界的主流观点，即幕府的军制改革与近代陆军的创设有密切关系。

　　此外，在《蕃书调所（开成所）的陪臣使用问题》① 一文中，宫崎富美子欲通过对在培理来航后日益沉重的外压下，以成为紧急课题的外交文书的翻译和欧美诸国军事科学技术的吸收为目的而设立的蕃书调所（后改称洋书调所、开成所）的研究，揭示"幕末的特殊性"。毋庸赘言，与欧美诸国的接触和欧美军事科学技术的吸收需要对蕃书（最初为荷兰语，后增加了英语、法语）有充分的理解。这并不是旗本特权阶层子弟的专利，需要具有真正的实力。其结果，开设蕃书调所之后担当研究、教育、翻译的教官大多数是诸藩蕃士，而对幕府而言，他们是陪臣。开设蕃书调所之后，幕府不得不完全依赖从陪臣、浪人中招募的当时堪称一流的洋学者。但是随着蕃书调所（开成所）的教官在履行翻译外交文书等职责的过程中获知幕府重要机密的机会增多，过分依赖陪臣教官的状况就成为一个大问题。因此，在文久改革时，作为一种解决方案，开始实施陪臣教官的起用直参化，庆应二年（1866 年）采用新的规定，将录用的教官限于直参，以使开成所成为"德川家的人为德川家服务的机构"。宫崎富美子运用翔实的史料对这一过程进行了详细的论述。培理来航之后，为了应对对外危机不得不积极录用大量优秀人才，但这又会使得一直支撑幕藩体制的传统组织原则遭到破坏。宫崎富美子通过对蕃书调所（开成所）教官人事问题的论述来反映幕府面对上述幕末期产生的矛盾所采取的姿态，确立了一种新的视点。

　　与此相关，上白石美的《安政改革期的外交机构》② 聚焦于与外交问题相关的幕府职制的变化，论述了安政期幕府整顿外交机构的过程。上白石美指出，当初由海防挂老中与各奉行（勘定奉行、下田奉行等）形成了外交集团，但是安政五年（1858 年）废除海防挂、设置外国奉行之后，政策的制定发生了巨大的变化，即有关外交、贸易的事项全部由外国奉行处理，这

---

① 宫崎富美子：《蕃书调所（开成所）的陪臣使用问题》，《东京大学史纪要》二号，1979 年 3 月。

② 上白石美：《安政改革期的外交机构》，《日本历史》537 号，1993 年 2 月。

是幕府转向欧洲型外交体系的过程。

此外，为了解决国内经济问题，幕府在安政期制定了直接统制全国商品流通的计划，这就是安政二年（1855年）十一月在阿部政权主导下制定的"产物会所设立计划"。该计划经过迂回曲折，以万延元年（1860年）四月设置"国益主法挂"而告终。石井孝的《实践佐藤信渊学说的尝试——设置国益主法挂的思想背景》[①] 论述了在处于安政改革期和文久改革期之间的久世·安藤政权主导下制定的"产物统制计划"。他指出，以在江户、大阪新设的会所为中心、以地方的豪农豪商为依托将全国的产物控制在幕府手中的"国益主法挂计划"，是由继承佐藤信渊学说的旗本天野三左卫门制定的，后来由于久世广周的退职，文久二年（1862年）七月国益主法挂未能取得任何成果就被废除。将幕府欲通过会所垄断全国产物的尝试视为绝对主义经济政策，试图从中寻找久世·安藤政权的性质即绝对主义式"开明性"，石井孝的这种理解方式说明了战后历史学的问题意识及其研究水平。

2. 文久期幕政改革研究

对于文久期实施的幕政改革，目前日本学界有两种观点，其主要分歧在于如何确定文久改革开始和结束的时间，因为这直接关系到如何评价改革的性质：一种观点认为，文久改革始于文久二年（1862年）七月庆喜·庆永政权成立（一桥庆喜任将军后见职，松平庆永任政事总裁职）之后，终于庆喜·庆永政权的崩溃〔文久三年（1863年）三月松平庆永提出辞呈并在尚未获准的情况下回藩〕。由于改革是在敕使大原重德和萨摩藩的压力下开始的，因此实施了与朝廷和诸大名有关的措施，即文久二年（1862年）闰八月缓和"参觐交代制"以及赦免安政大狱关联者等问题成为其主要分析对象。这种观点重视改革是按照京都以及松平庆永的要求实施的一面。另一种观点则认为，文久改革在庆喜·庆永政权成立之前就已经开始。这种观点聚焦于大久保忠宽、冈部长常、浅野氏祐、小栗忠顺等幕府内改革派的动向，重视在他们的领导下采用的洋式兵制（在陆军内设置步兵、骑兵、炮兵三个兵种），较之前一种观点更加强调幕府在改革中的主体性。

与安政改革相同，文久改革的中心也是军制改革。"参觐交代制"的缓和，其目的也是减轻诸大名的财政负担以使其进行军制改革。因此，有关军

---

① 石井孝：《实践佐藤信渊学说的尝试——设置国益主法挂的思想背景》，《历史学研究》222号，1958年8月。

制改革的研究成为热点问题，出现了不少研究成果。饭岛章的《文久军制改革与旗本知行所征发兵赋》① 探讨了成为文久期军制改革重点的旗本知行所征发兵赋问题。进入文久期，幕府着手建立洋式陆军，而此时如何招募兵卒成为一个大问题。作为其解决方案，幕府于文久二年（1862年）十二月发出兵赋令，命令地方知行的旗本从知行所农民中征发兵赋。传统观点认为，该兵赋令由于遭到农民反对未能顺利实施，但饭岛章以下总、伊豆、三河三个具有两千石知行地的旗本为例，说明了支付给兵赋的费用并不是全部由知行所各村分摊，旗本也被迫承担部分费用的事实。

在以文久期幕府为研究对象的论文中，有些论文虽然没有直接论述改革本身，但涉及与在实施改革过程中不可忽视的资金密切相关的幕府财政问题。大口勇次郎的《文久期幕府财政》② 对 "幕末幕府财政濒临破产" 这种战前以来已成为常识的观点提出了质疑。由于戊辰战争中原本由幕府持有的基本史料的散失，有关江户时期幕府财政的研究依赖胜海舟编的《吹尘录》中收录的财政史料，因此受到史料方面的局限。大口勇次郎以堪称幕府勘定所总收支决算书的文久三年（1863年）的《勘定账》为主要史料，得出虽然文久期幕府面临着外交海防军事关系费和对禁里（朝廷）关系费等费用支出激增的状况，但依靠货币改铸所获利益，在文久三年（1863年）艰难维持收支平衡的结论。此外，究明文久改革时期幕府财政实态的论文还有饭岛千秋的《文久改革时期幕府财政状况》③ 和森田武的《幕末期幕府的财政、经济政策与幕藩关系》④ 等，通过分析幕府财政收支具体数额，指出了文久改革的目的是通过整顿朝幕关系和军事力量来强化幕府权力。

文久改革时期，在幕府实施幕政改革的同时，朝廷也开展了旨在刷新的改革运动。原口清的《文久二、三年的朝廷改革》⑤ 对该问题进行了分析和论述。他关注文久二年（1862年）春季岛津久光率兵上京以及大原重德的东下促使庆喜・庆永政权的成立，从而实现安政年间（1854～1859年）以来改革派大名的夙愿（即幕阁的改造）的同时，也要求朝廷进行改革的侧

---

① 饭岛章：《文久军制改革与旗本知行所征发兵赋》，《千叶史学》28 号，1996 年 5 月。
② 大口勇次郎：《文久期幕府财政》，《年报近代日本研究》3 号，1981 年 11 月。
③ 饭岛千秋：《文久改革时期幕府财政状况》，德川林政史研究所《研究纪要》，德川黎明会，1981。
④ 森田武：《幕末期幕府的财政、经济政策与幕藩关系》，《历史学研究》430 号，1976 年 3 月。
⑤ 原口清：《文久二、三年的朝廷改革》，《名城商学》41 卷别册，1992 年 3 月。

面，具体论证了朝廷内要求改革的新的运动主体的产生过程，以及他们提出的改革内容与各个时期的政治形势的关系。原口清将原来分别进行研究的朝幕双方的改革运动结合在一起加以分析，提供了一种新的研究视角。

3. 庆应期幕政改革研究

一般认为，庆应期幕政改革是在庆应二年（1866 年）九月继任德川将军的庆喜提出八条施政方针被幕阁首脑及诸有司所接受而开始的。在德川庆喜的主导下推进幕政改革的是小栗忠顺和栗本鲲等幕吏，他们企图借助法国的力量来强化幕府。因此，从第二次世界大战前一直到第二次世界大战后，对于涉及军事、政治、经济等诸多方面的庆应期幕政改革的总体评价是：依赖法国的援助以形成德川绝对主义为目标。龟挂川博正的《关于庆应幕政改革的几点思考》①完全否定了这种观点。他在分析先学们有关最初推进庆应幕政改革主体势力的具有代表性的研究成果的基础上，把笔锋指向占据支配地位的传统观点，其中龟挂川博正最为反对的就是以小栗忠顺为代表的政治势力（亲法派）于元治元年（1864 年）末成为幕府的主流派，从而掌握庆应幕政改革主导权的观点。这是因为，如果按照这种观点，庆应改革不是在庆应二年（1866 年）九月而是在元治元年（1864 年）末开始的，由德川庆喜主导的改革没有自主性，只不过是继承了小栗忠顺的路线而已。此外，龟挂川博正也注意到小栗忠顺、江户的幕阁与德川庆喜的对立关系，指出庆应改革时小栗忠顺一派开始衰弱，与小栗忠顺一派的幕府体制维持路线不同，由德川庆喜主导的幕政改革是以大政奉还为目标的。龟挂川博正的这种观点要求学界重新探讨德川庆喜政权的性质以及大政奉还时德川庆喜及其心腹的政治路线。

在与龟挂川博正的论文相关的研究中不可忽视的是原口清发表的一系列成果②。在这些论文或专著中，原口清对 20 世纪 60 年代以前的主流观点即将庆应幕政改革和大政奉还运动直接联系起来，对以西周助构想为依据主张德川庆喜欲通过改革继续掌握实权的观点提出质疑。他明确否定了以西周助起草的《议题草案》为有力的判断材料，将决定"大政奉还"的德川庆喜的政体构想视为德川绝对主义权力构想的观点，指出大政奉还时德川庆喜的

① 龟挂川博正：《关于庆应幕政改革的几点思考》，《政治经济史学》166 号，1980 年 3 月。

② 原口清：《戊辰战争》，塙书房，1963；《明治维新研究的一个课题——评田中彰著〈明治维新政治史研究〉》，《历史学研究》285 号，1964；《〈戊辰战争〉补论》，《静冈大学法经短期大学部研究纪要》法经论集 17 号，1964；等等。

构想是以诸侯会议或议事制度为国家意志的最高决定机关的、以朝廷为中心的公议政体论。他着重分析了德川庆喜的政治路线与西周助构想在内容上的差别以及德川庆喜与西周助的实际关系。

（二）大院君改革研究

大院君是韩国近代史上颇具争议的人物，虽然他主导的改革已经成为历史的陈迹，然而，国内外学者对其的研究兴趣却长盛不衰，出现了为数甚多且颇有见地的研究成果。由于研究立场的不同，这些成果对大院君政权及其主导下的改革的评价褒贬各异，但总体评价偏低。

1. 韩国学者的研究概况

据笔者所知，最早对大院君及其政权进行评价的论著是朴齐炯的《近世朝鲜政鉴》[①]。在该书中，朴齐炯认为大院君是具有魄力和能力的杰出人物，大胆推行了一扫旧弊的改革措施，但其目的不是开化、进步，而是重建旧秩序。虽然作为野史不可避免地存在一些问题，但由生活在那个时代的人对同一时代的人和事加以论述和评价，因此该书成为后世研究者经常引用的重要史料，也为后人对大院君进行评价提供了一个标准。此后不久，又出现了《兴宣大院君略传》[②]。据李光麟推测，该书作者应与朴齐炯一样也属于开化派[③]。该书聚焦于大院君保守的专制政治，以较之朴齐炯更为否定的视角给予评价。此外，还有虽非专门论述大院君，但对研究大院君而言居重要地位的研究成果，如朴殷植的《韩国痛史》、黄玹的《梅泉野录》等，它们对大院君及其政权的评价是以对其个人能力和改革意志的理解为标准，既有肯定的一面[④]，也有否定的一面[⑤]。而令人感到有些意外的是，与上述的开化派对大院君的一般认识不同，开化派中的部分领导人却肯定大院君推行的内政改革，从中可以看出开化派和大院君在对国内矛盾的认识和解决方法方面具有

[①] 该书最初于 1886 年由日本的中央堂出版，后来由韩国的探求堂于 1975 年出版。

[②] 朝鲜人某：《兴宣大院君略传》，（东京）亚细亚协会，1888；金义焕：《新发现的〈兴宣大院君略传〉》，《史学研究》39，1987 年 6 月。

[③] 李光麟：《开化党的大院君观》，《开化派与开化思想》，一潮阁，1989，第 76 页。

[④] 朴殷植在《韩国痛史》中认为"大院君刚猛果敢、风驰电掣，累世习惯之铜柱铁壁触手而碎，真政治上大革命家也"。参见朴殷植《朴殷植全书》上，檀国大学出版部，1975，第 61 页。

[⑤] 朴殷植在《韩国痛史》中说，大院君"对外则排斥为主，闭锁自瞽，卒乃变生肘腋，祸烈于国，半岛中兴之运遂不复焉。呜呼，惜哉，痛史始此"。参见朴殷植《朴殷植全书》上，檀国大学出版部，1975，第 62 页。李能和认为"大院君顽固守旧，昧于世界大势，一味斥外，致使国家社会迟滞落伍，是历史的大罪人"。参见李能和《朝鲜基督教及外交史》下，朝鲜基督教彰文社，1925，第 4 页。

某些相同之处，双方的分歧主要表现在对西方文明的认识和方法论方面①。

20世纪60年代以后，韩国学术界掀起了批判日本帝国主义殖民史观的风潮。在此背景下，对大院君政权及其主导下的改革的基本肯定论成为主流观点。持这种立场的学者认为，大院君是一位有实践能力和魄力的改革家，为了应对外来危机，采取大胆的改革措施，整治国内腐败；整顿书院，杜绝了国家财政的浪费，废除了党争的后方基地；不问四色党派②、朝野贵贱，在报效国家、机会均等的原则下，量才录用，使人才咸得其所；实施"户布法"，使得两班阶层也与百姓一样缴纳军布，大幅充实了政府财政；进行军事改革，加强军事力量，成功击退洋夷侵犯；等等。这些观点主张大院君的改革措施中含有某些近代因素，是韩国近代化改革的源头，甚至称大院君为"韩国近代化的先驱""原民族主义者"，并将大院君执政时期视为韩国近代化的起点③。

此后，对大院君政权及其政策的研究成果逐渐增多，其中也不乏对具体政策的个案研究，如对武断土豪的地方统制政策④、景福宫的重建⑤、书院整顿政策⑥、军制与军备的整顿⑦等方面的研究。

---

① 金玉均说，"摄政国父虽性情顽固，但却光明正大，尤其在任免官吏方面非常正大"。参见古筠纪念会《金玉均传》上，庆应出版社，1944，第144页。

② 朝鲜时期的朋党，分为四个党派，即老论、少论、南人、北人，史称"四色"。

③ 李瑄根：《大院君人物论》，《新东亚》10月号，1934；李瑄根：《近世势道政治的历史考察》，《国史上的诸问题》5，国史编纂委员会，1959；李瑄根：《大院君势道与内外政治》，《韩国史·最近世篇》，乙酉文化社，1961；李瑄根：《近代化的起点问题与20世纪60年代的韩国》，《韩末的风云与民族的抵抗》，徽文出版社，1987；高基阳：《朝鲜后期政治支配关系——以大院君研究为例》，《历史学研究》1，1949；申锡浩：《重新确立的王权：大院君的登场》，《韩国现代史》1，新丘文化社，1969；洪伊燮：《高宗时代的朝鲜社会》，《社会科学研究》，韩国社会科学会，1975；金荣作：《韩末民族主义研究》，东京大学出版部，1975；等等。

④ 郭东璨：《高宗朝土豪的成分及其武断状态》，《韩国史论》2，1975；宋恩德：《大院君执政期的财政政策》，《淑大史论》13、14、15合集，1989；金明淑：《朝鲜后期暗行御使（钦差大臣）制度研究》，《历史学报》115，1987；朴广成：《高宗期民乱研究》，《仁川教大论文集》14，1979；等等。

⑤ 张大远：《有关景福宫的小考》，《乡土首尔》16，1963；李瑄根：《韩国史·最近世篇》，乙酉文化社，1961。

⑥ 金世润：《对大院君书院整顿政策的考察》，西江大学硕士学位论文，1980；成大庆：《大院君的书院整顿政策》，《千宽宇先生还历纪念韩国史学论丛》，1986；金明淑：《永兴龙江书院研究》，《韩国史研究》80，1993。

⑦ 李炳柱：《大院君的登场及其军备加强政策》，韩国军史研究室编《韩国军制史：朝鲜后期篇》，陆军本部，1977；金世恩：《大院君执政期军事制度的整顿》，《韩国史论》23，1990；安外顺：《大院君执政期军事政策的性质》，《东洋古典研究》2，1994；崔炳玉：《高宗时期三军府研究》，《军史》19，1989；延甲洙：《丙寅洋扰与兴宣大院君政权的对应》，《军史》33，1996；延甲洙：《大院君执政期国防政策》，《韩国文化》20，1997；延甲洙：《大院君执政期富国强兵政策研究》，首尔大学出版部，2001。

　　进入 20 世纪 80 年代以后，金容燮的一系列研究提出了大院君执政期近代性社会变革的观点，对大院君改革研究的局限性有所突破。他将大院君的改革方针置于农民的体制改革要求和统治阶级维护统治路线的矛盾之中加以观察，从而对以往有关大院君政权的研究视角及其评价，提出需要重新认识的问题意识①。在此基础上，有关大院君时期的民族主义诉求和实践，成为重新评价大院君政权的焦点。

　　但也有一些学者认为，大院君政权是保守的改革政权，具有复古、反动的性质，而这种基本否定论也自 20 世纪 60 年代后期开始持续至今，并一度居主流地位。洪淳钰认为，以势道政治体制为标准来看，大院君政权是"反动政治"，而从以国王为核心的官僚政治这种朝鲜的传统体制来看，它又是"畸形的"②。

　　成大庆认为，大院君政权的成立是朝鲜王朝应对所面临的思想性、结构性危机的必然产物，其执政后推行的一系列改革响应了当时封建王朝和统治阶级的要求，因此才能上台并能够实施具有独裁性质的各项改革措施③。为了弄清大院君政权的政治基础，他对大院君政权的权力结构和书院整顿、科举制运营等政策进行分析④，指出通过大院君政权实施的科举形成政权核心的是宗亲系统的人，其人才政策与传统的官吏录用政策在本质上没有任何差别，因此，大院君政权是替代安东金氏外戚势道的、以宗亲势力为其权力基础的又一个势道政权⑤。姜万吉也持有相似的观点，他认为大院君政权的目标是压制以安东金氏家族为核心的门阀和两班官僚势力，加强王权，以维持其统治，因此，一方面实行压制两班官僚阶层的政策，另一方面对民众阶层的反抗实行妥协政策，是在安东金氏势道政权末期，面临全国性民乱和外部势力挑战

①　金容燮：《军役制的动摇与军役田》，《东方学志》32，1982；金容燮：《朝鲜后期军役制厘正的过程与户布法》，《省谷论丛》13，1982；金容燮：《还谷制的厘正与社仓法》，《东方学志》34，1982；金容燮：《朝鲜后期的赋税制度厘正策》，《增补版韩国近代农业史研究》上，一潮阁，1984。

②　洪淳钰：《对兴宣大院君政权的考察》，《韩国政治学会报》第 3 辑，1969。

③　成大庆：《有关大院君政权成立原因的研究》，《人文科学》10，1981。

④　成大庆：《大院君执政初期的权力结构》，《大东文化研究》15，1982；成大庆：《大院君政权的政策》，《大东文化研究》18，1984；成大庆：《大院君政权的科举制运营》，《大东文化研究》19，1985；《大院君的书院整顿政策》，《千宽宇先生还历纪念韩国史学论丛》，正音文化社，1986。

⑤　成大庆：《大院君政权性质研究》，成均馆大学博士学位论文，1984。

的情况下粉墨登场的又一个强大的势道政权①。延甲洙认为，在大院君执政时期，安东金氏势力并没有衰弱，金炳冀、李敦荣、金炳国、金世均四人任掌管政府财政的户曹判书，其中，金炳国一人就从高宗三年（1866年）四月至高宗九年（1872年）九月长期担任户曹判书，专管政府财政，因此，大院君政权只不过是对旧政治集团的重编，具有门阀势力联合政权的性质②。

进入20世纪90年代以后，随着对19世纪韩国政治史研究的深入，从政治史角度分析大院君政权的研究也逐渐增多。安外顺运用政治学的理论和研究方法，对大院君政权的人事政策和统治阶层的性质、政治社会背景以及对外认识等方面进行分析③。在权力结构方面，较之议政府和三军府，她更加重视宗亲府，指出在大院君执政时期，原来是名义上的礼遇机构的宗亲府通过整顿，实际上成为参政机构的原因是，当时大院君担任的唯一正式职务是"宗亲府句管位"，为了剪除外戚势力，大院君以宗亲势力为基础，建立以王室为中心的统治机构④。

延甲洙也对大院君的权力结构及其政策进行了深入细致的研究。他通过对大院君政权的性质和政治势力的动向、与西方的交涉与抗争、为对抗西方侵略加强军备和扩充财政等方面的一系列研究，将大院君政权研究的水平提高了一个档次⑤。他以"富国强兵"的认识为前提，对大院君政权的权力结构和政策方向进行分析，将其与对"外压"的对应密切联系起来，主张大院君为了应对西方的侵略实行的以加强军备、开发新武器等为主要内容的富国强兵政策，能够摆脱以士族为中心的传统的

① 姜万吉：《韩国近代史》，东方出版社，1993。

② 延甲洙：《大院君政权的性质及其权力结构的变化》，首尔大学硕士学位论文，1991。

③ 安外顺：《大院君执政时期的人事政策与统治阶层的性质》，《东洋古典研究》1，1993；安外顺：《大院君执政时期高宗的对外认识》，《东洋古典研究》3，1994；安外顺：《大院君执政时期军事政策的性质》，《东洋古典研究》2，1994；安外顺：《大院君政权的社会经济背景》，《温知论丛》1，1995；安外顺：《大院君执政期权力结构研究》，梨花女子大学博士学位论文，1996。

④ 安外顺：《大院君执政期权力结构研究》，梨花女子大学博士学位论文，1996。

⑤ 延甲洙：《大院君政权的性质及其权力结构的变化》，《韩国史论》27，1992；延甲洙：《丙寅洋扰与兴宣大院君政权的应对》，《军史》13，1996；延甲洙：《大院君执政时期的国防政策》，《韩国文化》20，首尔大学韩国文化研究所，1997；延甲洙：《大院君与西洋——大院君是锁国论者吗?》，《历史批评》50，2000；《大院君执政时期富国强兵政策研究》，首尔大学出版部，2001。

统治秩序，成为开创韩国史的新时代（即近代）的标志，指出高宗亲政时期实行的政策与大院君执政时期实行的政策之间并不是断绝与清算的关系，而是一种继承与发展的关系①，从而克服了传统的片面性认识。韩永愚也持与此相似的观点，他认为大院君实行的为期十年的内政改革稳定了中央集权体制，实现了一定程度的富国强兵，取得了相当大的成果，朝鲜能够在"丙寅洋扰"和"辛未洋扰"中取得胜利，就是因为通过内政改革增强了国力并取得了多个阶层的支持，高宗亲政时期的政策就是以大院君的内政改革和防御政策取得的成果为基础维持王朝的体制，并逐步转向积极吸收外国的科学技术文明②。金惠圣对将大院君的对外政策定性为"锁国政策"的观点提出质疑，通过对大院君的思想与被誉为锁国政策思想基础的卫正斥邪思想之间的关系，以及大院君欲借助法国传教士与法国建立同盟关系以共同对抗俄罗斯的"以夷制夷"的外交策略等方面的研究，指出大院君的对外政策并非锁国政策，是反对欧美列强侵略的抵抗政策，而其思想基础就是对外维护国家主权、对内实现富国强兵的民族主义，从民族主义的立场对大院君的国家经营理念和对外政策予以高度评价③。

目前，韩国学术界关于大院君改革的评价既有基本肯定论，也有基本否定论，此外还有两点论，即既有所肯定又有所否定。总体而言，对于其国内改革，基本肯定论居主流地位，争议最大的是对其对外政策的评价，形成针锋相对之势。此外，由于大院君没有留下任何个人文集（原因不详），因此对大院君思想的研究几乎处于空白状态，只有几篇论述大院君文艺思想的论文④。

2. 日本学者的研究概况

除了上述流亡日本的朝鲜开化派人士撰写的论著以外，日本学者也开始重视大院君研究，并得出了一些成果：有些学者认为，大院君是欲改革朝鲜弊病的时代英雄，但由于种种原因，最终失败⑤；有些学者认为，大院君处

---

① 延甲洙：《大院君执政时期富国强兵政策研究》，首尔大学出版部，2001。
② 韩永愚：《寻找我们的历史》，经世界，1998。
③ 金惠圣：《大院君国家经营理念再探讨——19 世纪中叶国交扩大论争与锁国政策》，《政治思想研究》第 12 辑，2006。
④ 许英桓：《韩国墨兰画研究》，《文化财》11 号，文化财管理局，1976；洪善杓：《我国四君子画的历史》，《韩国四君子展》，艺术殿堂，1989；朴贞爱：《朝鲜王朝时代墨兰画研究》，弘益大学大学院硕士学位论文，1983；金贞淑：《石坡李昰应墨兰研究》，韩国精神文化研究院韩国学大学院博士学位论文，2002；等等。
⑤ 山中蜂雄：《大院君实传》，博文馆，1894；菊池谦让：《韩国最近外交史·大院君传》，日韩书房，1910；菊池谦让：《朝鲜近代史》，鸡鸣社，1939。

死天主教徒、坚持锁国方针等不足取①。

在 20 世纪 60～70 年代，日本学术界将大院君政权的性质与朝鲜社会资本主义的发展及其展开过程相联系予以评价。梶村秀树认为，大院君政权的主要成员来自长期受排斥且怀才不遇的南人党、北人党，并受到平民阶层和城市非特权商人阶层以及广大农民和小商品生产者阶层的有力支持，是一种进步势力②。藤间生大强调实学—开化派（朴珪寿）—大院君之间的关系，认为大院君政权的成立是商人、富农、地主、下层两班、在港口和市场从事运输业者、手工业者等阶层支持的结果，政权的基础比较广泛，其政权最终崩溃的主要原因是镇压天主教、拒绝引进西方先进思想以及增税等③。他们的研究主要引用了田保桥洁的《近代日鲜关系》④ 中的史料。

此后，日本学术界对大院君及其政权的研究停滞不前，只出现了数量极少的成果⑤。其中，糟谷宪一对大院君政权上层人员结构进行了细致的分析，指出在大院君执政时期担任三议政等主要官职的人员中有很多来自老论派，虽然这些人不一定都属于在 19 世纪前半期势道政治期间掌握政权的戚族门阀，但当时担任官职的老论派较多，这意味着大院君并没有彻底排斥以前的势道集团（即老论派），而是与他们保持一定的关系以维持自己的政权，但与老论几乎垄断所有官职的势道政权时期不同，大院君将宗室乃至属于老论以外党派的人安置于主要官职，这是大院君牵制老论派的一种手段⑥，提出了与"大院君采取了不分四色党派量才录用的人才政策"的传统观点不同的新的看法。

3. 中国学者的研究概况

中国学者对大院君及其主导下的改革大都持两点论。周一良等学者

① 石井寿夫：《李太王（大院君）时期的朝鲜天主教及对其的迫害》，《史学杂志》52 卷 5 号，1941。
② 梶村秀树：《朝鲜近代史的若干问题》，《历史学研究》288，1964。
③ 藤间生大：《大院君政权的历史意义》，《历史评论》254、255，1971；藤间生大：《大院君政权的结构》，《近代东亚世界的形成》，春秋社，1977。
④ 田保桥洁：《近代日鲜关系》，中枢院，1940。
⑤ 秋望月：《朝俄国境的成立与朝鲜的对应》，《国际学研究》8，明治学院大学国际学部，1979；井上和枝：《大院君地方统治政策研究》，李佑成教授退职纪念论丛刊行委员会《民族史的展开及其文化》上，创作与批评社，1990；糟谷宪一：《大院君政权的权力结构》，《东洋史研究》49 卷 2 号，1990；等等。
⑥ 糟谷宪一：《大院君政权的权力结构》，《东洋史研究》49 卷 2 号，1990。

认为：大院君改革削弱各封建集团，制止统治阶级内部倾轧，是为了加强中央政权、巩固封建统治；大院君实行锁国政策，目的是防止西方势力侵入朝鲜，以维护封建统治。但这种对外政策客观上起了反抗外国资本主义入侵、维护民族独立的作用，在这一意义上符合朝鲜人民的要求[①]。

曹中屏先生认为：大院君既深悉王室朝廷的内幕和政界的动向，又洞察民情，深知势道政治对国家和社会所造成的破坏的严重性，是个清醒于内忧的政治家；大院君掌握政治实权，朝鲜历史开始进入重要的转折时期。曹先生对大院君的用人制度、废除书院、财政税制、显示王朝权威等举措逐一加以论述，肯定了其积极意义，但同时也指出大院君诸般内政改革的出发点和追求的主要政治目标是恢复与加强专制王权和行将崩溃的封建制度；对挫败法美舰队的入侵，强调在充分肯定朝鲜军民发扬爱国主义精神战胜“洋夷侵犯”的历史意义的同时，亦应看到大院君政府没有也不可能以此为转机推进内政的根本改革，以引导国家跟上时代的步伐，而是继续强化腐朽的封建体制，抱守残缺，拒绝与已连为一体的世界建立联系[②]。朴真奭等学者认为：大院君改革为历代先王时期所少有，带有一定的特色；大院君改革对调整封建制度、巩固国防力量、抵御外国侵略起了一定作用，有些政策在客观上促进了封建等级制度的瓦解，但同时又指出大院君改革的目的在于巩固朝鲜王朝，批判其不懂世界历史的发展趋势，昧于时务，其政策不能反映朝鲜发展资本主义的要求，只能在封建制度的圈子里转来转去，其改革的性质只能是一种封建性质的改革[③]。

宋成有先生认为：国内外学者对大院君改革的评论的确不乏真知灼见，但也有若干观点值得商榷。他将大院君改革放在欧美殖民主义冲击东北亚诸国的历史条件下，通过比较在19世纪50～60年代中日韩三国几乎同时出现的封建政权改革的异同，指出大院君不问门第破格起用人才、减轻农民负担、广开财源乃至自主革除弊政等改革举措，为19世纪80年代开化派的改革提供了可供参考的思路，因此，将大院君改革视为韩国近代化的出发点并非夸大其历史作用；至于大院君的排外锁国意识，也不能简单地一棍子打

<hr>

① 周一良等主编《世界通史》近代部分（上册），人民出版社，1972。
② 曹中屏：《朝鲜近代史》（1863～1919），东方出版社，1993。
③ 朴真奭等：《朝鲜简史》，延边大学出版社，1997。

死，大院君以有容乃大的精神，倡言各国和平共处，不干涉他国内政的主张，也有其合理之处、可取之处①。宋先生的观点为今后大院君及其改革的研究提供了一种新的角度、新的思路。

（三）开港后幕府改革与大院君改革比较研究

囿于资料有限，目前笔者所知的有关开港后幕府改革与朝鲜大院君改革比较研究的成果只有韩国学者李元烨的论文《19世纪60年代中韩日三国封建政权近代化改革比较研究》（收于《东亚区域意识与和平发展》，四川大学出版社，2001）。该文通过对19世纪60年代中韩日三国封建政权开展改革的背景、指导思想、具体措施等方面的异同进行对比分析，指出三国改革的性质均为封建政权上层主导下的早期近代化改革：洋务运动在经济、国防、文化等方面迈出了中国近代化的最初步伐；在大院君改革中可以找到形成近代民族国家的轮廓，具有某种近代性质；文久·庆应改革在政治、经济、国防、文化等方面打下了走上近代化道路的基础，同时为此后实现日本近代化的明治维新打下基础②。该论文在布局上是稳妥的，但资料的引用尚嫌不足。

综上所述，国外学者对日本开港后幕府改革或朝鲜大院君改革的单项研究取得程度不等的进展。相形之下，韩国学者对大院君改革的研究成果比较多，研究也有相当的深度；日本学者对开港后幕府三次改革的研究在取得一定进展后，大致处于停顿状态。至于将开港后幕府改革与大院君改革对照起来进行比较的研究，日本学者尚未着手，韩国学者仅存的一篇论文，留下许多问题尚待进一步展开研究。

三　研究方法

在辩证唯物主义和历史唯物主义的指导下，本书拟采用以下几种研究方法进行论述：

（1）实证研究方法：运用该方法的前提条件是要掌握第一手资料和权威研究著作，从第一手史料出发，根据史实下结论。日韩两国有关开港后幕府的三次改革和大院君改革的原始史料数量庞大。笔者除了充分利用国内的

---

① 宋成有：《关于大院君改革再评价的几点宏观思考》，载朴英姬主编《韩国学研究论丛》第一辑，辽宁民族出版社，2000。

② 李元烨：《19世纪60年代中韩日三国封建政权近代化改革比较研究》，北京大学硕士学位论文，2000。

图书馆、互联网等多种渠道收集有关的资料以外，还利用前往日本和韩国留学的宝贵机会，尽可能地多收集相关第一手史料，并留意于前人尚未充分利用的新史料，在此基础上，运用文献分析方法对该课题进行研究。

（2）比较研究方法：比较史学指的是对各种历史现象进行时间系列上的前后阶段的纵向比较，或者在空间系列上的同一阶段的横向比较的一套历史研究的理论和方法论体系①。比较史学有很多优点，它可以使历史研究突破地区和国别史研究的局限性，但同时也有很大难度，因为任何综合性的比较研究，都必须建立在具体单个学科的研究基础之上，因而不仅要求作者具备广泛的知识，而且也要付出双倍的努力。

比较史学不同于一般比较文化学，为避免出现像社会学那样只作单一因素的比较，它要求研究者在掌握丰富史料的条件下、在进行综合研究的基础上进行比较。科学的比较史学要求研究者能够始终将对可比性的判断作为自己研究的前提，在深层次上把握两者在时空条件上的异同的基础上确定可比性问题，从而做到既避免一般历史哲学理论的程式化思维定式又避免比较研究的随意性。在方法上，应该做到异中求同与同中求异并重，既从求同中发现事物间矛盾的普遍性，也从求异中发现事物间矛盾的特殊性，以达到科学地揭示它们的本质特性和双方内在的本质联系。

笔者要通过对 19 世纪 50 ~ 60 年代日朝两国封建政权主导的改革的背景、施政方针、具体措施、改革的结果等方面的异同进行对比分析，以确定两国改革的历史地位，总结成败得失及经验教训。

（3）除上述两种基本方法以外，笔者还将借鉴国际关系学、政治学、经济学、社会学等学科的相关研究方法，对两国改革的国际背景、社会状况、思想文化、经济政策等方面进行较为系统的阐述、论证。

---

① 庞卓恒：《比较史学》，中国文化书院，1987，第 1 页。

第一章

两国改革的国际背景：
不断增强的"外压"

　　18 世纪 60 年代在英国首先开始，随后波及法国、德国和美国等国家的工业革命、政治革命和科技革命，使这些国家作为列强而迅速崛起。正如马克思所说，"资产阶级社会的真实任务是建立世界市场（至少是一个轮廓）和以这种市场为基础的生产"[①]。凭借工业革命制造的蒸汽机车、轮船等新式交通工具，大吨位军舰、大口径火炮乃至新研发的摩尔斯电报，欧美列强开始了大规模的武力殖民征服，开辟海外贸易口岸、掠夺资源和占有殖民地领土，加速组建资本主义世界市场的进程。

　　资本主义国家机器大工业生产的价格低廉的商品和坚船利炮，摧毁了一道又一道民族闭关自守的屏障。在这一过程中，东北亚地区成为构筑世界市场体系的最后环节，人口众多、地大物博的中国首当其冲。经过两次鸦片战争，中国被迫与列强签订了一系列不平等条约，开放门户，被强制性地纳入世界资本主义市场体系。鸦片战争拉响了欧美列强进入东北亚的警报，对日朝两国造成程度不等的刺激。鸦片战争结束后，列强将扩张矛头直接指向日本和朝鲜。列强的武力威胁和战争行动，成为日朝两国共同面临的"外压"，封建政权改革的国际大环境就此形成。

第一节　鸦片战争[②]：邻国遭受"外压"的冲击

　　进入 19 世纪以后，大清帝国的落后和腐朽日益暴露，欧美列强决心

---

①　《马克思恩格斯全集》第 29 卷，人民出版社，1972，第 348 页。
②　本节有关鸦片战争对日朝两国的冲击的论述侧重于第一次鸦片战争。

用武力打开自由贸易的通道。1840年，第一次鸦片战争爆发。清朝军队战败的消息，源源不断地传入日本和朝鲜，对两国的统治阶级形成巨大的冲击。

一 鸦片战争对日本的冲击

幕末的日本虽然推行"锁国"政策，但仍然通过幕府垄断长崎贸易和对马藩、萨摩藩的釜山倭馆贸易、琉球贸易等方式，保留了与外界交流的窗口。其中，长崎的荷兰商馆、唐人屋敷是最为重要的贸易场所和获取外部信息的渠道。前来长崎进行贸易的荷兰船和中国船不仅舶来贵重的商品，而且也带来了外界的信息。掌管长崎贸易的幕府官吏长崎奉行，在奉命检查贸易品的同时，也要搜集海外情报并呈报幕府。当时，中国商船提供的情报叫做"唐船风说书"或"清商口单"，荷兰商船提供的情报被称为"荷兰风说书"。第一次鸦片战争期间，日本获得了4封荷兰风说书和19封唐船风说书①。

日本最早获得有关鸦片战争的情报，是1840年6月进入长崎港的荷兰商船带来的。该风说书中除了英国鸦片贸易的状况、清朝取缔鸦片的经过、英国对清朝的抗议以及交涉过程以外，还记录了1839年9月在广东发生的穿鼻冲海战的经过，说清朝"数艘大舟像树叶一样被英国的大炮打飞""清朝军队伤亡四五百人"。此外，这份风说书还指出英国正在集结驻在本国、美洲以及印度的军舰和步兵，准备发动大规模的报复攻击②。同年7月，中国商人周蔼亭提交的唐船风说书也涉及穿鼻冲海战，说"亥年之秋九月，数艘英国军船放大炮，广东港口兵营也应战放大炮，彼此互有死伤，清国兵卒数百人被打死"③。

在此次可被称为鸦片战争序幕的冲突中，清军火炮装备处于绝对劣势的消息对日本的有识之士产生了巨大的冲击。1840年9月，时任长崎町年寄的著名西洋式炮术专家高岛秋帆向幕府提出建议，指出清朝落败的原因在于武备相差悬殊，而"炮术乃护国第一之术"，日本也应该大力改革炮术，实

① 森睦彦：《作为鸦片战争情报的唐船风说书》，《幕末维新与情报》，吉川弘文馆，2001，第5页。
② 日兰学会、法政兰学研究会：《荷兰风说书集成》，吉川弘文馆，1977，第5页。
③ 森睦彦：《作为鸦片战争情报的唐船风说书》，《幕末维新与情报》，吉川弘文馆，2001，第13~14页。

现炮术的近代化、西洋化。幕府老中水野忠邦命众目付一同对高岛的建议加以评议。同年12月，以鸟居耀藏的名义发表的结论却认为"战争的成败不仅仅是取决于火炮的利钝"，指责高岛的主张是"偏小之见识"①。这个不承认双方军事力量悬殊差距的结论，反映了当时幕府内部的主流意见，暴露出幕府官员对外情势认识的无知和盲目。

1840年12月，三艘中国商船驶入长崎，带来了舟山列岛定海县被英军占领、定海县县令及众多官兵战死的消息。近邻大国清朝被英国军事力量打败、部分领土被占领的消息对幕府产生了巨大冲击。1841年1月7日，老中水野忠邦在给佐渡奉行川路圣谟的信中说，"此次来舶人说，因清国严禁鸦片通商的不当措施，致使英国人心怀不平，派四十艘军舰到宁波府挑起战端，夺取定海县一郡。此虽为外国之事，但足为我国之戒。浦贺防御之建议未定，实为拙劣之事"②。水野忠邦的看法，一方面表明这位主持天保改革的幕臣，对鸦片战争的真正起因不甚明了，认为清朝未能妥善处理对外关系导致了外交纠纷；另一方面，倒也表现出强烈的危机意识，认为不可隔岸观火，日本应避免发生外交纠纷，以免重蹈清朝之覆辙，采取避战以求自保的对外方针。

面对形同虚设的防御，水野忠邦决定采用西洋式炮术以增强军事力量。1840年12月，幕府起用高岛秋帆为幕臣。翌年5月9日，高岛秋帆奉幕府之命在武藏德丸原示范了西洋式炮术。在此次演习中，使用了从荷兰进口的大炮，高岛秋帆穿洋式军装，用荷兰语发出号令。参观演习的幕府铁炮方井上左大夫是传统炮术井上流的传人，他挖苦高岛秋帆的炮术"如同儿戏"，但认为可以部分采用。水野忠邦听取其建议，决定采用高岛秋帆的西洋式炮术，但命高岛秋帆只能将其炮术传授给幕府代官江川英龙一人，由幕府垄断西洋式炮术，以阻止诸大名学习先进炮术。但此后水野忠邦不仅撤销了对高岛炮术的限制，允许向"除直参③以外的诸家执着者随意传授"④，还许可江川英龙铸造大炮。当时，日本用于铸造大炮的原料是青铜，西方则已经改用铁来铸造，而当时日本的技术尚不能生产铸造大炮所需的大量铣铁。为此，水野忠邦曾向荷兰订购介绍制铁技术的书籍。此外，水野忠邦下令从荷兰订

---

① 海舟全集刊行会：《海舟全集》第六卷，改造社，1928，第1～3页。

② 川路宽堂：《川路圣谟之生涯》，吉川弘文馆，1901，第59页。

③ 江户时代直属将军家、俸禄不足1万石的家臣。

④ 海舟全集刊行会：《海舟全集》第六卷，改造社，1928，第23页。

购一批西洋式枪炮，组建枪炮队，并计划从荷兰订购蒸汽船，以图全面增强幕府的军事力量①。

此后，有关鸦片战争的消息继续传来。1841 年 3 月的唐船风说书说"定海一县港口被封，地方居民失去商卖之便路，广东尚有百余艘英国军舰"，反映了英国的攻势没有缓解。6 月的唐船风说书说"英军撤离定海县向广东集结，乍浦、定海县一带恢复平静，但广东一带因英军不分昼夜猛烈攻击，即使清军取得胜利，短期内恢复通商较为困难"，反映了令人悲观的形势。

上述消息引起了幕府官员、诸侯大名的警觉。1841 年 8 月，德川齐昭向水野忠邦提出主张推进改革的意见书，称"令人憎恶、需要警戒的西洋北海之夷狄，据风说所传，近来向清国出手，令人不能安心"，主张要进一步加强警戒。天文方涩川六藏也于同年 8 月向水野忠邦上书，预测"万一清国败亡，英军会乘势攻击本邦"，敦促幕府采取对策②。可见，当时的幕府收集到相当数量的有关鸦片战争的情报，这些情报使得幕府内外的有识之士产生了深刻的危机感。

1842 年 6 月，幕府从荷兰商馆取得了两条秘密情报，其中之一是 1841 年曾经来过日本的荷兰人给长崎荷兰商馆馆长写的信中有关鸦片战争的消息，称"有传闻说，此番中国与英国的骚动或许会对日本产生影响，日本也不能安闲"。另一条消息是新任荷兰商馆馆长向荷兰语翻译转达的，称"去年前往长崎的船遭遇风暴驶入中国的澳门滞留期间，遇到英国军人谈到与中国的战争时，那个军人说'去日本沿岸时若遇到无礼的对待就会开战'"③。1837 年 6 月，一艘美国商船"摩利逊"号曾经来到浦贺要求交还日本漂流民，浦贺奉行依照异国船驱逐令予以炮击。"摩利逊"号又想从鹿儿岛入港未果，只得搭载日本漂流民驶向广东。翌年，荷兰商馆长提供秘密情报，说"摩利逊"号是没有任何武装的英国商船，以交还日本漂流民为借口，欲与日本进行贸易。因此，幕府一直以为"摩利逊"号是英国船，此次接到这样的情报，担心英国会因此事前来报复。这两条情报进一步加深了幕府的危机意识，对此后幕府对外政策的转换产生了决定性的影响。

---

① 藤田觉：《天保改革》，吉川弘文馆，1996，第 202 页。
② 海舟全集刊行会：《海舟全集》第二卷，改造社，1928，第 178 页。
③ 东京大学史料编纂所藏《摩利逊号事件关系记录》。

1842 年 7 月 3 日，幕府撤销了 1825 年颁布的开炮驱赶驶近日本近海外国舰船的"异国船驱逐令"，改而实施"薪水给予令"①，即对漂流到日本的外国船只施以仁政，提供粮食、水、燃料等物资，使其能够返回。8 月开始，幕府又致力于悬而未决的江户湾防备体制的改革，下令在海岸有领地的诸大名加强海岸防御，让他们上报增加的人数和火器数量。9 月 10 日，幕府又下令在海岸没有领地的诸大名也铸造大炮，以便在与外国发生战争时提供支援。同一天，幕府下令参观诸大名在其江户藩邸准备武器，以备与战争方法不同的外国发生战争之用②。以前，幕府要求诸大名具备与其石高（石高，是从太阁检地到地租改正期间，在全国推行的法定土地米谷产量的表示方式，以石数计算。石高制，则是江户时代以此种法定土地米谷产量为基础，确定农民年贡与诸役负担量及确定领主封地大小、俸禄多少与军役负担量的制度。）相应的军备，但此次要求诸大名加强军备尚属首次，而这里所说的军备是指以大炮为中心的火器。

1842 年 8 月中英签订《南京条约》，第一次鸦片战争结束。12 月驶入长崎的中国商船带来了英军攻击乍浦、占领镇江、香港和厦门等地开港以及战争结束等消息，但丝毫不提这是因战败签订屈辱性的不平等条约的结果，而是说英军远征中国处于不利地位，因此结束了战争，与事实有很大的出入。

1843 年 6 月，荷兰风说书传达了从英军攻略南京、清军降服、中英两国代表经过交涉签订条约、割让香港、五口开港通商等准确且详细的情报。接到此情报的幕府于 7 月向滞留长崎的中国商船和荷兰商船发出内容详细的质问书，调查英军的兵力和武器装备以及战术等问题③。由此可见，大国清朝战败被迫签订屈辱性的不平等条约，割让国土、开港通商的消息对幕府产生了巨大的冲击，幕府对此予以极大的关注，要以此为前车之鉴。

那么，幕府是如何处理这些情报的呢？津田秀夫指出幕府的基本态度是依靠强调对外危机来消除国内的矛盾④，但其主张是错误的。1842 年 11 月，

---

① 石井良助校订《德川禁令考》前集，第六卷，创文社，1961，第 4097 页。
② 大藏省：《日本财政经济史料》第七卷，财政经济学会，1922，第 959～960 页。
③ 佐藤昌介：《洋学史研究序说》，岩波书店，1969，第 316～319 页。
④ 津田秀夫：《天保改革的经济史意义》，《日本经济史大系》4、近世、下，东京大学出版会，1965，第 314 页。

德川齐昭在写给幕府老中的信中指出"因为幕府隐瞒有关鸦片战争的情报，致使谣言四起，局势动荡"，要求幕府公开情报①。德川齐昭主张幕府公开对外危机的实情，强调危机的严重性，确立以幕府为中心的全国性的海防体制②。从其建议中可知，幕府一直垄断对外情报，没有对藩主大名和民众传达对外危机的紧迫性。幕府采取的海防政策一方面要极力隐瞒对外危机的紧迫性，另一方面又要缓解对外危机以维持其统治。因此，幕府对其政策的意图、目的的说明往往支支吾吾、不甚明快。

二　鸦片战争对朝鲜的冲击

朝鲜获取对外情报的渠道，是每年派往中国的燕行使节回国后的口头报告或"闻见别单"这种书面报告。因为使臣的行动受到限制，所以他们收集的情报也有一定的局限性，但他们可以通过个人接触、实地见闻以及"塘报""京报"等官方公开记录收集到相当详细的情报。

从 19 世纪 30 年代开始，陆陆续续见到有关成为第一次鸦片战争爆发原因的鸦片输入及其毒害性以及银价暴涨的报告。纯祖三十二年（1832 年）出使中国的金景善的旅行记录《燕辕直指》一月二十七日条中记录，"借见近日塘报，别无可观，而惟御史马光勋所奏请严禁弁兵吸食鸦片烟以肃营伍一摺，曰：以鸦片烟，屡经降旨严禁，此风总未静息，因由积习相沿，实缘各省大吏未能实力查察。近来粤、闽等省兵丁吸食者尤多，将弁中吸食者亦复不少，相率效尤，恬不为怪，筋力疲软，管务废弛，职此之由，即如连州进兵屠弱误事，尤为可恨"③，指出了鸦片的危害性。

此后，因鸦片输入增加引发的毒害扩散、银价暴涨、清朝采取的解决方案、中英两国的对峙、鸦片战争的爆发等消息陆续通过燕行使节传到朝鲜政府。1838 年 3 月 16 日，自北京归来的奏请兼谢恩使行书状官李源益在"闻见别单"中报告说，"近来中外银价昂贵，职缘侈靡，而鸦片烟一物贻害最甚。广东海口每岁出银至三千余万，福建、浙江、江苏各海口出银不下千万，天津海口银亦两千余万，一入洋外，不复流通。以致银贵而钱贱。御使朱成烈等请旨严禁，仍降朱谕，以为年前连州之役，因兵丁常时皆吸禁烟，

---

① 《水户藩史料》别记上，吉川弘文馆，1915，第 160~162 页。

② 《水户藩史料》别记上，吉川弘文馆，1915，第 160~162 页。

③ 金景善：《燕辕直指》卷五，留馆录（下），一月二十七日，《国译燕行录全集》11，民族文化促进会，1982，第 63~64 页。

临阵不能得力，而近日各省兵丁举皆浸染云，并令严行参办"①。翌年冬至兼谢恩使行书状官李时在的"闻见别单"报告说，"皇帝谕饬禁防鸦片烟膏，太常少卿许乃济奏请弛禁而不许。鸿胪少卿黄爵滋箚奏鸦片烟之害，生民尽刘而后已。皇帝谕以朕于此事深加痛恨，必欲净绝根株，毋贻远患。许乃济之冒昧渎陈殊属纰缪，着为六品顶戴，以示惩儆。遂命军机大臣议设禁条"②。可见，从19世纪30年代初开始，朝鲜政府已经获悉大量鸦片流入清朝，致使吸食者增多、银价腾贵的情报。此外，也了解到将鸦片输入中国谋财害命的是西洋，即朝鲜政府准确把握了鸦片战争的原因，并且密切注视中英两国的对峙及其发展过程。

有关以禁输鸦片为契机发生的中英军事冲突的第一份报告见于1840年8月25日出使清朝的使节上奏的"闻见别单"③。国王问正使李时仁"彼中近有乱离之说，闻之否？"李时仁回答说"臣之来时，果有此说，而未知为真的，回还道中，似有招兵之举矣"。当时，宪宗还询问"军兵之数几何，乱起处则何地云乎？"表明宪宗一直关心中国局势的变化。对此，李时仁回答说，"其数则未及详知。或云英吉利国，亦未知其的，盖是南边近处，距皇城三千里许云矣"④。

在此之前的3月25日，冬至兼谢恩使行书状官李正履和首译金相醇报告说，"以奇邪巧侈之物蛊民害财者，皆自洋舶来到。姑银货之流入西洋者，每年不下百万两，而一往而不复出，故中国银货亦致匮竭。英吉利国，其火器尤为巧毒，故海外红毛、吕宋诸岛皆已服习其教。年前，英吉利来舶于忠清道洪州，累欲通好交易，而我国坚不许之。数月相持，按弃邪书而去矣。今彼中既以此为忧，我国亦宜另饬沿海守令申严海防，若有殊常船只来到近洋，探察星火驰报，即刻逐出，勿令逗留，近境致有渐染邪教之虑"⑤，提出应加强海防，以便洋夷来犯时能够即刻逐出。这一消息表明，发生在清朝的危机并不是清朝一国的危机，李正履正确认识到了问题的本质。在李正履主张加强海防五个月之后回国的进香使李时仁带来了中英两国开战的消息。大约过了半年之

---

① 《同文汇考》，补编续，使臣别单，奏请兼谢恩使行书状官李源益闻见事件。
② 《同文汇考》，补编续，使臣别单，冬至兼谢恩使行书状官李时在闻见事件。
③ 《承政院日记》，道光二十年八月二十五日。
④ 《日省录》，宪宗六年三月二十五日。
⑤ 《日省录》，宪宗六年三月二十五日。

后，发生了两艘英国军舰来到济州的加波岛抢走耕牛食用的事件①。中英两国开战以及异样船出没南海等事件充分证明了李正履提出的海防论的正当性。上述情报加深了朝鲜政府对英国武力侵略的危机感，使其更加关注中英战争的进程。

此后传来的消息反映出战争的原因及其经过。1841 年 3 月 19 日，宪宗接见回还使节团时问道："大国有事云，果然否？"进贺谢恩兼冬至正使朴晦寿回答说，"英吉利国作乱，臣于回还时未见其剿平，而难不至大段为患，骚扰则不少"②。而同一使行书状官李绘九的"闻见别单"中详细报告了中英战争的经过，说"英吉利国人以交易不许事，自昨年六七月间越海侵犯，陷定海县城，至今占据。又于江苏、山东、直隶、奉天等处多端滋扰。至十二月间直通虎门洋面，多伤官兵，掳掠资财，奸淫妇女，开挖河道，建筑炮台，称欲求和，猖獗益甚。皇帝愤怒，调发七路劲兵，前赴广东及浙江，期于攻剿。（中略）多出帑银以资海防，赶铸铜炮之户部拨银亦为二百万两，东南海船缘此不通贸易，商贾从陆路赴京，而彼所急者，专在通市，两年不通，故以此称冤控诉。夷种大小数十国，以此决之，计今年内必当许和"③。这里将战争的原因归于不许交易一事，说明是参考了中国的有关记录。此外，说在奉天也发生了战斗，显然与史实不符，但大体上反映了战争的经过，对了解事态的发展无大碍。

此后，朝鲜政府继续关注事态的发展。1841 年末，宪宗在召见判府事赵寅永、左议政金弘根、右议政郑元容等时说，"英吉利国近得讨平云，幸也"。对此，赵寅永引用平安监司和义州府尹的报告说，"大抵胜战云者，即是水战也，水战之胜败，不过战船几只之谓也。沿海夷船去来无常，其的报则姑难详探也"④。这里说战争已经结束显然是错误的，但说明了除了燕行使节这一渠道之外，朝鲜政府还具有其他的情报来源，以及朝鲜政府一直关注中英两国的战争动态的事实。

1842 年 4 月，冬至使书状官带来了详细的战争续报，12 月赍咨官传达了签订南京条约、战争结束的消息。在此期间，朝鲜政府接到了如下几条情报：1842 年 4 月 4 日，宪宗询问"英吉利事，近则何如耶？"冬至兼谢恩正

---

① 《承政院日记》，道光二十年十二月三十日。

② 《日省录》，宪宗七年三月十九日。

③ 《同文汇考》，补编续，使臣别单，进贺谢恩兼冬至使行书状官李绘九闻见事件。

④ 《承政院日记》，道光二十一年十二月六日。

使李若愚回答说，“臣等未敢详知，而闻虽不大段，尚未得剿平云矣”①；
1842 年 4 月 9 日，同一使行书状官韩必履的别单说，“自庚子六七月英乱之
后，广东总督琦善自称专办事务，以香港地方擅给英夷泊舟寄居，旋又替夷
奏请通商，不即攻剿玩愒误事等罪先已革职锁拿，后又没入家产。英夷滋扰
广东、浙江、福建等省，占据定海、崇阳等县。当初定海之失守也，该镇总
兵提督葛云飞、处州镇总兵提督郑国鸿、寿春镇总兵王锡朋等力战六昼夜，
杀英夷千余名。（中略）八月初台湾外洋之战，参赞大臣达弘阿之参将邱镇
功等或设七八千觔大炮轰击，或驾船赶出鸡笼、小琉球等外洋，斩获英夷数
百名，击沉夷船落水死者不计其数”②。

1842 年 12 月 4 日，赍咨官李墅报告说，“八月两江总督着英使通商章
程往来英夷处，筹仪办理，善言相和，使之回国”③，反映了当年 7 月签署、
8 月皇帝批准的《南京条约》的有关消息，清朝与英夷签订通商条约，战争
结束。战争的起因是不许交易，而现在允许通商则意味着战败，但朝鲜政府
对此并没有做出太大的反应。分析这些情报可以发现，其内容与事实存在很
大的出入，而这些不符合事实的错误情报，使得朝鲜政府未能正确认识此次
战争的真实状况及其后果的严重性，甚至对此次战争抱有盲目的乐观态度。

1843 年 3 月 29 日，冬至兼谢恩使行正使李最应回国后，在回答国王有
关中国近况的提问时，说“无侵渔之弊”④。这是因为这次战争与传统的征
服战争不同，战败并没有带来直接统治，即此次战败没有伴随领土和统治权
的丧失，从而缓和了朝鲜统治阶级的危机感。

1844 年 2 月 6 日，告讣使书状官徐相教的报告称，“在先英吉利只许广
东一处互市矣，自骚扰之后，东南沿海地方几不得息肩，为其讲和，特于福
建、浙江及江苏之上海县并许交易，盖所以悦其心也。昔之一处互市者，今
为四处，自此更无侵扰之端，中外晏如”⑤；1845 年 3 月 28 日，宪宗询问
“彼中无别事乎”，奏请兼谢恩冬至正使李最应回答说“无事矣”⑥，均反映
了这一点。对于朝鲜的统治阶级来说，此时战败讲和已经过了两三年也没有

---

① 《承政院日记》，道光二十二年四月四日。

② 《日省录》，宪宗八年四月九日。

③ 《日省录》，宪宗八年十二月四日。

④ 《日省录》，宪宗九年三月二十九日。

⑤ 《日省录》，宪宗十年二月六日。

⑥ 《承政院日记》，道光二十五年三月二十八日。

发生什么大事，因此大可不必忧虑。而同一使行的书状官尹赞提交的别单则说，"英夷尚然据住广东、福建、浙江等省滨海之地。伊辈所据之地皆设码头，管理其土地人民，食其赋税，擅其生杀。朝廷所置知州知县等官吏皆随其指使，无敢支吾。而朝廷全主羁縻。当初讲和之时，英夷勒索九十万，而后肯罢兵，且立约条四五十件，威胁朝廷。朝廷一听其所为，不敢违拒。举朝公卿无人敢言，独陈庆镛、朱成烈二人争之不得。而讲和之后，岁输金缯，小有不满，则伊辈辄咆喝恐吓，而朝廷受其管束。至于荷兰等三国，亦西国而来，住西南滨海之地者。见英夷如此得利，亦欲效尤肆喝百端，而朝廷辄与之金缯以羁縻之，财货渐至枯竭，民生从而困瘁。汉人之有识者莫不忧叹"①，报告了1843年签订《虎门条约》、1844年与美国和法国签订《望厦条约》和《黄埔条约》以及英国施压让清朝履行条约等事项，指出了讲和带来的问题。但既然正使都说没有什么问题，就未能引起朝鲜政府的重视。

但是，朝鲜政府并没有因此放松了对鸦片的警戒，这是因为，通商条约的缔结意味着允许进行贸易，而其中也包括了鸦片的交易。1848年3月24日，冬至兼谢恩使行首译李尚迪上奏的"闻见别单"上记录有"所谓鸦片烟之流毒于中国比之年前去益甚焉，无市不售，无人不吃，银货于是乎消融，人命于是乎戕贼，外而各省，内而刑部，录囚充斥，流犯狼藉，而终不畏，法莫可禁遏"②的令人震惊的消息，反映了鸦片战争结束、签订和约之后清朝深受鸦片泛滥之害的现状，而两天之后的3月26日，在与中国一江之隔的义州抓捕了携带鸦片烟具的朴禧英。围绕着如何处理此事，朝鲜政府展开了激烈的争论。为了严禁鸦片流入需要予以严厉的处罚，但朝鲜政府制定的法律中并没有相关的条款，经过多次论争，最后处以流配远岛、减死为奴③。这一事件使朝鲜政府对鸦片从中国流入国内一事产生了戒心。1851年进贺谢恩兼岁币使行权大肯报告说，"彼地所谓鸦片烟，本自英吉利国始出，而嫁祸流毒，其害则损耗财货，夭促人命，而一国靡然不悟，诚为寒心矣。中原法意，则如有服此者，处以绞罪。今则犯服者更甚于前云。栅门之距义州不过百二十里，无异门庭，愚迷

---

① 《同文汇考》补编续，使臣别单，奏请兼谢恩冬至行书状官尹赞闻见事件。
② 《同文汇考》补编续，使臣别单，冬至兼谢恩使行首译李尚迪闻见事件。
③ 《承政院日记》，道光二十八年五月九日。

之类，一或传染，则必至罔测之祸矣。从今以往，别般申饬于湾府及使行时，无或有渐染之弊恐好矣"①，提出义州府应严加监督出入中国的关口栅门，以防鸦片从中国流入朝鲜境内。

对于朝鲜政府对第一次鸦片战争采取的对应方式，学界存在不同的观点：有人认为朝鲜政府虽然收集到鸦片战争的有关情报，但并不关心西方势力的动向②；有人认为朝鲜政府并没有对鸦片战争表现出危机意识③；有人认为朝鲜政府通过鸦片战争认识到依靠坚船利炮强迫他国接受鸦片和邪教的英国的本质，增强了危机意识④。

缔结条约、允许通商意味着清朝败给传播鸦片和邪教的英国，同时也意味着英国侵略朝鲜的可能性随之增加。第一次鸦片战争爆发以后，朝鲜政府通过燕行使节以及其他渠道陆续收集到有关情报，对事态的发展予以密切的关注，但除了对鸦片的流入提高了警惕性以外，并没有采取任何积极的措施。这是因为，朝鲜政府收集情报的主要来源是京报等清朝官方的记录，一些内容与事实有着很大的出入，如 1842 年（宪宗八年）4 月 9 日，燕行使节团书状官和首译进呈的别单称，"斩获英夷千余名及夷船数十只，以炮轰击沉烧溺死者不计其数，贼始退去矣"⑤。这些不符合事实的错误情报使得朝鲜政府未能正确认识此次战争的真实状况及其后果的严重性，甚至对此次战争抱有盲目的乐观态度。朝鲜政府对战争结果的认识也有一些问题，称"无侵渔之弊"，认为这次战争与传统的征服战争不同，战败并没有带来直接统治，即此次战败没有伴随领土和统治权的丧失，从而缓和了朝鲜统治阶级的危机感。

此外，最重要的一点是，朝鲜政府利用传统的宗藩关系来解决对外危机。在第一次鸦片战争期间，多艘"异样船"来到朝鲜沿海要求通商。此时，朝鲜政府就以"藩臣无外交"为由予以拒绝，同时将事件的始末通报清朝礼部，并委托礼部向西方国家传达拒绝通商之意。1860 年 10 月北京陷落。面对前所未有的事态，朝鲜政府一方面立即派出问安使前往热河表示慰问并打探消息，另一方面面对巨大的冲击商议对策，但最终得出

① 《承政院日记》，咸丰一年三月十八日。
② 李光麟：《韩国史讲座 5（近代篇）》，一潮阁，1982，第 9 页。
③ 原田环：《19 世纪朝鲜的对外危机意识》，《朝鲜史研究会论文集》21，1984，第 87 页。
④ 三好千春：《有关鸦片战争的燕行使情报》，《史林》30 辑，1989，第 56～57 页。
⑤ 《日省录》宪宗八年四月九日。

的结论却是“攘外必先安内”，安内就是加强内修、慎选方伯守令，攘外就是进一步巩固与清朝的传统宗藩关系来解决对外危机①。

综上所述，朝鲜政府主要是通过定期派往中国的使节团得知了有关鸦片战争的较为详细的情报。第一次鸦片战争也使朝鲜政府产生了一定程度的危机意识，但认为战争的主要原因在于交易问题，而战后也没有看到像传统战争那样战败一方丧失统治权的现象发生，因此原来的危机意识得到缓和，只关注鸦片的流入问题即采取措施严禁鸦片从中国流入境内。此外，朝鲜政府充分利用传统的宗藩关系，以此作为缓解外压的减压器，一味强调内修，采取了消极的应对方法。

第二节　日本感受来自美国的“外压”

对美国来说，地处西北太平洋的日本列岛，具备多重战略价值。迫使日本开放门户，不仅将拥有进入中国市场的中转站，找到美国舰船的避风港，而且控制了日本，将使美国商品在打开该国市场的同时，使辽阔的太平洋成为美国势力急剧增长的新天地。出于这些考虑，美国决心集中力量，撞击日本紧闭的大门。

一　培理舰队赴日之前美国对日接触

1791 年，“华盛顿夫人”号和“戈莱斯”号驶入日本港口，试图开展对日贸易。此行虽遭到拒绝，却创下了美国船只进入日本海岸的纪录。

1789 年法国大革命爆发，1792 年英国带头组织反法联盟。1795 年荷兰向法国投降，从而成为英国的敌对国。英国海军掌握了制海权，禁止敌对国船只航行。为了避免英国海军的攻击，以爪哇为基地的荷兰东印度公司决定租用中立国船只进行对日贸易。以此为契机，美国获得了间接与日本进行贸

---

① 《承政院日记》，咸丰十年十二月十日，“上曰，中国事诚万万忧悯。夫以天下之大，犹不能抵敌，则其锋锐之剽悍，推可知也。第念燕京之于我国，即唇齿之比也。燕京若危，则我国岂晏然乎。斗淳曰，圣教至当矣。臣之年来忧怀者，果为此事。其备御之方，别无他策，必先内修，然后可以外御，而内修之术，一则财力也，二则兵力也，此非一朝一夕间可为之事”。《承政院日记》，咸丰十一年一月二十九日，“上曰，民心镇压之方，莫过于监司守令之择人，自今监司守令之善治者，准朝而仍置之，俾有镇压之效为。晦寿曰，城池之修筑，缮兵庤谷，俱是临渴之掘，无异空言，而今人心维持之策，上而勤学勤政，下而实心恤民，以此为上下交勉之道而已”。

易的机会。1797～1809 年，荷兰租用了 8 艘美国商船开展对日贸易。1797年，荷兰租借的由斯彻瓦尔特船长指挥的"艾黎萨"号首航日本。荷兰对日贸易的丰厚利润使斯彻瓦尔特怦然心动。于是 1800 年他脱离了荷兰东印度公司，指挥"日本天皇"号驶入长崎，试图开展美日之间的直接贸易，但由于受到荷兰商馆的阻挠而失败。1807 年他又一次指挥"艾克里普斯"号商船驶抵长崎要求通商，但再一次遭到拒绝。虽然斯彻瓦尔特的行动无果而终，但以此为契机，日本商品首次进入美国，使美国商人逐渐对日本商品产生了兴趣①。

1815 年 10 月 31 日，曾率领舰队首航太平洋的美国海军上校波特在给麦迪逊总统的信中指出，"迫使日本开港的有利时机已经到来，中国的情况也是如此，如果我们不能取得比马嘎尔尼使节团更好的成果，就应该动用军舰示威"，建议美国向中国和日本派遣舰队，迫使其开放市场②。由于当时条件尚未成熟，美国政府并没有对此建议做出积极回应。

1830 年在苏门答腊岛发生了美国船员被当地土著杀死的事件。以此为契机，美国政府觉得有必要与远东国家建立外交关系。1832 年，美国政府授命罗伯茨前往交趾支那、暹罗和日本等国缔约。罗伯茨与交趾支那的交涉失败，但与暹罗成功签订条约。此后，罗伯茨放弃访问日本而回国，其原因：一是缺乏购买赠送给幕府将军的礼物的资金；二是远征队规模小，不能给日本留下强烈的印象③。1835 年，罗伯茨携带杰克逊总统给日本天皇的亲笔信和礼物前往日本，此行的目的就是为了签订通商条约与日本进行协商。但是由于 1836 年罗伯茨客死澳门，对日通商条约的交涉受挫④。

1837 年，驻广州的美国奥莉凡特公司所属的商船"摩利逊"号授命前往日本，试图就在日本北海道海域从事捕鲸业的美国船只的补给和救助以及开港通商等问题开展对日交涉。为了表示友好，"摩利逊"号在出发前解除了武装，并且搭载遇难的日本船员。"摩利逊"号先后驶入江户湾浦贺和九州鹿儿岛近海，但均遭到幕府的坚决拒绝。遭受海岸炮轰击的"摩利逊"号被迫离开日本，驶抵澳门。

① 金源模：《近代韩美关系史》，哲学与现实社，1992，第 48～49 页。
② "Captain David Porter's proposed expedition to the Pacific and Japan，1815，" pp. 61 –65，转引自金源模《近代韩美关系史》，哲学与现实社，1992，第 52 页。
③ 泰勒·丹涅特：《美国人在东亚》，商务印书馆，1959，第 113～118 页。
④ 鹿岛守之助：《日美外交史》，鹿岛研究所出版会，1964，第 3 页。

1845 年 3 月，美国捕鲸船"曼哈顿"号搭载 22 名遭受海难的日本船员驶入浦贺港。浦贺奉行大久保接受了日本船员，向美国船长赠送了煤炭、水和食物以及陶瓷器，并要求美国此后将漂流人员移送荷兰，再由荷兰转送日本。大久保与美国船长库珀的会见，是美日两国人员在日本的第一次和平接触①。这次美国船只之所以能够顺利驶入日本港口，是因为幕府鉴于第一次鸦片战争中中国战败、被迫割地赔款的教训，于 1842 年停止执行强硬的"异国船驱逐令"，改而实施以礼相待的"薪水给予令"，指示沿海诸藩慎动炮火，灵活处理外国船来航事件，在向其提供柴薪、淡水和食物后，劝其离境。幕府的这种政策调整，无意中为美国舰船安全驶入日本港口提供了可能性。

恰逢此时，东北亚局势发生剧变，对美国政府产生了强烈刺激。1840 年英国发动鸦片战争，1842 年逼迫中国签订《南京条约》，从而打开了中国的门户。听到这个消息的美国总统泰勒向议会提议派全权代表前往中国签订通商条约。1844 年 2 月，美国特使顾盛率舰抵达澳门。1844 年 7 月，中美两国经过谈判签订了《望厦条约》，使美国不费一枪一炮就获得了英国在中国享有的所有殖民权益，甚至还有所增加，无限商机摆在美国资本家面前。《望厦条约》的签订成为美国远东政策的转折点，以扩大对华贸易为中心，继续推行联合欧洲列强、获取在华权益的"协助政策"，与对日本、朝鲜采取单独的武力行动，迫使其订立不平等条约而成为美国进军中国市场的战略依托的"单独政策"并行不悖，成为美国新远东政策的基调。

1845 年，美国总统波克下令艾伯雷特借前往中国交换《望厦条约》批准书之机与日本签订通商条约，东印度舰队司令官宾德尔授命率"哥伦布"号和"宾塞尼兹"号两艘军舰担任护送任务。由于艾伯雷特因健康原因中途下船回国，宾德尔作为代理特使继续前进。在到达中国完成换约任务并设立美国公使馆之后，宾德尔为了完成训令率领舰队离开中国，于 1846 年 7 月 20 日驶抵江户湾，向浦贺奉行大久保递交波克总统的亲笔信，要求为了缔结通商条约进行谈判。但幕府在回信中称，"按照国法，我国不与除荷兰和中国以外的任何国家进行贸易，因此也不能允许与美国缔结条约进行贸易。我国的一切对外事务均在长崎办理。希望你们尽早离开日本，不要再次

---

① 鹿岛守之助：《日美外交史》，鹿岛研究所出版会，1964，第 3 ~ 4 页。

来航"①。遭到拒绝的宾德尔只能率领舰队于 1846 年 7 月 29 日离开日本。通过宾德尔的此次日本之行，美国政府了解到对日交涉的复杂性和幕府顽固的锁国政策。这些经验对此后美国的对日交涉方式产生了直接影响，即美国政府认识到只有采取以压倒性的武力为后盾的强硬手段才能迫使日本开放门户。此后，美国的对日政策就贯彻了这个方针。

1846 年 5 月 6 日，美国捕鲸船"劳伦斯"号遭受海难，7 名船员漂流到日本被当地官员收容并送到长崎，后乘坐荷兰商船送到巴达维亚。后来，其中的一个船员乔治向《新加坡新闻》发出一封信，称他们在日本受到不人道的待遇。该信刊登在 1848 年 1 月 6 日的《新加坡新闻》，美国的各大报纸也竞相转载，舆论一片哗然②。不难想象，这封信对美国人的对日感情产生了何种影响。1848 年 6 月 7 日，从美国捕鲸船"拉格达"号逃走的 15 名船员从虾夷地小砂村登陆，后被押送到长崎，受到粗暴的待遇，其中一人不堪虐待自杀身亡。长崎荷兰商馆长通过荷兰驻广东领事布朗，将此消息通报给美国驻广东公使戴维斯。戴维斯要求东印度舰队司令简辛格向日本派遣舰队解救遇难美国船员。简辛格于 1849 年 1 月 31 日下令格林率领停泊在香港的"普莱布尔"号军舰前往长崎解救被扣押的美国船员。在发给格林的指令中，简辛格要求如果在长崎不能解决问题就前往江户直接与幕府进行谈判，要对幕府采取强硬的态度。1847 年 4 月 19 日，格林率领"普莱布尔"号军舰驶抵长崎，无视幕府当局的制止进入长崎港投锚停泊。幕府派出了数量众多的警备船围住美国军舰，并增加了周围炮台的守备人员。双方在这种紧张的气氛中开始了交涉。格林将公文交给长崎奉行，强烈要求幕府早日释放被扣押的美国船员。面对格林的强硬态度，经过几轮谈判，幕府迫于压力将美国船员移交给了美方。1851 年 1 月，护送被扣押美国船员回到国内的格林受到英雄般的欢迎。格林在写给美国政府的报告中强调，"促使日本开放门户的时机已经到来。武力威胁是最为恰当的手段"③。格林这一次与日本交涉的经验对此后培理在江户与幕府的交涉产生了直接影响。

1851 年 1 月 6 日，美国纽约大商人帕尔莫给总统菲里摩阿写信，强调了与日本建立通商关系的必要性，并提议派出强有力的舰队护送特使前往日

---

① 滨屋雅轨：《黑船与幕府》，高文堂出版社，1987，第 88 页。

② 滨屋雅轨：《黑船与幕府》，高文堂出版社，1987，第 91 页。

③ 鹿岛守之助：《日本外交史》1，鹿岛研究所出版会，1970，第 9 页。

本缔约。同年 6 月，美国政府任命东印度舰队司令奥里克为全权特使，携带菲里摩阿总统致日本天皇的亲笔信，率领舰队前往日本，其主要任务是通过交涉就保护漂流至日本沿岸的美国遇难船员的生命财产安全以及为太平洋航线的远洋轮船提供煤炭等事项与日本达成协议。由于途中与部下发生冲突，奥里克被撤职，日本远征被迫中断。国务卿韦伯斯特和海军部长格拉汉姆经过协商，于 1852 年 3 月 24 日任命美国国家邮船总监培理准将为东印度舰队司令兼对日交涉全权大使。培理对在太平洋与英国展开贸易竞争颇为热衷，认为美国的劲敌"英国在东印度和中国海上早已占有了最重要的据点，特别是在中国海方面""幸而日本和太平洋中许多其他岛屿还没有被这个不讲道理的政府捷足先登，其中有一些正位于注定要对美国具有极大重要性的大商业航线上。采取积极措施以获取足够数目的避难港，应是不容再蹉跎的了"①。培理强调强有力的武力威胁是能够与日本成功缔约的强制手段，要求海军部长增强东印度舰队的兵力。该项要求得到了允许。这样，东印度舰队就成为由 11 艘军舰组成的当时美国海军最强大的舰队。为了顺利完成远征任务，培理出发前通过各种渠道广泛收集有关日本的资料，并花费巨资从荷兰购买了日本近海海图，还聘请曾经随格林前往日本进行交涉的海军大尉塞拉斯·本托为参谋。1852 年 11 月 24 日，培理携带菲里摩阿总统致日本天皇的亲笔信离开诺福克港，乘坐"密西西比"号军舰前往香港，与在那里等待的舰队汇合后，率领舰队北上日本，以实现打开日本国门的目的。

二 培理舰队赴日与幕府避战缔约

在培理舰队到达日本之前，幕府已经通过荷兰掌握了美国将派遣舰队来航日本的消息。1852 年 6 月，美国将派遣使节前往日本一事通告荷兰政府，希望得到帮助。荷兰政府以东印度总督之名向幕府发出公文，通报美国舰队来航一事，并提议幕府在美国舰队到来之前与荷兰签订条约，以避开美国的锋芒②。接到该消息的幕府虽然感觉到事态的严重性，但苦于濒临破产境地的财政无法拨出加强海防所需费用，未能采取任何有效的措施。

1853 年 6 月 3 日，培理率领由 4 艘军舰组成的舰队来到浦贺。浦贺奉行所与力中岛三郎助乘船前去询问，得知美方的来意之后，以日本处理外交

---

① 泰勒·丹涅特：《美国人在东亚》，商务印书馆，1959，第 236 页。
② 维新史学会：《幕末维新外交史料集成》第二卷，第一书房，1978，第 328~329 页。

事务的唯一场所是长崎为由，要求舰队离开浦贺前往长崎，但是遭到美方的坚决拒绝。中岛三郎助和另一名与力香山荣左卫门联名将美国舰队来航一事通报负责江户湾防备的会津、忍、川越、彦根四藩以及浦贺奉行户田氏荣。接到报告的户田氏荣急速向幕府上报情况。接到户田报告的幕府老中首座阿部正弘向幕阁咨询对策。

　　阿部正弘主张应以鸦片战争中大清帝国的惨败为前车之鉴，不能轻易与欧美列强开战①。但幕阁中的诸有司众说纷纭、莫衷一是：海防挂认为世界形势已经发生了变化，而日本的海防也不充分，拒绝接受国书而开启战端是轻率之举，作为一种应变之策应该允许在浦贺接受国书；三奉行认为原则上应劝告美国舰队前往长崎，如若不从，就开炮驱逐，但鉴于目前日本海防不充分，此次就允许在浦贺接受国书，回信则在长崎交付，且仅此一次，下不为例；大小目付主张不管怎样均应按照国法命其回航，不听劝告就予以驱逐②。为此，阿部正弘特意向被视为攘夷论者领袖且又精通海外情报的德川齐昭派出信使，征求其意见。对此，德川齐昭在回信中称驱逐并非良策，即使日本取胜，美国也会夺取日本近海之岛屿；但如果接受美国总统的国书，就会由此而改变锁国之祖法，从而因开国引发新的重大事情，到底选择何种对策，只能通过众议做出决定③。德川齐昭的回答虽然较为暧昧，但也反映了当时幕府外交所处的两难境地。正当幕阁围绕国书问题争论不休时，培理下令从军舰上放下数艘小船深入浦贺湾和江户湾进行测量，由"密西西比"号护航。奉行户田氏荣一面命香山荣左卫门乘船去美国舰队表示抗议，一面又派人登陆到海岸通知守兵要谨慎行事，以免发生冲突。培理的威胁果然奏效，幕府决定作为权宜之计先按照培理的要求在浦贺接受美国国书，以免重蹈大清帝国割地赔款之覆辙，待舰队离开之后再广开言路、博采众议，采取有效的对策④。1853年6月9日，培理一行在久里滨登陆，将美国总统要求日本开港的国书交给幕府。对此，幕府回答"事关重大，不能轻易答复，加之将军患病，不便议论大事，明年到长崎时再予以答复"⑤。培理约定来年再次来访，率领舰队驶向中国。

①　渡边修二郎：《阿部正弘事迹》一，东京大学出版会，1978，第138页。
②　田保侨洁：《增订近代日本外国关系史》，刀江书院，1943，第478页。
③　《新伊势物语》，《茨城县史料，幕末编1》，茨城县，1972，第251～253页。
④　东京大学史料编纂所：《幕末外国关系文书》一，东京大学出版会，1972，二一号。
⑤　东京大学史料编纂所：《幕末外国关系文书》一，东京大学出版会，1972，一二一号。

培理舰队离开日本之后，幕府采取了几项应对措施：第一，为了稳定民心，将江户湾沿岸的警备恢复到平时的状态；第二，通知京都所司代，让伊势神宫等七所神社和比叡山等七所寺庙为异国船退散祈祷；第三，在品川建立炮台装置大炮；第四，给诸大名传阅美国总统国书，征求他们的意见①。

诸有司和诸大名纷纷提出了建议，概括起来主要有主战拒绝论、避战拒绝论、有限交易论、积极交易论等。不同派别各持己见、激烈争论，未能形成统一的意见。鉴于这种情况，1853 年 11 月 1 日，幕府向诸有司和大名下达命令，称问题的解决方针"归于和战二字"，但并未明确表示到底是"和"还是"战"，模棱两可②。

培理舰队离开日本约一个月之后的 1853 年 7 月，俄国远东舰队司令普提雅廷率领四艘军舰来到长崎要求缔约通商。试图在东北亚确立霸权地位的俄国听到美国向日本派遣特使的消息之后，决定立即向日本遣使缔约。俄国听从熟知日本国情的荷兰人西博尔德的建议，采取了先向日本处理对外事务的窗口长崎递交国书，就俄国的意图取得谅解之后，再派使节前往江户的对策。幕府任命筒井政宪和川路圣谟为日方代表前去交涉。得知此消息的横井小楠从熊本藩出发来到长崎，想给旧知川路圣谟提建议，但此时川路圣谟一行尚未到达长崎，因此将其建议写成《夷虏应接大意》一文，托人转交给川路圣谟。在该文中，横井小楠主张日本的外交原则是，"有道之国允许通信，无道之国予以拒绝，不分有道无道一概拒绝，有悖于天地公共之理，必将失信义于万国"③，希望川路圣谟在与俄国进行交涉时予以考虑。

川路圣谟一行于 1853 年 10 月 30 日离开江户前往长崎，这时距普提雅廷来到长崎已有三个多月。幕府推迟谈判代表出发时间的表面原因是将军家庆于 1853 年 6 月 22 日去世，新将军家定于 10 月 23 日就任，国内局势不稳定，但实际上是采取了一种拖延时间的策略。接到长崎奉行有关俄国舰队来航急报的幕府将此事通报诸有司和大名，征求对策。筒井政宪指出，西洋诸国与日本的军事力量差距悬殊，主张在日本国力强盛之前，允许俄美两国与日本通商，并依此拒绝他国的要求④。筒井政宪"避战优先、以夷制夷"的策略受到阿部正弘的赞赏，但却遭到德川齐昭等人的强烈反对，结果幕府最

---

① 加藤祐三：《黑船前后的世界》，岩波书店，1985，第 345 页。
② 维新史学会：《幕末维新外交史料集成》第二卷，第一书房，1978，第 352 页。
③ 横井小楠：《夷虏应接大意》，《日本思想大系》第 55 卷，岩波书店，1971，第 434 页。
④ 《水户》上编乾，第 158 页。

后只能采取拖延时间的策略。12月18日，日俄双方围绕俄国提交的国书开始进行谈判。俄国的国书主要包括两方面的内容：一是确定两国国境；二是建立通商关系。双方经过几轮激烈的谈判，但未能达成一致意见。为此，双方互换备忘录，并约定过一段时间以后再继续进行谈判。在交给俄方的备忘录中，幕府允诺如果允许他国通信通商时，也会给俄国同样的待遇。在俄国舰队来航约一个半月之后，土耳其向俄国宣战，英法舰队为了对抗俄国进入黑海。普提雅廷担心会受到英法舰队的攻击，于1854年1月8日率领舰队暂时离开长崎，驶向马尼拉躲避。

当川路圣谟一行携带备忘录向江户进发的时候，1854年1月14日，培理率领7艘军舰再次出现在江户湾。1853年夏天离开日本后一直在中国南部休整的培理，在听到俄国舰队来到上海以及停泊在澳门的法国舰队没有明示目的地离港的消息之后，担心法国和俄国捷足先登，早于美国与日本缔约，遂决定冒着冬季远东海域的危险提前率领舰队前往日本赴约。

与应对俄国舰队时的拖延策略不同，对于培理的再次来访，幕府做出了迅速的反应。幕府下令在美国舰队停泊期间负责海防的四藩谨慎行事，下令江户町奉行采取措施稳定民心、遏制物价暴涨，并严令禁止日本人靠近美国舰队①。

幕府在浦贺搭建了房屋，希望在此与培理进行谈判，阻止舰队逼近江户城。但培理不听劝阻，下令舰队深入湾内，在小柴村投锚停靠。对此，幕府派与力香山荣左卫门前去交涉，希望将会谈地点定在小柴村以北的横滨村，得到培理的同意。

幕府任命大学头林复斋和町奉行井户觉弘等为全权代表，前往横滨与培理进行交涉。阿部正弘给林复斋下达的谈判方针是"谨慎行事，避战为先"②。1854年2月10日，双方开始进行谈判。为了迫使幕府就范，培理威胁说"如果日本不接受开港通商的要求，或许会发生战争。那时，在近海待命的50艘军舰就会到来，而在加利福尼亚待命的50艘军舰也会在20天后赶到"③。

培理提出了美方拟定的条约草案和《中美望厦条约》的复本，希望以

① 东京大学史料编纂所：《幕末外国关系文书》四，东京大学出版会，1972，一零三号。
② 中根雪江：《昨梦纪事》一，东京大学出版会，1989，第124页。
③ 东京大学史料编纂所：《幕末外国关系文书》五，东京大学出版会，1972，六八号。

《望厦条约》为蓝本制定美日条约。对于建交以及救助遇难船员、给商船提供薪水等事项，幕府没有表示异议，但反对立即进行通商，提议以翌年1月为期在长崎开始贸易，并在5年之后为通航日本近海的美国商船开放一港①。培理反对在长崎以与荷兰人同样的条件进行贸易，指出美国在适当的时候将会要求日本开放5个港口，目前开放浦贺一港即可。对此，日方提议以江户湾附近的下田港代替长崎，并承诺同年3月以后允许美国商船进入箱馆，但回避使用"贸易"一词，只允许就薪水、食品、煤炭等商船所需物品进行交易。此外，幕府还同意设置最惠国条款以及签署条约18个月之后美国领事进驻下田。对于琉球，幕府以"远隔且化外之地"为由拒绝开港，而对松前、浦贺两地的开港要求也找借口予以拒绝。培理还要求进入江户城以及对江户湾进行测量，遭到日方的严词拒绝。

双方就条约的内容达成一致之后，大学头林复斋将条约原案提交给幕阁，请求裁决。德川齐昭等认为让步过大表示不满，但林复斋指出"即使拒绝条约开战也无胜算，如果不幸败战，可能不得不缔结不利几倍的条约"，无奈幕府最终决定签署条约。1854年3月3日，日美两国在神奈川签署了日本近代史上第一个不平等条约，即《日美和亲条约》（又称《神奈川条约》）。该条约共12条，主要有开放下田和箱馆两港、提供薪水和食品、允许美国船购买必需品、救助漂流民、美国人在两港的活动范围、允许外交官进驻下田、承认最惠国条款等②。其中，第11条规定了签署条约18个月之后美国派遣领事到下田，为不久的将来开始通商条约交涉做好了部署。

在签署《日美和亲条约》三天之前，英法两国向俄国宣战，克里木（克里米亚）战争爆发。英国驻华贸易监督官包令已经从外交大臣那里取得了对日通商交涉权限，得知美国与日本缔约的消息之后，制定了率领舰队前往日本缔结通商条约的计划。但克里木战争的爆发，加上太平天国军队接近上海，致使英国海军致力于保护从事对华贸易的英国商人及其商船无法脱身，使得包令的计划无法实现。但从另一方面来看，克里木战争带来了《日英协约》这个偶然产物。英国驻中国舰队司令斯特林为了搜捕俄国舰队，于1854年7月15日率舰驶入长崎，向长崎奉行水野忠德提交维多利亚

---

① 东京大学史料编纂所：《幕末外国关系文书》五，东京大学出版会，1972，九五、一三一号。

② 《日美和亲条约》，载历史学研究会编《日本史史料》4，近代卷，岩波书店，1997，第18~19页。

女王的宣战布告书和对中立国的布告书，以及要求为了战争允许进入日本诸港的信件。经过几轮协商，双方于1854年8月23日签订了开放长崎、箱馆两港供英国船补给、修理之用的《日英协约》，得到英国政府批准。

为了躲避英法舰队的攻击，离开长崎的俄国舰队于1854年3月23日重新回到长崎，但由于担心与英国舰队遭遇，一周之后便离开长崎北上。9月1日，普提雅廷乘坐"黛安娜"号军舰突然出现在大阪。双方约定谈判地点从长崎移至下田。以筒井政宪和川路圣谟为全权代表的日方代表团与普提雅廷展开交涉。谈判从11月3日开始一直持续到12月21日，最终达成一致，签署了《日俄和亲条约》。该条约与《日美和亲条约》的内容大致相同，但由于两国是邻国，所以特地就国境线做出了规定，即以埃特罗夫岛和乌鲁普岛之间为国境，桦太（萨哈林）为两国国民混居之地，维持原状。在双方谈判期间，安政大地震爆发并引发大海啸，搭救溺水日本人的"黛安娜"号也严重受损，在为了修理而回航的途中沉没。幕府救助了落水船员，并在俄国造船技师的指导下在伊豆君泽郡户田村制造了洋式帆船"海达"号，这是日本引进洋式造船技术之始。

第一次鸦片战争结束后的1844年，荷兰曾向幕府提交国王威廉二世劝告日本开国的亲笔信，遭到幕府拒绝。此后，荷兰多次要求改变局限于出岛的会所交易制度。1855年12月，日荷两国签订了和亲条约，允许出岛的荷兰人自由进出长崎。

这样，以培理逼迫幕府签订日本近代史上第一个不平等条约为始，日本先后与英国、俄国、荷兰签订了和亲条约。这些条约规定日本开放长崎、箱馆、下田三港，美英等国享有片面的最惠国待遇，但开放的范围仍局限在提供煤炭、淡水、食品以及救助海难船员等方面，并没有涉及通商贸易问题，带有明显的过渡性。

1856年8月，按照《日美和亲条约》的规定，美国首任驻日总领事哈里斯进驻下田。哈里斯要求前往江户向将军奉呈美国总统国书，并与幕府高官谈论重要问题。幕府派井上清直和岩濑忠震前往下田进行谈判。恰在此时，英法两国借口"亚罗"号事件和"马神甫"事件，组成联军，发动了第二次鸦片战争。这场战争给哈里斯向幕府施加外交压力，提供了难得的机会。

1857年2月，荷兰商馆馆长克提俄斯向幕府通报了"亚罗"号事件的消息，劝告幕府切勿因拒绝缔结通商条约而导致武力冲突。同年6月，下田奉行井上清直与哈里斯签订了《下田条约》，主要规定：长崎对美国船舰开放；美国人拥有在下田和箱馆的永久居住权；确定两国货币同种同量交换规则；美国人享有领事裁判权；等等①。通过这个条约，美国在日本取得领事裁判权，还为用国际市场价格便宜的银币套购日本黄金，制定了法律条款。由此，日本的民族危机进一步加深。在哈里斯希望前往江户递交国书以及缔结通商条约的要求被拒绝后，美国军舰"朴茨茅斯"号驶抵下田港。在这种情况下，同年10月，幕府新任首席老中堀田正睦答应了哈里斯进入江户的要求；又在长崎与荷兰缔结了追加条约，同意双方进行通商贸易；8天后与俄国在长崎订立日俄追加条约，同意开放长崎和函馆两港。

1857年12月，哈里斯如愿以偿地进入江户城，拜访将军家定并递交了国书。随后，哈里斯会见堀田正睦，展开缔约交涉。哈里斯充分利用英法联军进攻中国给日本造成的压力，在长达两个多小时的发言中，强调由于蒸汽轮船的发明和使用，世界形势为之一变，日本已经无法维持锁国体制；哈里斯还虚声恫吓，声称英国在鸦片战争中获胜之后会乘势进攻日本，并且向日本出口鸦片；哈里斯强调美国与英国不同，无意得到东方的领土，因此，日本应尽早与友好的美国政府缔结条约，以利国家平安②。

堀田正睦让诸大名传阅哈里斯的陈述记录，征求他们的意见。诸大名提出的提案中，半数以上同意签订通商条约。堀田正睦任命井上清直和岩濑忠震为全权代表与哈里斯进行谈判。经过13轮的激烈争论，双方于1858年6月19日签订了《日美修好通商条约》。该条约共14条，规定美国外交代表进驻江户，领事进驻开港地，可以在日本国内旅行；日本开放神奈川、长崎、箱馆、新潟、兵库五港和江户、大阪两市；实行自由贸易原则和关税协议制；外国在日本享有领事裁判权和单方面的最惠国待遇③。由于日方的坚持，京都未被列入开市之列，美国人在日本国内的自由旅行权也遭到否认。同年7~9月，英国、俄国、荷兰、法国等列强纷纷与日本签订了以《日美修好通商条约》为蓝本的《修好通商条约》，上述条约史称"安政五国条约"。

"安政五国条约"包括了领事裁判权、关税协议制、单方面的最惠国待

---

① 井上光贞等编《开国与幕末政治》，山川出版社，1995，第72~73页。
② 东京大学史料编纂所：《幕末外国关系文书》十八，东京大学出版会，1972，四四号。
③ 《日美修好通商条约》，载历史学研究会编《日本史史料》4，近代卷，岩波书店，1997，第27~29页。

遇等具有不平等条约性质的条款，从而严重损害了日本的国家主权。至此，幕府推行了200多年的锁国体制彻底崩溃，日本成为欧美国家在东北亚的新市场。

第三节 "洋扰"冲击朝鲜

进入19世纪以来，欧美舰船频繁入侵朝鲜近海，其中大部分是英国和法国的舰船，也有部分俄罗斯和美国的舰船。朝鲜将这些进入朝鲜近海的欧美舰船称为"异样船"，而将乘坐这些"异样船"的模样古怪的人叫做"洋夷""洋敌""匪类""洋魁子"①。但当这些洋人漂流或不时来到朝鲜时，朝鲜政府还是按照"柔远之义"给予救助，提供粮食、衣物等生活用品，并且将他们送到中国或帮助他们从海路返回。

但是面对欧美舰船日益频繁地出没以及他们提出的通商要求，朝鲜政府必须做出选择，要么像中国和日本那样接受他们的要求，要么坚决予以拒绝。当时朝鲜当局和知识分子通过一些渠道得知，被迫接受欧美列强要求而开港的中国和日本陷入困境，因此主张不能轻易接受欧美列强的开港通商要求，坚持继续锁国。正当此时，欧美列强发动了两次武力征服，即1866年法国舰队的"丙寅洋扰"和1871年美国舰队的"辛未洋扰"，但均未实现其开港通商的目的。朝鲜军民以武力对抗西方国家的入侵，维护了国家主权。两次洋扰进一步增强了朝鲜人对西方的排外情绪，国内关于洋务的议论也被迫趋于沉默。两次洋扰的后果，对朝鲜此后的历史进程产生了巨大的影响。

一 法国的朝鲜政策与"丙寅洋扰"

若论法国与朝鲜的关系，天主教信仰关系早于政治关系。17世纪初天主教作为西学被介绍到朝鲜。当时，得到明朝政府允许的耶稣会传教士为了传教的便利发行了大量的汉译西学书。按照朝贡体制的惯例定期派往中国的朝鲜赴京使节团来到北京，其中的一些人或是出于作为农业社会官僚的必要，或是出于对新事物的好奇，访问了钦天监和天主堂，与传教士进行交流，回国时带回了西洋文物和汉译西学书，此为"朝鲜西学"之肇始。此

---

① 《承政院日记》，宪宗十三年八月九日；《日省录》，宪宗十一年七月四日。

后，随着引进的西学书数量的增加和种类的增多，到了 18 世纪中叶，形成了一股学习和研究西学的热潮，涌现出李瀷、洪大容、丁若镛等一批研究和传播西学的学者。进入 18 世纪末期，部分在野南人系少壮派学者将作为一种学问研究的天主学与现实生活联系起来，从而产生了朝鲜最初的天主信仰①。1783 年，李承薰随燕行使来中国，在北京接受格拉蒙神甫的洗礼之后回国，于正祖八年（1784 年）建立了朝鲜天主教会②。1831 年罗马教廷设立了朝鲜教区，朝鲜天主教会与法国巴黎外帮传教会发生联系，外帮传教会所属的慕印、沙斯当、安默尔等神甫秘密潜入朝鲜，开展了传教活动③。但 1839 年发生了"己亥邪狱"，慕印、沙斯当、安默尔三位神甫被处死④。

接到这一消息的法国决定对朝鲜实施炮舰外交。1846 年 5 月 20 日，赛西尔海军少将率领由 3 艘军舰和 870 名水兵组成的舰队离开澳门前往朝鲜。8 月 6 日舰队来到朝鲜洪州外烟岛，试图就法国传教士被害一事同朝鲜官宪交涉，要求朝鲜政府解释并做出赔偿，但因不熟悉朝鲜海岸的地形未能找到江华海峡的入口，遂决定放弃面谈，留下给朝鲜王国宰相的外交书函后，退回中国。这份文件是朝鲜王国接到的来自西欧国家最早的外交文书⑤。一年以后，为了接受上次外交文书的回函，海军上校拉别尔率领的由两艘军舰和 560 名水兵组成的舰队于 1847 年 7 月 28 日从澳门出发，8 月 10 日来到全罗道万顷地方薪峙岛，但遭遇风暴触礁，有两名水兵溺水身亡，其余人紧急躲避到附近的古群山岛。8 月 13 日，拉别尔向全罗监司发出一封书信表明来意，并要求提供援助⑥。法国舰队未能如愿，分乘两艘前来救助的英国军舰回到中国。

因"己亥邪狱"时法国传教士被害事件引发的法国舰队的责问活动，由于拉别尔舰队遭难以及 1848 年法国国内局势的混乱未能得以实现。在印度展开的激烈的殖民地争夺中失败的法国将目标转向了印度支那，进而又对朝鲜产生了野心。1855 年 10 月 19 日，法国海军部长官给印度支那基地司

---

① 李元淳：《朝鲜西学史研究》，一志社，1996，第 13～17 页。
② 赵珖：《朝鲜后期天主教会史研究》，高丽大学博士学位论文，1984，第 19 页。
③ 达列著《韩国天主教会史》中，安应烈、崔奭祐译，韩国教会史研究所，1980，第 233 页。
④ 1839 年八月十四日在首尔南沙坪被处以枭首刑，《承政院日记》，宪宗己亥年八月十四日。
⑤ 韩国教会史研究所译《韩法关系资料 1846～1856》，《教会史研究》1，1979，第 151～162 页。
⑥ 《宪宗实录》，宪宗十三年八月丁巳；韩国教会史研究所译《韩法关系资料 1846～1856》，《教会史研究》1，1979，第 163～176 页。

令官盖朗发出书函，下令收集把朝鲜变成其殖民地所需的情报。接到该命令的盖朗少将为了勘察朝鲜海域并收集有关朝鲜政治状况的情报，亲自率领军舰"贝尔芝尼"号于1856年7月16日来到朝鲜东海岸，开展了为期两个月的对朝鲜全部海域的勘察活动。回到基地之后，他向海军省提交了报告书，论述了朝鲜问题对策论："现在朝鲜非常屡弱，其宗主国清国也无力给予保护，只要欧洲大国下决心就能轻易占领。俄国正想利用这个机会占领朝鲜。近来俄国的军舰对朝鲜进行勘察，为占领朝鲜做着准备。能够阻止俄国占领朝鲜的策略就是法国要先下手为强，而征服朝鲜最为有利的地点就是永兴湾。这里土地肥沃且可以安全停泊舰船。只需步兵6000、骑兵300、轻炮兵一个中队就可以轻易占领永兴湾"[1]。但当时法国的首要目标是印度支那，没有余力打进朝鲜，只能等待时机的到来。

1863年12月8日，朝鲜国王哲宗驾崩。因其无嗣，按照神贞王后赵大妃之命迎立王族兴宣君次子命福为新的国王，称高宗。因高宗年幼尚无处理国政的能力，于是封其生父为大院君，总摄朝政。

大院君执政之后，开始时对天主教采取宽容态度。但随着天主教势力在朝鲜的迅猛发展，对此产生了深深的危机感，认为"不早惩之，热河之祸，又将在我"[2]，对天主教徒采取了残酷的镇压政策。1866年，大院君下令处死被捕的法国传教士和众多教徒。1866年1月9日，贝尔内主教和洪凤周被处死，到2月13日，共有9位法国神甫被处死[3]，洪凤周、南钟三、丁义培、禹世英等8000多名教徒殉教，史称"丙寅邪狱"[4]。

由于受到朝鲜教徒的保护，费隆（Feron）、里德尔（Ridel）、加莱（Calais）三位神甫幸存下来，他们决定派里德尔到中国，向法国政府通报被害情况并请求予以救援[5]。1866年5月17日，里德尔神甫和张致善等11名教徒离开忠清道新昌县龙塘里浦口，5月25日来到中国山东省的芝罘。里德尔立即前往天津向驻华法国舰队司令官罗兹少将报告朝鲜迫害天主教一事，请求尽快救出留在朝鲜境内的法国神甫。接到报告的罗兹提督决定远征

---

① 韩国教会史研究所译《韩法关系资料1846～1856》，《教会史研究》1，1979，第189～195页。

② 杉本正介：《英法军入侵北京对朝鲜的影响》，《民族与历史》6，1921，第103页。

③ 《右捕厅誊录》，丙寅一月九日。

④ 韩国天主教中央协议会：《韩国天主教年鉴》，韩国天主教中央协议会，1955，第244页。

⑤ 《韩国天主教会史》下，第452页。

朝鲜并于 5 月 28 日将此事通报法国驻华代理公使伯洛内（Bellonet）和法国海军省长官①。接到罗兹通报的伯洛内于 6 月 2 日向恭亲王发函，敦促清朝以朝鲜宗主国的身份介入解决"丙寅邪狱"一事，要求发放驻华法国传教士进入朝鲜所需的护照。对此，总理衙门答复说，"朝鲜虽向中国朝贡，但一切国事悉由自主"②。于是，伯洛内宣称清朝自动放弃了对朝宗主权，向总理衙门发出照会，声称，"该国残杀之日，实即其国丧失之日也。所有本国各路兵船，不日即可齐集朝鲜，暂取其国。后来再立何者为王，以守此土，仍听本国谕命施行"③。

总理衙门要求首先调查传教士被害缘由，极力阻滞法国实施远征朝鲜计划，但伯洛内置之不理，仍宣布派兵远征朝鲜。总理衙门随即向朝鲜通告了法国舰队的远征朝鲜计划，朝鲜政府在发往礼部的咨文中说，"敝邦自昨冬以来，有凶徒匪类，聚党纠结，潜图不轨。遂乃掩捕，则异国人八名，不知何处冒越，衣冠言语，与东国无别。甚至奸昵妇女，幻形匿迹，其久处敝境，推可量会。藉曰传习其教，安用此秘诡为哉？异国人之漂到敝国者，尽行护还，至若无公凭潜越者，一切置辟，原系金石之成宪，此所以并施当律者也"④，详细论述了事件的始末，并要求礼部转告法国。但伯洛内声称，"传教士仁义光明，毫无过犯，杀之违天悖理，此等诸恶世法，全不能容矣"⑤。

伯洛内向法国外交部报告此事，并要求罗兹移交法国舰队的指挥权。但罗兹提出抗议说伯洛内下令出兵朝鲜是越权行为。当两人围绕远征朝鲜的权限问题发生争执时，1866 年 7 月 30 日，海军部和外交部批准了罗兹的计划，指示要慎重行事，不要牵扯到海军部和法国政府，只能动用所属的兵力进行远征⑥。得到命令的罗兹按计划向朝鲜出兵，从而引发了法朝两国之间的战争。

法国远征朝鲜是分两步进行的。从 1866 年 8 月 10 日始至 1866 年 8 月 23 日，罗兹首先勘察以江华海峡为中心至京城汉城的汉江水路。罗兹依靠

---

① 韩国教会史研究所译《韩法关系资料（丙寅洋扰）》，《教会史研究》2，1979，第 201 页。

② 《清季中日韩关系史料》卷 2，台湾"中央研究院"近代史研究所，1972，第 27 页。

③ 《清季中日韩关系史料》卷 2，台湾"中央研究院"近代史研究所，1972，第 27～28 页。

④ 《高宗实录》，高宗三年七月八日。

⑤ 韩国教会史研究所译《韩法关系资料（丙寅洋扰）》，《教会史研究》2，1979，第 215 页；《同文汇考》卷 3，历陈洋橄缘由咨，第 2471 页。

⑥ 韩国教会史研究所译《韩法关系资料（丙寅洋扰）》，《教会史研究》2，1979，第 207～208 页。

当年盖朗绘制的朝鲜南阳湾一带的地图，率 3 艘军舰共 200 名兵力驶入江华海峡。在里德尔神甫和 3 名朝鲜教徒的引导下溯汉江而上，侵入京城附近的杨花津、西江一带勘察水路，绘制 3 张海图之后回到芝罘基地。通过侦查，他决定报复范围不局限于江华岛，而必须扩大到京城，他预计动员 1500 名至 2000 名兵力就可以征服京城①。

1866 年 8 月 28 日，罗兹向驻华各国外交使节宣布"汉江封锁令"。9 月 3 日，罗兹率领由驻扎在中国和日本横滨的 7 艘军舰、1500 名兵力和 66 门大炮组成的法国舰队离开芝罘。9 月 8 日，法国舰队侵占江华岛，扬言"尔杀我九人，故要杀尔九千人"②。

接到法国军队侵占江华岛的急报之后，大院君于 9 月 11 日发布旨在激励朝鲜军民的回章，称"人死国亡，古今天地之常经也。洋夷侵犯列国亦自有之，于今几百年，此贼不敢得意矣。伊自年前中国许和之后，跳踉之心一倍叵测，到处施恶，皆受其毒，惟独不行于我国，实是箕圣之在天阴骘也。到此之地，所知者礼义也，所恃者众心成城也。今日上下，若有疑怯，则万事瓦解，国事去矣。我有三件划定于心者，谅此血誓，随我踵后焉。不耐其苦若许和亲，则是卖国也；不耐其毒若许贸易，则是亡国也；贼迫京城若有去邪，则是危国也"③。

1866 年 9 月 11 日，朝鲜巡抚营向罗兹发出檄文指出，"夤缘我人，潜入我境，换我衣服，学我言语，罔我民国，乱我礼俗，则国有常法，随现必诛，此通万国画一之规也。我行常法，汝何怒焉？易地行之，我当无问，而今汝之执此为言，已极违理。日前汝船之入我京江也，船不过二，人不满千，则苟欲屠戮，何患无术？而既与潜入差别，则其在怀远之义，不忍加兵相害，故过境牛鸡，随请辄馈。扁舟往来，以言相问，则受其馈而不受其回者。汝自负我，我何负汝？犹且不足，去益行悖，今此犯我城府，杀我民人，掠货攘畜，罔有纪极，逆天违法，未有甚于此也。天既厌之，人得诛之"④，严厉谴责了其罪行。对此，罗兹立即回信，威胁说，"今大法全权大

---

① 韩国教会史研究所译《韩法关系资料（丙寅洋扰）》，《教会史研究》2，1979，第 215 ～ 225 页。

② 《高宗实录》，高宗三年九月十日。

③ 《高宗实录》，高宗三年九月十一日。

④ 《高宗实录》，高宗三年九月十一日，"巡抚营传檄洋舶都主"；《丙寅日记》，九月十二日；《荷居集》，"讨洋舶都主檄"。

臣主定征伐高丽不仁不义之邦，若不倾耳受教，全无饶处。因有三员唆弄其司为源由，杀我朝传教士者严惩究办。尔司宜早差全权一员，披星戴月，来此面议，永定章程，灾害凶患今以临近矣。尔欲避之，宜早回言，果受教。若不领命，本大臣先期与尔是诸患难，尔民受灾之根，勿谓言之不先也"[1]。朝鲜政府断然拒绝了其无理要求。

　　千总梁宪洙率领 600 名军队在通津布阵。他认为在火力方面处于绝对劣势的朝鲜军队须出奇兵方能打败法国军队，从而制定了以御戎方略收复江华岛的作战计划，即趁夜色 600 名兵力偷渡江华海峡，进入通津对面的鼎足山城击破来犯敌军。1866 年 10 月 2 日，趁一片漆黑夜色的掩护，梁宪洙率军渡过江华海峡，抢占了鼎足山城，构筑工事以待法国军队来犯。罗兹接到朝鲜军队占领鼎足山城的报告，派出一支 160 人的部队去攻占鼎足山城。法军轻视朝鲜军队武器落后，只携带轻武器前往鼎足山城。朝鲜军队奋力打击来犯敌军，法军被击败，死伤 80 多人，朝鲜士兵阵亡 1 人，受伤 4 人[2]。

　　以鼎足山城败战为契机，法国军队放弃了当初要征服京城的计划，于 1866 年 10 月 5 日撤出江华岛。法军掠走了包括朝鲜政府存放在外奎章阁的古图书 340 册在内的数量众多的文物，以及相当于 19.7231 万法郎的 19 箱银子，放火烧毁了外奎章阁[3]。

　　1866 年 10 月 6 日，伯洛内公使照会清朝总理衙门，指责"丙寅邪狱"是"无可辩驳""不可饶恕的犯罪行为"，而朝鲜向中国朝贡，因此是朝中两国的共谋行为，其理由是：朝中两国是"丙寅邪狱"的共犯；1864 年冬天朝鲜的冬至使来北京向清朝政府报告天主教迫害计划得到了清朝政府默认；清朝政府的高层官员积极赞成天主教禁压计划；在长城外募集和训练满洲士兵就是为了帮助抵抗法国军队的朝鲜政府。对此，恭亲王向驻华各国公使发出照会，澄清朝中之间的使臣往来是传统外交仪礼关系，在长城外募集

---

① 《高宗实录》，高宗三年九月十一日，"洋船回橄"；韩国教会史研究所译《韩法关系资料（丙寅洋扰）》，《教会史研究》2，1979，第 237~238 页。

② 韩国教会史研究所译《韩法关系资料（丙寅洋扰）》，《教会史研究》2，1979，第 245~246 页；《里德尔文书》1，韩国教会史研究所，1994，第 118~120 页；《丙寅日记》十月三日条；关于双方的伤亡人数，两国的文献有很大的出入，法国海军部文书记载法军伤 29~32 人，无死亡者；《丙寅日记》记载"至五里而死者十余，十里而死二十里而死者，假量为六七十"；作为翻译随军前往朝鲜的里德尔记录的《里德尔文书》中说，"除了伤员和护理的士兵，可投入战斗的士兵不足 80 人"，证明 160 人中有一半伤亡。

③ 韩国教会史研究所译《韩法关系资料（丙寅洋扰）》，《教会史研究》2，1979，第 249~252 页。

和训练士兵纯属谣言①。

结束远征并回到中国的罗兹，宣称成功完成了膺惩和报复杀害传教士行为的任务，但伯洛内等驻京各国外交官却评价法国的此次远征遭到失败。法国政府认为远征朝鲜取得了成功，当美国政府于1867年3月建议作为共同受害者，由美法两国组成联合舰队远征朝鲜时，法国政府以上次远征朝鲜已经充分进行了膺惩和报复为由，予以拒绝②。

胜利击退"丙寅洋扰"后，朝鲜君臣的排外情绪高涨，大院君进一步加强了锁国攘夷政策。法国军队撤出之后，大院君下令在江华岛德津要塞树立刻有"海门防守，他国船慎勿过"字句的石碑，以示其闭关自守的意志。"丙寅洋扰"之后，法国改变了以往以武力为后盾强迫通商建交的对朝政策，转而依靠外交交涉解决问题。1870年法国在普法战争中败北，继拿破仑三世之后执政的第三共和国政府，采取依靠外交交涉实现与朝鲜通交和获取传教自由目的的外交政策，1886年终于签订了《法朝修好通商条约》，与朝鲜建交，凭借这个不平等条约获得一系列殖民权益。

二　美国的朝鲜政策与"辛未洋扰"

19世纪初，美国开始关注与亚太地区的通商交易。1834年，美国向远东地区派出特使罗伯茨（Edmond Rberts），探索扩大通商和建交的可能性。结束对远东地区的探索任务之后回到国内的罗伯茨在向国务卿麦克莲提出的报告中说，"美日条约一旦缔定，那么对朝鲜和中国北方的通商道路也就会畅通无阻"③。但是他提出的"与日本、朝鲜的交易劝告案"未被美国政府采纳。

以1840年爆发的鸦片战争为契机，美国确立了对亚洲的通商扩张政策。1844年美国逼迫清朝签订《望厦条约》，开放中国的门户之后，试图将通商贸易的范围扩大到日本和朝鲜半岛。1845年1月9日，美国纽约州众议员、众议院海军委员会主席普拉特向众议院提出关于《扩展美国通商范围：向日本和朝鲜派出通商使节提案》，宣称"这个一向隐遁的国家的港口和市场，对我们商人和海员的事业欲形成刺激的时代已经到来"④，要求议会为

①　韩国教会史研究所译《韩法关系资料（丙寅洋扰）》，《教会史研究》2，1979，第256～258页。

②　韩国教会史研究所译《韩法关系资料（丙寅洋扰）》，《教会史研究》2，1979，第260页。

③　泰勒·丹涅特：《美国人在东亚》，商务印书馆，1959，第214页。

④　曹中屏：《朝鲜近代史（1863～1919）》，东方出版社，1993，第21页。

开辟与日本和朝鲜的通商交易之路采取措施。他的主要目的是迫使日本开港，而朝鲜开港则处于附属地位。从一开始，较之朝鲜半岛，美国经济利权的重点就放在了日本。但是由于当时美国的国内开发问题和与墨西哥之间的战争，该劝告案也未能通过。

从19世纪40年代开始，日本北海道附近海域的捕鲸业活跃起来。朝鲜与美国最初的接触就是由漂流而来的美国捕鲸船开始的。1853年1月6日，一艘异样船出现在釜山龙塘浦前海，东莱府使派问情官前去察看情况，但因语言不通而无法进行沟通。十多天之后，异样船起锚扬帆驶向南部海洋[1]。1855年6月，从美国捕鲸船"图布拉兹尔"号逃出的4名船员漂流到江原道通川前海。通川郡守按照"柔远之义"予以救助[2]。朝鲜政府将此4人安全护送到中国。1866年8月，美国商船"士佛"号来到朝鲜提出通商要求而遭到拒绝[3]。同年5月，美国商船"舍普莱斯"号在海上遭难漂流到朝鲜得到救助，8名船员被安全送到中国[4]。当时，朝鲜国内正值"丙寅邪狱"，排外情绪高涨，但朝鲜政府仍对受难的美国船员予以救助并安全护送到中国。可见，对于天主教神甫以外的洋夷，只要他们不采取好战的挑衅行为，朝鲜政府均给予人道主义的厚待。

1866年6月29日，由英国米道斯（Meadows）公司租用的美国人普雷斯顿（Preston）所有的武装商船"舍门将军"号满载洋货驶离芝罘前往朝鲜，溯大同江而上，来到平壤附近。尽管朝鲜地方官员以内江航行和通商违反朝鲜国法极力阻止，但托马斯牧师（又称崔兰轩）等不顾朝鲜官员的抗议深入内地[5]。其间，朝鲜政府按照"柔远之义"提供补给，但托马斯谴责"丙寅邪狱"，恐吓说法国舰队要来报复，强烈要求通商。朝鲜官员以一介地方官吏无权擅许通商为由予以拒绝。通商要求遭到拒绝之后，"舍门将军"号开始了强盗行径。他们扣留了前来阻止的中军李玄益，以提供一千石大米以及大量金银、人参作为释放条件[6]，还向阻止其掠夺行为的朝鲜军

---

[1] 《日省录》，哲宗四年癸丑正月初六日辛亥；《日省录》，哲宗四年癸丑正月十八日癸亥。

[2] 《备边司謄录》，哲宗六年六月二日；《承政院日记》，咸丰五年六月二日。

[3] 《高宗实录》，高宗三年八月十七日。

[4] 《日省录》，高宗三年五月十七日。

[5] 《高宗实录》，高宗三年七月十五日。

[6] "又曰：米一千石及金银人参多多数馈遗然后可以解去也。"参见《同文汇考》卷3，洋舶情形4，第2469页。

民乱放枪炮，造成 12 人伤亡①。7 月 24 日，平壤监司朴珪寿按照大院君的命令采用火攻战术烧毁舰船，消灭了全部 24 个侵略者②。

"舍门将军"号事件无疑是韩美关系史中的重大历史事件。以此次事件为契机，美国政府于 1867 年和 1868 年先后派出薛斐尔（R. W. Shufeldt）和费彼格（J. C. Febiger）率舰前往朝鲜进行探询之后，决定对朝鲜实施炮舰外交政策。1871 年美国远征朝鲜，从而引发了"辛未洋扰"。

"舍门将军"号事件发生之后，美国公使柏林盖姆（A. Burlingame）要求派遣美国亚洲舰队司令官贝尔（H. H. Bell）前往朝鲜进行调查，贝尔将此任务交给了薛斐尔③。从 1866 年 12 月 17 日至 12 月 29 日，薛斐尔指挥军舰"瓦秋塞特"（Wachusett）号对黄海道长渊县大同河（非平壤的大同江）河口和巨文岛等地进行巡航勘察。经过 12 天的勘察之后，薛斐尔认为美国必须迫使朝鲜开港。其理由有以下三条：第一，之所以发生"舍门将军"号事件这样的悲剧，是因为美国与朝鲜没有外交关系。若想预防类似事件再次发生并将通商交易范围扩大到朝鲜半岛，就绝对不能容忍朝鲜的锁国政策，因为朝鲜开港将会成为美国实现对亚洲扩张政策的最后一张牌④。第二，此次巡航勘察时，美国海军派遣的博物学家比契摩尔（A. S. Bichmore）同船随行，对朝鲜半岛进行了地质调查，结果发现朝鲜半岛黄金蕴藏量非常丰富，但因开采设备非常落后未能开发。如果使用近代化的装备和设施开采朝鲜的金矿，会得到很高的经济价值⑤。第三，从地理、政治、军事、经济等多方面对巨文岛进行勘察之后，薛斐尔断定巨文岛适合于建立美国海军的军事基地⑥。薛斐尔计划来年春暖之际再访朝鲜并与朝鲜政府开展立约交涉，但结束勘察回到上海之后他被召回国内，失去了实施其朝鲜开港计划的机会。

在薛斐尔勘察朝鲜期间，担任水路向导的中国人丁文泰报告说，他曾通过朝鲜商人金子平，听到了"舍门将军"号船员中尚有两个洋人和两个中国人生存的消息⑦。为了救出生存者，贝尔提督派费彼格前往朝鲜。1868 年

① 《日省录》，高宗三年丙寅七月二十五日。
② 《龙湖闲录》卷 3，平安监司状启，第 6～8 页；《龙湖闲录》卷 4，第 1～5 页；《日省录》，高宗三年七月二十五日。
③ "Bell to Shufeldt", *Shufeldt Letters*, December 27, 1866.
④ *Shufeldt's Letter Book*, No. 43, 1867.
⑤ *Shufeldt's Letter Book*, No. 48, No. 49, 1867.
⑥ *Shufeldt's Letter Book*, No. 51, 1867.
⑦ 《清季中日韩关系史料》卷 2，第 93～94 页。

4月7日，费彼格率军舰从芝罘出发，对朝鲜进行了为期41天的探察。在结束此次任务回到中国之后，费彼格递交了报告，认为"舍门将军"号事件因朝鲜军队的挑衅性攻击而发生，敦促美国政府进行报复远征。美国政府根据费彼格的报告决定实施对朝炮舰外交政策①。

1869年，继约翰逊政府之后，格兰特政府上台执政，朝鲜开港课题落到新任国务卿费什（H. Fish）手中。此时，中国和日本均已被迫开港，只有处于中国和日本之间的朝鲜尚处于锁国状态。费什赋予驻华美国公使镂斐迪（Frederick. F. Low）交涉全权，下令罗杰斯（J. Rodgers）司令官率领美国亚洲舰队护卫镂斐迪公使②。

远征朝鲜之前，镂斐迪通过清朝总理衙门向朝鲜政府转达明示此次朝鲜之行目的的亲笔信。在该信中，镂斐迪表明自己是奉美国总统之命为了与朝鲜国和好、商议救助遇难商民水手之事而访问朝鲜，并谴责了"舍门将军"号事件。他威胁说，"若多方拒绝，实召不睦，又谁尤焉"③。由此可见，如果朝鲜政府不应旨在立约的交涉协商，美国将实施其炮舰外交政策，不惜动用武力强制打开朝鲜的门户。1871年4月3日，罗杰斯率领由5艘军舰、85门舰载大炮、1230名水兵组成的舰队从日本长崎出发驶向朝鲜。罗杰斯希望效仿培理舰队1854年迫使日本开港的方式，率领舰队依靠炮舰外交迫使朝鲜屈服，以完成立约开港的任务。

1871年4月14日，美国军舰不顾朝鲜方面的强烈反对，派出军舰进入江华海峡进行探测，遭到朝鲜军队的炮击。罗杰斯发信威胁说，"至无端攻击之事，并不论咎，而反袒护谓疆臣职所应为。在我提宪，原拟鸣炮之举，出于军民之妄为。贵朝廷闻之，必欲卸肩，并派大员，前来会议，皆所群望者也。以故不遽施为，缓期以待。若于三四日内，如无贵朝廷延接商办之意，一俟期满，则专听我钦提宪任意施行"④。对此，朝鲜政府回答说，"关防重地，不许外船辄入，各地规范，易地皆然。昨者，贵船溯上海关，致有彼我鸣炮相警之举。既云好意，而有此一番事端，甚为慨惜。自贵船之来，戒饬沿海官弁，切勿生事启衅。虽然贵船不知他国规模，深入隘口，则封疆

---

① *Febiger Letters*，May 9，1868.

② Paullin，*Diplomatic Negotiations of American Naual Officers*，*1778 - 1883*，pp. 282 - 328.

③ 《筹办夷务始末》卷6，第1848~1849页；《同文汇考》卷3，美国信函，第2489~2490页。

④ 《高宗实录》，高宗八年四月十七日。

之臣，职在备御，岂可恬然而已乎？"① 主张美国军舰在没有获得朝鲜政府正式许可的情况下进入江华海峡是侵略朝鲜领土的行为，朝鲜对此进行攻击是行使了正当的自卫权，拒绝谢罪赔偿。

1871年4月23日，美国军队开始进攻草芝镇。美军携带的武器是在南北战争中使用的最新式大炮和步枪，而朝鲜军队使用的则是大碗口、佛朗机、火绳枪等老式兵器。因此，美军没有遇到多少抵抗占领了草芝镇。4月24日，美军占领德津镇之后，开始进攻最后一个目标——广城堡。广城堡是江华岛的战略要冲，设有江华镇抚中军鱼在渊的指挥所，配置了2000～3000名由猎手组成的朝鲜守备军。朝鲜军队虽然英勇作战，但双方火力、射程、命中率、机动性等方面相差悬殊，未能阻挡美军的进攻，广城堡陷落，鱼在渊也壮烈殉国。战斗结束，朝鲜军队战死350人，负伤20多人；美军战死3人，负伤10人。美军烧毁了设在广城堡的朝鲜军队的营房、火器库，还掠走了帅字旗以及481门大炮等战利品。4月25日上午，美军开始撤离广城堡②。

退回芍药岛锚地的罗杰斯发表"祝贺战胜训令"，称"在祝贺我军官兵取得的辉煌胜利的同时，本人对为了维护我国星条旗的名誉英勇作战、光荣殉国的官兵表示衷心的哀悼"③。罗杰斯以为朝鲜政府会屈服于美国的军事压力派出全权代表进行谈判，但等待20多天仍无任何结果。1871年5月16日，罗杰斯率领舰队离开朝鲜。罗杰斯的朝鲜远征最终以失败告终。美国海军部也承认"虽然取得了胜利，但没有一个人觉得有什么可以炫耀的，也没有一个人想要记住这次远征，这是一个毫无意义的胜利"④。1853～1854年培理舰队远征日本，不发一枪一炮就迫使幕府立约开港，但这次远征朝鲜，虽然在军事上取得了胜利，却未能实现此次远征的最终目的，即逼迫朝鲜定约开港。

美国的军事征服，不仅未能实现迫使朝鲜开港的目的，反而使得朝鲜政府和民众的排外情绪进一步高涨。就在罗杰斯发表"祝贺战胜训令"的同一天，朝鲜政府谴责美国的侵略行径，主政的大院君李昰应下令在汉城的钟

---

① 《高宗实录》，高宗八年四月十七日。
② 《高宗实录》，高宗八年四月二十八日。
③ *The New York Times*，August 22，1871.
④ *The New York Herald*，June 17，1871；William M. Leary，"Our Other War in Korea，" *United States Naual Proceedings*，94（June 1968），p. 53.

路以及全国其他主要城市树立斥和碑，上书"洋夷侵犯，非战则和，主和卖国"① 的字句，继续坚持锁国攘夷的强硬政策。

第四节　"外压"及其对改革作用的异同比较

日朝虽然共同面临欧美列强的冲击。但由于地缘政治、国情等因素的不同，两国采取了不同的应对方式，即日本采取避战缔约的策略，与列强订立一系列不平等条约，打开了国门，也被迫加入资本主义市场体系。朝鲜则举国一致，抗击来犯的法国和美国的舰队，在击退洋扰之后，继续实行闭关锁国政策。面对西方的冲击，两国采取截然不同的应对方式，其原因主要有以下几个方面：

一　两国所遭受的"外压"强弱程度有所不同

1845 年 1 月 9 日，美国众议院海军委员会成员、众议员普拉特提出了"向日本和朝鲜派出使节提案"，详细论述日本和朝鲜的地理、政治、经济、文化等方面的情况，并指出"长期以来对他国关闭门户拒绝建立通商外交关系的中华帝国已经向最友好的国家之一美国开放了其门户，日本和朝鲜虽然在国土面积和人口等方面无法与中国相提并论，但具有足以引起美国国民关心的充分的价值。（中略）近来美国向中国派遣使节并取得了成功，因此向中国周围的国家派遣使节以扩大通商贸易也是理所当然的事情。在具有派遣使节计划的国家之中迄今为止尚无一国给本国的企业提供能够控制日本和朝鲜总计六千万至七千万人口的广阔舞台。现在，我国的商人和企业向这些长期隔离的国家的港口和市场进军的时刻已经来临"②，强烈要求向日本和朝鲜派出外交通商使节迫使其打开国门。普拉特的提案是在签订《望厦条约》不久之后提出的，因此从其时间的先后顺序也可以看出，在对中交涉取得成功之后，美国的一些有识之士开始将目光投向日本。由于国内开发等原因，普拉特的提案未能在议会通过，但是美国政府开始考虑对日交涉。

随着不断向西扩张，美国的版图逐渐扩大：1846 年得到了俄勒冈，1848 年从墨西哥手中夺取了加利福尼亚，从而使美国成为濒临大西洋和太

---

① 《高宗实录》，高宗八年四月二十五日。
② 滨屋雅轨：《黑船与幕府》，高文堂出版社，1987，第 36 页。

平洋两大洋的世界大国。跨越太平洋继续西进，成为美国国家发展战略的新目标。大洋彼岸辽阔的中国市场所蕴藏的丰厚贸易利润使美国政府和资本家急切地把目光投向中国，以对华贸易为中心的对亚洲贸易所占的比重日益增加，在美国的国家经济生活中举足轻重。由于当时航海设施以及技术条件的限制，远洋轮船尚不能在美国西海岸直航中国，需要在中途停靠以补充远航船队所必需的煤炭、淡水和新鲜的副食、水果等食物的锚地。地处西太平洋并紧邻中国的日本就成为美国跨洋西进中国战略中最理想的停靠锚地。

此外，当时日益繁荣的太平洋捕鲸业也需要在西北太平洋寻找躲避风暴、补充给养的港口。从19世纪40年代起，美国的太平洋捕鲸业日益繁盛，到了1845年，美国在东北亚海域用于捕鲸业的投资达到1700万美元，从业人员达到1万人①，迫切需要在西北太平洋寻找港口，以便美国的捕鲸船躲避风暴、补充给养。日本是在东北亚海域躲避风浪、补充给养的最合适的地点。而日本实行锁国政策，不许外国船只入港，因此，迫使日本开港成为美国政府需要解决的课题。鉴于上述原因，美国将迫使日本开港作为其远东新战略的首要目标。

这样，地处西太平洋并邻近中国的日本就成为美国跨洋西进中国并向东北亚地区扩张、谋取利益的战略依托。此时，英法俄等欧洲列强虽然也对战略地位异常重要的日本感兴趣，但为了争夺中亚、巴尔干半岛和黑海海峡的霸权地位而正在展开激烈的角逐，一时无力东顾。于是，美国趁机采取武力威胁的手段向幕府施加压力，打开了日本的国门。此后不久，英法俄等欧洲列强紧随其后迫使日本签订条约，将其强制纳入世界市场体系。即在中国被迫开放门户之后，日本就成为欧美列强的首要目标。

1857年5月26日，幕府当局在下田和美国代表哈里斯订立了第二个条约——《日美约定》（亦称"下田条约"）。其主要内容如下：（1）长崎对美国船只开港；（2）给予在下田、箱馆二开港地的美国人以长久居住权；（3）确定通货交易规则；（4）美国人享受专有的领事裁判权；（5）确认总领事有权在日本国内自由旅行；等等②。但是，《日美约定》虽然给美国带来了许多特殊的殖民权益，但并未对通商贸易作出相应的规定，因此还称不上是正式的商约。意犹未尽的哈里斯决定充分利用第二次鸦片战争的良机，

---

① 鹿岛守之助：《日本外交史》1，鹿岛研究所出版会，1970，第9页。
② 井上光贞等编《开国与幕末政治》，山川出版社，1995，第72～73页。

继续对日本施加压力，以达到订立通商条约的目的。

1857 年 10 月，哈里斯获准来到江户并谒见了第 13 代将军德川家定，向他递交了美国总统的信函。在晋见将军时，幕府官吏都匍匐在将军面前，只有哈里斯一人站着，行鞠躬礼。"哈里斯所受的礼遇正是日本政府政治嗅觉比较敏锐以及这位纽约商人外交手腕比较高明的标志。"[1]

数日之后，哈里斯便与首席老中堀田正睦会见，详谈了自己的使命，其间施展口才，作了两个多小时的发言。哈里斯首先从蒸汽船航海引起的世界变化谈起，基于这一变化，拉近了远隔重洋的各国间的距离，促进了通商，亦使西欧诸国富强起来，这样，日本即面临着必须放弃锁国政策的世界趋势；其次，哈里斯强调日本所面临的危机，即英国正着手准备与日本的战争，而现在英法两国又联合发动了对清朝的第二次鸦片战争，清政府的前途可谓悲观至极。哈里斯进而表明美国与欧洲各国不同，从不奢望得到东方领土，美国亦未曾以诉诸武力的方式攫取别国领土，因此，日本应该与奉行"友好、和平"政策的美国代表缔结条约，此为贤明之策[2]。

尽管美国对外政策与英法等国有所不同，但哈里斯侈谈美国的"和平、友好"显然有违事实。1846～1848 年，美国挑起侵墨战争，夺得包括现亚利桑那、加利福尼亚、内华达、新墨西哥等州的辽阔领土。哈里斯或说理、或威胁，采用了软硬兼施的方法，目的无非是敦促幕府当局早日缔结通商条约。他举出了三个要点，即要求允许外国公使常驻江户，进行自由贸易和增加开放港口。哈里斯的"著名演说"收到了引诱与威吓双管齐下的效果。"哈里斯主张依靠自由贸易原则，适当课以关税，从而实现富国强兵，与主张推动幕府开国外交的大小目付看法一致，值得关注。而且，这种意见亦是堀田所支持的。"[3]

在其后的外交会见中，哈里斯提出了条约的主要条款：（1）在双方首都互设公使；（2）进一步开放其他港口；（3）对进口商品课税；（4）禁止进口鸦片；（5）无政府官员介入下的两国人民贸易；（6）条约缔结 15 年后两国政府在一方要求下可以修改[4]。在万般无奈的情况下，井伊直弼自作主

---

[1] 马士：《远东国际关系史》（上册），商务印书馆，1975，第 290 页。

[2] 石井孝：《日本开国史》，吉川弘文馆，1981，第 244～246 页。

[3] 石井孝：《日本开国史》，吉川弘文馆，1981，第 245 页。

[4] 《日美修好通商条约》，载历史学研究会编《日本史史料》4，近代卷，岩波书店，1997，第 27～29 页。

张，派井上清直、岩濑忠震两位全权代表于 1858 年 6 月 19 日在停泊于神奈川冲的美国军舰"波哈坦"号上，签订了《日美修好通商条约》。也许是一种机缘巧合，5 年前迫使日本开国（即开放国门）的培理就在这一年在美国去世，享年 64 岁。

从所处的地理位置来看，朝鲜地处远东一隅，不在太平洋主航线上，是欧美列强在远东地区进行殖民扩张的最后一个环节。从当时列强的远东政策来看，扩张的重点在于地大物博、人口众多、市场广阔因而可以获得丰厚利润的中国。因此，列强进攻的矛头均纷纷指向中国。英国首先发难，发动鸦片战争，逼迫"天朝大国"签订丧权辱国的《南京条约》。美国和法国也趁火打劫，分别于 1844 年 7 月和 10 月，同清政府签订了《望厦条约》和《黄埔条约》。由此，中国被迫向列强开放了国门。

当时，美国正在开展工业革命，尚无力与号称"世界工厂"的英国抗衡。此外，在美国国内，民主制与奴隶制之间的矛盾不断加剧，内战的危机日益加深。因此，只凭借美国自身的力量难以对中国单独加以控制。于是，美国对其东亚政策进行调整，在继续联合欧洲列强、确保其在华利益的同时，将迫使日本开港作为其首要目标，以获取其在东亚和中国扩张并谋取利益的战略依托。趁英法俄三强因克里木战争无暇东顾，美国充当了叩开日本国门的角色。在美国的东亚政策中，迫使朝鲜开港处于次要地位。1845 年 1 月，美国众议院海军委员会主席普拉特向国会提交议案，建议与日本和朝鲜缔结通商条约，指出"我们虽然不能期待对朝交易能够获得与对日交易相同的利益，但所需费用几乎没有什么变化。因此，最好是将日本和朝鲜均纳入使节派遣计划中"[1]。可见，当时美国在东亚的战略重点在日本，朝鲜则处于附属地位。美国内战结束之后，从 1866 年起，朝鲜问题开始成为美国众议院的重要议题。同年，发生了美国武装商船"舍门将军"号入侵朝鲜内河施暴、被愤怒的朝鲜军民焚毁的事件。以"舍门将军"号事件为契机，美国开始对朝鲜采取行动。1866 年 12 月，美国军舰"瓦秋塞特"（Wachusett）号在船长薛斐尔的指挥下来到黄海道长渊县大同河河口和巨文岛等地，收集情报、测量水深。1868 年 3 月，由美国驻上海总领馆雇员詹金斯资助支持的德国人奥珀特（Oppert）在朝鲜教徒崔善一等的引导下潜入忠清道德山郡盗掘大院君生父南延君坟墓。同年 4 月，美国军舰"申南道

---

[1] 滨屋雅轨：《黑船与幕府》，高文堂出版社，1987，第 36 页。

阿"号在费彼格（J. C. Febiger）的率领下入侵朝鲜水域，在黄海道、平安道沿海对"舍门将军"号事件进行调查并测量航道。当时，美国还曾向法国提议组成联军"远征"朝鲜，但法国当时因处于普法战争前夕，无力在远东采取行动，予以拒绝。于是，美国决定单独对朝鲜进行军事冒险。1871年4月，美国军队大举入侵朝鲜，朝鲜军民奋勇反抗，并迫使侵略者撤出朝鲜国土。美国原以为依靠武力威胁就可以像在日本那样迫使朝鲜开港，但却遭到失败。由于美国国内战争削弱了美国在日本的外交立场，使其由主角沦为配角。此后，鉴于国际形势的变化，尤其是幕府的崩溃和明治政府的建立，美国迅速调整了其外交方针，再次在冲击朝鲜国门的过程中，重新确立了倚重日本的战略方针。这是因为，美国当政者认为，正是日本，"握有开启东方的钥匙"[1]。

出于宗教的原因，法国是最早对朝鲜发生兴趣的欧洲国家。1783年，李承薰随燕行使来中国，在北京接受格拉蒙神甫的洗礼之后回国，于1784年建立了朝鲜天主教会。1831年，罗马教廷划朝鲜为独立教区，朝鲜天主教会与法国巴黎外帮传教会发生联系。1836年，外帮传教会所属的3名神甫秘密潜入朝鲜，开展了传教活动。从此，法国与朝鲜有了联系。此后，天主教在朝鲜发展势头迅猛，引起了统治阶级的危机感。1839年3月，宪宗发布"斥邪纶音"，实行禁教，杀害法国传教士，迫害本国教徒，发生了"己亥邪狱"。1846年，朝鲜神甫金大建与法国传教士弗里奥尔等7人与北京教区联络失败，在黄海道沿海被捕遇害。法国神甫安伯特设法将消息传到北京教区。接到这一消息的法国决定派出军舰进行武力示威。1846年8月，赛西尔（Cecille）海军少将率领舰队来到朝鲜洪州外烟岛，要求向朝鲜王国传递追问迫害法国传教士责任的外交书函后，退回中国。1847年8月，为了接受去年外交文书的回函，海军上校拉别尔率领两艘军舰来到全罗道万顷地方薪崎岛，但因遭遇风暴触礁而未能达到目的，以致空手而归。法国军舰两度侵犯朝鲜沿海，其目的并不是开港通商，而是炫耀武力以支持朝鲜教区的传教活动。

此后，由于国内局势动荡，法国一时无力外顾。待国内局势稳定之后，法国又开始关注朝鲜。1855年，法国下令印度支那基地司令官盖朗前往朝鲜收集情报。1856年，盖朗完成为期两个月的调查，提交了报告，指出朝

---

①　泰勒·丹涅特：《美国人在东亚》，商务印书馆，1959，第454页。

鲜国力衰弱，作为宗主国的中国也无力给予有效保护，法国趁机动用少数兵力就可以占领朝鲜，但是要提防俄国势力的渗入。当时，法国对外扩张的重点在中国，为此与英国联合发动第二次鸦片战争，迫使中国签订《天津条约》和《北京条约》，扩大了在中国的殖民权益。此外，法国还趁中国自顾不暇之机，于 1858 年联合西班牙兴兵入侵越南，1862 年逼迫越南签订《西贡条约》。同时，法国也对战略位置非常重要的日本产生了兴趣，于 1858 年 9 月，与日本签订了《日法修好通商条约》，获取了一系列殖民权益。因此，法国没有余力顾及朝鲜。

1863 年 12 月，朝鲜国王哲宗驾崩。因其无嗣，迎立王族兴宣君次子李命福（李熙）继承王位，此即高宗。其生父李昰应以大院君的身份，总摄朝政。大院君执政之初对天主教采取宽容态度，试图通过在朝鲜的法国传教士，与法英建立反俄同盟，以阻止俄国入侵。由于赵斗淳、金炳学等重臣大多主张禁教，加之天主教势力的迅猛发展威胁到了现政权的统治，于是转而对天主教徒采取了残酷的镇压政策。1866 年，大批朝鲜教徒和法国传教士被处死，史称"丙寅邪狱"。

法国借机进行武力报复，兴兵入侵朝鲜，侵占江华岛，公然发出最后通牒，声言追究、严惩教唆和杀害法国传教士的官吏，并且要求朝鲜政府派全权代表前来谈判签约。大院君政府断然拒绝了法国的蛮横要求，并组织军民进行坚决抵抗，在文殊山城和鼎足山城给侵略者以沉重的打击，最终迫使侵略者撤离朝鲜领土。此后，由于普鲁士的崛起，普法战争迫在眉睫，法国无力东顾，因此未采取进一步的武力行动。

综观日朝两国所遭受的外压，其特点就是：日本的"外压"是连续的，而朝鲜的"洋扰"则是间歇性的。鉴于当时的国际形势和自身的实力，美国将其战略重点置于日本，决心打开日本国门，得到在东亚扩张的立足点。其他列强也认识到日本的战略价值，接踵而至，迫使日本与其签订一系列不平等条约，攫取殖民权益。与此相比，由于地理位置等因素的影响，朝鲜所遭受的外压要相对小一些。法国和美国发动的两次"洋扰"，是在已经控制了日本的情况下进行的军事冒险，即使未达到目的，也没有继续武力冲击。

二　日本孤立无援，朝鲜受庇于宗藩关系

从 19 世纪 40 年代开始，由于西势东渐的冲击，东亚世界传统秩序（即华夷秩序）的宗主国中国被迫开放门户，加入世界资本主义经济体系之中。

但是在东亚地区，传统的以中国为中心的朝贡体制依然存在，从而形成了近代条约体制与传统朝贡体制并存的局面。

历史上，从西汉末年到魏晋南北朝时期的 500 年间，日本也曾主动遣使求封，进入华夷秩序，全方位吸收中华文明的先进成果。遣唐使的派遣，对日本大化革新的成功，起到了突出的作用。但随着唐帝国的衰弱，加上财力窘迫，公元 894 年，日本决定停止派遣遣唐使。此后，直到明初，中日之间一直没有官方往来，日本一直游离于华夷秩序圈之外，到了武家政治时代产生了对华夷秩序的新关系。足利氏的第三代将军义满以"日本国王源道义"的名义遣使称臣入贡，并受明朝皇帝册封为"日本国王"，同时还得到了进行贸易用的勘合符。自此，日本重入华夷秩序圈。然而到了战国时代的1549 年，日本又停止进行朝贡。日本又一次游离于华夷秩序之外。脱离华夷秩序的日本经过战国时代实现了统一之后，向华夷秩序提出了挑战。丰臣秀吉发动了"假道征明"的战争。中朝联军经过七年的浴血奋战，终于击退了日本侵略军的入侵，维护了传统的华夷秩序。

德川家康比丰臣秀吉有远见，他没有参加侵略战争，在丰臣氏和参战大名的力量消耗于取胜无望的战争中时，他全力经营新领地，保持和发展自己的实力，最终取代丰臣秀吉，重新统一日本，建立了幕府。德川幕府建立初期，日本所处的国际局势是：随着丰臣秀吉的侵朝战争而带来的大混乱仍在继续，同明朝和朝鲜的战争状态尚未解除，日本在东北亚处于孤立状态。与中国恢复国交不仅可以通过贸易获得利润以充实其财力，而且也意味着德川政权将得到国际社会的承认。因此，德川家康非常希望重新加入华夷秩序，但遭到明朝的拒绝。于是，他又改变策略，想通过朝鲜和琉球与明朝进行间接交涉。倭乱结束之后，家康以对马岛主宗义智为中介人，向朝鲜传达讲和之意。面对日方的讲和要求，朝鲜政府内形成了截然相反的两个派别。一派认为日本对朝鲜发动了侵略战争，烧杀抢掠无恶不作，禽兽不如，是不共戴天的仇敌，决不能与其议和。另一派则从现实出发，认为不能拒绝日方的议和要求。朝鲜两度遭受日本的蹂躏，蒙受巨大的损失，国力大为削弱，面临着即将崩溃的危机。由于后金的崛起，朝鲜为了防卫北方，就有必要保障南方的安全。为了探听日本政情并要求遣还俘虏（被掳人），朝鲜也需要与日本讲和。议和派得到国王宣祖的支持，逐渐占据主导地位。经过一番准备之后，朝鲜决定与日本议和，但作为复交前提，朝鲜提出了两个条件，即德川家康"先为致书"以及"缚送犯陵贼"。这两个条件在当时朝日关系中具有重大意义，即在当时尚未开始议和的情形之下，日方执政者首先向朝方致国书意味着日方的屈服，而"缚送犯陵贼"则意味着对侵犯朝鲜的侵略行径的惩罚。因此，对于这种要求，幕府是决不可能同意的。为了早日促成讲和以重开贸易，作为中介人的对马藩伪造了一份日本国王的国书，并缚送两个犯人谎称是犯陵贼。由于对马藩的诡计，朝鲜政府于 1607 年向日本派遣了信史，而使团的名称并不是"通信使"，而是取对德川将军国书的回信以及刷还被劫持的朝鲜人之意定为"回答兼刷还使"。由此，因壬辰倭乱曾一度中断的朝日关系得以恢复。但是，由于朝鲜派出的只是兼具双重使命的回答兼刷还使，而不是标志着两国关系全面正常化的和平使节通信使，两国关系实际上还未完全恢复到壬辰战争之前的状态。

虽然幕府与朝鲜复交，但对于同明朝复交并未立见成效。于是，幕府采取的第二步策略就是通过与琉球修好来与明朝接触。当壬辰战争时，琉球国王拒绝丰臣秀吉征收军粮，从此与日本断绝了关系。德川家康要求琉球国王前来进贡，并为日明复交作媒介，但琉球国王又拒绝了。于是，在与朝鲜缔结《己酉条约》的 1609 年，德川家康准许萨摩藩主岛津氏征伐琉球。岛津氏用武力征服了琉球，琉球的中山王成为岛津氏的家臣。为了从对明贸易中牟取利润，萨摩藩命令琉球继续保持对中国的册封关系，用萨摩藩的资金进行朝贡贸易。琉球虽然成了萨摩藩的"附庸"，但在它与日本整体的关系上，幕府则按"异国"对待，规定对"异国"琉球的关系与日朝关系一样，即是一种具有正式邦交意义的"通交"关系。在这种虚有其表的地位上，琉球国王照例每当幕府将军袭职时向江户派庆贺使，每当琉球国王袭封时则向江户派谢恩使，谒见将军①。但是由于明朝的坚拒，幕府欲通过琉球与明朝复交的计划终告失败。

1619 年明朝浙江总督照会德川幕府之后，日本被迫放弃对明直接交涉，在继续通过朝鲜进行间接交涉的同时，被迫转向摸索与幕府将军名实相符的外交礼仪名分，这就是德川幕府构建新的外交体制的开始。1629 年"平辽通贡"交涉的失败加速了日本改革对朝外交体制的步伐。1631 年，日本发生了所谓"柳川一件"的事件。对马藩主宗义成与家臣柳川调兴因领地和岁遣船问题发生争讼，柳川调兴谋求成为德川将军的直辖家臣而宗义成则想方设法遏制其企图的实现，于是二者先后诉诸幕府。柳川调兴为了立于不败

---

① 信夫清三郎编《日本外交史》，商务印书馆，1980，第 22 页。

之地，揭发对马藩篡改日朝国书，事件进一步演变为所谓"篡改国书事件"。1636 年 3 月 11 日，德川家光亲自裁定宗义成无罪，严厉处罚了柳川调兴及其同伙。3 月 14 日德川家光再次召见宗义成，责令其在 1636 年请来朝鲜通信使，同时指示将事件的处理结果通报朝鲜，表明今后的对朝外交由对马藩全权负责①。与此同时，幕府通过由京都五山禅僧轮驻对马藩以酊庵掌管外交文书的以酊庵轮番制强化监管，从而直接介入对马藩的对朝外交。幕府在解决该事件的过程中不仅解决了日朝外交中悬而未决的问题，同时也着手建立适合于自己的外交方式——大君外交体制②。1636 年 2 月，幕府正式请求朝鲜派遣通信使。在对马藩主宗义成致朝鲜礼曹的文书中，首次正式起用"大君"称号指称将军，请求朝鲜遣使祝贺泰平。朝鲜接受日本称德川将军为"大君"的立场，同意派遣国使满足其"望我邻好之谊"的愿望③。1636 年 8 月，以任绒为正使、金世濂为副使、成员达 475 人的庞大使团从汉城（首尔）起程，这是朝日两国复交后第一个冠以"通信使"之名的朝鲜使团，标志着朝日关系已全面恢复到壬辰战争之前的交邻状态，也意味着德川幕府新的外交方式——大君外交体制的确立。

　　大君外交体制的确立意味着德川幕府不得不承认自己已经不再是华夷秩序完全成员的客观现实，被迫自我定位，构建了"以自己为中心"的所谓"大君外交体制"④。此后，日本一直游离于华夷秩序之外，在东北亚地区处于孤立状态。因此，当培理率领舰队逼迫日本开港时，面对前所未有的生存危机，孤立无援、束手无策的幕府向诸大名公开美国总统的国书，征求他们的意见，这是德川幕府建立以来前所未有的措施。幕府希望协调与雄藩大名的关系，形成举国一致的体制，以渡过眼前的难关，但这也等于向雄藩大名显示了幕府统治能力的衰弱，同时给雄藩大名参与国政提供了绝佳的机会。此外，幕府还将培理来航一事上奏天皇朝廷，并上呈美国总统国书的译文。

① 关于"柳川一件"的详细经过，请参阅荒野泰典《近世日本与东亚》，东京大学出版会，1988。
② 荒野泰典：《近世日本与东亚》，东京大学出版会，1988，第 191 页。
③ 荒野泰典：《近世日本与东亚》，东京大学出版会，1988，第 214 页。
④ 部分日本学者认为，大君外交体制是德川幕府所建立的一种由"大君"所代表的、独立于华夷秩序和西欧国家秩序之外的、日本独自形成的国际秩序，日本作为大君外交体制的中心，把周边国家和地区视为夷狄，要求他们作为附属国臣纳贡，从而形成了"日本型华夷秩序"。这种观点存在相当严重的逻辑错误，其理论依据具有很大的虚构性，与历史事实大相径庭。

幕府的意图是想加强与朝廷的合作，以此来提高急剧衰弱的幕府权威。但这个史无前例的举措成为此后天皇朝廷参政的契机。后来的历史事实表明，这些措施不但未能解决幕府面临的危机，反而加快了其灭亡的速度。开港之后，欧美列强迫使幕府签订了一系列不平等条约，进一步加强了对日本的殖民掠夺，加深了日本与列强之间的民族矛盾。由于没有像宗藩关系这种可以依赖的屏障，面对日甚一日的"外压"，幕府只能独自应付，使得幕府推行改革的自主空间日益缩小。

与日本不同，从华夷秩序处于酝酿期的夏、商、周时期开始，朝鲜半岛就与大陆形成了密不可分的关系，从大陆输入的先进汉族文化，促进了其社会的发展。在唐代中叶以后，半岛国家开始接受中国的大国地位及其权威，确立其"事大以礼"的关系形态。到了明代，华夷秩序曾一度达到其最高点。朝鲜和明朝之间建立了华夷秩序中从观念到体制上都堪称楷模的关系。当丰臣秀吉妄图"假道征明"、称霸东亚而发动侵朝战争时，出于宗主国对藩邦"兴亡继绝"的传统责任感和对自身安全的长远战略考虑，国力已趋于衰弱的明朝出兵援朝，与朝军并肩奋战，挫败丰臣秀吉的阴谋，维护了华夷秩序，但因此也付出了惨重的政治代价。战争使明朝国力大损，衰颓趋势进一步加速，以至于不能控制辽东地区兴起的建州卫女真人的力量，在半个世纪后终告灭亡，被新兴的清政权所取代。于是，华夷秩序的核心部位发生了变更，清朝取代明朝成为宗主国。

到了19世纪40年代，清政府与西方列强建立了近代条约关系，但与朝鲜继续保持着传统宗藩关系。作为宗主国，清朝坚决反对朝鲜开港。清朝担心一旦朝鲜开港，就会削弱两国之间的宗藩关系，因此希望朝鲜一直固守锁国政策，以维持对朝鲜的宗主权，对于西方列强进入朝鲜的要求，以不干涉朝鲜内政的朝贡关系原则为由予以拒绝①。随着列强与朝鲜之间纠纷频发，清政府决定"从中排解"，即居中调解。1866年"丙寅洋扰"发生之前的6月9日，总署的上奏文称"本年三月间，朝鲜将该国主教人等杀害，其中

---

① "经臣等告以朝鲜向祗遵奉正朔，岁时朝贡，该国愿否奉教，非中国所能勉强，难行文"，参见台湾"中央研究院"近代史研究所编《清季中日韩关系史料》第2卷，台湾"中央研究院"近代史研究所，1972，第30页；"朝鲜虽臣服中国，其本处一切政教禁令，既由该国自行专主，中国向不与闻"，参见台湾"中央研究院"近代史研究所编《清季中日韩关系史料》第2卷，台湾"中央研究院"近代史研究所1972，第96页；"朝鲜虽为中国属国，然其政教禁令，中国向来听其自为主持"，参见台湾"中央研究院"近代史研究所编《清季中日韩关系史料》第2卷，台湾"中央研究院"近代史研究所1972，第246页。

显有情节，该使既经照会前来，若向该使拦阻，而固执之性，未必遂肯允
从，若仍任该使所为，而朝贡之臣，何忍听其所害。臣等共同商酌，当此劝
禁两穷，惟有照覆该使，以中国既知此事，自不能不从中排解，不必遂尔称
兵，于调处之中暗揖其虚骄之气"①。而发生"辛未洋扰"之后的 1871 年
11 月 13 日总署的上奏文中称"劝美国不必前往，此外别无可为代筹之策"。
清政府能够做到的是通告朝鲜政府，让其"预筹办理"。

朝鲜政府也继续维持朝贡关系，对外推行锁国政策，对于日益频繁出现
的异样船及其通商要求，朝鲜政府充分利用了与已开港的清朝之间的传统宗
藩关系，以"藩臣无外交"的藩属体制原则予以拒绝，并通过清朝的礼部
向列强转达自己的立场。与此同时，朝鲜政府又与日本保持交邻关系，将异
样船出没等重要事项通报日本，以遵循互相通报关系边情之事的旧例。这
"非但边虞之同恤或虑邪法之播传"②。在这里值得注意的是，给日本通报有
关异样船的情报，是要在推行事大政策的同时维持交邻这种既存秩序，以应
对来自西方的新挑战，而这个新挑战的主要内容就是"邪教"（即天主教）
的流入。考虑到当时中国迫于列强的压力允许了传教的自由，朝鲜政府希望
加强与日本的联系，以便共同应对"邪教"的挑战。

在"丙寅洋扰"和"辛未洋扰"期间，大院君政府采取继续维持传统
的事大从属关系的政策，将内政外交的主要事项尤其是与欧美诸国的外交摩
擦向清政府报告、咨问。即朝鲜政府强调自己是向清朝朝贡的属国，欲依此
将欧美列强开放门户要求的锋芒转向清政府，以缓解来自外部的压力。事实
上，大院君政府再三阐明其锁国攘夷政策，是为了继续维持其统治秩序，面
对列强的开放要求，强调清朝的宗主权，将宗藩关系作为抵挡西方冲击的防
波堤来利用。

1871 年 4 月 17 日，大院君发给美国公使镂斐迪的亲笔信也充分反映了
这一点③。他在信中讲道："今春，北京礼部移咨，传示贵国使封函。我朝
廷早已论办回咨，仍请转示贵大人。且念贵国俗尚礼让，素称名邦，超出于
各国之上。贵大人庶或明达事理，不作轻遽之行。今何远涉苍溟，深入他
国？纵云无相杀害，孰不疑怪乎？关防重地，不许外船辄入，各地规范，易

---

① 台湾"中央研究院"近代史研究所编《清季中日韩关系史料》第 2 卷，1972，第 30～31
页。
② 《同文汇考》卷 3，礼曹参议以异样船事与岛主书。
③ 《高宗实录》，高宗八年四月十七日。

地皆然。昨者，贵船溯上海关，致有彼我鸣炮相警之举。既云好意，而有此一番事端，甚为慨惜。自贵船之来，戒饬沿海官弁，切勿生事启衅。虽然贵船不知他国规模，深入隘口，则封疆之臣，职在备御，岂可恬然而已乎？昨者之事，幸勿见怪。无或北京礼部未及转示回咨，而贵大人未谙吾邦各般事情，而有此举耶？今将回咨副本送呈，庶可一览而洞悉无余矣。本国不与外国交通，乃是五百年祖宗成宪，而天下之所共闻也，亦大清天子之所俯烛，其不可破坏旧典。今者，贵使之所欲商办，无论某事、某件，原无可商办者，尚何待大官相接耶？"在这里，可以看到大院君利用清朝推行锁国政策的实质。

1871年5月17日，美国舰队撤出朝鲜之后，朝鲜政府于翌日向礼部发送咨文，通报"辛未洋扰"始末，并请求清政府出面交涉，以避免朝美两国再次发生纠纷①。美国公使镂斐迪于11月2日也拜访清朝总理衙门，以宗藩关系为由，要求清政府向朝鲜国王转交远征朝鲜期间朝鲜地方官员拒绝接受的国书。面对朝美两国的调停要求，清政府认为两国均以"朝鲜的属国地位"为由利用清朝，即美国借属国二字要求清朝向属国朝鲜施加压力，而朝鲜也借朝贡关系要求清朝向美国施加压力以避免再次发生纠纷。11月13日总署的附件密奏文中称"况朝鲜于上中国文件，居然自行抄给美国，全不隐避，窥其用意，其所谓中国保护者，并非尽出真沈，不过欲借中国为御肩地耳"②。这一点也可以从1871年8月3日（阳历）镂斐迪公使的书函中得到旁证。"朝鲜承认中国为上国而几以属国自居的态度是显而易见的，所以我们很有理由设想中国正在并将要利用除激起西方列国敌意以外的一切方法来维持和保全就该两国关系而论的现状。只要朝鲜保持它目前不与外国交往的态度，中国的上国地位就会被承认和尊重。这就可以扩大中国在它人民眼里的重要性，并据官员们的看法，可以增加他们的尊严和重要。倘使朝

---

① "查美国诸船之碇留敝境，首尾四十余日。其与地方官弁，往复争诘，及临去，投留文字，今于历陈事状之日，不可不仰备。贵部鉴谅，兹并收取抄录付呈。情伪情迹，庶可俯烛。彼其外托和好，非无甘言婉辞，内怀危险，实多诡智谲计。所以挥拒劳问，必欲大官之颠倒相迎也。冲突关隘，便谓防范之无，如我何也？骄蹇也如彼，桀骜也如彼，况复藏匿反国之匪类，作为入京之向导。夫如是而自称和好，欲望礼接，不待我之不信，而彼已早知其必不谐矣。今其临去投文，空肆咆勃，多发恐吓，彼既不逞厥志，自应有此愠恨。而若复诬辞兴讪，以惑听闻，使天下各国枉疑敝邦之不能厚待远人，则其亦可羞之甚者也。烦乞将此事状，俾彼国公使洞悉利害，明知两无所益。更勿构衅，各安无事，万万大愿"，参见《高宗实录》，高宗八年五月十七日。

② 《筹办夷务始末》七，同治十年十一月己亥，恭亲王等又奏。

鲜开放对外国的交通，则维系它对中国藩属关系的纽带，即使不完全破碎，也会被削弱，并且目前每年对北京的进贡，立刻会变成为陈迹。北京的官员们清楚看到这一点，因而希望朝鲜能够一切照旧不变。"①

可见，大院君政府并不是要求清朝提供军事支援或其他实质性援助，而是欲凭借传统的宗藩关系，希望通过中国向欧美列强间接转达本国对通商以及天主教传教问题的政策，即因闭关锁国没有其他外交交涉窗口的朝鲜政府将中国作为代言本国立场的窗口和对外收集情报的窗口来利用，并且将清朝作为抵挡西方冲击的防波堤，以阻挡或缓冲来自西方的冲击，维持朝鲜王朝的统治秩序。

三 "外压"危机意识的异同：有所作为和无所作为

第一次鸦片战争爆发之后，日朝两国通过各自的渠道陆续得到了有关信息。大清帝国战败对两国都造成了巨大的冲击，但两国统治阶级危机意识的强弱程度却有所不同，应对"外压"的姿态也有明显差异。一言以蔽之，前者有所作为，后者则无所作为。

在幕末日本，通过《唐船风说书》和《荷兰风说书》得到第一次鸦片战争爆发的消息之后，幕府首席老中水野忠邦指出鸦片战争"虽为外国之事，但足为我国之戒"。水野忠邦认为导致战争的原因在于清朝未能妥善处理对外关系，主张日本应避免与列强发生纠纷，以免重蹈清朝之覆辙。为了增强虚弱的军事力量，幕府决定采用先进的洋式炮术，并计划从荷兰引进先进的枪炮甚至是轮船。此外，幕府还致力于江户湾防备体制的改革，下令诸大名加强海岸防御，让他们铸造大炮、增加兵力。在强化国防方面，幕府立即作出了反应，摆出了有所作为的能动姿态。

鸦片战争结束的消息传来之后，幕府鉴于第一次鸦片战争中中国战败、被迫割地赔款的教训，于1842年停止执行强硬的"异国船驱逐令"，改而实施以礼相待的"薪水给予令"，指示沿海诸藩慎动炮火，灵活处理外国船来航事件，在向其提供柴薪、淡水和食物后，劝其离境。此后，"避战为先、谨慎行事"成为幕府的对外方针。当培理率领舰队闯关要求缔约通商时，幕府老中首座阿部正弘主张应以第一次鸦片战争中大清帝国惨败为前车之鉴，不能轻易与欧美列强开战，最终被迫签订和亲条约，开放门户。当哈

① 泰勒·丹涅特：《美国人在东亚》，商务印书馆，1959，第372页。

里斯进驻下田要求签订通商条约时，正值第二次鸦片战争爆发，英法联军肆虐中国，对日本形成了强大压力。通过荷兰得知消息的幕府允许哈里斯进入江户递交国书，并与其进行谈判。哈里斯也充分利用了幕府的危机意识威逼利诱，逼迫日本签订了通商条约。

在朝鲜，主要是通过派往中国的燕行使节收集的情报得知鸦片战争的消息。从 19 世纪 30 年代开始，朝鲜就已经获悉大量鸦片流入清朝，致使吸食者增多、银价腾贵的情报。当鸦片战争爆发的消息传来之后，宪宗召见使节团主要成员，详细询问战争发生的地点、双方动用的兵力等情况，表现出对战争的关注。而使节团书状官李正履则回顾 1832 年英国船舶来到忠清道洪州要求交易一事，提出应加强海防，以便洋夷来犯时能够即刻逐出。此后，朝鲜政府继续关注事态的发展，鸦片战争的情报也陆续通过燕行使节传到国内。但是由于情报本身与事实有出入以及政府对情报的分析不准确，未能正确认识到战争的真实状况及其后果的严重性。朝鲜君臣甚至抱有盲目的乐观态度，断定中国"无侵渔之弊""中外晏如"，以为这次战争与传统的征服战争不同，战败并没有伴随领土和统治权的丧失，从而缓和了朝鲜统治阶级的危机感。朝鲜朝廷和官府只关注鸦片的流入问题，即采取措施严禁鸦片从中国流入境内，在强化海防、护卫国家安全方面则无所作为。

第二次鸦片战争与第一次鸦片战争有所不同。天子的皇城被"洋夷"占领、圆明园被烧毁以及天子逃往热河避难等一系列事件表明了天朝权威的丧失，使得一直视清朝为其对外关系支柱的朝鲜政府产生了前所未有的危机意识。但这种危机意识并没有使朝鲜政府对外采取积极的防备政策，而是对内采取强调自修的政策。自修政策的内容是一面强调君主的道德修养，一面致力于解决民生困苦和行政无能、腐败等问题。不论是国王还是参与决策过程的重臣，均未针对外来危机能动地采取积极措施，做出直接对应，而是一味强调内修，采取消极的对策。而当时朝鲜国内频繁爆发"民乱"，因此，统治阶级面对对外危机，认为"攘外必先安内"，做出了指向"内修"的对应。

如果说第一次鸦片战争致使朝鲜政府对鸦片的流入产生了危机意识，那么第二次鸦片战争则使其对天主教的传播产生了危机意识。对此，朝鲜政府并没有对外采取积极的对策，而是对内采取捕杀可能为西方势力做内应的天主教传教士以及教徒的镇压政策。换言之，为了防止国内统治秩序的动摇以继续维持其统治地位，朝鲜的统治阶级采取了排斥天主教的政策。对于三面临海，极易遭受列强舰队来自海上攻击的危险缺乏清醒认识，仍然未作准备。在国防方面，朝鲜君臣继续着无所作为的消极方针。

四　产生差异的原因：西学在两国的不同归宿

面对几乎是同时到来的"外压"，日朝两国的当权者何以采取了有所作为或无所作为等不同的应对方针呢？这是值得深入思考的重要问题。应该说，造成这种现象的原因是相当复杂的。其中，当政者的国际认识如何，对本国与外国、特别是与欧美国家的定位如何，是产生差异的一个重要原因。德川幕府统治下的日本和朝鲜王国同属于儒教文化圈，两国统治者均奉行以朱子学为官学的统治方针，也均实行了闭关锁国的对外政策，因此在传统政治文化要素中，难以找到产生差异的原因。这样，就有必要转换视角，从两国对待"异文化"西学的认识，以及其归宿的不同，来寻找答案。概而言之，是两国当政者对西学这种异质文化采取了"接受"和"排斥"两种截然不同的对应方式，因而产生了不同的社会效果，最终直接影响对"外压"的理解及其应对措施的采取。

日本兰学是在继承南蛮学的基础上发展起来的。1543 年，葡萄牙商船来到日本种子岛，开始了日本与西方的交流。随着天主教信仰的传播和葡萄牙、西班牙商船的频繁出入，出现了一批学习和研究西洋医学、天文学、数学等西洋学术的日本人，从而形成了南蛮学。通过对南蛮学的研究，逐渐形成了南蛮文化，西方科学技术的引进和研究也取得了进展。但是对天主教的迅速扩张感到危惧的丰臣秀吉于 1587 年发布"驱逐传教士令"，禁止天主教的传播，但继续保持与葡萄牙商船的贸易。推翻丰臣秀吉的政权建立江户幕府的德川家康对天主教的限制有所缓和。但自 1609 年荷兰东印度公司在九州平户设立商馆从而开通与荷兰的贸易渠道之后，幕府禁止天主教国家商船的来航，只允许新教国家荷兰的商船前来进行贸易。

日本统治阶层对传教士的态度虽几经反复，但始终是系于政治经济利害关系之上的，无论是丰臣秀吉还是德川家康，对以传教士为媒介输入的"西器"和贸易利润并不排斥，而对于天主教传播给幕藩体制带来的威胁却

① 本书中，朝鲜西学是指朝鲜后期儒学者对从明清时代的中国引进的汉译西学书籍和西洋文物的学问研究；日本西学即兰学，是指继南蛮学之后，以长崎出岛的荷兰人为中介，借助荷兰语传播的西欧近代科学技术的知识和学问。

十分在意，因此他们都主张将传教与贸易相分离，并最终走向禁教而闭关锁国。但锁国体制下的日本即使是在实行严厉的禁教政策时也没有完全断绝与西方的联系，西学仍以兰学的形式得以复兴。

在新的形势下，南蛮学逐渐转向兰学，一些南蛮学学者也转化为兰学学者。1641 年平户商馆移至长崎之后，长崎就成为日本引进外来文化的窗口，兰学由长崎传至江户，以长崎和江户为中心开展研究活动，并由此再向各藩扩散，形成了官方兰学和民间兰学两个群体。

官方兰学的主角是荷兰语通词。他们是兼有翻译官和商务官职能的官僚。由于业务的需要，他们要学习荷兰语。但由于宽永锁国令的颁布，幕府禁止洋书流入①，只能依靠日文来学习荷兰语。1720 年，德川吉宗宣布汉译西洋图书解禁，允许涉及天主教教理以外的其他汉译西学书在市场上流通，为西洋文化的流传和兰学的发展打开了方便之门。作为兰学两大基础学科的天文学和医学，也在此时取得了长足发展。1716 年，吉宗任命西川如见为主管观测天象的"天文御用"，制造浑天仪，1744 年在神田设立天文台，促进了天文学的发展。出于对西洋医学的兴趣，吉宗还下令著名汉医青木昆阳和野吕元丈等学习荷兰语。因此，德川吉宗主政的享保时代在日本兰学发展史上占据重要的地位②。

1774 年，青木昆阳的弟子前野良泽与其友杉田玄白、中川淳庵、桂川甫周等志同道合者耗费 4 年时间，将荷兰文的《解剖学》译成汉文的《解体新书》，以此为标志，日本兰学正式形成。继前野良泽、杉田玄白等之后，大槻玄泽、宇田川玄随致力于兰学的发展。大槻玄泽著书《兰学阶梯》，设立"芝兰堂"学塾，培养西医人才，其一生著有 110 多种译著③。宇田川玄随翻译荷兰医书，刊行《西洋内科选要》，首次介绍西洋内科医学知识，其子宇田川玄真著书《医范提纲》，成为兰方医学生的入门书。

民间自行发展的兰学者群体是兰学日益普及的结果。兰学大家纷纷在城市开设兰学私塾授徒，有坪井信道的"日习堂"、伊东玄朴的"象先堂"、吉田常淑的兰馨堂、佐藤泰然的顺天堂等十余所兰学塾。其中最有名的是1836 年绪方洪庵在大阪创办的适适斋塾，门人数以千计，著名的有政治家

① 板泽武雄：《兰学的发达》，岩波书店，1933，第 26 页。
② 德纳尔德金著《日本人的西洋发现》，芳贺彻译，中央公论社，1979，第 19 页。
③ 杉本孜：《江户时代兰语学的成立及其展开》Ⅳ，早稻田大学出版部，1978，第 476 页。

桥本左内、大村益次郎、大鸟圭介、花房义质、佐野常民和教育家福泽谕吉、箕作秋坪等，他们在文明开化和近代制度的建设中发挥了重要作用。值得注意的是，兰学形成了人才梯队，绪方洪庵的弟子大村益次郎和福泽谕吉又分别创办了鸠居堂、庆应学塾，扩大了兰学者群体的社会影响。拥有兰学孕育的新兴知识分子集团的形成，是日本近代化之所以走在中朝两国之前的重要原因。

在兰学的发展过程中，外来因素的影响至关重要。其中，汉文乃至汉译西学书籍发挥了积极作用，乃是不争的事实。由于德川时代盛行仰慕汉学之风，知识人包括兰学者的汉学造诣颇高，作为兰学形成的标志性译作《解体新书》用文言汉文出版，是汉学与兰学相得益彰的例证①。此外，西欧学者的来访与讲学也发挥了积极的促进作用。在旅日西欧学者中，影响最大的当数德国人西博尔德。1823 年，他作为荷兰商馆医生来到长崎，获得幕府特许上岸，在长崎郊区开设泷鸣塾招徒授业，培养了伊东玄朴、高野长英等一批颇具实力的兰学者。针对西博尔德所作出的贡献，后人评价其为"日本科学史上的大恩人"②。

在城市兰学风气的浸润下，农村的"在村兰学"也悄然兴起。"在村兰学"的主要传播者是被称为"在村兰方医"的西医。他们在城市的兰学塾求学多年，学成之后重返农村，采用西医治疗技术开业行医。在向农村推广欧洲近代医学和医术的同时，他们还传播了海外的新知识，从而为明治初年文明开化风潮进入农村预做准备。

幕府也认识到兰学的实用价值，对兰学采取了较为宽容的政策。1803 年，幕府天文方开始了与天文、测量有关的洋书的翻译，并且引进了测量技术，从而取得了历书翻译、虾夷地的测量、编制世界地图等一系列成果。1811 年，幕府在天文方新设"蕃书和解方"，主持将法国百科辞典的荷兰语版翻译成日文的事务。虽然这项事业未能最终完成，但进一步加深了兰学者的造诣，翻译出版了一批兰学书籍，从而提高了兰学者的地位。

但幕府对兰学的支持是有条件的，即不给统治者制造麻烦。1832 年，高野长英、渡边华山、江川英龙、川路圣谟等组织兰学者沙龙团体"尚齿会"（又称"蛮社"），研讨兰学和西洋事务，关注时局的发展，使兰学之风

---

① 宋成有：《新编日本近代史》，北京大学出版社，2006，第 41 页。
② 吴秀三：《西博尔德先生的生涯及功业》3，平凡社，1976，第 141 页。

大盛。深受 1837 年发生的"摩利逊"号事件的冲击，高野长英和渡边华山分别著书《戊戌梦物语》和《慎机论》，纵论世界局势，抨击了幕府的锁国政策，从而惹恼了幕府。1839 年 5 月，幕府下令逮捕高野长英和渡边华山，查禁"尚齿会"。高野长英和渡边华山在严酷的政治迫害下先后自杀身亡，史称"蛮社之狱"。经过此次镇压，官方兰学趋于消沉，而民间兰学则受益于幕藩体制这种日本特殊的二元政治制度，在各藩一如既往、继续发展，培育出许多具有国际视野的人才。

总之，自 1720 年德川吉宗下令"洋书解禁"起，兰学之风盛行日本。借助天文学、地理学、理化学、博物学、语言学、历史学以及与国防密切相关的兵器学，开阔了日本朝野的视野。因此，无论对中国遭受的"外压"，还是对后来自身感受的"外压"，均有比较合乎实际的理解，相应的举措，特别是增强海防、培养洋学人才的措施，受到普遍的重视。这样的认识，在开港后的幕末三次改革过程中，得到充分的体现。

朝鲜西学是由基于事大外交关系派往中国的赴京使节团传入朝鲜国内的，连接汉阳和北京的使行路是一条重要的文化通道，通过这一通道，朝鲜接受了先进的大陆文明，引进了移植到中国的西欧文明，并对外部世界有了一定的了解①。被派往北京的使行人员中的有识之士或是出于好奇、或是出于对新学问探究，访问西洋传教士居住和工作的天主堂和钦天监、算术馆，通过笔谈进行交流，参观各种科学技术设施，获赠多种西洋科学仪器和汉译西学书籍，也有一些使行人员在北京的琉璃厂书市购买西学书籍。他们带回国内的西洋科学仪器和汉译西学书籍对当时因社会矛盾和精神空虚而苦恼的部分知识分子产生了极大的冲击。在这种新的变化之中，朝鲜传统的儒教社会与近代西欧开始接触，从而产生了朝鲜的西学。

起初，朝鲜的知识分子是出于好奇接触西学，但随着汉译西学书籍的流布和扩散以及对其内容理解的加深，到 18 世纪中叶，朝鲜逐渐掀起了学习和研究西学的热潮。对此，安鼎福记述道，"西洋书，自宣庙末年，已来于东，名卿硕儒，无人不见，视之如诸子道佛之属，以备书室之玩"②。

随着西学研究的逐步深入，朝鲜学界形成了全盘排斥西学、全面接受西

---

① 如通过赴京使节团对发生在中国的太平天国之乱、捻军之乱、两次鸦片战争等事件的报告，朝鲜政府对围绕中国发生的国际局势的变化有所了解。

② 安鼎福：《顺菴集》卷 17，民族文化促进会，1996。

学以及主张接受西学"器"的一面（西学的科学技术）而排斥"理"的一面（西学的伦理、宗教）的三个西学流派①。慎后聃、安鼎福等学者以传统的儒学立场来批判西学及西方伦理价值观，其强烈的全面排斥西学的主张成为 18 世纪末期以后辟卫活动的理念基础；李檗、丁若镛、李承薰等南人系少壮学者不仅认识到西洋科学技术的优秀性，主张作为实现国富民裕的利用厚生之法，引进西洋的科学和技术，而且还开展西教伦理的实践运动，坚定了西教信奉意识；北学派学者虽然也排斥西学的宗教、伦理体系，但通过积极接触西洋的科学技术，认识到其先进性，主张引进并接受西洋的科学技术。

　　西学传入伊始，西方宗教伦理也以"学问"的形态传入朝鲜国内。此时的朝鲜政府对西学采取较为宽容的态度，并没有加以限制或镇压。但不管是作为一种学问来研究和理解西学的李瀷，还是为了接受西洋先进的科学技术而主张聘请洋人的北学派，均对西教采取批判的态度，将其视为危险的思想体系加以排斥，而慎后聃、安鼎福等星湖学派的俊才基于道学的辟异论立场撰写了主张全盘排斥西学的论著，警告西学招致的祸害甚于洪水猛兽②。

　　1784 年，跟随赴京使节团入京之后接受洗礼皈依天主教的李承薰回到国内，与李檗、丁若镛、权日身等一同创立了朝鲜最初的教会，开始了有组织的教会活动。但翌年 3 月发生了"乙巳秋曹揭发事件"③，导致固守辟异精神的传统儒林势力舆论沸腾。太学生洪乐安、李基庆等认为"彼既自甘于陷溺，而尽丧其天赋之秉，吾乃区区着系于平素情爱之私，不为一刀断去，则是乃循乎人情之私，亡其天理之公也，所谓领洗颂罪之事，已与黄巾之符水，张鲁之斗米，如印一板"④，主张不徇私情、坚决取缔。朝鲜政府开始下令查禁天主教及其异端杂书的流入，还严令赴京使臣及随行的学者不得与中国学者交游。1791 年，因"废祀焚主"问题引发了"辛亥珍山事件"⑤。该事件发生之后，儒生纷纷上疏要求严惩天主教，朝

---

① 李元淳：《朝鲜西学史研究》，一志社，1996，第 394 页。

② 慎后聃：《西学辨》，载李晚采编《辟卫编》卷一，辟卫社，1931；安鼎福：《天学考》《天学问答》，《顺菴集》卷 17，民族文化促进会，1996。

③ "乙巳秋曹揭发事件"是指 1785 年 3 月朝鲜天主教会被刑曹禁吏发现，数名教徒被捕、被害事件。

④ 李晚采编《辟卫编》卷二，丁未泮会事　洪进士再书，辟卫社，1931。

⑤ "辛亥珍山事件"是指 1791 年（辛亥年）全罗道珍山郡天主教徒尹持忠在其母去世后，遵照北京天主教主教　汤士选禁止朝鲜教徒行祖先祭祀之礼的教令，既不设牌位也不举行祭祀，遭到告发，被官府处死的事件。

鲜政府也一改"乙巳秋曹揭发事件"时的温和态度①，严厉搜捕教徒，加紧查禁流散于民间的"异端邪书"，还下令焚烧弘文馆所藏所有西学书籍②。

1800年正祖驾崩，年仅11岁的纯祖即位。垂帘听政的大王大妃金氏对天主教采取残酷的镇压政策，1801年发生的"辛酉教案"③ 就是这种政策转变的开始。大王大妃下教说，"今之所谓邪学，无父无君，毁坏人伦，背弛教化，自归于夷狄禽兽。监司守令，仔细晓谕，使为邪学者，翻然改革，不为邪学者，惕然惩戒，无负吾先王位育之丰功盛烈，如是严惩之后，犹有不悛之类，当以逆律。从事守令，各于其境内，修明五家统法，其统内如有邪学之类，则统首告官惩治，当剿殄灭之，俾无遗种"④，指出西教是不孝不忠之邪学，是灭伦禽兽之教，要采取更加严厉的措施来查禁天主教。此后，朝鲜政府对天主教采取的禁教与镇压措施日益严厉，接连发生了"乙亥教难"（1815年）、"己卯教难"（1819年）、"丁亥教难"（1827年）。

1831年朝鲜教区成立之后，外国传教士秘密潜入朝鲜国内传教，1839年发生了三名法国传教士被害的"己亥教案"。法国派出军舰前来朝鲜海域施加武力威胁，均无功而返。西欧殖民势力的武力威胁致使西教问题从国内问题扩大为国际问题，使得朝鲜政府将其视为直接威胁到其统治体制的政治问题。由此，对西教的镇压从对西学的宗教、思想方面的否定扩大到对包括先进的科学技术方面的西学全部领域的全盘否定。

由于朝鲜政府对天主教采取了严酷的镇压政策，因此众多星湖学派的少壮学者遭到肃清。两李（李家焕、李承薰）、二权（权哲身、权日身）以及三丁（丁若铨、丁若钟、丁若镛）等星湖学派的代表人物被杀或被流放。随着迫害的加深，攻击对象从星湖学派的教徒扩大到虽主张积极引进先进的西洋科学技术但反对西教的北学派学者。此时，洪大容已经去世，朴趾源辞

---

① "乙巳秋曹揭发事件"发生后，正祖认为"意则使吾道大明，正学丕阐，则如此邪说，可以自起自灭，而人其人火其书，则可以"，采取了较为温和的态度。参见《正祖实录》，正祖十二年八月壬辰。

② 李虎：《中朝日三国西学史比较研究》，中央编译出版社，2004，第91页。

③ 进入19世纪，天主教以当时尖锐的社会经济矛盾为背景迅速在少数士大夫阶层和多数庶民大众阶层传播，朝鲜政府对此深感不安，于1801年1月对天主教采取了严酷镇压。当时众多朝鲜教徒和华人传教士被斩首，该事件史称"辛酉教案"。

④ 《纯祖实录》，纯祖元年正月丁亥，大王大妃下教。

官蛰居，只有朴齐家还在活动。完成赴京使行任务的朴齐家刚回到国内就被捕，后被流放到北边镜城，使其"师夷长技，利用厚生，富国强兵"的北学严重受挫。这样，19世纪的辟卫运动从对抗西学宗教伦理扩大到对西学这种西方异质文化体系整体的全盘否定和抹杀。在此过程中，一批主张研究和引进西学的少壮派精英惨遭迫害，致使朝鲜后期处于萌芽状态的近代文化被扼杀。结果，朝鲜君臣依旧抱残守缺，依旧沉湎于传统的国际观，不愿睁眼看世界，对"外压"的理解和认识依旧没有摆脱传统"华夷"观念的束缚，也就难以有效地采取相应的举措，整体上处于无所作为的消极状态。

本章小结

（1）来自欧美列强的"外压"是一个逐渐增强的过程。工业革命在增强欧美国家综合国力，取得对东北亚国家武力装备优势的同时，更刺激了其寻求海外市场和原料产地，以追逐最大利润的冲动。大势所趋，东北亚国家难以躲避"外压"的降临，而且中国必然首当其冲。因此，对于中国的邻国日本和朝鲜来说，首先看到的是"外压"如何来到中国，尚有短暂的隔岸观火时间。随后，在打开中国市场的大门之后，"外压"北移，指向了日本和朝鲜。美国、法国远征舰队将武力威胁和利润追逐行动强加在日朝两国的头上，令其自顾不暇，痛感"外患"之苦。

（2）"外压"造成的刺激作用不尽相同。在日本，早在"外压"肆虐中国的时侯，幕府当政者就断言不能隔岸观火，于是在第一次鸦片战争期间，开始了天保改革。开港后，幕府又接连进行三次改革，其最大的国际背景，就是培理舰队叩击日本国门以来，第二次鸦片战争爆发和四国舰队横行日本领海等"外压"持续升温。在朝鲜，"外压"以法国和美国舰队实施远征，多次劫掠江华岛的流血方式（比日本更加激烈的方式）表现出来。但是，促使大院君改革的直接契机，是内政的需要，而非"外压"直接刺激的结果。当然，在改革的过程中，"外压"也迫使当政者作出反应，促成改革增加了新内容。

（3）对外危机意识的强弱不同影响了两国改革的进程。改革的进程往往受到主导者的眼光、谋划、判断的制约。在世界连为一体、东北亚国家落后于欧美国家的形势下，需要新的学说即西学的启迪。西学在两国的作用不同，值得关注。在日本，幕府统治者认识到兰学的实用价值，对兰学采取了较为宽容的政策，而兰学的长足发展也开阔了日本朝野的视野，使得幕府能够正视欧美国家与日本的实力差距，对"外压"产生了强烈的危机意识，并且能够迅速做出反应，采取一系列的改革举措；在朝鲜，统治阶级视天主教为危害其统治秩序的"洪水猛兽"，进行残酷镇压，进而对西学这种异质文化体系予以全盘否定，使得朝鲜君臣面对"外压"虽产生过一定的危机意识，但未能摆脱传统"华夷"观念的窠臼，因而未能迅速采取相应的对策，蹉跎掉了改革的有利时机。

第二章

改革主导势力及其施政方针比较

大凡改革，总非无缘无故，而是当政者出于维护统治、稳定政权的需要，主动或被动地审时度势，形成改革的总体思路，提出施政方针以应对各种面临的危机，对内协调社会各层面的利益关系，对外趋利避害，寻求安定国家的国际环境。上述所有的运作，均离不开改革主导势力的实际操作。因此，在考察日本开港后幕府进行的三次改革和朝鲜的大院君改革时，首先应该关注的问题，就是改革主导势力和施政方针问题。本章将就此进行论述。

第一节　日本开港后三次改革主导势力、施政方针及其特点

一　阿部正弘的思想与安政改革

（一）阿部正弘其人

阿部正弘是安政改革的主要人物，对其进行必要的把握，有助于了解幕府在开港后进行的第一次改革。阿部正弘为备后国福山藩藩主，其父阿部正精曾任幕府老中一职。文政二年（1819 年）十月十六日，阿部正弘生于江户西丸下官邸，是阿部正精的第六子，其生母为正精的侧室高野具美子。阿部正弘的先祖阿部正胜是德川家康的得力干将，屡立战功，成为德川家康的重臣之一。从正胜之子正次一直到正方的十二代中，成为幕府阁老的就有正次、重次、正右（正弘曾祖父）、正伦（正弘祖父）、正精、正弘六人。正胜拥有五千石领地，其子正次时有一万石领地。此后，阿部家的领地不断增

加，到正弘时达到十一万石。一开始，阿部家的领地在三河，后经屡次转封，宝永七年（1710 年）移至备后福山城，一直到明治初期废藩置县之时①。

阿部正弘之父阿部正精为人温恭，爱护臣下，体察民苦，士民皆承服其仁德，在担任阁老的七年间，以公正廉洁而闻名。正精非常重视学问的研究，在江户藩邸内设立学问所，不仅聘请学者向藩士教授汉学和和学，而且还自学兰学，与家臣研究天文测量等学说。幼时的正弘天资聪颖，深受正精的钟爱。从十岁开始，正弘学习弓马枪剑之术，师从儒臣柴山敬藏、门田尧佐学习经史，终日不出书斋勤奋读书。正弘因为是庶子，按照惯例应该成为他家的养子，但因其诸兄多夭折，而要继承家业的兄长又病故，因此，天保七年（1836 年）十一月经幕府的批准成为其兄正宁的养嗣，十二月谒见将军德川家齐之后，继承家业，成为福山藩藩主。是年，日本爆发全国性大饥馑，各地饿死者众多。但福山藩设立义仓予以救助，无一人饿死，引起邻境之民的羡慕。正弘礼贤下士，没有一点倨傲之气色，善于体察民间的忧苦，以谨慎行事为原则，但是一旦决定就雷厉风行，深得家臣和百姓的拥戴。

天保九年（1838 年）九月，阿部正弘被任命为"奏者番"，主管在节日诸侯谒见将军时，引导觐见者、公布进献目录等与幕府礼式有关的事务，是送往迎来的高级礼仪官员，有机会结交大名。谱代大名步入仕途时首先要任该职，而后根据其能力晋升寺社奉行等职。在担任"奏者番"期间，正弘每月六次听取儒臣讲读《贞观政要》《唐鉴》等，并令重臣旁听。此外，还每月三次听取《四书》的讲读。

天保十一年（1840 年）十一月，阿部正弘晋升为寺社奉行。在任该职期间，虽然政务繁忙，但正弘依然坚持听取讲读经史。在任寺社奉行期间，正弘开始崭露头角。天保十二年（1841 年），他因审判下总国中山村法华经寺一案而名噪一时。该寺属于日莲宗，其智泉院的日尚和守玄院的日启二僧宣自称祈祷灵验，以此来迷惑民众；他们还频繁出入江户，与官宦人家的女眷过往甚密，又与民间妇女通奸，变卖殿中的贵重物品用于享乐，激起民怨。幕府命正弘审理此案，正弘派出属吏缉拿二僧押送到江户藩邸。由于前将军德川家齐受其爱妾美代的劝诱沉溺于日莲宗，厚待其僧徒，致使这些僧人作威作福，而且幕府高官及其家眷又与他们关系密切，因此，审理此案非

---

①　渡边修二郎：《阿部正弘事迹》一，东京大学出版会，1978，第 3～4 页。

常棘手。正弘向幕府提议，先不审理与官宦家眷有关的案件，专门审理二僧和与其有关的民间妇女，得到批准。十月五日，正弘对此案做出判决，日启流配远岛，日尚则交给管长依照寺法进行处罚，与二僧通奸的民妇二人各处以拘留 50 天和 30 天，其他有关者各给予相应的处罚。此外，还下令关闭法华经寺 30 天，废撤智泉院中的八幡以及江户感应寺，没收其领地，本尊什物则交给池上本门寺。

该案件的审理轰动一时，民众拍手称快。虽然未能审判官宦人家的有关家眷，但阿部正弘顶着压力处罚狐假虎威、作恶多端的妖僧，表现出其胆略和能力，也由此受到将军的瞩目。阿部正弘由于才华出众，于 1843 年 9 月年仅 25 岁时就升任老中一职。为强化海防和增加财政收入，主持天保改革的首席老中水野忠邦发布《上知令》，下令江户、大阪周围富庶的大名、旗本领有的飞地收归幕府直辖，以转封的方式给予补偿，引起被转封大名、旗本甚至农民的强烈反对。将军德川家庆下令废止，水野忠邦也因此被罢免。弘化元年（1844 年）六月，水野忠邦再度出山任首座老中。阿部正弘就此问题屡次建议幕府，指出水野忠邦采取错误的政策失去民心，应受到严惩，如果再度任用，会使幕府失信于天下，但未被幕府采纳。同年七月，阿部正弘担任掌管幕府财政的"胜手挂"一职。在任期间，虽然幕府被长期的财政匮乏所困扰，但面对外国船只频繁来航的状况，阿部正弘想方设法筹措经费，用于加强军备以及其他急需的设施，为此后的国防建设打下了基础。弘化二年（1845 年），水野忠邦再度被罢免，由阿部正弘接任首座老中。由此，阿部政权宣告成立。在幕政运营过程中，阿部正弘采取了广采众议的方式，与水野忠邦老中专权的幕政运营方式不同。

（二）开港前阿部政权应对"外压"的方针

阿部政权成立之后，亟须解决的就是日益严峻的"外压"问题。这个问题之所以日益严峻，是因为：其一，东北亚各国面临前所未有的大变局。通过第一次鸦片战争，欧美列强用武力强行订立不平等条约，打开中国的门户，获取了关税议定、赔偿战费、在通商口岸自由贸易等殖民特权。继中国之后，日本已经成为列强武力冲击的第二个目标。中日朝等东北亚国家在形成世界资本主义市场的历史潮流面前，再也无法继续按照自身的愿望自主地维护国家和民族的独立和领土完整了。这种变局是前所未有的，日本也不能置身局外。

其二，日本无力对抗欧美的冲击。幕府已经看到，欧美列强是凭借着船坚炮利的武力优势横行东亚。日本与之相比，差距悬殊。无论是海岸大炮，还是水军的老式木制战船，都不堪与欧美的海军较量。在古代曾经是岛国日本国家安全屏障的大海，由于工业革命生产了大吨位蒸汽船舰和远程大炮，失去了天然的保护作用。不仅如此，缺乏强有力守备力量的日本沿海，成了国家安全的软肋，随时都可能受到欧美列强来自海上的攻击，防不胜防，只能被动挨打。

其三，幕府处于现实上需要进一步调整对外政策与维护锁国祖法的两难困境之中。面对欧美列强日益频繁的冲击，在无法继续推行对外强硬的"异国船驱逐令"的情况下，幕府发布了"薪水给予令"，向驶入近海的外国船舰提供煤炭、淡水、蔬菜和粮食，劝其离开日本，避免外衅，以继续维护实行了200余年的锁国体制。但是，来自海上的"外压"不仅有增无减，而且目标明确，即迫使日本开放口岸，并将其纳入资本主义世界市场。在新形势下，日本需要在政策上作出进一步的调整。对外政策的调整，势必触及维护锁国体制的祖法。在开港前，备受压力的阿部政权始终在政策的调整上，难以超越维护锁国体制的底线。

1844年，荷兰国王给幕府发来国书，陈述世界形势的变化，指出日本若拘泥于锁国旧习，将重蹈鸦片战争中败北的中国之覆辙，劝告日本迅速开国通商。荷兰的意图是要取得日本开港的主导权，以维护其既得利益。因外患紧迫而重新担任老中的水野忠邦指出国际交往是大势所趋，锁国终究是不可能的，应当接受劝告，开港通交。然而，将军德川家庆拒不采纳水野忠邦的意见，水野忠邦被迫辞职。阿部正弘主导的幕阁回复荷兰，认为"按照祖法，通信者限朝鲜与琉球，通商者限贵国与中国，别无其他，即不再允许发展一切交通。贵国在我国从来有通商关系而非通信关系，盖信与商各有区别"[1]，拒绝了荷兰的开港劝告。

阿部正弘的立场是，一面压制诸侯的反对，一面试图调整幕府独裁体制，以推行国内改革；在外交上，则在维护锁国体制的前提下，采取温和政策，以缓和列强对日本的压力[2]。

1845年6月，幕府新设掌管外交和国防的机构——"海防挂"，由老中牧野忠雅、若年寄大冈忠固和本多忠德三人具体负责，方针大计则由阿部正

---

① 渡边修二郎：《阿部正弘事迹》一，东京大学出版会，1978，第77页。
② 信夫清三郎编《日本外交史》上，商务印书馆，1980，第51页。

弘亲自过问。同年 8 月，幕府又从勘定奉行、大小目付中选拔有才能的官员，充实了海防挂的力量，使其成为幕府最强有力的机构。

在拒绝荷兰国王的开港劝告之后，欧美列强接踵而来，要求日本开港通商。1844 年 3 月和 1845 年 4 月，法国相继向琉球派出船只，要求缔结通商条约。实际支配了琉球的萨摩藩藩主岛津齐兴派家老调所广乡，向幕府提出"只许琉球与法国交易，以阻止波及国内其他地区"的口上书。萨摩藩世子岛津齐彬认为法国来航琉球问题并不只涉及琉球，而是关系到全日本的利害。阿部正弘采纳了岛津齐彬的意见，"置琉球于日本范围之外，默许琉球王自己管理通信、贸易二事"，委任萨摩藩处理此问题，并指示说，"在万不得已时，只可允许向法国通商，而进行交易要细水长流，决不能使之成为大宗贸易"[①]。阿部正弘是想要由琉球来转移欧美列强的压力，以牺牲琉球来维持日本的锁国体制。在发挥琉球缓冲作用的同时，阿部正弘尽可能地把祖法所允许的范围加以扩大解释，但基本立场仍在固守锁国体制的窠臼。

此后，外国船只更加频繁地来航日本，而薄弱的海防依然未能得到根本改善。与沿海防备密切相关的恢复"异国船驱逐令"问题，成为阿部政权需要解决的重要的政治问题。1846 年 5 月 27 日，美国东印度舰队司令宾德尔准将率领两艘军舰来到浦贺，递交了美国总统致将军的亲笔信，要求实行通商。幕府以祖法禁止与外国通信通商为由予以拒绝。当时美国还没有下决心以武力强迫日本开国，宾德尔逗留十天之后便返航。幕府虽然安然度过了一关，但痛感江户湾防备的薄弱和双方军事力量差距的悬殊。

如何应对列强日益增大的外压，成为越来越尖锐的外交问题和国防问题。幕府面临着两种选择：是坚持强硬的立场，还是继续弹性姿态？为此，阿部正弘三次征询意见。

第一次征询意见，是在 1846 年 6 月。当时，阿部正弘就是否可以恢复"异国船驱逐令"一事，向寺社、勘定、町三奉行和大小目付、海防挂以及长崎、浦贺两奉行征求意见。对此，海防挂认为在防备不充分的情况下恢复"异国船驱逐令"恐将重蹈中国鸦片战争之覆辙，引发外交纠纷，要求采取稳妥的措施，反对恢复"异国船驱逐令"。

对于外国船只不断来航，朝廷也感到不安。因为完全脱离政治，加之幕

---

① 胜海舟：《开国起源》下，原书房，1968，第 232 页。

府垄断情报，因而朝廷产生了更加不安的情绪。1846 年 8 月，朝廷向幕府下达"命令书"，说孝明天皇对外国船只的来航深为挂念，要求幕府加强海防①。天皇就外患向幕府下敕尚属首次，这是朝廷不久就要公开过问政治的开端。接到朝廷的指示之后，幕府着手改善江户湾的防备。1847 年 2 月，为了加强对相模、安房和上总海岸的警备，幕府将原由川越藩和忍藩担任的警备任务，增为由彦根、川越、忍和会津四藩来担任。其中，前两者担任相模湾方面的警备，而安房和上总方面的海岸警备则由后两者负责。当时的很多幕府官员认为只要搞好湾口的防御，就可以高枕无忧了。1850 年幕府派往相模、安房和上总地区的调查团提出的报告，就充满了盲目乐观的论调。该报告认为，内海水位较浅，大船几乎没有可以停靠的地方，没有必要设置炮台；只要在险要地方修缮或增设炮台来巩固防御，即使外国大船侵入江户湾的内海，但"并无后继之一两艘船越过数处警备而驶入，不能形成其势，彼等似亦不致有此种无谋之举"②。据此，幕府对维持现状颇感安心。

在改善江户湾防备中，幕府遇到的最大问题是缺少堪与外国匹敌的军舰。美国的宾德尔舰队离开日本后，浦贺奉行等再三提出意见书，陈述拥有军舰的必要性，要求幕府将海防政策由以炮台为中心转向以军舰为中心。德川齐昭也多次向幕府进言制造军舰。阿部正弘接受了这种意见，在写给德川齐昭的信中说"若制造军舰就可实现永久守卫，不致发生战争"③。然而，虽然当时负责海防的官员对制造军舰具有充分的认识，但由于当时幕府捉襟见肘的财政入不敷出，勘定所官员以制造军舰违反禁止制造大船的祖法为由，强烈反对建造军舰，使得德川齐昭等提出的建议被束之高阁，未能得以实现。

第二次征询意见，是在 1848 年 5 月。阿部正弘再次就恢复"异国船驱逐令"问题，向上述海防挂等机构征求意见。阿部正弘对天保"薪水给予令"提出批评，认为继续实施此令会导致"举国疲敝"④，主张恢复"异国船驱逐令"。筒井政宪赞成阿部正弘的意见，也认为"薪水给予令"致使"诸藩疲敝，人心不稳"，赞成恢复"异国船驱逐令"。而海防挂认为"异国船驱逐令"不但不能阻止外国船只的来航，反而会使日本成为"万国之

---

① 宫内厅编《孝明天皇纪》一，弘化三年八月二十九日。

② 胜海舟：《陆军历史》上，陆军省，1889，第 428 页。

③ 渡边修二郎：《阿部正弘事迹》二，东京大学出版会，1978，第 651 页。

④ 箭内健次编《通航一览续辑》五，清文堂出版，1972，第 45 页。

敌"；开启争端，其结果反而会加重诸藩的疲敝，危害到国家的安全，反对实施"异国船驱逐令"①。最终，阿部正弘接受海防挂的意见，继续采取以稳妥为基调的海防政策，沿用"薪水给予令"。

第三次征询意见，是在1849年5月。这年3月，一艘美国军舰驶抵长崎港，要求接回被日本收留的遇难美国船员。同年4月，又有一艘英国军舰来到浦贺冲，不顾当地官员的反对进行了测量。面对外国船只的不断来航，幕府于同年5月再一次就是否恢复"异国船驱逐令"一事征求意见。此次征求意见的对象除了前两次的三奉行和大小目付、海防挂以及长崎、浦贺两奉行以外，还包括担任江户湾警备的彦根、川越、忍和会津四藩以及负责长崎警备的佐贺、福冈等藩。此次咨询改变了以往老中专断的制度，扩大了征询对象，听取诸有司和诸大名意见，具有浓厚的众议制色彩，这可以称为阿部政权的一个特色。咨询结果是，大部分的意见以海防薄弱为由，反对恢复"异国船驱逐令"。

阿部政权在1846年、1848年、1849年前后三次提议恢复"异国船驱逐令"的真实目的，在于借此探寻诸藩大名对变动锁国体制这一祖法的反映，从而决定取舍。但是，在征询意见的过程中，一方面，始终存在主张灵活态度或者坚持强硬立场两种意见，前者是主流意见；另一方面，在加强海防、坚持锁国体制上，双方并无根本分歧。幕府采纳了众议，同年12月向诸大名发出"加强海防令"。这个新颁布的命令，可以视为在开港前，幕府对外方针的代表性文件。

"加强海防令"称：近来来航的外国船只，"其横行日益嚣张，如听之任之，将影响我国尊严，不可忽视。理应宣布严肃之处理办法，然即使宣布，在何地采取何种方式亦难预测。因此急需事先告知应采取之防御手段"②。这个命令强调外国船舰在日本沿海的活动"日益嚣张"，危害了"国威"，态度严峻地要求对来航的外国船只"严肃处理"，改变了"薪水给予令"的温和立场。与此同时，命令又要求采取"事先的防御手段"，以及采用"何种方式"时，必须报告幕府。至于"何种方式"具体是指给予薪水还是开炮驱逐，则未作任何规定，因此如何"严肃处理"也就不得而知了。实际上，这个命令是把强硬论和稳健论加以折中的、模棱两可的命令。

---

① 住田正一编《日本海防史料丛书》六，海防史料刊行会，1932，第34页。
② 箭内健次编《通航一览续辑》五，清文堂出版，1972，第48页。

其本意是希望恢复"异国船驱逐令"，但又鉴于目前防备不充分，若启战端会大祸临头，可谓心有余而力不足。在无奈之下，应致力于加强海防。

与"加强海防令"同时发出的另一个口头命令中，阿部政权强调："西洋各国觊觎我国土地，我国必须以举国一致之力加以防御。由于各地力量大小不一，难以应付，于万一情况下，相邻各藩必须合力，互相援助。假如夷贼蔑视国威，有不敬不法之行动，日本全国不分贵贱上下，孰不忿怒。如明确以日本全国之力进行抵御，则诸侯不应忘屏藩之重任，旗本、御家人等注意对主君之事奉，农民、商人各尽本分，人人努力，以报答两百年来享受太平之恩德。亦即当全国尽力之际，沿海地方更须相互尽其全力。"① 幕府在这个口头命令中，强调全体日本人应不分身份"贵贱上下"，以"举国一致之力量"，共同应付对外危机，倾向于对外强硬的立场。从日本民族意识的形成来说，公开指出国防是全体国民的课题，具有重大的意义。

幕府发出的"加强海防令"虽然具有上述的进步意义，但却没有采取具体可行的措施，只是对江户湾的防备做了部分改善，未能对海防政策进行彻底有效的改革。日本正是在这种状况下迎来了培理舰队的来航。

（三）开港后应对方针的调整与安政改革的特色：协调幕府与雄藩大名、朝廷的关系

嘉永六年（1853年）六月三日，美国东印度舰队司令培理率领四艘军舰通过伊豆冲驶向江户湾，浦贺奉行以祖法为由要求其回航长崎，但培理坚决要求与幕府高官进行直接交涉。接到急报的阿部正弘鉴于事态重大，作为应急措施指示浦贺奉行："今委任你处理此事，切记勿失国体，并尽可能和平解决，使其返航。"② 而要和平解决问题，使其返航，就得按照培理的要求接受美国国书。当幕府官员围绕是否接受美国国书一事争论不休时，传来了培理驶入江户湾内进行测量的消息，迫于其压力，幕府遂决定接受美国总统的国书，并允诺来年递交回信。六月九日，浦贺奉行户田氏荣和井户弘道在久里滨接受了美国国书。六月十二日，培理约定第二年再来，离开江户湾。

培理舰队离开日本十天之后，1853年6月22日，第12代将军德川家庆病亡。10月23日，由德川家定继将军位，官拜内大臣，成为幕府的第13

---

① 箭内健次编《通航一览续辑》五，清文堂出版，1972，第48页。
② 箭内健次编《通航一览续辑》四，清文堂出版，1972，第416页。

代将军。此时，内忧外患日堪一日，但德川家定体弱多病，且心智不全，难以把握局势、渡过难关。在这种情况下，维持局面，并在困境中寻找出路的重任，就落在以首席老中阿部正弘为首的幕僚肩头。他们因势利导，推行安政改革。

在安政改革的十余年前，幕府曾经在老中水野忠邦的主持下，推行天保改革。阿部正弘深知天保改革失败的重要原因在于收缴大名、旗本飞地的"上知令"激起众怒，水野忠邦也因此被迫下野。有鉴于此，阿部正弘注重协调幕府与雄藩大名的关系，采取了"雄藩联合策"，竭力争取雄藩大名的支持。这样，联合雄藩大名的策略，就成为安政改革的重要指导方针。在实施这一方针的过程中，阿部政权的主要做法是：

第一，建立幕府与雄藩大名人脉渠道。1853 年 7 月，阿部正弘任命水户藩前藩主德川齐昭为主管海防的"幕政参与"。当时，德川齐昭在雄藩大名中，颇孚人望，很有影响力，与萨摩藩的岛津齐彬、福井藩的松平庆永、仙台藩的伊达宗城、土佐藩的山内丰信等雄藩大名组成了强有力的政治势力。起用德川齐昭，发挥建构人脉渠道的效应，使阿部政权取得了雄藩大名的支持。同时，建立幕府与雄藩大名的沟通渠道，也是控制上层政治势力对幕政进行批评的有效手段，有助于稳定大局。

第二，阿部正弘还注意争取诸藩大名的普遍支持。垄断外交权，独自处理对外关系，是幕府的传统做法。培理舰队离开日本后，如何处理留下来的美国国书，成了外交难题。在幕臣中，向山源太夫和胜海舟提出了颇有见地的意见，主张为了对付外压，幕府应该改变独断的制度，与诸藩合作，确立全国一致的防备体制，并指出对外贸易的益处，主张用通商所取得的收入充实军备①。他们主张积极的贸易政策和大胆的幕政改革，不仅是因为外压造成的危机感，而且还在于他们认识到国内民众斗争造成的事态的严重性。他们的建议对在不久之后开展的阿部正弘主导的幕政改革产生了巨大影响。据此，阿部正弘改变了惯例，让诸大名传阅美国国书，并征求他们的意见。

第三，阿部正弘注意协调幕府与京都朝廷的关系。培理舰队离开日本后，幕府向天皇朝廷上奏美国国书一事。在幕藩体制下，《禁中并公家诸法度》规定，国政完全由幕府独断专行，不允许天皇和朝廷公卿参与国政。

---

① 青木美智男、河内八郎编《开国》，有斐阁，1985，第 81 页。

因此，向天皇朝廷报告美国舰队和国书问题，是自德川幕府建立以来前所未有的举措。阿部政权这样做的目的，就是希望加强与天皇朝廷的联系，以增强幕府权威，共同应对前所未有的对外危机。

以上三点，是阿部政权在推行安政改革期间，涉及统治集团关系协调的内政基本方针。

除此以外，阿部政权在推行安政改革期间，其指导思想还强调实施精英政治。概括起来看，主要包括以下两点：

（1）务使人尽其才。竭力从集中儒者、兰学者、兵学者、炮术家的学识与智慧的设想出发，促成东洋道德与西洋技艺的相互结合。因此，阿部政权一方面强调固守传统伦理纲常，稳定人心和统治秩序；另一方面又开办学习洋学的蕃书调所，让兰学者发挥作用。

（2）把"海防局"的设想具体化，为进行海军建设而开始编练海军。幕府的决心贯穿于整个改革，这就是为了对抗西欧的冲击，就需通过有组织的和大规模的欧化来实现近代化①。按照幕府的旧习，有关外交和军事的官职历来是根据门阀和世袭来任命，而此时则是拔擢才智之士担任幕府要职。在幕府的这些新机构中，不仅起用"直参"（幕臣），还大批起用了"陪臣"（各大名的家臣），各藩的藩士也可以到长崎海军传习所去学习。长崎海军传习所培养了幕末维新期活跃在各个领域的一批精英。

安政改革的上述指导方针，在实施过程中效果如何？不妨从诸藩大名的反应中寻求答案。对于幕府的咨询，诸有司和大名提出了大量的意见书。在诸大名的意见书中，赞成开国的是少数，大部分倾向于避战论，但也不乏较为恰当的开明意见，如彦根藩主井伊直弼、福冈藩主黑田齐溥和佐仓藩主堀田正笃等主张应该允许通商。面临史无前例的事态，幕府决定采取"一时权宜之策略"来解决目前的困境。

1853 年 6 月 14 日，阿部正弘派勘定奉行川路圣谟和西丸留守居筒井政宪前往德川齐昭处，与德川齐昭协商对策。对于川路提出的"有限通商策"，德川齐昭以祖法严禁通商为由，予以反对。最终，双方在下述策略上达成共识："若有充分防备，当可放心，然实际因防备薄弱，故如俗语所谓之蒙骗，于五年十年之内，既不接受其请求，亦不加以拒绝，在此期间待我

---

① 信夫清三郎：《日本近代政治史》1，桂冠图书公司，1990，第 240 页。

方进行周密之准备，然后予以拒绝。"① 这里所说的所谓"蒙骗"，就是幕府的"一时权宜之策略"的通俗说法，这是阿部政权处于祖法原则和现实外部压力之间左右为难、迫不得已的办法。由以上两个事例可知，虽然上述应对举措，解决不了任何问题，但协调幕藩领主、倚重雄藩大名的改革方针，还是得到了体现。

1854 年 1 月，培理再次率领舰队来到日本，在江户湾内的小柴冲投锚。幕府任命大学头林复斋、町奉行井户觉弘、浦贺奉行伊泽政义、目付鹈殿长锐四人为全权代表，与培理进行谈判。阿部正弘认识到"一时权宜之策略"无法解决问题，为了避免战争，指示采取几乎全部接受培理所提要求的方针。经过四次交涉，日美双方在 1854 年 3 月 3 日签订了《日美和亲条约》。

《日美和亲条约》的签订意味着延续了 200 多年的锁国体制开始瓦解，幕府面临着一种新的形势。为了自救自强，在以阿部正弘为首的一批开明幕臣的主持下，开港之后的第一次改革即安政改革全面展开。在改革过程中，一批幕府的开明派官僚，如堀田正睦、筒井政宪、川路圣谟、水野忠德、岩濑忠震、胜海舟等能吏，继续丰富和发展了安政改革的指导思想。海防挂的幕臣和老中之间经常展开积极的讨论，在幕府内部慢慢发生了政治结构的重要变化。

1856 年 7 月，长崎的荷兰商馆馆长克提俄斯传递了英国使节为了缔结通商条约从中国前往日本的情报，并宣扬维持锁国体制已经不可能，自由贸易成为世界大势，要求幕府许可自由贸易②。8 月，阿部正弘就对外问题尤其是当英国提出缔结通商条约要求时的对策向评定所、海防挂、大小目付和长崎、浦贺、下田、箱馆各奉行征询意见。这是幕府的外交方向由"和亲"转向"通商"的第一步。阿部正弘在征询书中指出，"变革本邦航海之严禁，向各外国派遣船舶，以贸易通商之利益，充富国强兵之基，此乃顺应当今形势之策"③，表明阿部的意见是倾向于开港通商的，对咨询的回答大部分是主张开始通商。箱馆奉行堀利熙主张日本应主动开辟航海贸易的道路；长崎目付永井尚志和冈部长常提出"交易之时务已成骑虎之势，届时如彼强行要求开国，则我失去时机"④，主张要让国民迅速了解开国大计，以安

① 《水户藩史料》上编乾，第 19~21 页；石井孝：《日本开国史》，吉川弘文馆，1972，第 154 页。
② 《幕末外国关系文书》十四，一七五号。
③ 《幕末外国关系文书》十四，二一三号。
④ 《幕末外国关系文书》十四，二八九号。

定人心。幕府接受了这项建议，决定开港。

1856年10月17日，老中堀田正睦专管外国事务，成为幕府第一个专管外交的老中。在此之前的1855年10月，为协调"大廊下"与"溜间诘"的内部矛盾，阿部正弘将老中首座一职让给了佐仓藩主堀田正睦，这是因为上层谱代大名在幕政方面具有很大的发言权，对阿部正弘重视雄藩大名的政策提出批评。阿部正弘此举的意图在于与他们进行合作，以减少对改革的阻力。这样，堀田正睦专管外交，内政则委于阿部正弘。接着，幕府设置贸易调查挂，任命堀田正睦和若年寄本多忠德以及大目付迹部良弼和土岐赖旨，勘定奉行松平近直、川路圣谟、水野忠德，目付岩濑忠震、大久保忠宽，勘定吟味役塚越元邦和中村时万等为对外贸易调查专员，负责有关通商的调查和准备事宜。

虽然幕府决定开港，但围绕着是否开始通商以及如何应付哈里斯，幕府内部未能达成一致意见。1857年2月1日，荷兰商馆馆长克提俄斯把"亚罗"号事件的消息告知幕府，称清朝不履行条约是事件发生的原因，警告幕府应该履行条约。幕府对此事件予以重视。2月24日，堀田正睦向评定所、海防挂以及长崎、下田、箱馆奉行发出备忘录说，"过去之做法，显然已不能长期维持，应趁太平无事之际，迅速实行变革，并加以监督，是为长远之计"[1]，表明了要改变外交方针的意向。海防挂在其答复书中说："开始对外贸易，化天下之利为公，使诸侯亦沾其利；广泛航行万国，以兴实利；派出驻外官员和留学生；答应来日的外国使节前来江户等等，这些都是当务之急，应积极确立开国通商的国策，以巩固国家富强的基础。"[2]缔结亲善条约还不到两年，幕府外交部门的见解已经发生了巨大的变化。6月17日，阿部正弘去世，从而形成了以堀田正睦为中心的新幕阁。堀田正睦继续对外开放的方针，遂决定将开港通商定为幕府的定论。

幕府派出井上清直和岩濑忠震与哈里斯进行谈判。经过几轮激烈的较量，条约谈判达成了协议，并且商定推迟条约签订时间，待一名阁老前往京都取得天皇的敕许，借助朝廷的权威来压制保守派的反对意见。但是，由于孝明天皇和诸公家具有强烈的攘夷情绪，幕府未能取得对条约的敕许。

---

① 《幕末外国关系文书》十五，二一六号。
② 信夫清三郎编《日本外交史》上，商务印书馆，1980，第72页。

（四）"安政大狱"与安政改革的中断

与条约敕许问题交织在一起，使日本国内局势更加复杂化的就是将军继嗣问题。将军家定体弱无能，且无嗣子。对于处于非常时期的幕府而言，当务之急就是尽快确定有能力的继嗣辅佐将军。按照惯例，当时在三家、三卿之中适合成为家定嗣子的是纪州家的庆福和一桥家的庆喜。岛津齐彬、松平庆永、伊达宗城、山内丰信等改革派诸侯和岩濑忠震、川路圣谟、水野忠德等幕府开明官吏以能力、年龄为由，支持庆喜，形成了一桥派。而以彦根藩藩主井伊直弼为首的保守派却以血缘关系为由推举庆福，形成了纪州派（又称南纪派）。双方围绕着将军继嗣问题展开了激烈的斗争。这两派之间的对抗既是德川家族内部的权力之争，又是保守派和改革派之间的政治对立。

1858 年 4 月，井伊直弼出任大老。他虽然对同美国签订修好通商条约持慎重态度，但却迫于第二次鸦片战争中中国败北的不利局势，不得不做出决断，于 6 月 19 日在没有取得天皇敕许的情况下下令签订条约。6 月 23 日，一桥庆喜进入江户城，追究井伊直弼的违敕责任。翌日，德川齐昭和德川庆恕、德川庆笃等，也向井伊直弼提出了质问。松平庆永也拜访井伊直弼的藩邸，严厉责难其违敕签约。由此，一桥派开始了对井伊政权的总攻击。7 月 5 日，井伊直弼宣布决不能容忍这些大名的不法行为，松平庆永和德川庆恕被处以幽禁，德川齐昭被处以幽禁，德川庆笃和一桥庆喜暂时被禁止前来江户。老中久世广周向他提出忠告说，在将军患病期间进行惩处，会使人感觉到是大老和老中的独断专行，建议他暂缓动手。但井伊直弼却一意孤行。翌日，第 13 代将军德川家定病死。然而，幕府却在一个月内秘而不宣，直到 8 月 6 日才宣布将军的死讯。10 月 25 日，井伊直弼又强行宣布德川庆福改名家茂，为第 14 代将军。

面对井伊政权的压迫，一桥派决定派出日下部伊三次前往京都开展活动。1858 年 7 月 19 日，日下部伊三次进入京都，向三条实万进谏说，幕府签署条约和决定将军继嗣均属违敕，请求天皇向幕府下达敕命，解除对德川齐昭、德川庆恕和松平庆永的处分，并以一桥庆喜代替家茂担任将军，以德川齐昭为副将军。此外，志士山本贞一郎也向三条等公卿进谏请求朝廷下达相同内容的敕命[1]。一桥派企图借助敕命推翻井伊的统治。他们的进谏打动

---

[1]　日本史籍协会编《竹亭回顾录·维新前后》，东京大学出版会，1982，第 91 页。

了朝臣。8月8日和8月10日，天皇分别向幕府和水户藩发出"旨趣书"。这道敕命谴责幕府在签订条约时的"轻率态度"和"有司之专擅"，要求面对前所未有的外患，应消除内忧，实现国内一致稳定，以"长久的公武合体"来"扶助德川家"，为解决"国家之大事"而进行"内部整顿，不受外夷之侮"①。这是朝廷的公文中首次出现"公武合体"一词，反映了朝廷的公武合体思想。

朝廷中的亲幕派头目关白九条尚忠向幕府转告了向水户藩下达敕命一事。但他的举动被暴露，天皇严厉谴责了其不信行为。1858年9月2日，九条尚忠提出辞呈。这一消息使幕府为之愕然，也使井伊大为恼火。他认为朝廷的攻势背后有德川齐昭的影响，采取高压手段对水户藩以及与其有关联的志士和公卿进行了残酷镇压，史称"安政大狱"。

1858年9月7日，按照长野义言的指示，梅田云滨在寓所被捕，从而开始了对反幕志士的逮捕，桥本左内、吉田松阴等一批志士遭到逮捕，志士们为了逃避逮捕四处走散。9月17日，老中间部诠胜到达京都。他本来的使命是为幕府的外交活动向朝廷进行辩解，但接到幕府的指令之后，却变成镇压反井伊势力。9月18日，他逮捕了直接接受密敕的水户藩鹈饲吉左卫门父子以及被视为一桥派的鹰司家的小林民部和三条实万的家臣，其矛头逐渐转向公家。朝廷被迫做出让步，恢复了九条尚忠的关白职位。左大臣近卫忠熙、右大臣鹰司辅熙、前任关白鹰司政通、前任内大臣三条实万等在幕府的压迫下剃发出家。幕府还命德川齐昭长期幽禁于水户，命一桥庆喜革职隐居。

积极推进开国政策的一桥派诸官吏因受到牵连相继遭到罢免。1859年8月27日，作事奉行岩濑忠震、军舰奉行永井尚志遭到罢免并被夺去俸禄。同一天，西丸留守居川路圣谟被免职并处以隐居。8月28日，小普请奉行浅野长祚、西丸留守居大久保忠宽相继被罢免。9月10日，骏府町奉行鹈殿长锐被免职并处以隐居。10月19日，大番头土岐赖旨也被处以与鹈殿相同的处分。于是，在安政期推进幕政改革的开国派、改革派能吏几乎全部被罢免，致使阿部政权以来的改革气氛荡然无存。这对幕府正在开展的开国外交造成了巨大的打击，也使正在顺利进行的安政改革的进程被迫中断。

---

① 《孝明天皇纪》三，安政五年八月八日条。

二　公武合体派的主张与文久改革的施政方针

（一）安藤·久世政权的政策调整

1860 年 3 月 3 日，发动"安政大狱"残酷镇压反对派、实行铁腕政治的井伊直弼在江户樱田门外被水户藩激进派藩士刺杀，史称"樱田门外之变"。井伊直弼被杀对幕府的士气和权威造成了巨大的打击。继井伊直弼之后接管幕政的安藤信正重新起用被井伊直弼罢免的久世广周，并将老中首座一职让给久世广周，共同执掌幕政，学界称此新政权为"安藤·久世政权"。

安藤·久世政权执政之后，面临的首要课题是如何恢复因井伊直弼被杀而遭到削弱的幕府权威。面对雄藩势力逐渐抬头的新形势，安藤·久世政权对井伊直弼执政时期的强硬路线进行调整，决定实施公武合体政策，以缓和因"安政大狱"和暗杀大老井伊直弼而造成的国内紧张局势，密切与朝廷的关系，借助天皇朝廷的力量来提高幕府的地位，以压制诸雄藩。

在井伊直弼政权时期，为了解决条约敕许问题，也制定了所谓"公武合体"的政策。其基调是恢复一切政事委于幕府的幕府全盛时期的制度，继续对朝廷保持高压姿态。为此，井伊直弼联络关白九条尚忠，推行对朝廷的新政策。其主要内容是：排除在条约敕许问题上持反对意见的廷臣、增补《禁中及公家诸法度》中不足的条项、守护禁里御所、禁止西洋风俗、皇女下嫁将军德川家茂、对诸公卿给予经济援助等①。但是，由于井伊直弼发动"安政大狱"，对反幕府的公卿进行镇压，反而导致了朝幕关系的进一步破裂。

因此，安藤·久世政权的公武合体政策不得不同时解决朝廷对幕府大政委任的制度化和强化尊奉朝廷等两个课题。为此，幕府决定促成和宫下嫁，以推行其政策。（有关和宫下嫁的内容，在后面详述。）

幕府的公武合体运动得到了雄藩大名的有力支持。一直伺机进入中央政界以扩大其影响力的长州藩率先提出了由长井雅乐制定的《航海远略策》，斡旋于幕府和朝廷之间。该策略为幕府推行的公武合体运动提供了理论依据。1862 年 2 月 24 日，幕府将长州藩的长井雅乐召至江户，委托他运用《航海远略策》在公武之间进行周旋，其目的是使朝廷转向开国论，以实现幕府促成

---

① 东京大学史料编纂所编《井伊家史料》十三，东京大学出版会，1963，第 414 页。

和宫下嫁的目的，即公武融和。《航海远略策》指出了朝廷的主张所存在的缺陷，即朝廷要求"废约攘夷"，但如果废除已经签署的条约，就会"立即发生战争"，而且这一战争作为"为其立即采取之拙策"，也具有成为"无谋之战"的危险。《航海远略策》要求"对于京都、关东既往之嫌隙，应使之完全冰释"，重申"政事委于关东乃我国三百年来国内之政道"，确认了"对待外国之策略，全由关东发出指示"的原则。此外，《航海远略策》还主张废除锁国，对世界表明"进攻之态势"，"速造大舰，铸巨炮，择将练士，开国航海，以神州固有之忠孝为我之体，以洋夷日新之功利为我之用，以交往通商之形式横行于五洲各国，熟悉其情实，施皇化于五洲，定远略之国是，再以敕书发布上述之国是，使幕府尊奉圣虑，向诸藩下达敕命，诸藩亦尊奉圣虑，则人心如一，即可改变偷安厌战之陋习于一朝，磨炼人心与胆略，走向发明知识之途，由此，富国强兵之术，开物成务之功，亦不难成就"①，鼓吹积极开国论和海外雄飞论，符合幕府所要推行的富国强兵之策。

长州藩提出的《航海远略策》对于幕府而言确实具有吸引力。但幕府打破禁止幕阁以外的大名参与国政的传统，主动委托长州藩进行斡旋有其更深层次的原因。安藤·久世政权迫切希望朝廷放弃成为条约反对论源泉的攘夷论，但由于已经承诺废约攘夷，就不便再向朝廷提出放弃攘夷论的要求，因此，特别需要有一个调停者出面在公武之间进行斡旋。而长州藩不仅主张积极的开国论，而且在培理来航之后担任了相州的警卫，通商条约缔结之后又按照幕府之命忠实地履行了兵库警卫任务，因此，具备了作为调停者的条件。希望通过和宫下嫁实现公武融和以缓和攘夷运动的安藤·久世政权基于这种考虑，委托长州藩在朝幕之间进行斡旋。

对于朝廷而言，长州藩的《航海远略策》同样也具有吸引力。与幕府一样，天皇也对和宫与将军的婚姻抱有很大的期望，希望以此为契机改善朝幕之间的关系，并且通过和宫向将军传达废约攘夷的愿望。虽然长州藩的《航海远略策》主张开国论，但指出幕府"惊于狄夷之恫吓"，"不待圣虑之决定"就签署亲善条约，对幕府的政策提出了批评，而且主张"国是远略出于天朝，幕府奉而行之，正君臣之位置，而使海内如一"②，正符合朝廷

① 末松谦澄：《修订防长回天史》三，柏书房，1921，第40～47页；玉虫左太夫：《官武通纪》一，东京大学出版会，1913，第96页。

② 末松谦澄：《修订防长回天史》三，柏书房，1921，第40～47页；玉虫左太夫：《官武通纪》一，东京大学出版会，1913，第96页。

的意愿。因此，孝明天皇接受了这个建议，并密令加以推荐。主张攘夷的孝明天皇接受《航海远略策》，并非承认其内容，而是希望它能够有助于公武合体。

长井雅乐的《航海远略策》，是一个使朝廷与幕府妥协并帮助幕府的方策。它一方面规定了"国是远略出于天朝，幕府奉而行之"的新的委任关系，另一方面则要求贯彻策略完全委于幕府的委任原则。这就是在采取"国是远略出于天朝"方针的同时，实际上把幕府的开国政策作为《航海远略策》固定下来，迫使朝廷采纳。幕府从《航海远略策》得到了强有力的援助。从此，它便委托像长州藩那样的雄藩大名进行"公武合体，海内如一"的斡旋，并得以推行它自己所要实行的政策。

幕府推行公武合体政策以图达到"国内人心之一致"的同时，也试图加强对经济的统制权，以改善深受资金匮乏所困扰的幕府财政。自从开港通商之后，横滨的贸易快速发展，引起了生丝等贸易品的国内供给紧张和物价的暴涨。为了防止黄金的大量流出，幕府决定提高金价并改铸货币，但未能止住物价上涨趋势。为此，幕府冒着外贸摩擦的危险，采取了限制贸易规模、缩减通商条约规定内容的措施。幕府于 1860 年 3 月颁布了《五品江户回送令》。该法令使在开港前町奉行为了保护江户批发商的利益和保障日用品的供应而提出的政策得以具体化。借此，幕府实现了对横滨贸易的间接控制。4 月 16 日，外国挂老中胁坂安宅和安藤信睦向美国公使哈里斯提出禁止输出生丝、蜡烛、灯油等商品的建议，遭到拒绝。但是，幕府依然想要限制贸易，于 6 月 21 日又向英国公使阿礼国提出两港（兵库、新潟）两都（江户、大阪）开港开市延期方案[①]，同样也遭到拒绝。幕府之所以如此执著地进行交涉，除了要阻止贸易规模的扩大以外，还有其重要的政治原因。安政五年末，幕府对朝廷恢复锁国、拒绝兵库和大阪开港开市的要求表示尊重，从而取得了朝廷对通商条约的谅解[②]。在奏请和宫下嫁时，对朝廷"废约攘夷"的要求，幕府约定以七八年乃至十年为限恢复锁国，从而取得了和宫下嫁的敕许。因此，幕府不得不对朝廷的攘夷主张做出让步，向条约缔约国提出延期两港两都开港开市的要求。

在采取限制贸易措施的同时，幕府还开始就创造出能够经得住海外

---

① 石井孝：《增订明治维新的国际环境》，吉川弘文馆，1966，第 1 页。
② 日本史籍协会编《九条尚忠文书》，东京大学出版会，1971，第 111 页。

贸易的经济体制一事展开讨论。1860 年 3 月，外国挂大小目付向幕府提出建白书，建议设置"产物方"，由幕府直接统制国内流通体制，对全国的产品进行调查，掌握产品的产量，控制市价，阻止诸产品大量流向海外，惩治奸商的投机行为，同时还主张打开中日贸易渠道以及加强海军建设①。该建议不仅涉及当前幕府摆脱危机之策，而且还设计了将来应推行的以幕府为中心的富国强兵之策。由于外国奉行、町奉行等其他诸有司不同意以产物会所为中心的全国产品专卖构想，由外国挂大小目付提出的这个建议未被采纳。但作为开辟中日官方贸易渠道的一种尝试，幕府曾在 1861 年4 月派出幕府官吏以及高杉晋作、五代友厚等乘坐的商船"千岁丸"前往中国上海。

此后，为幕府的经济改革提供指导方针的是旗本天野三左卫门。天野是幕末著名经世家佐藤信渊的学生，他继承并发展了佐藤信渊的学说，提出了一套经济改革方案。他建议作为实施经济改革的启动资金，采用铸造大量铜钱的方法，利用幕府的权力一举获得庞大的资金，而后利用这笔资金在幕府的主导下推行经济改革。其主要内容是：第一，为了救助大小武家，对于一万石以下者，作为救助资金发给铜钱；对大名则作为领内物产的增值资金发放无息贷款，以领内所产还贷。第二，动用大量铜钱购买流通纸币地区的物产，以救助这些地区的钱荒，在全国流通铜钱，停止纸币的发行和流通。第三，动用官船将购买的产品和作为还贷交纳的产品运到各地港口卖给商人，价格下跌无人购买的产品作为国内剩余产品廉价卖给外国，而外国廉价商品则先由幕府购买储存，高价商品则向国外订购，以平抑物价。第四，兴百工，开垦山林和沼泽，填埋大海江河，由幕府征收税金。他主张幕府任命经济奉行，设立一局，来掌管这些改革事务②。天野进一步指出，"西洋以兵权和经济立国"，日本不必以道德和教化治国，应全面仿效，富国强兵，实现国策目标③。由于天野的改革方案可以强化幕府的权力，即通过向各地领主发放贷款，可以将全国的主要物产集中于幕府的控制之下；通过铜钱在全国的流通和纸币的禁用，不仅可以使货币收益完全归于幕府，而且可以实现幕府对全国货币流通体系的统制，因此受到幕府的关注。1860 年 4 月，幕

① 本庄荣治郎：《幕末维新诸研究》，清文堂出版社，1973，第 205 页。
② 石井孝：《实现佐藤信渊学说的企图》，《历史学研究》222 号，1958 年，第 27 页。
③ 芝原拓自：《开国》，《日本历史》第 23 卷，小学馆，1975，第 134 页。

府下令设置国益主法挂，重新制定了依靠设立产物会所来加强对全国流通体制的统制的方案①。但勘定方的有司以统制困难和财政匮乏为由表示反对。其结果是，1862 年 7 月，国益主法挂被废止。

（二）庆喜·庆永政权的施政方针与文久改革的指导方针

长井雅乐在公武之间的斡旋尽管加强了雄藩大名对幕政的发言权，但实际上是导演了以幕府为中心的公武合体。而萨摩藩的国父岛津久光则是设想了以加强雄藩大名对幕政的发言权为目的的公武合体，并且为了实现这一目的在公武之间进行斡旋。1862 年 4 月，岛津久光率兵离开鹿儿岛，于 5 月来到京都，向朝廷提出了改革意见，进行公武合体和幕政改革活动。1862 年 6 月，朝廷任命大原重德为敕使，奉改革幕政的旨意，与岛津久光一同前往江户，向幕府宣布改革幕政的三项纲领：第一，幕府将军进京，朝幕共议国是；第二，以萨摩、长州、土佐、仙台、加贺等沿海五大藩藩主为五大老，合议防御夷狄措施；第三，任命德川庆喜为"将军后见职"，松平庆永为"政事总裁"②。7 月，德川庆喜和松平庆永分别出任将军后见职和政事总裁。

在此之前，幕府对幕阁进行了调整，免去了老中安藤信正的职务，并接受了老中久世广周的辞职，致使安藤·久世政权解体，以适应新的事态的发展。于是，庆喜·庆永政权应运而生。1862 年 8 月，庆喜·庆永政权公布了施政要点，即"今后施政，在于衷心拥戴敕意，尽心尽意，一片忠诚，以求公武协和，天下一致，安抚方民"③。就任政事总裁的松平庆永立即着手改革幕政，而成为其智囊、为改革献计献策的则是横井小楠。

横井小楠于 1809 年出生在肥后藩，是藩士横井时直的次子，曾就读于藩校时习馆，因显示出非凡的才能被选中，前往江户继续深造。在江户游学期间，他深受荻生徂徕的门生所传承的古文辞学派和水户学派的影响。在培理来航之前，横井小楠对于外国的态度本质上是保守的，他确信日本固有的道德自有其优越性，相信必须不惜任何代价抵御外国蛮夷的入侵。但是，随着与西方技术力量的接触增多，横井小楠对外国威胁的态度发生了变化。培理来航后不久，俄国海军中将普提雅廷来到长崎，要求通商。横井小楠向日

---

① 石井孝：《幕末贸易史研究》，日本评论社，1944，第 455 页。
② 多田好问编《岩仓公实纪》上，原书房，1968，第 571 页。
③ 芝原拓自：《开国》，《日本历史》第 23 卷，小学馆，1975，第 194 页。

方全权代表川路圣谟提交意见书《夷虏应接大意》，这是他转向提倡对外贸易的开始。在该意见书中，他指出"不分有道无道一概拒绝，乃是暗于天地公共之实理，终至失信义于万国"，应当分清"有道之国"与"无道之国"，发展与"有道之国"的政治经济关系①。1855 年阅读魏源所著《海国图志》之后，横井小楠完全转向开国论。

横井小楠于 1860 年著述《国是三论》，把开国论和富国强兵论体系化了。三论是指富国论、强兵论和士道论。富国强兵的概念在德川时代的经济著作中已经屡见不鲜，本多利明和佐藤信渊都在其著作中强调过。横井小楠认为，开国和进行对外贸易是创造富裕国家即"富国"的必经之路。对外贸易不仅会带来多种经济利益，而且从根本上说，与西方各国缔结贸易关系是世界秩序的一部分，日本不能一直置身其外。他指出："天地的气运和世界的形势已不能由人的一己意志所左右，因而不能再坚持仅适合日本一国的闭关锁国政策。"② 但同时他也认识到在目前的状况下，开国、无限制地进行对外贸易必然会招致严重的灾难。如果日本将来要从与世界各国的自由贸易中受益，就必须重建日本的经济制度和政治制度。至于经济制度的改革，横井小楠要求完全废除禁止职业流动和各藩之间商业的封建限制，但这并不意味着他支持自由放任政策，相反他强调国家在促进经济发展中应该起到核心作用。

在这一点上，横井小楠的改革主张与佐藤信渊的思想有相似之处，但在政府干预问题上，两者具有不同的观点。佐藤信渊主张政府对全国的经济进行彻底的统制，而横井小楠则主张政府应该通过给农民提供贷款来推广新的农业生产方法，教育农民进行新的农业技术和农具试验，采用最好的生产方法。在农业以外的其他领域，横井小楠也持相同的观点，指出："对工商业这些也同样适用。政府以贷给资金、粮食和传授技术等方式参与新的生产，增加收益。"③ 为了使这一计划得到资金供给，他提议政府实行扩张性的货币政策，"让我们举例说明。首先印制相当于一万两的纸币贷给农民养蚕，由政府收购其制成品茧丝，运至开港地卖给西方商人，大致可得一万一千两金币。依据此法，纸币在几个月内变成真正的货币，不仅收益可观，额外还

① 横井小楠:《夷虏应接大意》,《横井小楠关系史料》一，东京大学出版会，1977，第 11 页。

② 横井小楠:《国是三论》,《横井小楠关系史料》一，东京大学出版会，1977，第 32 页。

③ 横井小楠:《国是三论》,《横井小楠关系史料》一，东京大学出版会，1977，第 34 页。

可得一千两纯利润。"① 横井小楠认为日本商品在海外可以无限制销售，虽然有些幼稚，但他已经认识到解决目前问题的关键在于进行根本的制度变革，与同时代的其他人相比走得更远。横井小楠的才能及其见解深受福井藩藩主松平庆永的赏识。

1858年，横井小楠第一次接受松平庆永的邀请前往福井藩。此后，他每年去一次福井藩，在桥本左内因受"安政大狱"的牵连被判死刑之后，他就作为松平庆永倚重的智囊，参与了福井藩的藩政。1862年，横井小楠为了回答松平庆永关于改革幕政的咨询，应邀前往江户。

松平庆永根据横井小楠的见解，向幕府传达了关于改革幕政的意见。他提出"抛弃建国以来天下威权尽归德川幕府之私心，改革恶政，与天下共同治理天下"，作为改革的指导思想。他指出，当培理来航时，幕府始终"以接待等事属于秘密，一切处理仅限幕府私自把持，无一事能向天下说清，以使其安心"，揭露了德川家和幕府的这一"私心"。并且他追究道，幕府的确也曾就或和或战一事垂询诸侯，但这只不过是"对诸侯表面应酬"，而"最后之处理完全则全凭幕府一己之见"。他指出，"关系日本全国之大事，全由幕府独自裁决"，而"目前天下与幕府之纠葛，即为公私之争"。他强调，"为天下计，幕府所为不妥之事，或应改革，或应舍弃。此公私两者，乃此次变革之目标，此次革新之宗旨，在于尊崇京都以为天下，万事摒弃私心而取天下之公论"②。

作为改革幕府政治的具体方针，横井小楠提出了《国是七条》：（1）将军进京参拜天皇，就历代之无礼向朝廷谢罪；（2）停止诸侯的参觐，改为向将军述职；（3）放诸侯家室回藩；（4）不限外样、谱代，选择贤能担任政官；（5）广开言路，与天下同行公共之政；（6）兴建海军，增强兵威；（7）停止相对贸易（自由贸易），实行官方贸易（会所贸易）③。其中，第一条是要通过将军上洛谢罪早日实现公武合体；第二条和第三条是要对幕府用以控制诸侯的参觐交代制进行重大调整，尤其是将"参觐"改为"述职"，意味着要给予诸侯政治上的发言权，打开诸侯参与幕政的道路；第四条和第五条要求对幕府传统的专制制度进行变革，不问外样和谱代之区别，

---

① 横井小楠：《国是三论》，《横井小楠关系史料》一，东京大学出版会，1977，第36页。
② 中根雪江：《续再梦纪事》第一卷，东京大学出版社，1974，第6～12页。
③ 横井小楠：《国是七条》，《横井小楠关系史料》一，东京大学出版会，1977，第97～98页。

举贤任官，广开言路，实现公共之政。横井小楠所说的"公共之政"，是指幕府与诸侯、幕府与朝廷之间的"公议政治"，构成了公武合体政策的基本理念，而实现"公议政治"是文久幕政改革所要实现的最基本的目标。"公议政治"是与幕府传统的"私政"即幕阁专制截然不同的新的政治制度，而作为解除幕府"私权"的第一阶段，就需要实现第一条规定的"将军上洛"。第六条和第七条要通过建立海军和兴办官方贸易实现富国强兵之策。由于其中的每一条内容都与幕府墨守 200 余年的祖法相抵触，因此，幕府不可能立即接受这些方针。松平庆永威胁说，如果幕府不接受该方针，他就拒绝登城。为此，幕府派出大目付冈部长常会见了横井小楠，直接向他征询意见。横井小楠强调目前的形势万分危急，如果幕府不及早进行改革，将会导致灭亡。而如果要挽回局面，就要抛弃旧的观念，依靠天下的力量来进行变革。横井小楠指出，作为变革的第一步，就要实现将军上洛。第二步，要缓和参觐交代制。横井小楠认为，由于参觐交代制加重了各藩的财政负担，导致了诸藩的疲敝之状，应该将参觐改为述职，在府期间随时进谒将军，提出有关政务的意见。对于兴建海军的建议，冈部长常认为以幕府目前匮乏的财政状况无法实现。对此横井小楠指出，鉴于日本四面环海的特点，单独依靠幕府的一己之力是无法实现目标的，应该打破幕府与诸藩以及各藩之间的壁垒，形成"幕府与诸藩合体"的举国一致的体制，建设强大的海军力量，以对抗西欧列强的压力①。

对于作为富国之策的官方贸易，横井小楠指出，虽然西方国家要求日本进行自由贸易，但鉴于日本的国情，暂时应将贸易置于"官府的监督"之下，各大名和豪商将物产运至幕府掌管的会所，经过幕府的检验之后再进行贸易。但是，他又强调不能只顾幕府的一己之私，幕府应与诸藩合作，打开公平交易之道，共同开展对外贸易②。要求幕府与各藩协力积极开展官方贸易的主张是与要求"天下同行公共之政"的"公议政治"主张相吻合的富国之策。冈部长常就会谈内容向幕府提出报告，幕阁经过讨论，接受了横井小楠提出的文久改革方针，并且派大久保忠宽前去请松平庆永登城。于是，1962 年 8 月 6 日，松平庆永登城。同一天，幕府决定对参觐交代制进行改革，实施述职制度。8 月 15 日，幕府公布缓和参觐交代制，并要求各藩充

① 中根雪江：《再梦纪事》，东京大学出版会，1974，第 207 页。
② 中根雪江：《再梦纪事》，东京大学出版会，1974，第 207 页。

实武备。从此，在庆喜·庆永政权的主导下，幕府按照横井小楠提出的改革方针，继续推行了文久改革。

（三）和宫下嫁与将军上洛：营造公武合作的改革环境

"公武合体论"是文久改革的基本指导思想，它主张天皇朝廷与幕藩领主联手以维护现存秩序，利用天皇的传统权威，强化摇摇欲坠的幕藩体制。为了营造公武合作的改革环境，幕府对传统的朝廷政策进行了调整，与天皇朝廷共同促成了和宫下嫁和将军上洛。

如前所述，通过和宫下嫁恢复幕府对内威权的计划始于井伊直弼政权时期。但由于井伊政权发动"安政大狱"，该计划未能得以实现。安藤·久世政权上台之后，继续推行这一计划，以借助天皇的权威强化幕府的地位。

为了实施这一政略，将军家茂不得不退掉他任纪州藩藩主时就已经定好的与伏见宫贞教亲王之妹则子的亲事。1860 年 4 月，幕府奏请朝廷将和宫下嫁给将军家茂以实现公武一和。和宫是仁孝天皇的第八女，生于 1846 年，是孝明天皇的妹妹。当时，她已经与有栖川宫炽仁亲王订婚，但因为除了她没有其他年龄适合的皇女，因而成为幕府政治婚姻计划的对象。但是，天皇以和宫已有婚约以及不忍心将先帝的皇女嫁到蛮夷来往的关东为由拒绝了幕府的请求。幕府并未就此罢休，再次向朝廷提出由老中联名签署的申请。6 月，天皇向关白九条尚忠发出敕谕说，"拒绝蛮夷，实属复杂之事，至少如嘉永初年那样亦由关东处理之，故希迅速将此事晓谕和宫。"① 天皇之所以发出敕谕答应幕府的请求，是因为受到了侍从岩仓具视的劝说。岩仓具视认为幕府的地位已经一落千丈，朝廷应采取"将委于关东之政柄隐然收归朝廷之方略"，建议"当前应首先采取弃其名而取其实之方略"，主张当前应在"公武如一"的名义下将"国政大事于奏禀之后分别执行"，"关东仍拥有委任大政之名义，然实权则握于朝廷之手"②。他建议接受幕府的下嫁奏请，作为其代价让幕府约定废约攘夷，利用幕府提出请求的机会，使朝廷在朝幕关系中处于主体地位。

而幕府为了促成和宫下嫁，在老中联名签署的申请中解释说，"当今之日，外夷恳切要求贸易，我方又不便横加征讨，故不得已正处于犹豫之中"，"联姻一事首先可使国内人心一致，于防御方面亦可渐有严格之守备，

---

① 《孝明天皇纪》三，万延元年六月二十日条。
② 多田好问：《岩仓公实纪》上，岩仓公旧迹保存会，1927，第 387 ~ 388 页。

此均有深刻之意义"。在得到天皇的敕许之后，幕府又提出由老中联名签署的奉答文，约定"自今七八年乃至十年内，是重新予以接待，抑或挥戈征讨，务必加以确定"①。幕府作茧自缚，约定要实行本非所愿的攘夷政策。安藤信正主张不如向朝廷上奏外交的真相，详细说明幕府不能奉敕攘夷的原因，但久世广周表示反对，主张此举会引起"公武乖离"，幕府会受到违敕之骂名，不如暂且答应七八年乃至十年内攘夷，以促成下嫁，实现公武融和，在此基础上再慢慢说服朝廷取消攘夷一事，得到诸老中同意，安藤信正也只能接受众议②。接到老中联名签署的奉答书后，天皇命关白九条尚忠等说服和宫答应此亲事，经过多次劝说，得到了和宫的同意。1860年11月，幕府公开宣布和宫下嫁一事，并内定翌年3月和宫东下江户。但是，由于幕府上奏与普鲁士、瑞士、比利时三国签订条约一事，天皇震怒，一时幕府与朝廷处于决裂的状态，致使和宫下嫁一事搁浅，幕府竭力辩解才摆脱了危机。

1861年4月，和宫被宣为内亲王，赐名亲子。孝明天皇委托和宫结婚之后规劝将军德川家茂实行攘夷。同年10月，和宫离开京都踏上前往关东的旅程。岩仓具视、中山忠能、千种有文等公卿随从前往江户。途中有12藩担任护卫，沿途有29藩负责警戒。到达江户之后，岩仓具视与同行的千种有文一同会见安藤信正和久世广周两老中，取得了将军和老中写的誓书，其内容是幕府尊重天皇的意志坚决实行攘夷。经过上述的周折，由幕府和朝廷联手编导的和宫下嫁这一政治婚姻终于得以实现。1862年2月11日，和宫与将军家茂举行了盛大的婚礼，公武合体路线结出了政治成果。

在促成和宫下嫁初步达到其实现公武合体政策的目的之后，幕府又采取了将军上洛的策略，以进一步推进公武合体政策。自1858年之后，朝廷所在地京都逐渐取代幕府所在地江户，成为日本的政治中心，迎来了"幕末京都时代"。随着京都重要性的加重，幕府为了加强对京都的控制，于1862年8月任命会津藩藩主松平容保为京都守护职。幕府认为以前由谱代小藩主担任的所司代一职威力不足，应在其上面设置新的职位，因此特意选择23万石的亲藩藩主来担任。此后，京都守护职作为将军的代理负责京都的镇抚。根据天皇的旨意担任将军后见职的德川庆喜和政事总裁职的松平庆永成为幕阁的中心。这一方面强化了幕府的权威，但另一方面由于二人是由敕命

①　涩泽荣一：《德川庆喜公传》一，平凡社，1967，第288页。
②　福地源一郎：《幕末政治家》，东京大学出版会，1979，第448～449页。

得到任命的，因此，从某种意义上说，成为朝廷居于幕府之上的公武合体。对此，幕府中的一些人认为"政权委于幕府乃镰仓时代之定制"①，表示不满。但对于幕府而言，调整与朝廷的关系成为大势所趋，松平容保指出"拒绝京都之命，有悖于尊王之大义，受到外夷之屈辱，则有损国威，若违背大义、损害国威，何以振兴幕府的权威"，而松平庆永也指出"不顾公共之天理，只管振兴幕府之权威，此乃一己之私"②。可见，幕府传统的独裁统治成为幕府之"私"，而实现与朝廷的一体化则成为幕府之"公"。为了对抗尊攘派的攻击，除了放弃独裁统治以外，幕府已经没有可选择的余地了。

在此之前，松平庆永就向幕府提出建议，要求对幕政进行改革，其目标是改革幕府传统的私政，实现依靠天下公论的公共之政。为了实现这一目标，他认为首先应该对传统的公武关系进行调整，因而向幕府进言将军上洛③。但是，将军上洛已经中断了200多年，加之需要庞大的费用，当时深受财政匮乏困扰的幕府无力承担。为此，幕府采取了财政紧缩政策，并缓和了诸大名的参觐交代制，以缓解各藩的财政困难。松平庆永构想的幕政改革的着眼点是对朝幕之间的政治关系进行调整，借此消除朝幕之间的摩擦，实现国家的统一和对外关系的一元化。1862年9月，幕府决定了将军上洛一事，于是，公武合体政策又向前迈进一步。迫于形势，幕府不得不对攘夷抑或开国等重大问题做出明确的表态。松平庆永主张"应确定决战之思想准备，因现今之条约系慑于外夷之虚声恫吓，未经敕许而缔结者，实为不正当条约，故此条约应予废除。当废约时，当然应向彼方详细提出我国内不得已之情由。然因彼或不应允，故应先作决战之准备。虽废除现有之条约，观察五大洲之形势，无论如何不应再守锁国之旧制。故主要着眼点应为会同大小诸侯，进一步商议适应时宜之国是，以全国一致之意见探询朝廷之旨意，由我方向各国派出使节，行开国之政治策略。"④ 德川庆喜批评了松平庆永等废约攘夷的主张，阐述了开国的意见。德川庆喜还反对会聚诸侯的主张，指出"诸侯若提出不适时宜之愚论，将如之何，政府反而不得不操训诫之劳，此为鄙人所以不能同意之原因"。对此，松平庆永主张"阁下上奏之开国主

---

①　中根雪江：《续再梦纪事》一，东京大学出版会，1974，第91页。
②　中根雪江：《续再梦纪事》一，东京大学出版会，1974，第92页。
③　中根雪江：《再梦纪事》，东京大学出版会，1974，第54页。
④　中根雪江：《续再梦纪事》一，东京大学出版会，1974，第122页。

义，如不为朝廷采纳，则幕府应作好准备断然归还政权"①。这是在幕府中首次出现的把政权归还朝廷的论调。

1862年11月，朝廷接受土佐、萨摩、长州三藩藩主的建议派出的敕使在江户城向将军家茂转交了督促攘夷的敕书。迫于压力，幕府决定尊奉敕命攘夷。为了对抗尊攘派，幕府试图借将军上洛之机聚合公武合体派，于1862年11月催促因形势不利而暂时回藩的岛津久光上京。但萨摩藩主张推迟将军上洛的时间，并且派出大久保一藏上京开展阻止将军上洛的活动，但是由于主张将军上洛的长州藩的力量强大而未能如愿。在这种情形下，将军家茂按照预定计划离开江户，于1863年3月进入京都。这是自第三代将军德川家广于宽永十一年（1634年）进京入宫以来未曾有过的举动。在此之前，德川庆喜和松平庆永已经进京。这样就形成了幕府最高阶层与朝廷直接面对的局面。围绕着实施攘夷的问题，德川庆喜、松平庆永、松平容保等认为目前政局如此混乱的根本原因在于政令出于二途。作为打破这种局面的方法，幕府或将大权断然归还朝廷，或由朝廷委以更大权力，应两者择其一。

将军家茂进京之后，德川庆喜上奏朝廷说"既往虽亦一切委于将军，然若作进一步之委任，则愿号令天下，扫除外夷"。天皇答复说："对征夷将军之委任，将一如既往，应为攘夷之事竭尽忠节。"对此，将军家茂提出书面呈文，请求国家政事一切照过去委任。但天皇则回答说"关于国事，将根据情况直接向诸藩发出指示"，暗示朝廷将进一步采取独立的行动②。幕府原本打算通过将军上洛重新确认朝廷对幕府全面的政权委任，但只取得了有限的委任，而且是通过征夷职责的委任要求幕府按照朝廷的旨意推行废约攘夷，表明了朝廷权力的伸张和幕府权力的衰退。从某种意义上说，这可以认为是大政奉还的第一步。松平庆永对此非常不满，提出辞呈表示不再担任政事总裁一职，未经允许返回越前藩。1863年3月11日，天皇采纳长州藩的建议行幸贺茂上社下社祈求攘夷顺利，关白以下的朝臣和将军家茂、德川庆喜以及在京的诸大名随行。4月11日，天皇又采纳长州藩的建议行幸石清水八幡祈求攘夷成功，将军家茂和德川庆喜以生病为由没有随行。上洛的将军由于实行攘夷问题陷入窘境，其退出京城的请求也遭拒绝。在朝廷的

---

① 中根雪江:《续再梦纪事》一，东京大学出版会，1974，第122页。
② 日本史籍协会编《七年史》上，东京大学出版会，1978，第66页。

再三强制下，家茂奏答以 5 月 10 日（公历 6 月 25 日）为攘夷日期，并下令诸藩"各自防御本国海岸，严加戒备，外夷袭来时则应予以扫荡"①。幕府由于被迫奉旨攘夷，不仅失去了以开国论统一国内舆论的最后机会，而且助长了攘夷运动，开始走上了下坡路。

（四）天皇朝廷介入改革进程：文久改革的显著新特色

在幕末政治中政局转换最明显的变化就是幕藩体制的逐渐解体和取而代之的天皇的政治化。平安末期源氏作为武家掌握霸权，源赖朝开设幕府政治，政权归于武家之手，于是，日本历史进入了武家政治时代。德川家康于 1603 年建立德川幕府，创出了被称为幕藩体制的新的统治体制，其基础是对谱代、外样大名的统制和朝廷（天皇）的非政治化。较之以前的武家政治，德川时代的天皇非政治化得到非常严密的制度化，与《武家诸法度》对大名的统制一同，造就了德川幕府 200 余年的稳定政权。1615 年，德川家康在最终完成霸业之后，与《武家诸法度》一同制定了《禁中并公家诸法度》，将天皇及其周边的公家与现实政治隔离开，对天皇则规定"天子应以诸艺能之事为第一学问"②，即天皇只许从事学问，吟咏和歌，不得过问政治，而对天皇周围的公家也提出了同样的要求。幕府在京都筑二条城，作为将军的行辕，设置官吏，派遣密探，监视皇室公卿和关西诸侯。幕府的法制严格分别公武，武士官职由幕府授予，革除了朝廷授官于武家的制度。由此，彻底割断了朝廷和武士的联系。德川时代的朝幕关系就是幕府凌驾于天皇朝廷之上的权力关系，从而实现了彻底的天皇非政治化。在外交方面，德川幕府则实行锁国制度。

随着欧美列强的不断冲击，幕府迫于外来压力，不得不对传统体制进行调整，试图依靠举国一致的力量来克服危机。对于西洋船只不断来航，朝廷也感到不安。因为朝廷完全脱离政治，加之幕府垄断情报，因而产生了更加不安的情绪。1846 年 8 月，朝廷向幕府下达《命令书》，强调孝明天皇对外国船只的来航"甚为挂念"，要求幕府加强海防③。天皇就外患向幕府下达敕书尚属首次，这是朝廷不久就要公开过问政治的开端。1853 年 6 月培理舰队前来闯关之后，面对前所未有的危机，束手无策的阿部政权打破了旧

---

① 维新史料编纂所：《维新史》三，吉川弘文馆，1982，第 405～406 页。

② 《德川禁令考》第 1 号，《日本历史史料大系》第 4 卷，近世 1，大阪书籍，1979，第 178 页。

③ 宫内厅编《孝明天皇纪》一，弘化三年八月二十九日。

制，不仅向诸大名咨询对策，同时还向天皇朝廷上奏美国来航一事。由此，朝廷开始登上政治舞台。

幕府与哈里斯经过艰苦谈判制定通商条约的草案之后，遭到保守派的强烈反对。为此，幕府决定借助朝廷的权威来平息保守派的反对情绪。幕府派老中堀田正睦前往京都，以获得天皇对条约的敕许。与此同时，为了使朝廷发出拥立一桥庆喜的密令，一桥派在京都积极开展了对朝廷的工作。于是，围绕着条约敕许问题和将军继嗣问题，京都突然间一跃成为日本政局的中心，而天皇的意向也突然成为能够左右幕府的内政和外交大事的关键因素，这成为天皇政治化的端绪。以孝明天皇为首的朝廷基本上主张攘夷，而聚集于京都的攘夷志士们又向朝廷宣传攘夷思想，使朝廷的攘夷主张更加坚定。因此，朝廷反对签订日美通商条约，老中堀田正睦未能完成使命。

井伊直弼出任大老之后，在没有取得天皇敕许的情况下，擅自批准签订条约。天皇大怒，向幕府和水户藩发出敕命，谴责了幕府违敕签约的行为是"轻率之举"，并提出通过实行公武合体政策，来"扶助德川家"。天皇下达的敕命引发了幕末政局的巨大震动，井伊直弼发动"安政大狱"残酷镇压一桥派，而他本人又受到攘夷志士的袭击丧命于江户城樱田门外，导致幕府的权威一落千丈。安藤·久世政权上台之后，不得不对井伊政权的强硬政策进行调整，积极推行公武合体政策，希望借助天皇朝廷的权威来加强幕府的地位，为此，其奏请天皇将先皇的皇女和宫下嫁给将军家茂，以政治联姻的形式密切朝幕关系。而天皇则采纳了岩仓具视的建议，迫使幕府接受了废约攘夷的条件，从而在朝幕关系中开始占据主导地位，由此进一步巩固了天皇的政治地位。此后，天皇朝廷进一步扩大对幕政的干预，派敕使大原重德东下江户，向幕府传达朝廷关于改革幕政的旨意。幕府接受了天皇的旨意，任命一桥庆喜为将军后见职、松平庆永为政事总裁职。在以他们为中心的幕阁主导下，继续推行了文久幕政改革。

在文久改革期间，涉及朝幕关系的一些惯例发生了变化。首先，废除了关白、大臣、武家传奏等朝廷高官的任免要征求幕府意见的惯例，从而解除了幕府对朝廷人事的介入，恢复了朝廷人事的自主性①。此外，1862年12月，朝廷内新设置了国事御用挂，打破门阀和官位的限制，任命了29名朝臣担任御用挂，主要负责讨论对朝廷的建议、建策，以小御所为会议所，每

---

① 《维新史料纲要》第四卷，东京大学出版会，1983，第191页。

月值勤 10 天，而成为其中心的则是以长州藩和土佐藩的军事力量为背景的三条实美和姊小路公知。1862 年 9 月，此二人在土佐藩藩主山内丰范的护送下，曾作为正副敕使前往江户，向幕府传达了督促攘夷的敕书和设立亲兵的命令书。他们作为左右朝议的激进派在幕末政治史上占有重要地位。1863年 2 月 13 日，朝廷又设置了国事参政（4 名）和国事寄人（10 名）。这个职位也与国事御用挂相同，均由受诸藩士推举的朝廷中激进派担任。同月20 日，朝廷允许草莽微贱出身的人也可以向学习院①提出有关时事的建言，诸藩志士也可以在学习院学习和任职，使学习院逐渐成为诸藩志士的政治中心②。诸职的担任者均为激进的年轻公卿，从而使朝廷内的尊攘派得势，而公武合体派势力开始后退了。可见，朝权开始压制幕权了。

按照幕府的旧例，严禁朝廷与诸藩之间的直接交涉，也禁止诸藩进入京都，但实际上公卿和诸大名之间具有婚姻关系，而且自安政末年以后，诸大名纷纷前往京都拉拢朝廷，欲借此提高对幕政的发言权，致使朝廷与诸大名之间的政治交流非常频繁。而朝廷方面也试图加强与诸大名的直接联系，以借助雄藩大名的力量来提高在幕末政治舞台上的地位。通过长州藩的公武周旋和萨摩藩岛津久光的率兵入京，朝廷逐渐确立了权威，此后开始积极发挥政治方面的自主性，直接召集诸大名，从而剥夺了幕府统制诸大名的部分权力。1862 年 7 月、8 月，朝廷向肥后藩、筑前藩、佐贺藩、备前藩、艺州藩等外样大名下达内敕，命他们像长州、萨摩二藩那样进行国事周旋。10 月15 日，朝廷又下令长州、萨摩等 14 藩协助为了向幕府传达攘夷敕旨东下江户的敕使三条实美和姊小路公知③。于是，外样诸大名相继进京表示其忠诚，而朝廷则下赐物品予以奖赏。

这样，在文久改革期间，天皇朝廷加大了对幕政的干预，幕末政局的中心逐渐由幕府所在地江户转移至天皇所在地京都，从而形成了将军和天皇两极双重政治体制，而这一两极双重政治体制的一元化就是大政奉还和王政复古。幕末政治就是从幕藩体制解体到依靠大政奉还和王政复古实现国政一元化的过程。而构成其核心的就是天皇的政治化，这成为了近代天皇制的源流。

---

① 学习院是公家子弟的教育机构，其前身是设立于 1847 年的学习所，1851 年改称为学习院，主要教授儒学和国学。
② 维新史料编纂所：《维新史》三，吉川弘文馆，1982，第 329 页。
③ 维新史料编纂所：《维新史》三，吉川弘文馆，1982，第 271 页。

三 德川庆喜主政与庆应改革的特点

（一）庆喜与庆应改革的官僚集团

1837 年 9 月，德川庆喜出生在江户的水户藩藩邸，其父为水户藩藩主德川齐昭，母为有栖川宫织仁亲王之女。庆喜是齐昭的七男。庆喜出生的时候，正值担任水户藩藩主的德川齐昭锐意推行天保藩政改革。这对此后庆喜的人生产生了巨大影响。齐昭对自己子女的教育方法与其他藩主有所不同。按照水户藩的惯例，诸公子在藩内接受教育，待被确定为他家的养子之后，才到江户居住。这一方面是为了防止子女从小受到江户奢侈浮夸之风的浸染而影响文武的修行，另一方面也是为了节省在江户生活所需的各种费用。庆喜出生之后，也按照这个惯例，于 1838 年 4 月离开江户小石川藩邸，回到水户藩生活了几年。不久之后，他进入藩校弘道馆，师从会泽正志斋和青山延光学习学问，武术则由福地政次郎教授炮术、佐野四郎右卫门教授弓术、杂贺八次郎教授剑术、久目直次郎教授马术。通过这些文武修养，庆喜练就了一身武艺和健壮的体魄，为此后活跃在动荡的幕末政治舞台打下了基础。这一时期，水户藩正在推行藩政改革，同时又处在后期水户学的鼎盛时期。虽然庆喜喜欢武艺而不爱读书，但当时的水户藩正处于政治和学问的繁盛时期，对他的成长产生了不小的影响。此外，如前所述，庆喜的生母吉子是有栖川宫织仁亲王之女，称号为登美宫，于 1831 年 4 月来到关东，下嫁给德川齐昭，齐昭死后改称为贞芳院，水户藩的重臣遇有重大事情都要请求她来裁决，是一个少有的才女。接受她悉心教育的庆喜较之其他兄弟具备了更加优秀的资质，不仅深受齐昭器重，而且也受到当时的将军德川家庆的瞩目。家庆的继任者为家定，体弱多病，资质平庸，因此，家庆有意让庆喜成为将军家的继嗣。于是，11 岁的庆喜在 1847 年接受幕命成为御三卿之一的一桥家家主。一桥家拥有十万石领地，其家主具有根据情况能够成为幕府将军的资格，因此，其父齐昭也对幕府的安排表示满意。庆喜成为一桥家家主的1847 年左右，英国、法国等西方国家的舰船接连来航琉球，对外关系逐渐紧迫，但此后一直到嘉永六年（1853 年），没有发生大的事件，庆喜也一直勤于文武的修练。嘉永六年（1853 年）六月，美国使节培理率领舰队来航，要求幕府开港通商。对此，幕府打破惯例征求诸大名的意见。当时 17 岁的庆喜尚不了解海外的事情，也尚未形成明确的意见。经父亲齐昭的指点，庆喜在给幕府的答复中主张要坚守祖宗之法，不能接受外夷的要求，要加强防御，万一开战，外夷就会到处来袭，诸国年贡米的漕运就会受到影响，应事先做好准备①。

1856年，美国领事哈里斯来到下田，要求缔结通商条约。经过激烈的谈判，双方达成了协议。为了压制反对派的意见，幕府决定借助天皇朝廷的权威，但未能取得朝廷的敕许。此时，围绕着将军继嗣问题，日本国内形成了相互对立的两个派别，即一桥派和纪州派：一桥派主张拥立从年龄、能力等方面占有优势的一桥庆喜为将军继嗣以应对时局，其中心人物是福井藩藩主松平庆永；纪州派则主张以与将军家的血缘关系为原则拥立纪州藩藩主德川庆福，其中心人物是彦根藩藩主井伊直弼。于是，条约敕许问题和将军继嗣问题交织在一起，导致了政局的进一步混乱。出任大老的井伊直弼在未获得朝廷敕许的情况下下令签订条约，并宣布德川庆福为将军继嗣。面对一桥派的攻击，井伊直弼发动"安政大狱"采取残酷手段予以镇压。庆喜也受到处罚，被处以革职隐居。1860年3月，井伊直弼在江户城樱田门外遇袭被杀。

1862年7月，庆喜得到平反，重新恢复了一桥家家主的身份。在此期间，日本国内政局发生了变化，西南雄藩开始登上政治舞台，尊攘运动也开始展开，天皇朝廷的势力也得到了发展。国内局势的变化对庆喜此后的政治活动产生了重大影响。朝廷接受萨摩藩藩主之父岛津久光的建议，向江户派出敕使大原重德传达要求改革幕政的敕旨，庆喜被任命为将军后见职，松平庆永被任命为政事总裁职。此后，他与松平庆永一起推行了以缓和参觐交代制为中心的文久改革。经历过一系列重大事件之后，庆喜的思想发生了巨大的转变，从主张锁国攘夷转向主张开国。他对朝廷和松平庆永等的废约攘夷主张提出了批评，坚持开国的立场："今日世界各国基于天地之道理而相互友好交往，并非唯独日本应守锁国之旧制。故我欲奏禀不得不与海外各国结交之目的。今日之条约，初乃阿部伊势未脱锁国旧见而采取之姑息行为，继而堀田备中、井伊扫部之辈因袭其姑息之策，终慑于美夷之虚声恫吓，未待敕许而签署，故若谓有不正当，则实属如此，然条约既已交换，则又当如何处置耶？唯有与各国交往而别无他途。"②

1864年3月，庆喜辞去将军后见职，被任命为朝廷新设的禁里御守卫总督和摄海防御指挥职。7月，长州藩的尊攘派率领藩兵进军京都，与守卫

---

① 涩泽荣一：《德川庆喜公传》一，平凡社，1967，第127页。
② 涩泽荣一：《德川庆喜公传》二，平凡社，1967，第107~108页。

皇宫的萨摩、会津等藩军队发生战斗，史称"禁门之变"。在这次事件中，庆喜的表现非常活跃。这是他最初的战争体验，同时又是他的人生中唯一的一次实战指挥。幕府将军在取得天皇的敕许之后发动了两次征伐长州藩的战争。第一次征长之战中幕府获胜，但第二次征长之战因为萨摩藩和长州藩成立了共同倒幕的军事同盟以及遇到长州藩强烈抵抗而遭到失败。1866 年 7 月，在大阪指挥作战的将军家茂突然病亡。家茂没有后嗣，也没有确定继嗣，因此，庆喜成为继任将军的最佳人选。8 月 20 日，幕府公布了庆喜继承德川宗家的承诺。12 月 5 日，庆喜正式就任第 15 代将军。从此，他着手应付幕末的困难局面。

在庆应改革期间，庆喜周围聚集了一批有能力的官僚，成为支持庆喜推行改革措施的力量，主要包括：老中板仓胜静、稻叶正邦（后任国内事务总裁）、小笠原长行（后任外国事务总裁）；大目付永井尚志（后任若年寄）；外国奉行平山敬忠（后任若年寄）；勘定奉行小栗忠顺、栗本锄；目付原市之进、榎本亨造、梅泽孙太郎等。

其中，小笠原长行主要负责幕府的外交事务。他是一个开国论者，认为对外贸易是"基于天地济世之意，使有无相通，生民各得其所之道"，是"富国利民之道"。他批评攘夷论，指出"以往我国虽未实行亲善、通商等事，但仅与荷兰亲善，即全为知彼之考虑。知彼知己，固然乃兵家之奥秘，不可或缺。若连荷兰亦加以拒绝，则知彼之道更将完全隔绝，反而不妥"[1]。

勘定奉行小栗忠顺主要负责幕府的财政，但不仅仅局限于财政方面，其在外交、政治、军事等方面也发挥了重要作用。他是"幕权派"的代表人物，主张加强幕府权力，指出"政权委于幕府乃镰仓时代之定制，然近时不仅出现来自京都之各种干预，诸大名亦提出各种主张，以致因此而需改变既定之政务方针，于政府乃意外有失颜面之事，如非大振权威，则亦终将为诸大名所驱使"[2]。但是他并不是一个顽固的保守派。在青年时代，他就对幕府的锁国政策提出批评，指出"因为幕府禁止制造大船，致使国内的船只无法满足需要，应制造三樯大船，展开相互交易，互相取得利益，以此伸张国力"[3]。万延元年（1860 年），他作为幕府遣美使节团的一员前往美国。

① 小笠原一岐守长行编纂会编《小笠原一岐守长行》，小笠原一岐守长行编纂会，1943，第 163 页。
② 中根雪江：《续再梦纪事》一，东京大学出版会，1974，第 91～92 页。
③ 蜷川新：《小栗上野介》，千代田书院，1953，第 162～163 页。

此次美国之行不仅开阔了他的视野，而且也加深了他对国外的政治、经济、军事等方面的了解。使节团回国之时，锁港攘夷的意见充斥着朝野。对此，小栗忠顺大谈美国文明的发展，主张在政治、武备、商业、制造等方面以外国为榜样大力改善日本的落后面貌①。此后，他历任勘定奉行、外国奉行、陆军奉行、军舰奉行等重要官职，活跃在幕末的政治、经济、外交、军事等多个领域。此外，小栗忠顺还是向幕府建议发行报纸的第一人。他曾对福泽谕吉说："我曾制定了发行新闻的计划，但幕府内无人愿意倾听我的意见，遂未能如愿。"在幕府行将崩溃之时，他慨叹"若日本有新闻，揭露公武之秘密、官民之内情，事不致此"②。小栗忠顺是幕府亲法派的代表人物之一，在他的主导下，幕府与法国签订了军事援助、经济合作等方面的一系列协议。作为幕权派的代表，他希望通过获取法国在经济、军事等方面的援助以加强幕府的实力，巩固幕府的统治地位。他的国政改革构想是：面对封建制度行将崩溃的现状，依靠强化德川将军的力量来实现全国统一，为此要废除诸藩建立郡县制，而德川将军则成为新的统一国家的元首。即他主张建立德川绝对主义政权。当时，福泽谕吉也具有类似的观点，批评尊皇攘夷是妄说，主张若要实现日本的文明开化，除了幕府的合理化和强化以外，别无他途③。

（二）庆应改革的施政方针

1866 年 7 月，第 14 代将军德川家茂在第二次征长战争中突然病故，由德川庆喜主政。同年 9 月 2 日，德川庆喜在继承德川宗家之后，公布了"八条改革纲领"。其具体内容为：（1）"以仁为本，爱怜众民"；（2）"善选人才"；（3）"赏罚严明，纠正刑法"；（4）"去虚务实"；（5）"节省冗费"；（6）"加强海陆军"；（7）"讲究外交信义，严正商法"；（8）"整顿货币"④。从八条改革纲领的内容来看，其中的第一、第二、第三、第四、第五、第八条等六条，涉及施仁政、选人才、明赏罚、分虚实、省费用、整顿货币等方面，在江户时代以往的幕政改革中，这些举措被经常采用。换言之，"八条纲领"均未超出传统幕政改革的德政理念。涉及开港后新形势之下的应对方针，只有组建新军和开港通商等第六、第七条两条。由此看来，

---

① 福地源一郎：《幕末政治家》，东京大学出版会，1979，第 519 页。
② 蜷川新：《小栗上野介》，千代田书院，1953，第 162～163 页。
③ 鸣岩宗三：《幕末日本与法国外交》，创元社，1997，第 55 页。
④ 涩泽荣一：《德川庆喜公传》三，平凡社，1967，第 299～300 页。

"八条改革纲领"的复旧色彩明显，缺乏新意，也缺乏应对时局的把握和指导价值，需要对此加以调整。

1867年4月，庆喜又在此基础上，起草了《国律一篇》，进一步补充和修订了幕政改革的具体方针，形成"七点主张"。其主要内容为①：（1）改革幕府机构，参照西方国家的内阁制，幕府机构分为五局，分掌内政、外交、军事等各方面，每局各设总裁一人；（2）登用人才，破除门阀制度；（3）尊奉朝廷，将山城地区的幕府领地献给朝廷，并维修皇宫；（4）改革海陆军，参照西方军事制度，改革幕府军队体制，扩大海军传习所，建筑横须贺、横滨制铁所及兵器火药制造所；（5）淘汰冗员，节俭经费，简化礼仪制度；（6）制订新税，增加财政收入；（7）聘请外国人员，办实业、开矿山、发展交通运输等。

《国律一篇》的七条主张，与上述八条纲领相比较，几乎发生了质的变化。从日本近代化进程的视角来看，其中的第一、第二、第四、第七等四条主张，强调建立新的官僚体制、打破门阀等级、建立欧式新军和军火工厂、引进外国技术、殖产兴业等方面，均为有创意的新方针。在某种意义上说，这些方针进一步启动并加快了日本近代化的步伐。这些充满新意的方针，与前述八条纲领的暮气沉沉形成鲜明对比，给人以耳目一新的清新感。

从幕府打开政治困境的视角来看，第二条主张提出了八条纲领所忽略的一个重大问题，即如何协调幕府与朝廷的关系问题。这条主张，明确了朝幕关系，即幕府尊奉朝廷，重申了幕府与天皇朝廷的君臣关系，给予朝廷领地、维修皇宫等若干经济利益。

以上七点主张，都是"八条改革纲领"所未提及的重大修订和补充。第五、第六条的简化礼仪制度、征收新税等，也对旧政、旧税作出了调整。总之，"七点主张"是指导庆应改革的基本方针，在改革进程中发挥了作用。

从"八条改革纲领"到"七点主张"，指导庆应改革的方针何以发生如此重大的调整？要弄清楚这个问题，就必须说到驻日法国公使罗修。

德川庆喜主政之后，非常重视加强幕府与法国的关系，而法国公使罗修也通过幕府的亲法派官僚接近德川庆喜。1866年11月，德川庆喜派外国奉行平山敬忠和川胜广道前往热海拜访休假中的罗修，咨询改革幕府政治的方

---

① 朱庭光主编《外国历史大事集》近代部分，第三册，重庆出版社，1985，第548页。

案。罗修乘机提出忠告，其大意为履行条约、增进国力、实现富强，而其手段为对兵库开港作出决断、变更内阁组织、振兴海陆军、征收新税等①。同年12月2日，德川庆喜再次向罗修咨询国政改革问题。提出的主要问题是：六局内阁制度的立法化过程；欧洲各国改革封建旧制的方法，臣下的权力过于强大致使国家统一举步维艰的原因；征税的具体方法；能够尽快实现强兵的方法；金、银、铜、铁、铅、煤炭的开发方法；茶、生丝等的产品化方法；既可扩大生丝出口又能满足国内需求的方法；荒地的开垦方法；与俄国划分萨哈林（库页岛）的国界问题；普鲁士最近快速发展成为强国，尤其是其陆军在欧洲首屈一指，是采取何种方法取得了如此神速的发展；瑞士虽然历史悠久，但至今仍为小国，其原因何在，是否受到地形、地理位置及风土人情等因素的影响；等等②。

从德川庆喜提出的问题可以看出，他对欧洲的政治和行政制度具有相当的认识。通过幕府遣欧使节提出的报告以及老中与罗修的会谈报告等渠道，德川庆喜不仅掌握了较为详细的欧洲情报，而且也充分认识到法国经济特使库莱提出的有关开发矿产资源的建议具有重要意义。德川庆喜向罗修提出上述咨询后，迫不及待地期待得到答案。

1867年春，就任将军的德川庆喜立即接见了各国公使，罗修也应邀来到大阪。1867年2月6日和7日罗修两次会见德川庆喜，当面提出了幕政改革的一揽子方案。罗修指出："尊位归于京都，武威由大君承担，使京都、幕府、诸侯三者和好，即成治世，反之，则成乱世。日本之尊虽为朝廷，然治理天下，使太平无事，则为关东之职掌。屏藩如强大，则必导致四分五裂，使国家败亡，故应以削减诸大藩之权力应为政府之目的。"③ 罗修强化幕府政权的一揽子方案包括：

（1）必须削弱外样雄藩的势力，而谱代大名则免除其军役代之缴纳税金，选拔其家臣以及旗本、御家人的有才能者为将军的亲兵，精简无才能者去从事农商，以节省费用。

（2）对于天皇朝廷，罗修建议使天皇和公卿脱离政治，在幕府的严密监督下禁止他们与阴谋家接触，排除安政末年以来朝廷对政治的干预，恢复

---

① 涩泽荣一：《德川庆喜公传》三，平凡社，1967，第300页。
② 鸣岩宗三：《幕末日本与法国外交》，创元社，1997，第128～129页。
③ 涩泽荣一：《德川庆喜公传》七，附录三，平凡社，1967，第17页。

传统的幕朝关系。罗修对幕府事事都要奏请天皇批准的现状表示遗憾，建议幕府对年幼的天皇进行教导，使其认识到大政委任于将军的必要性。

（3）构成近代集权国家中枢的官僚机构，主张设置固定职位并任用有才能的专家承担与其职位相对应的责任。为此，首先要成立由六名分管外务、内务、陆军、海军、财政、司法等行政事务的阁僚组成的责任内阁，并且打破领主制的身份限制，起用有能力的人才进入官僚机构。

（4）在军事方面，罗修认为日本尚无真正意义上的陆海军，为了压制大藩，有必要整顿陆海军，日本如有三万精兵和十五六艘军舰就足以控制大藩。在陆海军中，罗修强调强化陆军为当务之急。此外，他还主张将谱代大名的军队调到江户，对他们也进行与幕府陆军相同的训练，统一装备。

（5）在财政制度方面，罗修主张改革以实物年贡为基础的传统财政制度，采用近代预算编制方针，把年贡米全部卖成现金，用货币支付俸禄，余款作为一般经费经将军批准之后由大藏大臣按一定比例分给各省，陆海军建设费的不足部分用借款弥补。对于从欧洲进口的商品，罗修建议，以后引进技术和设备在日本国内生产，采用新的技术采掘矿产。为了强化中央集权，增强交通运输手段也是必不可少的。罗修还建议作为富强之根本由政府出资修建公路，以促进国内的物资流通①。对罗修提出的改革方案和德川庆喜提出的幕政改革方针进行比较看出，庆应改革的施政方针受到了罗修方案的巨大影响。

从后来实施的官制改革来看，幕府取消传统的老中合议制，新设由五个事务局构成的总裁制，是参考了罗修改革方案中的"六局会议制"；而从幕府制定的殖产兴业计划的内容来看，也是参考了罗修方案中的有关建议。

除了罗修提交给德川庆喜的幕政改革方案以外，西周也曾按照德川庆喜之命提交了一个有关制度建设的改革方案。1867年10月14日，德川庆喜将大政奉还给朝廷，但没有提出将军职的辞职表。在此之前的10月13日晚，德川庆喜将亲信西周叫到自己的寓所，询问了英国的议院制和三权分立的问题。西周任幕府洋学教育机构开成所的教授，和同僚津田真道、加藤弘之等曾留学欧洲，在西方议会政治制度方面具有丰富的知识。按照德川庆喜的命令，西周于10月14日以书面形式将英国议会制度提交给德川庆喜。在大政奉还后的11月，西周又专门草拟了《议题草案》，通过平山敬忠将其

---

① 涩泽荣一：《德川庆喜公传》七，附录三，平凡社，1967，第3～37页。

呈交给德川庆喜。通过该草案，可以了解到德川庆喜奉还大政的意图以及他通过幕政改革所要建立的政权的构想。其主要内容为①：

（1）将"大君"置于权力的顶点，作为行政机关的"公府"设在大阪，下设主管全国的人事、出纳、诉讼的全国事务府，主管对外事务的外国事务府，主管交通、通信、矿山、货币的国益事务府，主管政府部门出纳的度支事务府以及寺社事务府、学政事务府等六个事务府，各设一名宰相进行管理。由"公府"暂时掌握司法权。

（2）作为立法机关的"议政院"分为"上院"和"下院"，"上院"由万石以上的大名构成，"下院"由各藩大名推荐一名藩士构成。

（3）"大君"置于两院之上，作为国家元首行使行政权，同时还享有政府人事、政令、赏罚等的决定权。此外，作为"上院"的议长享有对"下院"的解散权。

（4）诸藩与以往一样拥有领地，江户则作为"大君"的直辖地。

（5）天皇封于山城国，享有元号、度量衡、封爵等方面的钦定权和宗教领袖的资格，但没有否决权，可接受大名的贡品。

（6）军事权暂归各藩，但将来全部归"大君"掌握。

从该方案的内容来看，似乎采取了"朝幕藩联合政权"的某些形式，但实际上天皇的权力被大幅度削弱，被隔离在政治之外。与此相反，"大君"的权力则得到大幅度的强化，被置于政权的顶点，由"大君"独揽政治大权，力图借用欧洲议会的某种形式，来加固行将崩溃的幕府统治。

（三）法国势力介入改革进程：庆应改革的又一特色

自从1862年6月担任将军后见职之后，德川庆喜以京都为中心展开了活动。此后，他辞去将军后见职，接受朝廷的任命担任禁里守卫总督一职。由于将军家茂突然病逝，他又继承德川宗家，经过一段"将军空位期"之后，1866年12月成为德川幕府第15代将军。作为将军的德川庆喜的立场与此前的其他将军有所不同。他不仅未能取得外样大名的支持，而且也没有取得谱代和家门等大名的有力支持。与以前的将军将幕政委任于由老中、若年寄等组成的幕阁、对他们做出的决定进行表态的政务处理方式不同，德川庆喜则强调要持自己的意见、按照自己的判断做出决定。此外，德川庆喜是在远离江户的京都办理幕政，与位于江户的幕府上层不便进行沟通。因此，

---

① 大久保利谦编《西周全集》二，西周纪念会，1966，第712页。

他既得不到来自江户的大力支持，也遭到以天皇朝廷为后盾的萨长等外样雄藩的阻挠和压制，从而在内政方面陷入困境。为了加强统治地位以推进国政，庆喜不得不加强与外国的联系，寻求它们的援助。

当时，英法两国展开了积极的对日外交，形成了对立局面。英国公使巴夏礼虽然鼓吹英国采取中立方针不干涉日本内政，但暗地里却加强了与萨长等雄藩的联系。与此不同，法国则采取了支持和强化幕府的政策。当时的法国正处在拿破仑三世执政时期，为了促进资本主义的发展而展开积极的对外政策。1860年1月，法国与英国、比利时、瑞士签订了通商条约，采取了大幅降低关税率的自由贸易制度，其结果促进了资本的大量集中，出现了拥有大量先进技术和设备的大型垄断企业。法国的大金融资本与皇帝携手，在欧洲占据优势地位之后，陆续走向海外，寻找新的市场。于是，物产丰富且拥有大量人口和巨大市场的亚洲成为他们的目标。通过发动侵略战争逼迫中国和越南政府签订《北京条约》和《西贡条约》取得在中国和印度支那半岛的利权之后，他们的目标转向了日本。

1864年3月，新上任的驻日法国公使罗修摒弃其前任追随英国对日政策的做法，积极展开独立的对日外交。据栗本鲲回忆，在外国奉行池田长发赴巴黎就横滨锁港问题进行谈判的时候，法国人孟布兰曾表示幕府必须削弱诸侯的势力，确立中央集权体制，法国政府将不惜以武力相援助，小栗忠顺等对此表示赞同①。从此，在幕府内部形成了以小栗忠顺、栗本鲲等为首的亲法派。罗修与小栗忠顺、栗本鲲等幕府高层官吏建立了密切的关系。在他的积极斡旋之下，法国与幕府签订了在法国的援助下训练陆海军、创办横须贺制铁所、提供武器装备等一系列协议。德川庆喜就任将军之后，继续加强幕府和法国之间的政治、经济、军事等方面的关系，决定依靠法国的经济、军事援助重新构建幕政。

在此基础上，为了振兴幕府和法国的贸易，小栗忠顺和法国经济特使库莱于1864年9月下旬又就设立"日本商业航海大会社"和"法国进出口会社"达成协议。这是为了向法国出口生丝和蚕种以偿付购买武器装备款项而组建的组织，即法国要求垄断生丝贸易，以此作为向幕府提供军事援助的代价。当时，由于中国正处于太平天国农民战争时期，生丝出口锐减，而法国、意大利等西欧国家的蚕种又感染病毒，因而日本的生丝和蚕种成为国际

---

① 涩泽荣一：《德川庆喜公传》三，平凡社，1967，第251页。

市场的抢手货。虽然欧洲进口的生丝大部分是在法国消费，但生丝贸易却掌握在英国商人手中。因此，法国试图通过加强与幕府的联系和合作来垄断日本生丝和蚕种的进口和销售。而此时正处在风雨飘摇中的幕府也希望通过垄断贸易来扩充财源并加强军事力量，以巩固和强化统治力量，恢复遭到削弱的权威。为此，法国和幕府致力于设立专门负责两国贸易的进出口会社。虽然法国提供的武器装备有助于增强幕府的军事力量，但同时也加深了法国资本对幕府商业和贸易的控制。

　　法国不仅通过对幕府的军事援助和经济合作来介入幕府的改革进程，而且也积极向幕府提出幕政改革的具体建议。德川庆喜多次通过老中向法国公使罗修征求对幕政改革的建议。1867 年 2 月，罗修向德川庆喜提出了幕政改革的一揽子方案计划。罗修提出的改革方案试图以欧洲近代行政机构尤其是拿破仑三世统治下的法国行政机构为范例，以实现日本政体的近代化。罗修提出的这个宏大的设想，要依靠法国的援助才能实现。新军队由法国教官来训练，用法国制造的武器和军需品加以装备；所需资金用法国的借款来筹措，作为借款的担保，用法国的资本和技术开发国内资源，再通过御用商社向法国出口商品。德川庆喜下令有关人员对该方案的可行性进行调查。而此后德川庆喜采取的改革措施中有相当部分采用了罗修的建议，如打破旧规起用人才以及建立由陆军总裁、海军总裁、国内事务总裁、外国事务总裁、会计总裁组成的五局制等。可见，罗修的改革方案对庆应改革产生了巨大的影响，甚至可以说庆应改革是在该方案的基础上推行的。而在改革过程中，幕府的自主性逐渐流失，具有了浓厚的买办色彩，而这正是庆应改革的新特色。

第二节　朝鲜大院君改革及其施政方针

一　李是应其人

（一）兴宣大院君的家系

　　兴宣大院君的家系始于英祖之子思悼世子。世子与世子嫔洪氏所生之子为正祖，与宫女所生为恩彦君、恩信君、恩全君三人。思悼世子的四个儿子中除正祖以外，其他三人即恩彦君、恩信君、恩全君均受谋逆的牵连死去，恩彦君之子常溪君、全溪大院君和恩全君之子丰溪君被流放到江华岛。由于恩信君没有后嗣，1815 年宗室会议决定麟平大君（仁祖三子）的五代孙李秉源之次子李球为恩信君的养子，他就是大院君之父南延君。南延君生有四子，大院君排行第四。其家系的关联，如图 2-1 所示①。

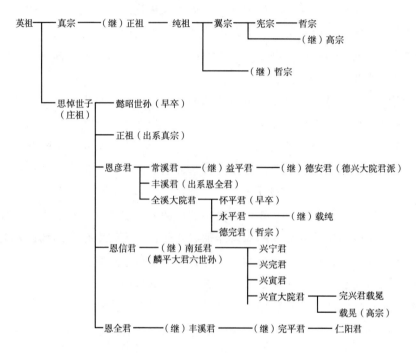

图 2-1　大院君家系图

1820 年 12 月 21 日，大院君出生在汉城（今首尔）安国洞。大院君的生母是曾任监役官（从二品）的闵景爀之女，夫人闵氏是行判敦宁府事（从一品）闵致久之女。大院君生有两个嫡子，长子为载冕，次子为载晃（高宗），而后来大院君特意为高宗选定的闵妃是金正（从四品）闵致禄之女。可见，大院君与骊兴闵氏渊源颇深。大院君生有两个女儿，分别嫁给丰壤赵氏的赵庆镐和赵鼎九，从而与丰壤赵氏建立了姻亲关系。此外，大院君还有庶子和庶女各一名，庶子载先因受到谋逆的牵连被赐药致死，庶女嫁给牛峰李氏李允用②。

对于大院君在成长期间所受教育无法考证，但从其年轻时担任童蒙教官

---

① 根据《璿源世系》等有关资料整理。
② 国史编纂委员会：《韩国史》37，国史编纂委员会，2000，第 145 页。

一职和执政时期亲自编述《两典便考》和《纲目辑要》等书籍以及留下的多首汉诗等情况可以推测，他作为王族应该具备了充分的儒教修养。他师从秋史金正喜学习书法和绘画，尤其在画兰草方面造诣颇深。金正喜是18世纪北学派代表之一朴齐家的弟子，而其弟子申櫶、洪淳穆以及燕岩朴趾源之孙朴珪寿等实学派人物在大院君执政时期均任要职①。因此，大院君对实学应该是持肯定态度的。此外，他的夫人闵氏和女儿以及高宗的乳母朴氏等信奉天主教。因此，大院君对西学也具有一定的认识。

大院君15岁丧母，17岁丧父，度过了不幸的青年期。大院君15岁就受封为兴宣副正，17岁时任童蒙教官。此后，历经守陵官、绥陵迁葬督监的大尊官之职，22岁被封为兴宣正，24岁被封为兴宣君。此后，他又任典医监、司圃署、典设司、造纸署的提调之职，这些都是为了给宗室发放俸禄而设的闲职。1847年，他任宗亲府有司堂上和五卫都总府都总官之职，这两个职位并非闲职。同一年，他曾被任命为冬至使，但不知何因未能成行。自1847年2月始至哲宗时代，大院君几乎是一直主管宗亲府事务。在其经历之中，尤其引人瞩目的是宗亲府有司堂上一职。宗亲府主管宗室的事务，是正一品衙门，虽然没有实权，但按照国法应位于议政府之上。在历任宗亲府有司堂上一职期间，大院君还主管修补王室世谱《璿源续谱》等事务，逐渐成为宗室的中心人物②。这对他此后的政治生涯产生了很大的影响。即按照当时的情况，如果哲宗无嗣驾崩，其继嗣只能由南延君的孙子中产生。南延君有四个儿子，其中，第三子兴寅君之子李载兢和第四子兴宣君之子李载晃成为最有力的竞争者。最后，兴宣君之子李载晃被选定为哲宗的继嗣。这与大院君在宗亲府的任职经历以及其在宗亲中的地位有着密切的关系。

在当时安东金氏的势道政治之下，王族受到排挤和压迫，处境艰难。对势道政权有着切肤之痛的大院君，采取了保身之策。对此，黄玹说"云岘少时品匮，颇事干谒，尝至金左根家，及其退，沈判书宜冕，谓左根曰：'宫道令，当守宫而已，何至累累曳履于宰相家？'声闻于外，方言称宗室封君者，曰宫道令"③。而野史中则说大院君"在居贫之时，家资不赡，然

---

① 崔完秀：《秋史书派考》，《涧松文化》19，韩国民族美术研究所，1980，第52页。

② 李瑄根：《近世势道政治的历史考察》，《国史中的诸问题》，国史编纂委员会，1959，第143页。

③ 黄玹：《梅泉野录》，教文社，1994，第25页。

性情豪侠，故虽国法例禁凡王族封君不得往来于平常官员及庶人之家，而君不能守法，常与官员来往，且与其门下人结友，以游戏为事，虽受辱而不为耻，并与之往来于妓家，其处身之放荡，与寻常破落户无异，时人谓为狂放，不与之友，亦恬不为怪"①。通过这种自由奔放的生活经验，大院君也加深了对庶民生活的了解，对其此后的执政及其改革也产生了一定的影响。

（二）大院君的执政及其亲信官僚

1863 年哲宗无嗣驾崩。哲宗原为思悼世子之子恩彦君之孙，后因纯祖无嗣驾崩，以纯祖养子的身份继承大统。在当时幸存的王族之中，正祖的后孙、后过继给恩信君的南延君的子孙成为最有力的候补者。大王大妃神贞王后赵氏决定以兴宣君次子为王位继承者，他就是朝鲜第 26 代国王高宗，其父兴宣君李昰应被封为"大院君"。而国王即位时大院君还健在，这在朝鲜王朝史无前例，因此对其政治地位和权限均无任何规定。当时李昰应的官衔是"宗亲府勾官位"，主管并无实权的宗亲府事务。围绕着给大院君何种礼遇，大王大妃和大臣们展开了议论："大王大妃曰，大院君封爵，国朝初有之事也，凡事似当依大君例举行，而大院君固辞，其言无怪，何以则为好邪？元容曰，每事援引前式则易行，而此例无以援照，从当相议仰奏矣。大王大妃曰，诸大臣既登筵，今为议定似好矣。兴根曰，此是讼有之事，有难遂尔决定，而内外朝体例甚严，臣等与大院君恐无相接之时矣。大王大妃曰，然而或有相逢之时，则如何为好邪？左根曰，既无相逢之时，则礼数恐不必预讲矣。"② 可见，大王大妃积极主张给大院君赋予政治地位，但元老大臣们却以无前例可依为由欲取消掉大院君参政的名分。

就在大王大妃与大臣们展开对话的同一天，御营厅接到宗亲府发来的甘结，其内容如下："宗亲府甘结内，为星火举行事，自今以后，大院位大监教是，轿子驱从以户曹、惠厅、兵曹、四营门实驱从中勤实者，各衙门各一名式抄择，逐日等待于本宅事。"③ 当时，大王大妃并未就大院君所乘轿子一事下教，因此这个甘结是宗亲府擅自发行的，而接到甘结的各机关也未提

---

① 朝鲜人某：《兴宣大院君略传》，载亚细亚协会《会余录》第一集，明治二十一年（1888 年），亚细亚协会，第 7 页。
② 《高宗实录》，高宗即位年十二月十三日。
③ 《御营厅膳录》，高宗即位年十二月十三日。

出异议，而且这些机关又是负责财政的户曹、宣惠厅和负责军事的兵曹以及四营门，表明此时主管宗亲府的大院君希望通过对掌管财政和军事的核心权力机关下达命令来加强其政治地位。但是由于大臣们以"内外朝体例甚严"为由反对，如何设定大院君与总管国政的大臣之间的关系成为亟待解决的问题。

为了打破这种僵局，大王大妃于1863年12月27日就举办先王哲宗国葬一事下令曰："俄者，以今番举行时，不为浪费之意，有所传教于三督监（殡殿督监、国葬督监、山陵督监）矣，诸大臣亦闻之乎？左根曰，果既奉览矣。大王大妃曰，此实仰体大行朝节俭本意，诸大臣与大院君相议，知委于督监堂上以下似好矣。元容曰，慈教如是，万万钦仰，谨当相议奉承矣。"① 按照惯例，宗亲也可以参加国葬，因此诸大臣就没有理由拒绝大院君参加国葬。哲宗的国葬由领议政金左根任总护使一职进行管理。但大王大妃令大臣与大院君商议节省经费一事，也就等于在总护使上新设一职，赋予大院君经与大臣商议之后指示各堂上执行的地位和权力。由此，大院君取得了参政的名分，并逐渐加强了对国政的控制。

大院君在当时安东金氏势力执掌朝政的形势下之所以能够实现这种权力的变动，是由以下几个方面的原因共同促成的：

第一，安东金氏内部的分裂。在高宗即位之前，大院君承诺将来选金炳学之女为王妃②，后来虽然没有得以兑现，但在大院君执政时期，金炳学、金炳国兄弟一直身居高位、掌握实权。他们不仅没有反对大院君上台，而且成为其强有力的支持者和合作者。与此相反，金兴根极力阻止大院君掌权，其子金炳冀在大院君执政时期一直受到排挤。即由于内部分裂，安东金氏无法有效阻止大院君执政。

第二，官僚集团对安东金氏势力的信赖度降低。1862年爆发全国性的"壬戌民乱"与安东金氏的失政有关，而安东金氏势力也未能提出任何有效的对策解决问题，证明了他们缺乏能够打破危机的政治能力，其结果是官僚集团对安东金氏势力的信任度降低，安东金氏执政的正当性受到

---

① 《日省录》，高宗即位年十二月二十七日。

② "炳学约兴宣君，以其女拣长秋之选，则戚里固自如也"，参见黄玹《梅泉野录》，教文社，1994，第8页。

质疑。在这种情形下，官僚集团迫切期望出现能够力挽狂澜、克服危机的人物。

第三，大院君成为丰壤赵氏和安东金氏两大外戚势力之间的仲裁者。神贞王后赵氏是与安东金氏势力处于对抗关系的丰壤赵氏赵万永之女。神贞王后原为纯祖之子孝明世子之嫔，到宪宗朝孝明世子被追尊为翼宗，赵氏也升为妃。1857年8月大王大妃纯元王后金氏去世之后，原为王大妃的赵氏升为大王大妃。孝明世子自1827年2月至突然去世的1830年5月替父王纯祖代理听政。其间为了牵制安东金氏势力，孝明世子曾致力于集结"反外戚势力"①，得到了赵万永等神贞王后娘家丰壤赵氏势力的大力支持。在宪宗亲政时期，丰壤赵氏势力在与安东金氏势力的对立中占据优势地位，但哲宗即位后即失势，在哲宗执政期间其势力遭到削弱，无法对抗安东金氏势力②。高宗即位之后，以大王大妃的身份垂帘听政的神贞王后希望借机重新夺回权力，但能够成为其政治基础的只有侄子赵宁夏、赵成夏，尚无法抗衡老练的安东金氏势力。而安东金氏势力也不想因与大王大妃发生正面冲突而使自己的政治基础遭受打击。在这种情形下，大院君就成为在两大势力之间发挥仲裁作用的合适人选。

以大院君资格执政，在朝鲜王朝是史无前例的③，因此大院君极力强调自己是辅佐年幼的国王执政④，并将大院君辅护国王喻为古典中周公与成王的关系，使自己的执政正当化⑤。为了避免掌权时受到"二君"⑥的嫌疑，大院君是以大臣的身份执政的。但他并不满足于大臣的身份，而且也无人敢对其以大臣相称。他的正式称呼是"大院君"，而他喜欢别人称其为

---

① 金明淑：《19世纪反外戚势力的政治动向》，《朝鲜时代史学报》3，1997，第163～212页。

② 韩国历史研究会19世纪政治史研究班：《朝鲜政治史：1860～1863》下，青年社，1990，第106～122页。

③ 大院君是指在无嫡子或兄弟继承王位、需要在宗亲中选择人选时，授予新国王之生父的称号。在朝鲜时代被封为大院君的共有四人，其中德兴大院君、定远大院君、全溪大院君均是在死后追封的，只有兴宣大院君是在世时受封，而一般所说的大院君就是指兴宣大院君。

④ "甲子本国王入承大统，老王妃垂帘，其时下生亦为辅政，此为国王冲年故也"，参櫄《清季中日韩关系史料》卷3，第933页。

⑤ "阁下扶翊圣主，勤劳王家，如周公之于成王，弘赞万机，允升大猷，凡虑宪之运、政令之发，一切以导和延祥，归福上躬"，参见申櫄《申櫄全集》，亚细亚文化社，1990，第197页。

⑥ "哲宗薨无嗣，哲宗曾属意于今上，故诸金欲援立之。兴根曰，兴宣君在，是二君也，二君可得事乎？毋已则直兴宣君可耳"，参见黄玹《梅泉野录》，教文社，1994，第8页。

"国太公"①，即大院君的实际权限是在大臣之上，大臣们要将政府事务报告给大院君并接受其指示，而这种权力又以国王下教的形式得到保障②。大院君是以"大院位分付"的形式对各行政官署公开下达了指示。据记录宗亲府事务的《宗亲府謄录》记载，以"大院位分付"的形式下达的指示涉及对土豪的惩治、对书院的政策、各衙门胥吏的任命等各个方面的内容。但按照国法，制定政策的最终权力仍属于国王。因此，户布法等诸项改革措施实际上虽然是由大院君制定的，但必须得借助国王传教的名义才能得以实施③。

大院君执政期间，重用了一批官僚，成为其推行各项改革措施的中坚力量。金炳学和金炳国兄弟是哲宗的国舅金汶根之侄。他们虽然是安东金氏出身，但在大院君政权中掌握大权。关于金炳学受大院君重用的原因有几种说法：一是说大院君在执政之前受到金炳学兄弟的诸多照顾，因此为了报答他们而委以重任④；一是说大院君和金炳学曾约定若大院君之子继承王位，则选金炳学之女为王妃⑤。这些说法均无法考证其真伪，但也从一个侧面反映大院君和金炳学兄弟之间在高宗即位之前就已经有了某种默契。金炳

---

① "昔时贵物，今作贱件，奈何？我在本国，即上于相职，而自尊太公云云"，参见成大庆译《大院君保定府谈草》，《乡土首尔》40，首尔市史编纂委员会，1982，第 132 页。"初四日，劝讲讫，命内侍出示具盖铜器一坐，教曰，此是石琼楼下所出者也，见甚庆忭，其在孝理，不可无识喜，内阁提学与今日入侍讲官玉堂以下撰铭以入，承旨金泰郁跪受器，启盖视之，则其中有螺酌一坐，盖中环书，有诗曰，华山道士袖中宝，献寿东方国太公，青牛一回白已节，开封人是玉泉翁。当中有寿进宝酌四字，诸臣以次奉玩讫，讲官朴珪寿曰，事不偶然，谨当退与内阁提学作铭以献，而审其诗意，似是献寿于大院君，以太公比拟，而大院君，殿下之私亲也，唐宋人语，以国家之尊属谓之国太公，此诗语恐是献寿于国太公之谓也，教曰，今日筵说，颁诸朝纸可也"，参见《承政院日记》，高宗二年五月四日。

② "领议政金炳学曰，臣等以庙堂事务将禀于大院君前，而见今行次孔德里，臣等不得擅离，故敢此仰达矣。上曰，从便进去可也。炳学曰，日后如有似此之时，亦有从便进去乎？上曰，依为之。炳学曰，兵判、各营将臣、左右捕将，若有禀定事，一体从便进去何如？上曰，依为之"，参见《承政院日记》，高宗七年七月十八日。

③ "教曰，（中略）自昨年以有大院君分付，班户则以奴名出布，小民则以身军出之。今无白骨黄口之怨，此为导祥迎和之事，自庙堂行会各道，以为万年法式可也"，参见《日省录》，高宗八年三月二十五日。

④ "金炳学又拜吏判，盖典洞虽不得干预世道，而于大院君，自十余年前进排钱谷，可谓有生出之功，故大院君恒言典洞则难忘云，而金炳国训将屡递排请不许，皆是报德云耳"，参见《临川书院请额上疏时日记》，高宗一年八月二十七日。

⑤ "炳学约兴宣君，以其女拣长秋之选，则戚里固自如也"，参见黄玹《梅泉野录》，教文社，1994，第 8 页。

学受到大院君重用的契机是 1865 年 1 月 13 日上疏称颂国王的祖先麟平大君、陵原大君和南延君以及大王大妃之父丰恩府院君赵万永的功德，奏请国家应举行隆重的仪式予以纪念。这意味着对以高宗和神贞王后为中心的新王室的正统性公开表示支持。当天，金炳学被任命为工曹判书，不久晋升为左议政。此后，在大院君执政期间，金炳学自高宗四年（1867 年）至高宗九年（1872 年）连任领议政一职，为大院君出谋划策，以议政府的名义负责推行了量田、铸造当百钱等多项措施，而大部分的斥邪政策均是他奏请国王并负责推行的。其弟金炳国自高宗三年（1866 年）以来一直任户曹判书，掌握了国家财政，执行了社仓制等改革措施。金炳学对新王室的正统性公开表示支持，承认了大院君执政的主导权并与之进行合作，而他在任期间实施的各项政策也得到了大院君的认可。但随着大院君政权的巩固和大院君权力的扩大，他们之间的关系也发生了微妙的变化。1872 年 10 月，金炳学兄弟以母亲去世为由退出政界，洪淳穆代替金炳学任领议政，北人姜㳛和南人韩启源分别担任左议政和右议政，深受大院君器重的金世均代替金炳国任户曹判书。考虑到当时的各军营均由大院君指派的亲信武将掌握的情况，从表面上看，好像大院君将安东金氏彻底黜出了政界，完全掌握了大权，但这实际上则意味着大院君政权面临着重大危机。即大院君完全掌握议政府以及财政权、军事权，致使曾经与之达成默契并予以支持的京华巨族感受到危机，而高宗亲政的决定也恰好是在这个时候宣布的。

在大院君执政时期，朴珪寿也是受其重用的亲信官僚之一。朴珪寿是北学派代表人物之一朴趾源之孙，在翼宗时期就受到国王的器重。朴珪寿之所以在大院君时期参与国政，是因为垂帘听政的神贞王后非常信任曾受到翼宗赏识的他①。1865 年 2 月他受大王大妃的传教被任命为汉城判尹，4 月又被任命为景福宫营建督监提调，而其他被任命为提调的人均为国王的亲族和安东金氏、丰壤赵氏。

促进朴珪寿与大院君之间关系的契机是 1865 年 5 月在景福宫内石琼楼发现寿进宝酌一事。当时，朴珪寿对其中所刻的铭文做出了有利于大院君的

---

① "教曰，大臣（朴珪寿）昔我宁考（翼宗）之所知照，宪庙之所简拔，已于卿不世之殊遇，而今我慈圣（大王大妃）所倚毗，寡躬之所倾向"，参见《日省录》，高宗十年十二月十日。

解释，即他指出铭文中所说的"国太公"就是指称大院君①，从而得到了大院君的赏识。而且从大院君的立场来说，通过深受大王大妃信任的朴珪寿，也可以加强与大王大妃的关系。

1866 年 2 月，朴珪寿突然被任命为平安道观察使。对此，一些学者认为是由于朴珪寿对天主教采取宽容的态度而受到"丙寅邪狱"的牵连②，也有一些学者认为是因为其政治后台神贞王后撤帘而受到政治肃清③。但在担任平安道观察使期间，作为朝鲜方面的正式答复递交给前来黄海道调查"舍门将军"号事件的美国舰队司令的公文《黄海道观察使答美国文字》，就是由朴珪寿起草的。让一个受到"政治肃清"而被贬职的人负责起草如此重要的外交文书是不符合常理的举措，这也说明了此时朴珪寿仍然受到大院君的绝对信任。因此，朴珪寿离开中央政界一事应该是大院君为了使他免受政界权力斗争之害而采取的一种保护措施。此后，大院君政权与美国进行交涉的过程中起草的所有正式外交文件均出自朴珪寿之手。这是因为在大院君执政时期的官僚中，朴珪寿是为数不多的对西洋具有一定认识的人之一，从而成为处理外交事务的核心。

在大院君执政时期的三军府中最重要的官职是训练大将，而担任此职的官员中最受瞩目的就是申櫶。他是秋史金正喜的弟子，是大院君的同门师兄，与丰壤赵氏关系密切，因此在安东金氏掌权的哲宗时期未受重用。大院君执政初期即 1864 年 3 月，他接替金炳冀任舟桥司堂上，这一方面是受到当时垂帘听政的大王大妃的支援，另一方面也是受到了大院君的支持。在大王大妃撤帘之后，申櫶继续作为最受器重的武将活跃在政界也说明了这一点。1866 年 7 月，申櫶担任总戎司时发生了"丙寅洋扰"。当时，他指挥的总戎厅军队在杨花津布阵准备迎击来犯之敌。当时有众多天主教徒因受到通敌之嫌疑而被斩首，其中的大部分就是在申櫶管辖的杨花津总戎厅执行的。

---

① "初四日，劝讲讫，命内侍出示具盖铜器一坐，教曰，此是石琼楼下所出者也，见甚庆忭，其在孝理，不可无识喜，内阁提学与今日入侍讲官玉堂以下撰铭以人，承旨金泰郁跪受辞，启盖视之，则其中有螺酌一坐，盖中环书，有诗曰，华山道士袖中宝，献寿东方国太公，青牛一回白巳节，开封人是玉泉翁。当中有寿进宝酌四字，诸臣以次奉玩讫，讲官朴珪寿曰，事不偶然，谨当退与内阁提学作铭以献，而审其诗意，似是献寿于大院君，以太公比拟，而大院君，殿下之私亲也，唐宋人语，以国家之尊属谓之国太公，此诗语恐是献寿于国太公之谓也，教曰，今日筵说，颁诸朝纸可也"，参见《承政院日记》，高宗二年五月四日。

② 杨尚弦编《韩国近代政治史研究》，四季出版社，1985，第 148 ~ 150 页。

③ 延甲洙：《大院君政权的性质及其权力结构的变化》，《韩国史论》27，1992 年，第 269 页。

这与朴珪寿对天主教采取宽容态度形成鲜明的对比，说明他具有强烈的斥邪论倾向。"丙寅洋扰"结束后的1866年10月，申櫶被任命为训练大将，此后一直到1871年4月卸任之前，他为了对抗西方势力的入侵，推行了一系列旨在加强军备的政策。

二　大院君的改革方针

（一）富国强兵之策

"十年辅政，自以欲富国之策，又当二次洋乱而已"①，这是1882年"壬午兵变"之后，大院君被押送到中国保定府接受审讯时，对其辅政十年改革方针的高度概括。由此可见，大院君的首要政策目标是恢复国家财政和加强国防，即实现富国强兵。

1. 富国之策

19世纪前半叶的朝鲜社会，正处在安东金氏势道政治统治之下。统治阶级加紧对农民的掠夺，致使"三政②紊乱"。不堪重负的农民不断起来反抗，其中1862年爆发的"壬戌民乱"规模最大，对封建统治产生了巨大的冲击。为了消除农民的不满情绪，政府设立了三政厘正厅，采取了一些补救措施，但均为姑息之策，未能起到多大作用。在这种背景下，执政的大院君首先需要解决的就是采取措施治理"三政紊乱"，抚慰民怨，并充实国家财政。为此，从高宗即位之日起，大院君便通过大王大妃的《谚书训诫》和《谚教》，提出了"谨慎节俭""济生民、裕国计、惩贪墨、振纪纲"③的施政方针，致力于财政税制改革。

首先，大院君要求国王勤俭节约、做出表率，还下令王室和官吏减少奢侈和浪费。高宗即位之后，大王大妃按照旧例下令户曹分给大院君土地和宅邸。户曹建议"大院君宫免税结一千结，田土价银子二千两输送，宫庄未备前，本曹太一百石、惠厅米一百石，限五年输送"④，但大院君身体力行，婉言相拒。于是，大王大妃下令"大院君宫田结等节依例举行，已有成命，

---

① 成大庆译《大院君保定府谈草》，《乡土首尔》40，首尔市史编纂委员会，1982，第135页。
② 三政是指田政（按土地结数、等级征收的田税）、还政（亦称还谷，原为赈济灾民的借贷，由政府贷给农民粮食或种子，春借秋还，连本加利，后来这种制度实际上成为政府直接盘剥农民的高利贷）、军政（按丁男征收的军布）。
③ 《高宗实录》，高宗即位年十二月十三日。
④ 《高宗实录》，高宗即位年十二月十五日。

而固辞不已，不得不勉从，其令度支，月送米十石、钱一百两，以副俭约之意"①。此外，大院君还令其叔侄李载元上疏，声明自动放弃全部免结税田结，在充实国家财政方面显示了率先垂范的态度。对此，大王大妃下令"护军李载元疏请纳宫结事，虽出于大院君事事节用之意，而本房折受，与他自别，有难全数还收，姑以三百三十结许施，以成其美"②。

同时，大院君还对两班官僚的一切经济特权进行管制，调整各类赋税制度，以减轻农民负担，充实国家财政。按照旧例，宫房拥有大量享有免税特权的宫房田，而且享有该田地的收税权。大院君执政之后，下令严禁宫房及内司官员出没外邑作弊，革除了宫房在三南地区无土收税的弊端。为了矫正弊端丛生的还谷制度，振作纪纲，实现均赋均税，防止盘剥，继续征收耗谷，以充实国库，大院君接受户曹判书金炳国的提议，将还谷制度改为社仓制③，下令户曹和宣惠厅调查征收各道应缴纳的"还上谷"和田结税米，如发现主管官员和负责漕运的船主欺瞒或贪污的不法行为，便毫不留情，严厉惩处。1864年9月，南阳的尹宽永因侵吞240石大同米被斩首，其直属上司守令李志谦被革职；1865年2月，根据忠清道观察使申檍的报告，贪污1000石以上者处以枭首，不足1000石者，流配远岛④。此外，自1867年2月始，大院君严令废止新上任的各道观察使向王室和权门进上、献纳当地土特产的惯例，并当即罢免向其本人行贿苞苴的报恩郡守李东淳⑤。

除了还谷制以外，增收田税也是大院君政权增加税收的主要手段。大院君下令开展土地调查，查出未登在土地账簿上的土地，根据土地面积征收田税，以确保政府财政。自1870年起，大院君下令对京城权门与地方两班、土豪非法广占土地和滥用特权者进行调查，令户曹对一切免税的田亩、渔场和芦田实施征税。

在国家税收中，有一部分是专门作为军费而征收的，其中最主要的就是军布。但当时正值整个赋税制度非常紊乱的时期，要实施大规模的军事改

① 《高宗实录》，高宗即位年十二月十八日。

② 《高宗实录》，高宗一年一月十二日。

③ 《高宗实录》，高宗四年六月六日。

④ 《日省录》，高宗一年九月六日；《日省录》，高宗二年三月十五日。

⑤ "令之记问善事，禁断何何如？而闻报恩郡守李东淳，银器造纳于云岘宫云。当此民邑有事之时，不思牧民之责，有此现能，朝饬视之弁髦，宁有如此道理！万万痛骇。如此没知觉之类，何以临民？为先汰去，以安报恩之民"，参见《高宗实录》，高宗七年十二月二十日。

革，就必须对军布制度进行全面改革。军布原为在国民皆兵制的理念之下征收的一种兵役税，两班阶层享受免税待遇，但平民要承担沉重的赋税。为此，大院君下令实施"户布法"，要求两班与平民一样缴纳军布，以扩大税收来源。1871年，高宗下教将"户布法"定为万年法式①。"户布法"的实施在一定程度上减轻了农民的负担，也对增加国家财政收入起到了一定作用，但因受到两班阶层的坚决反对而未能进一步得以实施。

除了上述对"三政"即田政、还政、军政的调整以外，大院君对发展商业贸易也给予了一定的重视。大院君下令根除地方官以"浦口收税""筑狱夺利"等方式征收苛捐杂税的弊端，以减轻商人的负担，而且还命对调节京都与城乡市场货物的集散、左右市场行情物价以牟取暴利的"都贾"进行严格管束，以促进国内商业贸易的发展。此外，大院君还下令对经义州关卡进口的中国商品和经釜山东莱进口的日本商品进行严密的监管，并征收通关税。

自1865年以后，由于景福宫重建工程和"丙寅洋扰"之后开展的大规模军事改革，使得原本就不富裕的国家财政更加拮据。为了摆脱财政困境，大院君不仅下令征收愿纳钱，而且还新设"结头钱""门税钱"等税种，征收税款。此外，他还下令铸造流通"当百钱"，后又下令从中国进口清小钱强行在市场上流通。

较之势道政治统治时期，大院君统治时期的国家财政有了一定的改善，国库也相对充实。大院君推行的经济改革在短期内对改善国家拮据的经济状况取得了一定成效，达到了"裕国计"的目的，但却加重了平民的负担，导致了流通领域的混乱，与"济生民"的目标背道而驰，引起了民怨。

2. 强兵之策

大院君执政初期，成为中央军骨干的有训练督监、御营厅、禁卫营，此外，还有守御厅、总戎厅、龙虎营等。当时的中央军中，具有常备军性质的只有3200余人，而且其中的一半是老弱者，几乎没有进行过训练。因此，推行军事改革、强化军事力量成为当务之急。

当时面对"西势东渐"的局势，朝野的不少人从华夷思想出发，认为只要"修身齐家治国"，洋夷也会受到感化而撤离朝鲜近海，从而实现"平

---

① "教曰，（中略）自昨年以有大院君分付，班户则以奴名出布，小民则以身军出之。今无白骨黄口之怨，此为导祥迎和之事，自庙堂行会各道，以为万年法式可也"，参见《日省录》，高宗八年三月二十五日。

天下"。华西李恒老的观点就非常具有代表性，他认为："身修家齐而国正，则洋务无所用之，而交易之事绝矣，交易之事绝，则彼之奇技淫巧不得售矣，奇技淫巧不得售，则彼必无所为而不来矣。"①

与这种缺乏对西方列强侵略本质的了解的观点相比，政府的高层官吏却产生了危机意识，要求采取积极的国防对策。1866 年，时任领议政的金炳学在与高宗对谈时强调李恒老等卫正斥邪派主张的"明正学"的重要性，但同时也认识到朝鲜的国防力量非常薄弱的现状，提出了加强军事力量的必要性，指出："武备之解弛，海防之疏虞，莫近日若，而番舶洋夷之闯入内洋，莫之禁遏者，此不可使闻于邻国，夫沿海之设邑、设镇，所以备不虞也。今其玩愒，苟幸目前之无事，则是岂安不忘危之道乎?"② 而作为加强军事力量的方略，他进一步指出，"瞭望、防守之节，已有前饬，而军伍之阙漏者，一一填充，器械之朽钝者，这这修缮（原文如此），以时操炼，常若临敌然。此时战船，亦不可一任抛废，刻日补葺，毋敢一毫疏忽。其令道帅臣考核勤慢，从实状闻。如是申饬之后，依旧忨泄，有所现发于本府摘奸，则守令、边将，当用加倍之律，不饬之责，亦有所归。请并以此意，措辞行会于各道道帅臣"③，建议政府补充不足之兵力、修缮军器、实施实战操练、修缮战船、确立严明的纪纲，得到国王的允准。大院君执政时期主要的武将有申櫶、李圭彻、李景夏、李章濂、任泰瑛等，其中，申櫶的活动最为活跃。他不仅历任总戎使、训练大将、御营大将等军队要职，而且还担任过汉城府判尹、刑曹判书、工曹判书等文职，大院君时期军事改革的方针政策大部分出自其手。自 19 世纪 60 年代初始，他就对"西力东渐"的局势产生了深刻的危机感，指出"见今中国大乱之会，气运难谌，番舶出没之际，民心难靖，一闻毫微之设，辄有骚屑之讹，大小疑惧，中外胥动，以其不备，因无所恃故也"④，以 1862 年的"民堡防御体制提案"为始，陆续向政府提出具体的防御之策和军事改革的建议。在经历"丙寅洋扰"之后的1867 年 1 月 16 日，时任左参赞的申櫶向朝廷提出的《军务六条》，充分反映了其有关军事改革的思想方针，其主要内容可概括为⑤：

① 李恒老:《华西雅言》，卷十，大洋书籍，1973。
② 《高宗实录》，高宗三年七月三十日。
③ 《高宗实录》，高宗三年七月三十日。
④ 申櫶《论兵事状》，《申櫶全集》卷六，亚细亚文化社，1990，第 47 页。
⑤ 《高宗实录》，高宗四年一月十六日。

第一，京兵操练。他主张"兵贵精不贵多"，提出对纪纲懈弛、军器锈弊的京兵进行大力整顿，缩减冗员，实现军队的精锐化，并加强操练、磨炼军事技术、修理枪支、制造弹药，加强中央军的战斗力。

第二，奖选乡炮。通过武科选拔西北地区优秀的炮手，加强训练，以备危急时征调，其中的优秀者平时可派到地方担任边将，以加强地方的防守力量。

第三，劝设民堡。鉴于朝鲜三面临海的地理环境和京兵军力不足的现状，在边防各地设置民堡，有事时互相提供帮助，依靠百姓的力量抵御外敌入侵，是以乡兵为主的自保自卫军事体制。

第四，北沿制兵。在民心不稳的北部边境地区采取"五家作统""十家作牌"的方法实施民兵制度，所需武器和费用由政府提供，提高北部边境的自卫能力。

第五，笃修内政。对内实施良政，减轻百姓的疾苦，以防思变，巩固统治，这是实现强兵的根本途径。

第六，审料夷变。"制胜莫先于料敌"，要注意外夷的动静，警戒外夷入侵，时刻保持守备态势。

议政府经过讨论对其中的一部分进行了修改之后予以采纳，在得到国王允准之后，由大院君加以推行。此外，申櫶认为上述国防策略与当时实施的军役制密切相关，建议政府对军役制也进行改革。他以建国之初的制度为例，指出"以宗姓异姓、文武两班及两班之子若弟以及庶民，悉隶卫籍，随次上番，其有故不能上番者纳布，城戍不能赴役者纳布，以此观之，居于是邦者，无一人非兵者，而亦无一人不可纳布者也。若使此制至今尚用，岂有良民逃役之弊乎？"[1] 基于平等主义原则，他主张不仅是良民，文武两班和贱民也应承担军役。他的这种主张在当时身份等级森严的朝鲜社会是非常具有革新意义的，1871年大院君实施的"户布法"就反映了他的主张。申櫶提出的国防策略主要包括整顿军制、制造武器、构筑民堡防卫体制、改善军役制度。他提出的《军务六条》和"军役变通论"在当时朝鲜政府有关军事改革论中最具有代表性，成为大院君制定国防政策的重要指导方针，并以此为基础，通过设置三军府、强化武将权限、增设地方炮军、开发新式武器等军事改革大幅增强军事力量，使其成为对内加强大院君政权的权力基

---

① 申櫶《拟再陈军务疏》，《申櫶全集》卷八，亚细亚文化社，1990，第237页。

础，对外抗击列强、维护国家利益的坚强后盾。

金炳学、申櫶等大院君亲信官僚认识到当时朝鲜国防力量的薄弱，提出了旨在加强军事力量的方案，成为主导大院君军事改革的方针。通过对其具体内容的分析可以得知，他们的主张具有一种复古的性质，即这些军事改革论较之传统的军事理论，并没有多少创新的内容，只是强调了重新加强因长期和平处于懈弛状态的国防力量。譬如，通过京兵操练培养精兵的主张，并不是要采取近代军队编制，而只是将训练督监和禁卫军分开，以恢复各自原有的职责；"奖选乡炮"在当时的局势下虽具有现实意义，但并不是采用新的技术和装备，还是停留在培养传统的枪炮手的水平；"民堡防御论"和"北沿制兵"等军事论早在中国宋代就已经出现，朝鲜的实学大家丁若镛也曾著书提出民堡防御体制。但是，申櫶提出的"军役变通论"主张不分两班、良人、贱民一律承担军役，较之丁若镛等实学家的主张有所进步，具有一定的革新意义。

（二）扶植宗亲势力

19 世纪前半叶的朝鲜社会，正处于势道政治的统治之下。议政府和六曹的作用遭到严重削弱，而临时机构备边司则掌握了国家全部的政治决定权，变成国家的最高统治机构。备边司既是国家的统治机构，同时也是势道政治集团借用国王的名义谋求自己利害关系的场所。势道政治势力以国王的辅助者自居，掌握备边司以增强其权力基础，主管国家的一切行政事务。在政治运营过程中，势道政权一贯采取保守的政策，严格控制变革思想的产生和新政治势力的出现。在这种形势下，王权遭到严重削弱，但表面上却显得至高无上，这是因为，势道政治势力要掌握和行使权力还得倚仗国王的权威。从表面上看国王享有无上的权威，但却不能按照自己的意愿行使君主权，而且还要承担沉重的政治责任。因此，大院君政权的主要目标是压制以安东金氏家族为核心的门阀和两班官僚势力，加强遭到严重削弱的王权，以维持李氏王朝的统治。

大院君执政源自与国王的血缘关系，因此为了扩大自己脆弱的政治基础，大院君非常强调血缘与家族意识，这样既可以压制安东金氏势力，也可以避免刺激丰壤赵氏势力，有助于加强王权。为此，大院君在其执政初期就着手整顿宗亲府以加强宗亲势力。对于今后的政治方向，大院君说，"吾欲引千里为咫尺，吾欲划泰山为平地，吾欲高南大门三层，盖千里咫尺者，右宗亲也，南大门三层者，阐南人也，泰山平地者，抑老论也"①，即要提高宗亲的地位，起用南人，压制安东金氏。

大院君执政之后，立即赦免了因受外戚诬陷被流配到康津薪智岛的宗亲李世辅②，又借大王大妃之命下令道："何必王室近宗，久蒙奸凶之连累乎？凡此等前后名在罪籍者，其大关义理忠逆已判者外，大臣与禁堂会坐详审，议定其可合伸复与否，一一分等论理，趁七月诞辰日入启"③。高宗元年（1864年）七月十一日，他又根据义禁府提出的"审理启目"洗刷了李夏铨等一批宗亲的罪名并且恢复了他们的官爵④。

宗亲府虽然是法定的最高衙门，但只能管理王室的日常仪礼，并不具有实权。这是因为势道势力将王族和政治分隔开，对宗亲府的政治作用加以限制之故。其结果是，宗亲事务由宗亲府和宗簿司分管，而编辑《璿源谱牒》等重要事务则由宗簿司专管，宗亲府成为有名无实的机构，加之势道势力压制王权、垄断权力，致使宗亲府和宗亲在政治上没落。为了改变这种不利局面，在哲宗时期管理宗亲府事务之时，大院君就致力于恢复和增强宗亲府的权力。高宗即位之后，大院君以宗亲府最高职位的身份掌管了一切宗亲事务，并通过宗亲府发出甘结，指示宗簿司的文簿和诸班事务均受大院君裁决⑤。不仅如此，为了加强宗亲璿派在政治上的结合，大院君将宗亲府和宗簿司合而为一，并制定新的《宗亲府管制厘正案》，从而确立了宗亲府的地位和权威⑥。

由于宗亲势力的没落，宗亲府年久失修、破败不堪。为了恢复宗亲府的权威，大院君决定重修宗亲府建筑。重修始于高宗元年（1864年），至高宗二年（1865年）二月告一段落。对此，高宗说，"予于潜邸已闻宗亲府荒凉颓圮，意甚慨然，国朝盛时岂如是哉？本支百世振振公族，气象之炽昌，可以想朱芾葱珩，烂其盈座，花树湛乐，皆在此府，则岂任屋宇之不修至此乎？自予践阼，意欲重新而未遑矣。惟我大院君亟举修葺，悉复旧观，轮奂之美，比昔有胜"⑦，对大院君重修宗亲府给予高

---

① 黄玹：《梅泉野录》，教文社，1994，第9页。
② 《高宗实录》，哲宗十四年十二月二十日。
③ 《高宗实录》，高宗元年五月十八日。
④ 《高宗实录》，高宗元年七月十一日。
⑤ 《宗亲府謄录》，高宗即位年十二月十日。
⑥ 《承政院日记》，高宗一年四月十一日。
⑦ 《承政院日记》，高宗二年二月二十日。

度评价。高宗还强调"此府之綦重于百司，其谁不知乎？从此麟趾螽斯之诗，不独专美于周家，于千万年与国同休，是予祈祝之情也，宗亲府匾额当亲书以下矣"①，这反映了大院君加强宗亲府的目的即以宗亲府和宗亲璿派为中心治理国家，而且为了赋予宗亲府的权威以正当性，亲笔书写了宗亲府的匾额。

高宗即位之后，致力于私亲的追崇活动，而高宗的私亲也就是大院君的私亲，符合大院君加强王权的目的，同时也有利于提高和巩固大院君的地位。1864 年 1 月 10 日，高宗对大王大妃说，"南延君厚德懿范，实为昭代宗英之贤，而积善毓庆，至今日而弥光矣。追远崇报之节，未可只循常例，大院君本生曾祖考祖考，特施加增之典，外家亦施三代耀赠恐好，故敢此仰达矣"②，得到了大王大妃的允准。

安东金氏在执政之时，为了压制王权，限制国王和宗亲接触③。为了打破这种限制，大院君借国王之命下令"每年岁首，太庙展谒时及亲祭时，如例入参，著为定式"④，还令宗亲府堂上不时引率昭显世子和麟平大君的子孙入侍，并呼吁宗亲之间和睦团结。

为了加强王权，大院君政权通过科举制度大举登用宗亲势力。高宗三年（1866 年）三月举行式年科会试之前，大院君借国王之命下令"宗亲各派当为应举者未知为几人，而近来朝家之敦尚宗谊，乃中外之所共知者也，今亦不可无示意，而如是许赴之际，苟不到底探察则必多淆杂之弊，璿派人则自宗府收单，并一一考准，修成册，移送四馆所，俾各赴举可也"⑤，高宗五年（1868 年），大院君不仅恢复了宗亲科，还新设被称为"璿派儒武应制"的特别科，以与正式科举的及第者同样的资格选拔和登用每年春天宗庙祭祀时参加仪式的璿派儒生和武士。对于这种为宗亲特设的考试制度，黄玹论道："丙寅以后，间设大科，但令宗亲赴举，谓之宗亲科，又作大同谱，凡李氏贯完山者皆附之，一与于谱则齿之士族，于是乡曲贱流，改贯属谱者相

---

① 《承政院日记》，高宗二年二月二十日。

② 《承政院日记》，高宗一年一月十日。

③ 金永秀上疏文，"且若宗亲承侯，自有定例，虽已故南延君球之于纯考，为至切懿亲，而时节庆贺之外，不得无常出入，挽近一二宗臣，每日次辄事起居，即亦何据而然也，前则南延君之所不敢为，后则兴寅兴宣之所不得为，此一二宗臣，何为而乃尔也"，参见《哲宗实录》，哲宗三年七月。

④ 《高宗实录》，高宗元年四月二十一日。

⑤ 《高宗实录》，高宗二年三月十五日。

踵，尝设花树宴于宗亲府，预会者六七万，云岘欣然曰，我为国家得十万精兵。"①

在大院君旨在加强王权的诸项改革措施之中，景福宫的重建是其最重要的举措。景福宫是朝鲜朝建国之初耗费大量的人力、物力修建的规模最大的王宫，后在壬辰倭乱中被烧毁，此后因财力所限一直未能修复。大院君执政之后，为了向天下昭示王室的尊严，显明中兴之势，不顾当时的财政状况，决意完成重建工程。为此，大院君还做好了周密部署。高宗二年（1865年）三月，在修复议政府建筑时发现刻有字的石头，正面刻有"癸未甲元，新王虽登，国嗣又绝，可不惧哉，景福宫殿，更为创见，宝座移定，圣子神孙，继继承承，国祚更延，人民富盛"，背面刻有"东方老人秘诀，看此不告，东国逆贼"②。此事件系大院君所为，表明他对重建景福宫赋予了巨大的政治意义，即景福宫是李氏王朝的国祚绵延不绝的象征。耗费巨大的人力和物力之后，景福宫虽得以重建，但最终也未能挽救朝鲜王朝，同时这也招致民怨沸腾，成为大院君下野的主要原因之一。

三 大院君的对外观和对外政策

（一）防止俄国南下

迄今为止，否定大院君改革意义的学者，一般都认为大院君执政时期正值世界局势激变时期，但是由于大院君没有顺应西势东渐的国际潮流，一贯实行闭关锁国政策，致使朝鲜蹉跎掉引进西方文化的宝贵时机，加大了与欧美国家的差距，最终导致国家的灭亡。这样，大院君就成为锁国政策的代名词，是一个误国误民的罪人。如果以这种观点来分析大院君的对外观及其对外政策，我们就会遇到一些无法解释的问题，即像他这样非常保守的锁国主义者，居然在其执政初期为了对付俄国的南下，曾秘密与法国传教士进行接触。由于缺乏对西方的认识而实行锁国政策的大院君，是如何具备了能够判断俄国南下威胁朝鲜这种国际局势的能力的呢？

大院君试图与法国传教士进行接触的记录，首次出现在朝鲜天主教教区长贝尔内（Berneux）于1864年7月13日写给法国外帮传教会神学院院长阿尔布朗（Albrand）的书信中。在该信中，贝尔内称大院君并不敌视天主

---

① 黄玹：《梅泉野录》，教文社，1994，第15页。
② 《高宗时代史》，高宗二年四月，第115页；《龙湖闲录》卷3，"东方老人秘诀"。

教，当接到俄国人要求与朝鲜通商的信函时，大院君通过一个官员，向他转达了如果能够帮助朝鲜驱赶俄国人，就会允许传教自由之意①。

1864年2月，俄国人将一封要求与朝鲜通商的信函递交给庆兴府使②。1860年，接到北京陷落的消息之后，朝鲜政府立即派出热河问安使打探情报。翌年3月，回国复命的使臣报告称入侵北京的国家是英国、法国和俄国③。当时朝鲜政府曾担心侵犯北京的西洋势力会"因势东犯"④。因此，此时俄国通过陆路提出通商要求被看做是新一轮侵略的前兆。

1864年5月复命的李尚迪的报告称，"自洋夷留往皇城以后，与俄罗斯声气相通、往来无间，于是俄夷凭借其势，渐有凌侮中国之意。近日俄夷欲广拓其馆舍，勒买民家，民不能堪，控诉议政王，王虑其有生洁之端，首窜未决。而洋夷则城内各处买宅入居者年增岁加，又欲筑室于东华门内，盖其阴蓄虎视之志，先试蚕食之计，推此可知云云"⑤，揭示了列强的侵略本性，并认为英法的力量强于俄国，俄国也要倚仗英法。因此，受到俄国南下威胁的大院君政权决定通过在朝鲜传教的法国神甫与法国取得联系，商讨联合法国抗拒俄国的策略。

1865年9月，数十名俄国人乘船渡江来到朝鲜庆兴府要求通商，被庆兴府使劝回⑥。1865年10月2日，贝尔内向阿尔布朗发出第二封信，称"最近通过一个官员，就俄国人要求进入朝鲜境内一事同大院君进行了几次接触，大院君亲切地接受了我的联络。其夫人秘密派人要求我给驻北京的法国公使写信，让他派人到朝鲜要求宗教自由。汉城的高官们也盼望着法国船只的到来。我主张在与大院君商议之前不采取任何行动。目前传教依然被禁止，但我们的处境还好，相信明年会更好"⑦。

通过贝尔内的此信函可知，接到俄国人的通商要求之后，贝尔内与大院君之间的接触更加频繁，这表明大院君更加迫切地感受到俄国的威胁。此外，信中提到"盼望着法国船只到来"的"汉城高官"，说明除了大院君以

---

① 崔奭祐编《贝尔内文书》，韩国教会史研究所，1995，第453~454页。
② 《高宗实录》，高宗一年二月二十八日。
③ 书状官赵云周首译李塾进闻见别单，"洋夷之犯近圻者，即大英大法与俄罗斯也"，参见《日省录》哲宗十二年三月二十七日。
④ "召见回还三使臣于兴政堂"，《日省录》，哲宗十二年三月二十七日。
⑤ "书状官洪必谋首译李尚迪进闻见别单"，《日省录》，高宗一年五月二十三日。
⑥ 《日省录》，高宗二年十一月十日，咸镜监司金有渊以庆兴府异国人来往事启。
⑦ 崔奭祐编《贝尔内文书》，韩国教会史研究所，1995，第481页。

外，还有一部分朝鲜政府的官员通过与大院君不同的另外一条渠道与贝尔内进行秘密接触，而且希望法国采取军事行动对朝鲜政府施加压力。而贝尔内虽在信中声称"在与大院君商议之前不采取任何行动"，但实际上已经于1865年6月向法国驻华公使发出信函要求向朝鲜派出军舰。贝尔特米公使认为，在法国传教士尚未处于危险境地的情况下贸然出兵，反而会引起朝鲜政府对法国的敌意，因而拒绝了贝尔内的要求①。

此时又出现了一个新的政治变数。了解到咸镜监司金有渊《状启》内容的朝鲜天主教徒们，开始参与防俄之策的议论之中。教徒金冕浩与贝尔内的房东洪凤周商议之后，于1865年11月写了一封建议为防止俄国南下利用西洋主教与英法结盟的信函，通过大院君的亲家赵基晋转交给大院君。教徒南钟三也接受洪凤周的劝告而拜访大院君，提出了以抵御俄国侵略的计策为主要内容的请愿书。曾与大院君进行接触的贝尔内，当时正在地方从事传教活动。大院君让南钟三转告与贝尔内会面之意。对此深受鼓舞的南钟三对教徒们讲述了与大院君的谈话内容，致使大院君允诺传教自由的消息不胫而走，传遍四方②。这样，大院君和府大夫人与法国主教进行接触已经不再是什么秘密了。以金炳学为首的朝廷重臣强烈要求采取严厉措施镇压天主教，逮捕、处死法国主教、神甫以及朝鲜教徒③。

面对腹背受敌的困境，大院君只能接受金炳学等的主张，对天主教采取残酷的镇压政策，此即史书所说的"丙寅邪狱"，成为法国侵略朝鲜的借口。大院君欲联合英法势力阻止俄国南下的"以夷制夷"之策也以失败而告终。上述事实说明，大院君在坚持锁国政策的前提下，也在设法利用列强之间的矛盾，并不是一些学者所说的那样，是个昧于时局、冥顽不化的人。

1866年，法国以本国传教士被害为由派出军舰侵犯朝鲜领土。大院君在果断抗击法国舰队入侵时，致书于庙堂曰："人死国亡，古今天地之常经也。洋夷侵犯列国至今亦有几百年，此贼不敢得意矣。伊自年前中国许和之后，跳踉之心一倍叵测，到处施恶，皆受其毒。"④ 可见面对西方列强自恃武力的侵犯，大院君并非一无所知、麻木不仁。

---

① 崔奭祐：《丙寅迫害资料研究》，韩国教会史研究所，1968，第18～19页。
② 达列著《韩国天主教会史》，安应烈、崔奭祐译，韩国教会史研究所，1990，第386～388页。
③ 韩国教会史研究所翻译委员会译注《里德尔文书》I，韩国教会史研究所，1994，第77页。
④ 《高宗实录》，高宗三年九月十一日。

面对法国的侵略，在野山林势力也纷纷激励抗战。受金炳学推荐任同副承旨的李恒老上疏，提出了"战守说"和"内修外攘论"。李恒老指出，"主张国边之议有两说，一为战守之说，一为迁都、避难的去幽之说。依愚臣见，战守为堂堂正正之理，而迁都、避难为权益之计"①，大力支持朝鲜政府的反侵略斗争。借助李恒老等在上疏中提供的名分，朝鲜政府更加有力地开展了反侵略斗争。但李恒老的上疏并不代表大院君的立场。李恒老虽然支持大院君的反侵略斗争，但同时对大院君主持的景福宫重建工程提出了严厉的批评②。

（二）抗击法国和美国的武力征服

1866 年 9 月 14 日，政府堂上议论对策时由大院君书写并下令传阅的信函，反映了当时大院君和朝鲜政府的立场。大院君在此信函中提出四点主张："其一，不耐其苦，若和亲则是卖国也。其二，不耐其毒，若许交易则是亡国也。其三，贼迫京城，若有去邪则是危国也。其四，若有怪术六丁六甲呼鬼唤神，设或逐贼，日后之弊甚于邪学"③，表明了誓与洋夷决战到底的决心。而其中的第四条主张认为若依靠"怪术六丁六甲呼鬼唤神"，即使能够击退来犯之敌，日后产生的弊端会"甚于邪学"，这与李恒老的主张，即"自古异端蛊人心术者何限，而莫甚于洋教"④ 是有所区别的。这也表明较之斥邪论对西学渗透的排斥，大院君是基于对抗侵略的斥和论立场来应对"丙寅洋扰"的。大院君之所以认为"怪术六丁六甲呼鬼唤神"之弊"甚于邪学"，是因为他认为当时朝鲜社会出现的东学等民间信仰比西学更加危险⑤。

执政初期，大院君几乎没有对天主教徒采取镇压措施，天主教徒只是在庆尚道地区逮捕东学教徒的过程中受到了一定的弊害。对此，贝尔内说道："我们并没有受到迫害，相信在新朝廷的统治下平安无事。而受到一定弊害的是出现众多改宗者的庆尚道地区。从五年前开始，这里出现了一个新的宗

---

① 《高宗实录》，高宗三年九月八日。

② 工曹参判李恒老疏陈病状乞递仍陈时务赐批，"所谓仁声者，如亟罢土木之役，悉禁敛民之政，大开从谏之门，深讲用贤之方，不留一毫私意，文具各执，使举国晓然知圣意，必信不疑，然后乃仁声也"，参见《日省录》，高宗三年九月十九日。

③ "自云岘书送政府堂上坐起处轮示录纸"，《龙湖闲录》卷 4，第 45 页。

④ "护军李恒老疏陈时事仍乞递金吾之任赐批"，《日省录》，高宗三年十月三日。

⑤ 命东学罪人崔福述等令庙堂禀处，"庆尚监司徐宪淳状启以为（中略）福述（崔济愚）则本以幺麼之类，敢怀荒诞之术，创造咒文，煽动妖言，为天之说云，斥彼而反袭邪学布德之文，故伪而阴售祸心，弓药谓出秘方，剑舞唱播凶歌，平世思乱，暗地聚党，动称鬼神降教"，参见《日省录》，高宗一年二月二十九日。

派，为了与被称为西学的天主教加以区别，称为东学。朝廷派出众多军卒前来搜捕东学教徒，在此过程中，军卒们为了搜刮民财或进行报复而逮捕了不少天主教信徒。"① 可见，大院君虽然将西学规定为邪学，从而站在卫正斥邪论的立场上，但较之作为外来思想的西学，他将东学等国内出现的民间思想视为更加危险的对象。但是，事态的发展出乎大院君的预料。

"丙寅洋扰"爆发之后，朝鲜政府为了抵抗侵略并收复被占领的江华岛而采取各种军事措施的同时，又采取了旨在加强都城内治安的措施。这主要是因为在法国军队第一次入侵时，都城内的仓库遭百姓哄抢空无一物②。但法国军队占领江华岛之后，百姓不仅没有趁乱发生大规模的骚乱，反而积极协助反侵略斗争。受到揭发被捕受刑的都是西学教徒，他们在被审讯过程中招供了内通洋人的事实③。1866 年 10 月 13 日，法国军队退出朝鲜领海之后，朝鲜政府下令搜捕全国各地的天主教徒，其理由并不是因为他们的异端思想，而是因为他们与法国侵略者里应外合，提供情报、充当向导，对朝鲜的国家安全构成了严重的威胁④。

大院君坚持维护正统的儒教伦理，但其对外观与儒教传统的"贵华贱夷"的对外观也有所不同。1871 年 4 月，大院君在给美国舰队司令官的信中讲道："天地之大，万方群生，含弘覆载，咸遂其性，东方西国各修其政，各安其民，熙熙雍雍无相侵夺，是为天地之心。苟或不然，上天震怒不祥莫甚，贵大人岂不知此理哉。"⑤ 大院君以有容乃大的精神劝告来犯者息兵偃武，强调世界万物各有其存在的道理，倡言"东方西国"应和平相处，治理好自己的国家，不干涉他国的内政。这些话表明了大院君所持的对外观与传统的贵华贱夷的"华夷论"有所区别，也有其合理之处和可取之处。

此外，大院君时期虽推行锁国政策，但并不是一律禁止"异样船"来航。朝鲜政府严辞拒绝来航西方船只的通商要求，但对海上遇难、漂流至朝

---

① 崔奭祐编《贝尔内文书》，韩国教会史研究所，1995，第 455 页。
② 《日省录》，高宗三年九月八日，"教曰，都下犯分掠夺之弊，有所申饬于左右捕厅，而刑汉两司宜无异同，新除授法司堂上并牌招，使之即为行公"。
③ 《捕盗厅謄录》中，保景文化社，1985，第 646 页。"崔燧曰，洋国通信，每朔一次，以望间，通文出来。"
④ "如果没有朝鲜教友的帮助，我们的侦查船根本无法安全通过暗礁密布的航路"，参见韩国教会史研究所翻译委员会译注《里德尔文书》，韩国教会史研究所，1994，第 129 页；《日省录》，高宗三年十月十五日，"议政府启言，洋舶之远涉层溟恣行侵掠，必有我国奸细之徒表里和应，目下急务莫先于锄治邪类，殄灭无遗矣"。
⑤ 《高宗实录》，高宗八年四月十七日。

鲜沿岸的欧美国家船员施以"柔远之义",予以救助,并护送到义州,引渡给中国官员①。对于持友好态度的西方人,朝鲜政府也以礼相待,但对方若以恶意相加,则以牙还牙,但即便如此,若对方索求食品等物,则会满足其要求②。这种"柔远之义"并无"中华"和"夷狄"之分,适用于任何国家和人种,善待落难者。因此,即便是在抗击法国侵略的"丙寅洋扰"期间,对漂流到平安道的美国商船仍予以救助,并安全护送到义州,再由中国官员护送到美国驻华使馆。

综上所述,在"外压"不断增强的国际环境下,大院君进行了旨在加强遭到压制的王权、维护李氏王朝统治的一系列内政改革。他虽然在改革中采取了压制两班官僚阶层、符合民众要求的如关闭书院、户布法、社仓制等措施,而且在其思想当中也有过与传统华夷观不同的、主张以和为贵的朴素的对外观以及"以夷制夷"的计谋,但这并不意味着他的思想发生了质的变化。他虽然称自己执政的目标是实现富国强兵,但其最终的政治目标是加强王权,而富国强兵只是实现这一目标的手段之一。为了实现这一目标,大院君做好了与任何阶层的利益对决的准备,动员了一切必要和可能的手段,这正是他推行上述利国利民的良政的同时,又实施重建景福宫、发行当百钱、征收"愿纳钱"等弊政的原因。作为以旁系入继王位国王的生父和总摄朝政的执政者,他还是要维护成为李氏王朝统治理念的正统性理学,并没有超出传统思想的范围,致使其改革目标具有很大的局限性,最终遭到失败。

第三节　改革施政方针的异同比较

一　关于改革目标的构思

(一) 日本:强化德川家族的统治

幕末日本的政体是幕藩体制,在此基础上建立了幕府集权与诸藩分权、将军至强与天皇至尊的双重二元政治结构。在幕藩体制下,作为最大的领

---

① 《同文汇考》原编,洋船情形,"敝邦于外国漂船之来到,救恤资送,自有成宪,迩来洋船之出没踪迹,虽与漂船有异,亦复照例优待,正所以仰体大邦,怀绥远人之德意也"。

② 《东津御侮辑要》,高宗五年三月二十七日,"今伏承云岘下书,则教以彼船若示好意,则吾亦待之以好,又若恶意相加,则吾亦待之以恶,而如或求请鸡猪等物,则必须多少间许给,唯尽在我之道"。

主，德川家族拥有大量的领地，利用"参觐交代制"来加强对诸大名的监督和控制，并借此消耗诸大名的力量，使之因财政匮乏，无力抗衡幕府。但是，随着商品经济和资本主义因素的发展，加之长期腐败的封建统治，造成了国内诸多矛盾，同时也严重削弱了幕府的权力基础。为此，幕府在水野忠邦的主持下推行了天保改革，但最终遭到失败。在幕府进行改革的同时，诸藩也在仿效，虽然其中大部分都遭到失败，但地处西南的长州、萨摩、肥前、土佐等藩推行的改革颇有成效，基本缓解了财政危机，进一步巩固了藩政，这与幕府改革的失败形成鲜明的对比。西南雄藩实力得到增强，不再满足于外样大名的地位，要求在国家政治中具有更大的发言权，对幕府的统治构成了威胁。

在幕藩体制下，朝廷虽被隔离在现实政治之外，但幕藩体制却使幕府和朝廷处于密不可分的关系，即从借用朝廷权威的官位授受以及幕府的职制和身份制度与朝廷的关系、"公"与"武"之间的联姻关系、统治理念中天皇朝廷所处的地位等方面来看，天皇朝廷是幕藩体制不可或缺的重要因素。而且，朝廷也不满足于不能过问政治的现状，等待时机以重新回到政治舞台。1846年8月，朝廷向幕府下达"命令书"，说孝明天皇对外国船只的来航深为挂念，要求幕府加强海防①。天皇就外患向幕府下达敕书尚属首次，这是朝廷不久就要公开过问政治的开端。

鉴于这种国内形势，调整朝、幕、藩三者之间的关系以加强幕权幕威、强化德川家族的统治始终是幕末改革的最终目标。

安政改革的主导者阿部正弘是备后国福山藩藩主，其先祖阿部正胜是德川家康的得力干将，屡立战功，成为德川家康的重臣之一。在德川时代，阿部家就有六人担任幕府阁老一职，与幕府有着密切的关系。在他担任首席老中时，由于天保改革的失败，幕府的权力受到进一步削弱。因此，阿部正弘采取了协调政策，不仅注意争取雄藩大名的支持，同时又采取尊奉朝廷的政策，以取得朝廷的支持。当培理率领军队前来叩关时，幕府一反独断专行的惯例，不仅向过去无权过问政治的天皇朝廷报告，并将美国国书传示各藩大名，还允许各级武士甚至普通百姓自由上书，献计献策。阿部政权采取自德川幕府建立以来前所未有的举措，其目的就是希望加强与雄藩大名和天皇朝廷的联系和合作，形成举国一致的局面，共同应对前所未有的对外危机，以

---

① 宫内厅编《孝明天皇纪》一，弘化三年八月二十九日。

恢复日益衰弱的幕府权威，强化德川家族的统治。

文久改革期间，雄藩大名势力开始抬头，要求具有更大的发言权；天皇朝廷也登上政治舞台，介入改革进程，从而形成了朝、幕、藩分庭抗礼的局面。在这种多极格局之下，天皇朝廷成为幕府和雄藩争相拉拢的对象。安藤·久世政权对井伊直弼执政时期的强硬路线进行调整，决定实施公武合体政策，密切与朝廷的关系，借助天皇朝廷的力量来提高幕府的地位，以压制诸雄藩抬头。作为其具体的政治策略，在幕府与朝廷公卿的撮合下，促成了"和宫下嫁"这种政治联姻。此外，安藤政权还委托长州藩，以《航海远略策》斡旋于朝幕之间，试图说服朝廷接受开国政策。在安藤·久世政权解体之后，按照朝廷的旨意成立的庆喜·庆永政权继续推行公武合体政策。此时，国内局势发生了变化，尊攘派的活动更加频繁，对幕府的统治构成了严重的威胁。为了对抗尊攘派的攻击，除了放弃独裁统治以外，幕府已经没有可选择的余地了。松平庆永就向幕府提出建议，要求对幕政进行改革，其着眼点是对朝幕之间的政治关系进行调整，借此消除朝幕之间的摩擦，实现国家的统一和对外关系的一元化。为了实现这一目标，他认为首先应该对传统的公武关系进行调整，建议将军上洛。幕府采纳了其建议，将军家茂进入京都。幕府原本打算通过将军上洛重新确认朝廷对幕府全面的政权委任，但只取得了有限的委任，表明了幕权的萎缩。

庆应改革时期，萨长等武力倒幕派形成同盟，并与朝廷倒幕派公卿互通声气，直接威胁到幕府的存亡。对此，幕府一方面继续采取尊奉天皇朝廷的方针，将山城地区的幕府领地献给朝廷，并营造皇宫，另一方面积极发展与法国的关系，试图借助法国的经济、军事援助，加强幕府的实力。而法国也采取全力支持幕府的政策，试图通过对幕府的军事援助和经济合作，来取得日本对外贸易尤其是生丝贸易的垄断权。德川庆喜还专门向法国公使罗修咨询幕政改革方案。对此，罗修向德川庆喜提出了涉及内政、外交、军事、财政等国政诸班领域的一揽子幕政改革方案，主张削弱诸大名的领主权，依靠强化幕权建立近代集权国家，正符合幕府的愿望。从幕府公布的改革方针的内容来看，改革受到了罗修方案的巨大影响，甚至可以说是罗修方案的翻版。德川庆喜还委托西周制定了一个建立德川绝对主义集权国家的具体方案。在这个方案中，"大君"独揽大权置于权力顶点，天皇只被赋予一些象征性的权力，被隔离在政治之外，各藩虽然可以参与国政，但其权力大为削弱，军权全部归"大君"掌握。在法国的积极援助和干预下，幕府推行了以军事改革为核心的一系列改革措施，而建立强大的嫡系部队，用武力剿灭心存异志的倒幕派，则成为军事改革的中心课题。在这个过程中，德川家族的利益超过了民族利益，这是幕府在改革进程中之所以灭亡的根本原因。

（二）朝鲜：强化王族的权力

李氏王朝是大一统的集权体制国家，国王拥有至高无上的权力，掌管着国家的方方面面。但时至 19 世纪前半叶，以王权为中心的传统政治秩序面临着巨大的危机。后妃戚族集团开始登上政治舞台，实施了势道政治。国王成为后妃戚族集团手中的政治工具，他们借用国王的名义代行王权或与王权形成相互补充的关系，以此来加强自己的权力。在势道政权的统治下，表面上国王依然是国家最高统治者，享有至高无上的权力，但实际上，王权遭到严重的削弱。1800 年，年仅十一岁的纯祖即位，知事金祖淳遵照正祖的嘱咐辅佐幼主。翌年，金祖淳之女册封为王妃，金祖淳以国丈身份掌握重权，由此开始了安东金氏的势道政治。此后，丰壤赵氏抬头，与安东金氏展开激烈的角逐，并且曾一度掌握政权。但到了哲宗年间，金汶根之女册封为王妃，安东金氏的势道政治重新建立。掌握重权的后妃戚族集团直接插手人事行政，任人唯亲，致使中央的主要官职均由其亲信或以门第、党派为背景的人来充当。而在地方，则形成了以地方官衙和书院为中心的二元统治结构，即由中央政府任命的地方官行使"公权"，而以书院为中心的地方两班势力则行使"私权"。由于地方两班势力与中央政界有着密切的联系，享有免税权等特权，因此，地方政府也不敢过问。掌握政权的官吏滥用职权，横征暴敛，卖官鬻爵，而地方两班势力以书院为中心，滥用特权，向地方官署和人民勒索钱财，收容逃避军役者或罪犯，还加入派别斗争。势道政治对李氏王朝的政治、经济、社会各方面带来了极大灾难。因此，打击以安东金氏为中心的势道政治和以书院为中心的地方两班势力，恢复并加强王权，巩固李氏王朝的统治，始终是大院君改革的最终目标。

为此，大院君决定采取优待宗亲的政策。大院君非常强调血缘与家族意识，这样既可以压制安东金氏势力，也可以扩大自己脆弱的政治基础，有助于加强王权。在势道政权期间，王室宗亲被迫远离政治，受到压制。大院君执政之后，立即赦免了因受外戚诬陷而受处罚的一批宗亲，并借助大王大妃的命令恢复了他们的官爵。此后，大院君着手整顿宗亲府以加强宗亲势力，这不仅有助于提高宗亲的政治、社会地位，而且也可以通过宗亲的团结及其势力的扩大来削弱安东金氏势力，从而达到强化王权的目的。大院君将宗府寺和宗亲府合并，由宗亲府统一管理有关宗亲的事务，还下令重修宗亲府建筑，使之焕然一新。此外，他还下令建立宗正卿制度，使原本只是一个礼遇衙门的宗亲府成为权力机关。大院君将这些宗正卿安排在中央和地方的各级权力机构担任要职，通过他们来加强对中央和地方的控制，逐步扩大自己的权力基础。大院君还利用科举制从宗亲中选拔人才委以官职。为此，大院君不仅恢复了宗亲科，还新设被称为"璿派儒武应制"的特别科，以与正式科举的及第者同样的资格选拔和登用璿派儒生和武士。

除了采取多种优待宗亲的措施加强宗亲的力量以外，大院君还采取了裁撤书院的措施，在全国数量众多的书院中只留下 47 所赐额书院，其他的一律裁撤。通过该项措施，大院君沉重打击了在各地割据蚕食中央政府的权力、侵虐平民的地方两班势力，恢复并增强了中央政府对地方的统治，一定程度上减轻了农民的负担，增加了国家财政收入。此外，为了向天下昭示王室的尊严，显明中兴之势，大院君还耗费巨大的人力和物力，重建了景福宫。

二 关于改革先后步骤的构思

（一）日本：从海防开始延伸到制度建设

阿部政权时期，外国船只频繁地来航日本，要求通商。幕府以祖法禁止与外国通信通商为由予以拒绝，但痛感江户湾防备的薄弱和双方军事力量差距的悬殊。为此，幕府新设置了掌管外交和国防的机构——"海防挂"，由阿部正弘亲自控制。幕府向诸大名发出加强海防令，强调日本全体国民应不分身份的"贵贱上下"，以"举国一致之力量"，共同应付对外危机，但幕府却没有采取具体可行的措施，只是对江户湾的防备做了部分改善，未能对海防政策进行彻底有效的改革。

《日美和亲条约》的签订使幕府面临着一种新的形势。为了自救自强，在以阿部正弘为首的一批开明幕臣的主持下，幕府开始推行开港之后的第一次改革。在诸多改革措施中，幕府关注的首要问题，是如何加强国防问题。由于日本是个岛国，极易遭受来自海上的攻击。因此，迅速购置外国船舰和培训海军人员，成为幕府加强防卫的第一个举措。为此，幕府宣布解除大船制造禁令，并向荷兰提出订购护卫舰和蒸汽巡洋舰。在荷兰商馆馆长克提俄斯的协助下，幕府雇用了以舰长李肯海军中尉为首的 22 人为教官，在长崎西役所开设了海军传习所，主要教授造船和航海技术。除了幕府以外，各藩也派遣了传习生到长崎学习。在长崎海军传习所学习的传习生达到百数十名。

随着在军事、外交等方面与外国的接触日益频繁，幕府迫切需要能够翻译有关西洋各国军事、外交等书籍和文书的人才，以便为幕府的决策提供情报。于是，建立培养外语、外交人才机构一事被提上议事日程。1854年8月，幕府创办了洋学所，以翻译欧美的图书和外交文书，了解欧美各国的情况，培养翻译人员。1856年2月，洋学所改称蕃书调所，起用了箕作阮甫、杉田成卿、寺岛宗则、大村益次郎等陪臣中擅长洋学的优秀人才任教授和助教。1857年1月，蕃书调所正式开学，招募百余名幕臣子弟来此研修兰学。1862年5月，幕府将原来的蕃书调所改称洋书调所。教师西周和津田真道留学荷兰，学习哲学、法学、经济学，学成归国，从而引进了西方社会科学。此后，同为教师的加藤弘之、神田孝平等也开始从事哲学、法学等西方社会科学的研究。由此，原来侧重于医学、天文学等技术科学的洋学的研究范围扩大到全面的西方科学。1863年8月，洋书调所改称为开成所，成为洋学的教育研究机构，开始招生授业。此后，洋学教育取得了长足发展，前来学习的学生不断增加。庆应年间，洋学得到良好的发展环境，幕府的洋学人才教育成绩斐然，为幕府陆海军和外交部门培养了一大批军事和外交人才。

幕府在通过兴办洋学培养人才以外，还打破旧例，大胆起用一批人才安排到外交、财政等重要部门担任要职，从而形成了推动改革顺利进行的中坚力量。安政改革期间，面对德川幕府建立以来前所未有的危机，阿部政权果断起用了筒井政宪、川路圣谟、水野忠德、岩濑忠震、胜海舟等一批开明派能吏，其中，筒井政宪和川路圣谟成为与俄罗斯交涉的全权代表，水野忠德负责对英国的外交交涉，岩濑忠震任日美通商条约交涉的全权代表，胜海舟在长崎海军传习所系统学习近代海军知识之后，成为日本海军的创始人之一。在庆应改革期间，德川庆喜任命大目付永井尚志、陆军奉行浅野氏祐以及外国奉行平山敬忠为若年寄。与勘定奉行小栗忠顺、从目付晋升为外国奉行的栗本濑兵卫等受到德川庆喜提拔的人才，成为各事务局总裁的参谋，占据了幕府的要职，从而成为推行改革的中坚官僚集团。

到了庆应年间，尊攘派遭到严重挫折，幕府不用再为执行自己不情愿的攘夷饬令而烦恼了。于是，幕府采取扩大对外开放的方针，推行了一系列改革措施。与安政、文久改革相比，庆应改革最大的不同点就是涉及了政府行政机构的调整。德川庆喜参考了法国公使罗修的提议，废除了传统的老中月番制，新设立了国内事务、外国事务、陆军、海军、会计局5个事务局，对老中以下的官员实行等级薪水制。5个事务局总裁均为老中，分工明确，各司其职。该项措施对传统的行政体制进行了调整，使其具有近代官僚体制的某些特点。

（二）朝鲜：从税制改革起步向整肃纲纪推移

大院君执政初期，势道政权在政治、经济上的腐败统治，致使阶级矛盾空前激烈，不堪重负的农民在各地揭竿而起、奋起反抗，给统治阶级予以沉重的打击，使得原本腐朽不堪的封建制度处于风雨飘摇之中。因此，抚慰民心、恢复封建统治秩序成为大院君政权的当务之急。为此，大院君从传统税制的改革入手，优先解决激起民怨最深、成为民众抗争导火线的"三政紊乱"问题。

大院君首先对"田政"进行了调整，下令调查全国的土地，查出未登记在土地账簿上的漏报或隐瞒的土地，根据土地面积征收租税，还下令对享有免税特权的官房田进行整顿，以扩大税收来源，解决国家日益严重的财政困难，并减少民众过重的负担。但是，由于地方官采取不合作态度以及两班贵族势力巨大的阻力，大院君的此项政策收效不大。

由于所推行的土地调查政策和官房田政策未能取得预期的成果，大院君决定着手改革军布制度，实施户布法，以扩大税收来源。军布原为在国民皆兵制的理念之下征收的一种兵役税，两班阶层享受免税待遇，但平民要承担沉重的赋税，这成为民乱爆发的主要原因。大院君下令两班与平民一样缴纳军布，翌年由高宗下教将其定为万年法式。户布法的实施虽然在一定程度上减轻了农民的负担，但两班贵族势力担心此举会扰乱作为国家秩序之根本的阶级等级制度，因而予以抵制。

在"三政"之中弊端最为严重的是还政即还谷问题。大院君执政之后，采取削减或荡减负债的方法以减轻农民负担，但这并不是要废除还谷制度，因为还谷政策与国家财政有着密不可分的关系。为此，大院君不得不对还谷问题采取新的政策，此即还谷复旧和社仓制。社仓制的主旨是将社仓原有机能（即乡村自治和赈贷）同还谷的机能（即取耗补用）加以折中，实现均赋均税，防止盘剥，继续征收耗谷，以充实国库。该措施规定以面为单位选出"勤实稍饶者"① 任社首，将社仓的运营委任于以社首为中心的村民，反映了大院君欲以经济实力为基准改变乡村社会秩序的意图，因此，受到地方两班势力的阻挠，最终只能做出让步，将选拔社首的标准改为"有阀勤实人"②。

大院君认识到"三政"改革不能得以顺利推行的原因在于两班贵族势力尤其是地方两班势力的巨大阻力。于是，大院君采取了果断措施，严令各地滥设的书院和乡贤祠中，除了47所赐额书院以外，其他一律裁撤。由此，以书院为中心获取政治和经济上的特权蚕食中央权力、侵虐平民的地方两班势力失去了其赖以生存的基础。通过该举措，大院君不仅加强了中央对地方的控制、强化了王权，而且还增加了财政收入和兵役来源，可谓一举多得，但也因此而招致了两班贵族势力的怨恨，成为迫使其最终下野的主要原因。

三 关于实现改革目标的途径

（一）日本：富国强兵

"富国强兵"的概念在德川时代的经济著作中已屡见不鲜，经世学家本多利明和佐藤信渊都在其著作中强调了这个观点。本多利明认为：幕藩领主应鼓励国产品的开发，拓展开港贸易，实现"万民增殖"的目标，待国力富强，则进而开发虾夷地，殖民堪察加，"渐次兴业，取得大成就"，使"东洋的大日本岛"与"西洋的英吉利岛"并驾齐驱，同时成为世界第一的"大富国"和"大刚国"③。在《贸易论》中，本多利明鼓吹"发动战争，谋取国家利益乃为君之道的秘密"，断言"贸易之道"和"战争之道"，时机到来则"进攻外国并占领之"④。佐藤信渊在《经济要录》《混同秘策》等著作中，提出"将中国纳入日本版图，其他如西亚、暹罗、印度诸国"必"慕我之德，畏我之威，叩首匍匐而甘为臣仆"的征服中国乃至全亚洲的狂妄目标，为此建立中央集权的三台六府新体制，"经营国土""开发物

---

① "一，本仓不可无掌管之人，必择本面中，勤实稍饶者。一，面会荐报官差之，亦无敢自官勒定。而称之曰社首，句检粜籴之节。又自各洞另择勤干之人，以为洞长。一，听社首指挥，本洞敛散，使之董饬。库直一名，亦令社首极择其有根着勤干者，使之举行守直、出纳斛量，一切付之该还民处"，参见《日省录》，高宗四年六月十一日。

② "社仓掌管之人，称以社首，另择差定之意，已有节目著式，而管下列邑，果皆一遵朝令，必以有阀勤实之人，择定是喻"，参见《黄海监营关牒誊录》，高宗五年十二月二十三日。

③ 本多利明：《经世秘策》，家永三郎等《日本思想大系》44，岩波书店，1981，第42页。

④ 本多利明：《贸易论》，家永三郎等编《日本思想大系》44，岩波书店，1981，第182页。

产"，以"丰富国内""紧急强化日本全国四海兵备"①。

　　幕末改革的主导者及推行改革的官僚集团均思想开明，主张开国通商，实现富国强兵。安政改革的主导者阿部正弘在执政初期主张遵照祖法采取锁国政策，但随着日本面临的内外环境的变化，尤其是外压日增、民族矛盾加剧的状况，其由"锁国论"转向"开国论"。1856 年 8 月，阿部正弘指出"变革本邦航海之严禁，向各外国派遣船舶，以贸易通商之利益，充富国强兵之基，此乃顺应当今形势之策"②，表明阿部正弘的意见是倾向于开港通商的。长崎目付永井尚志和冈部长常提出"交易之时务已成骑虎之势，届时如彼强行要求开国，则我失去时机"③，主张要让国民迅速了解开国大计，以安定人心。首席老中堀田向评定所、海防挂等机构发出备忘录说，"过去之做法，显然已不能长期维持，应趁太平无事之际，迅速实行变革，并加以监督，是为长远之计"④，表明了要改变外交方针的意向。海防挂在其答复书中说："开始对外贸易，化天下之利为公，使诸侯亦沾其利；广泛航行万国，以兴实利；派出驻外官员和留学生；答应来日的外国使节前来江户等等，这些都是当务之急，应积极确立开国通商的国策，以巩固国家富强的基础。"⑤ 缔结亲善条约还不到两年，幕府外交部门的见解已经发生了巨大的变化。

　　在文久改革时期，安藤・久世政权推行公武合体方针，而长州藩的长井雅乐提出的《航海远略策》，为幕府推行的公武合体运动提供了理论依据。《航海远略策》主张废除锁国，对世界表明"进攻之态势""速造大舰，铸巨炮，择将练士，开国航海，以神州固有之忠孝为我之体，以洋夷日新之功利为我之用，以交往通商之形式横行于五洲各国"⑥，鼓吹积极开国论和海外雄飞论，符合幕府所要推行的富国强兵之策。为幕府的经济改革出谋划策的旗本天野则指出，"西洋以兵权和经济立国"，日本应全面仿效，不必以

---

① 佐藤信渊：《混同秘策》，家永三郎等编《日本思想大系》45，岩波书店，1981，第 426 页；佐藤信渊：《经济要录》，家永三郎等编《日本思想大系》45，岩波书店，1981，第 522 页。
② 《幕末外国关系文书》十四，二一三号。
③ 《幕末外国关系文书》十四，二八九号。
④ 《幕末外国关系文书》十五，二一六号。
⑤ 信夫清三郎编《日本外交史》上，商务印书馆，1980，第 72 页。
⑥ 末松谦澄：《修订防长回天史》三，柏书房，1921，第 40～47 页；玉虫左太夫：《官武通纪》第一，东京大学出版会，1913，第 96 页。

道德和教化治国，应富国强兵，实现国策目标①。由于旗本天野的改革方案可以强化幕府的权力，因此受到幕府的关注。

庆喜·庆永政权建立后，为改革献计献策的则是横井小楠。横井小楠于1860 年著述《国是三论》，把开国论和富国强兵论体系化了。作为幕府改革的具体方针，横井小楠提出《国是七条》，欲通过建立海军和兴办官方贸易实现富国强兵之策。对于兴建海军，横井小楠指出，鉴于日本四面环海的特点，应该打破幕府与诸藩以及各藩之间的壁垒，形成"幕府与诸藩合体"的举国一致的体制，建设强大的海军力量，以对抗西欧列强的压力②。对于作为富国之策的官方贸易，横井小楠指出，幕府应与诸藩合作，打开公平交易之道，共同开展对外贸易③。在庆喜·庆永政权的主导下，幕府按照横井小楠提出的改革方针，继续推行了文久改革。

德川幕府的末代将军德川庆喜及其周围的官僚集团虽然主张维护幕权，但并不是顽固不化的保守派。他们对朝廷和尊攘派的攘夷政策提出批评，均主张对外开放，加强对外交流。面对雄藩势力抬头和天皇权力伸张的现状，他们加强了与支持幕府的法国政府的交流与合作，通过法国的经济和军事援助，推行富国强兵之策，以增强幕府的实力，维护并巩固德川家族的统治。

（二）朝鲜：富国强兵

1882 年"壬午兵变"之后，被押送到中国保定府的大院君在接受审讯时说："十年辅政，自以欲富国之策，又当二次洋乱而已。"④ 可见，大院君改革的首要目标是恢复国家财政和加强国防，即实现富国强兵。

在 18 世纪后期，朝鲜的北学派思想家就已经提出了"苟使法良而制美，则固将进夷狄而师之"的主张⑤。"北学派"的"进夷狄而师之"的具体内容，就是要学习中国清朝和西方"利用厚生"的先进技术和方法，以达"富国强兵"目的。例如，他们在"利用厚生"思想的指导下，主张积极吸取中国先进的技术文化，大力发展商业经济并开国贸易以富国。这一意识总体具有超出旧层次，指向近代的进步一面。但是自对西学采取开明政策

---

① 芝原拓自：《开国》，《日本历史》第 23 卷，小学馆，1975，第 134 页。
② 中根雪江：《再梦纪事》，东京大学出版会，1974，第 207 页。
③ 中根雪江：《再梦纪事》，东京大学出版会，1974，第 207 页。
④ 成大庆译《大院君保定府谈草》，《乡土首尔》40，首尔市史编纂委员会，1982，第 135 页。
⑤ 朴趾源：《北学议序》载民族文化促进会编《燕岩集》卷七别集，民族文化促进会，2005。

的正祖去世之后，朝鲜政府对天主教进行了残酷的镇压，后来其打击范围从对抗西学宗教伦理扩大到对西学这种西方异质文化体系整体的全盘否定和抹杀，致使主张学习西方实现富国强兵的北学派遭受重大打击。因此，在以性理学为统治理念的朝鲜后期，富国强兵不可能成为封建统治者追求的目标，即统治者应以实现王道政治为其目标，富国强兵则是作为其结果水到渠成的事情。在当时的社会环境下，大院君将自己的政策目标定为实现富国强兵，具有重要的意义。

在19世纪后半期，富国强兵成为国家政策目标的契机，是由于西方势力的冲击加深了朝鲜统治阶级的对外危机意识。面对着民族矛盾的加剧，"强兵之策"成为统治阶级关注的首要问题。金炳学、申櫶等大院君政权的高层官僚对朝鲜长期的和平状态造成军备懈弛的现状深感忧虑，纷纷主张加强军备。训练大将申櫶上疏提出《军务六条》，即"京兵操练、奖选乡炮、劝设民堡、北沿制兵、笃修内政、审料夷变"①，得到国王的批准。他主张按照精兵原则对原来的京军进行整顿，缩减冗员，实现军队的精锐化，加强中央军的战斗力。鉴于朝鲜三面环海的地理条件和中央军兵力有限的现状，他主张建立以乡兵为主的自保自卫军事体制，由政府提供武器和经费，提高边境地区的自卫能力。为了进一步提高军队的战斗力，他主张大力培养火枪手，并提供了制造火药的具体方法。此外，作为解决军队兵力不足和军费紧张等问题的对策，他提出了"军役变通论"，主张不管是两班还是平民，不分身份等级一律要承担军役。申櫶提出的《军务六条》和"军役变通论"成为大院君实施军事改革的重要指导方针。

增强军备需要大量的财政作为基础。传统的观点认为，大院君的经济改革是为了解决因"三政紊乱"造成的民乱问题实施的②。但从1866年爆发"丙寅洋扰"之后，除了抚慰民怨以外，筹措增强军备所需经费也成为经济改革的重要目标。为此，大院君提出了"谨慎节俭、济生民、裕国计、惩贪墨、振纪纲"的施政方针，致力于财政税制改革。他要求王室勤俭节约、减少浪费，而且还身体力行、率先垂范，拒绝了政府给予的免税田结。他对引发民怨的三政进行调整，取消了两班官僚享有的经济特权，下令对一切免

---

① "左参赞申观浩疏陈军务六条赐批"，《日省录》，高宗四年正月十六日。
② 金容燮：《增补版韩国近代农业史研究》，一潮阁，1984；宋赞燮：《19世纪还谷制改革的推移》，首尔大学国史学科博士学位论文，1992。

税田征税，要求两班与平民一样缴纳军布，将产生多种弊端的还谷制改为社仓制，以减少平民的负担，充实国家财政。此外，他还采取严厉措施，惩处了一批中饱私囊的贪官污吏，重新振作了废弛的纲纪。从其实施的具体措施来看，大院君的经济改革思想并未超出崇尚节俭、开源节流的传统范畴，未能采取有效措施促进国内工商业的发展；在对外贸易方面，也只注重对义州和釜山这两个传统的对中、对日贸易关口进行监管和征收税金，未能接受北学派所主张的"开市通商论"积极发展对外贸易。

综观大院君的"富国强兵"论，其虽然在当时卫正斥邪思想占据主流地位的环境下，具有一定的积极意义，但较之开港后幕府改革中提出的主张学习西方技术、开港通商的"富国强兵"论，在其近代性方面存在明显的差距。

四　关于形成主导力量的构思

（一）日本：从幕臣能吏到幕朝藩联手

德川幕府传统的门阀世袭制已经腐败透顶，根本无法应对幕府所面临的外来危机。为了打破这种不利局面，阿部正弘不问门第，果断起用了堀利熙、永井尚志、岩濑忠震、大久保忠宽、川路圣谟、筒井政宪、水野忠德、井上清直等一批能力出众的人才，其中的大部分被安排到海防挂任职。海防挂不仅掌管海防事务，而且在对外政策的制定过程中也发挥了重要的作用。这些幕臣能吏成为支持和推行阿部政权幕政改革的主体势力。此外，在安政改革期间，幕府采取了开明政策，让各藩派出学员到长崎海军传习所学习，而且在新设立的蕃书调所中起用了箕作阮甫、杉田成卿、寺岛宗则、大村益次郎等陪臣中擅长洋学的优秀人才任教授和助教，培养了幕末维新期活跃在各个领域的一批精英。

安藤·久世政权上台之后，调整了井伊直弼的强硬政策，实行公武合体运动，其实质就是改善与朝廷的关系，借助天皇的权威来强化遭到削弱的幕权幕威。为此，幕府与朝廷公卿策划了和宫下嫁，欲通过政治联姻来加强幕府和朝廷的关系；此外，还促成将军上洛，试图以大政委任的形式重新确立幕府的地位。而幕府的公武合体运动得到了雄藩大名的支持，一直伺机进入中央政界扩大发言权的长州藩采取了积极行动，提出了由长井雅乐制定的《航海远略策》，斡旋于幕府和朝廷之间。该策略为幕府推行的公武合体运动提供了理论依据。长井雅乐的《航海远略策》是一个使朝廷与幕府妥协并帮助幕府的政策，在采取"国是远略出于天朝"方针的同时，实际上把幕府的开国政策作为《航海远略策》固定下来，迫使朝廷采纳。幕府从《航海远略策》得到了强有力的援助。从此，它便委托像长州藩那样的雄藩大名进行"公武合体，海内如一"的斡旋，并得以推行它自己所要实行的政策。

庆喜·庆永政权成立之后，以横井小楠提出的《国是七条》为施政方针，继续推行文久改革。横井小楠主张幕府应通过将军上洛谢罪早日实现公武合体，对"参觐交代制"进行重大调整，将"参觐"改为"述职"，要给予诸侯政治上的发言权，打开诸侯参与幕政的道路，对传统的专制制度进行变革，不问外样和谱代之区别，举贤任官，广开言路，实现公共之政。横井小楠所说的"公共之政"是指幕府与诸侯以及朝廷之间的"公议政治"，构成了公武合体政策的基本理念。横井小楠强调目前的形势万分危急，如果幕府不及早进行改革，将会导致灭亡，因此，要抛弃旧的观念，依靠朝幕藩联合共同进行变革。幕阁经过讨论，接受了横井小楠提出的文久改革方针，公布缓和"参觐交代制"，并促成将军上洛。

德川庆喜出任将军之后，幕府面临的国内局势非常严峻，倒幕派势力崛起，与幕府展开对抗，对幕府的统治构成极大的威胁。因此，维持并强化行将崩溃的幕府统治成为庆应改革最为重要的目标。为了实现这一目标，德川庆喜决定依靠法国的经济、军事等方面的援助，推行以加强幕府军事力量为中心内容的改革，消灭倒幕派势力。因此，小栗忠顺、栗本锟、永井尚志、平山敬忠等一批主张维护幕权的近臣成为德川庆喜推行亲法诸改革的得力辅臣。

（二）朝鲜：不问门第网罗人才

因为高宗是以旁系继承大统，大院君作为其生父，以辅佐幼主之名执政，因此，其政治基础非常薄弱。大院君认为，宗亲是王室的守护者，只有宗亲的力量得到加强，才能使王权稳如磐石。因此，大院君采取了优待宗亲的多种措施，甚至专门为宗亲设立了"璿派儒武应制"，为宗亲进入政界铺平道路。尽管如此，直到大院君执政后期，身居要职的宗亲所占比重才能与安东金氏势力持平。而且，快速成长的宗亲势力并不具备安东金氏那样的家族凝聚力。所以，单纯依靠宗亲势力是无法实现强化王权的最终目标的。

于是，大院君决定打破势道政权以家族为中心形成政治基础的传统方式。即他虽然非常重视血缘关系，采取优待宗亲的措施强化宗亲的力量，使其成为强化王权的重要组成部分，但并不仅仅依赖于宗亲势力。

大院君打破派系、门阀、地区的界限，起用一直受排挤的南人和北人以及少论的人物担任要职。例如，1864年6月右议政李景在辞任之后，大院君任命北人系的任百经接任该职；1866年2月，大院君破格任命担任吏曹参判只有一年的南人系柳厚祚为右议政，引起朝野轰动。此外，大院君下令从中人、庶类出身的人中选拔有能力的人在天文、法律、书写等政府部门任用。例如，吴庆锡是中人出身，1872年作为燕行使节团首席译官随朴珪寿出使中国，发挥了重要作用。1876年签订江华岛条约时，大院君提拔的申櫶任接见大官，中人、庶类出身的吴庆锡和姜玮担当实务，而朴珪寿在背后发挥了影响力。他们均是通过北学知晓国际局势的实务官僚，活跃在朝鲜朝的外交前沿处理外交危机，而且又都是受大院君重用的人才。大院君甚至起用朝鲜朝建国以来一直被排斥在政治之外的松都人、西北人并委以重任，如1867年任命高丽朝王氏后裔王庭杨为兵曹参议，后晋升为参判，其子王性协也任弘文馆校理一职。

在不问门第、超越党色广泛起用各类人才以外，大院君还通过提高武将地位、强化武将权限的措施来扩大自己的权力基础。大院君上台之后，下令取消备边司，将其并入议政府。1865年，金炳国辞任训练大将一职，大院君任命任泰瑛为训练大将、许棨为御营大将、李景夏为禁卫大将、李显稷为总戎使。由此，各军营大将皆由武将担任。此后，大院君又复设三军府，将原来属于议政府的有关国防的主要官职的任命权和各种经济权限移交给三军府，并将三军府升格为与议政府相同的正一品衙门，从而提高了武将的地位。通过这些措施，大院君掌握了各军营的军事力量，进一步巩固和扩大了自己的权力基础。

本章小结

1. 两国改革方针的相同之处

19世纪50～60年代，日朝两国统治阶级为了摆脱内忧外患带来的统治危机，纷纷进行了改革。两国改革的主导势力均为各自国家的当权派，均握有重权。从施政方针来看，两国改革具有某些共同点，如均以维护和强化行将崩溃的封建统治为改革的终极目标，家族利益至高无上，成为导致改革最终失败的主要原因。再如，两国均以"富国强兵"为实现改革目标的有效途径，采取多种措施充实国家财政、增强军事力量。这是因为，两国均处于封建社会末期，长期腐败的统治造成了国内诸多矛盾，加之外压日甚，封建统治面临着严重威胁。在"内忧外患"的冲击下，为了自救自存，两国均认识到增强军事力量的必要性，因此均非常重视军事改革。

2. 两国改革方针的相异之处

两国改革的施政方针虽有上述的相同之处，但由于两国国情以及所处的国内外矛盾的尖锐程度等因素的不同，也存在一些差异。

首先，两国开展改革的契机有所不同。幕末改革是在遭受欧美列强不间断的殖民扩张，造成民族生存危机和民族矛盾不断加剧的情况下开始进行的。其中，"外压"发挥了最直接的刺激作用。因此，加强国防力量、抵御外来入侵成为幕府改革的首要目标。而日本又是四面环海的岛国，所以，除了需要加强海岸防御以外，迅速购置外国船舰和培训海军人员，成为幕府加强防卫的第一个举措。而大院君执政初期，势道政权在政治、经济上的腐败统治，致使阶级矛盾空前激烈，不堪重负的农民在各地揭竿而起、奋起反抗，给统治阶级予以沉重的打击，使得原本腐朽不堪的封建制度处于风雨飘摇之中。"内忧"成为大院君改革的最直接契机。因此，抚慰民心、恢复封建统治秩序成为大院君政权的当务之急。为此，大院君从传统税制的改革入手，优先解决激起民怨最深、成为民众抗争导火线的"三政紊乱"问题。

其次，两国施政方针所包含的近代色彩的程度有所不同。幕末改革的主导者均为开国论者，认识到"变革本邦航海之严禁，向各外国派遣船舶，以贸易通商之利益，充富国强兵之基，此乃顺应当今形势之策"[1]，要求"以洋夷日新之功利为我之用"[2]。顺应世界潮流，是开港后幕府三次改革的着眼点，具有鲜明的近代色彩。相比之下，1866年大院君在抗击法国舰队入侵时，慨叹"洋夷侵犯列国至今亦有几百年"[3]，表明面对西方列强自恃武力的侵犯，大院君并非一无所知、麻木不仁，并且为了阻止俄国南下而采取了联合英法势力的"以夷制夷"之策。但是，从其施政方针来看，他的经济改革基于传统的农本主义立场，采取了对传统税收体制进行调整以及设

---

① 《幕末外国关系文书》十四，二一三号。
② 末松谦澄：《修订防长回天史》三，柏书房，1921，第40~47页；玉虫左太夫：《官武通纪》第一，东京大学出版会，1913，第96页。
③ 《高宗实录》，高宗三年九月十一日。

置新税等方法，实现了充实财政的目的，但并没有采取北学派主张的振兴商业、工业、矿业、海外通商等产业发展措施。对于西洋商品，他认为"洋物之来，其目甚多，要皆奇技淫巧，而于民生日用，不惟无益，为祸滋大"①，下令禁止进口西洋商品。可见，大院君改革仍然以内政改革优先，具有较浓厚的传统色彩。

---

① "护军李恒老疏陈时事仍乞递金吾之任赐批"，《日省录》，高宗三年十月三日。

第三章

改革主要措施及其比较

如果说改革指导方针具有务虚的特点，那么改革的具体措施则是务实的。从两者的关联来看，指导方针规定了具体措施的实行范围和推行的方向；具体措施反映了指导方针的指向和意图，两者联系密切，又在侧重点上有所区别。在第二章探讨了日本开港后幕府进行的三次改革和朝鲜大院君改革的指导方针后，本章将重点评述两国当政者的具体改革措施。

尽管日本和朝鲜均面临着不堪其负的"外压"和越来越尖锐的国内矛盾，改革的若干具体措施类似，但由于两国的国情、政情和外交环境不尽相同，因此其改革措施除存在诸多相同之处以外，又存在不少相异之处。

第一节 幕府在开港后三次改革的主要措施

一 内容雷同的改革举措

开港后，日本面临着民族矛盾、阶级矛盾和统治集团内部矛盾三大矛盾。这些矛盾交织在一起，造成了各种各样的问题，令幕府穷于应付，日益被动。自开港至幕府灭亡，这些矛盾在某个时期内以某种矛盾占据主导地位的方式，上升为主要矛盾，而其他矛盾居于次要地位，因而构成改革的阶段性。但是，自开港以来，上述矛盾始终存在，迫使幕府在三次改革采取各种举措以作出对应，这样就使三次改革的诸多举措出现了雷同。

（一）军事方面的改革

军事方面的改革，是开港后幕府改革的重点和中心环节，也是三次改革主持者孜孜以求的施政目标。大体说来，军事改革包括购置舰船枪炮、巩固海防、组建欧式近代军队、创办军火工厂等。当然，上述举措在安政、文久和庆应改革中，并非一次性的全面展开，而是随着形势的变化，有所侧重，逐渐开展起来。

1. 安政年间的军事改革

1854 年 6 月，阿部正弘采纳众议，提出包括 36 项内容的改革纲领。这个改革纲领实际上是安政改革的一揽子计划，主要包括废除禁止江户方圆十里以内鸣枪的制度、准许各藩在藩邸内进行操练及向江户运送枪械、解除建造大船的禁令、在大森设立大炮打靶场以资演习、动工兴建品川炮台、扩建长崎海岸炮台、建造"凤凰丸"等军舰、在江户创办讲武所、新编洋枪队、向荷兰订购轮船、在长崎开始训练海军、录用通晓兰学的人士、创建蕃书调所、拔擢才智之士担任幕府要职[1]等。在诸多改革措施中，最重要的是设置海防局和开设蕃书调所。阿部正弘在其改革纲领中指出："犹如有所谓评定所，无论用何名称，另设海防局一处，有关海防各官员每月定期集会，约十二次，虽无迫切之事，亦希能讨论研究种种事情，""仿效聘请杉田成卿、箕作阮甫等于天文台任职之做法，在上文所述海防局内设一附属机构，让当今诸藩中有学问之家臣，通晓外国情况之儒者、兰学者、兵学者、炮术家等担任职务，亦每月聚会十二次左右，由海防挂向彼等提出各种问题进行讨论。遇有机密事项，虽不得告知家臣，然彼等推测一二，亦不必顾虑，乃集中众人之智慧也"[2]。

实行改革的举措五花八门，但是核心的举措是巩固国防。之所以如此的原因是，面对频繁来航的欧美列强，幕府的"外压"日甚一日，其中民族矛盾居于主导地位。在这种情况下，幕府重点关注的首要问题，是如何加强国防问题。由于日本是个岛国，极易遭受来自周边海上的攻击。因此，迅速购置外国船舰和培训海军人员，成为幕府加强防卫的第一个举措。1853 年 6 月中旬，在高级幕吏中，多数倾向于向荷兰订购蒸汽船和大船，以最快的速度引进欧式海军装备[3]。1853 年 9 月，幕府接受德川齐昭的建议，宣布解除大船制造禁令，并决定向荷兰订购护卫舰和蒸汽巡洋舰。由浦贺奉行转任长

① 福地源一郎：《幕府衰亡论》，平凡社，1967，第 47～48 页。
② 渡边修二郎：《阿部正弘事迹》二，东京大学出版会，1978，第 603 页。
③ 川路宽堂：《川路圣谟之生涯》，吉川弘文馆，1901，第 205 页。

崎奉行的水野忠德，奉幕府之命，前往长崎办理购船事宜。水野与长崎奉行大泽定宅商议之后，向荷兰商馆馆长克提俄斯提出订购要求，并且表明了为了将来创设洋式海军而要招聘荷兰士官和造船技师的意向①。对于幕府提出的要求，克提俄斯提出了详细的回答书，同意向幕府提供军舰，并指出若要创设洋式海军首先要学习和掌握航海术及其他基础知识。这就是此后幕府设立长崎海军传习所的由来。

1854 年 3 月，欧洲爆发克里木（克里米亚）战争。根据国际法，荷兰不能向日本提供军舰。于是，克提俄斯建议幕府聘请蒸汽船"森宾"号的乘组人员，来日本传授海军技术。经荷兰政府同意之后，克提俄斯令停泊在巴达维亚港的"森宾"号起航。1854 年 8 月，"森宾"号驶入日本长崎港。为了掌握对日外交的主导权，克提俄斯提议向幕府将军赠送军舰"森宾"号作为训练海军的实习舰，得到本国政府的批准②。"森宾"号返回巴达维亚，进行了必要的准备。1855 年 6 月，装备一新的"森宾"号回到长崎。幕府雇用了以舰长李肯海军中尉为首的军官、机械师、水手和锅炉工等 22 人为教官，在长崎西役所开设了海军传习所。幕府任命在长崎任职的目付永井尚志任总监督，并从江户派出 40 余名传习生到长崎学习，其中就有后来成为幕府海军中坚力量的矢田堀景藏和胜海舟等。

1855 年 10 月，海军传习所举行了开学仪式，主要教授造船和航海技术，由荷兰政府赠送的"森宾"号也改名"观光丸"，成为实习舰。除了幕府以外，各藩也派遣了传习生到长崎学习。从各藩来的传习生以肥前藩最多，为 47 名，筑前藩 28 名，萨摩藩 16 名，长州藩 15 名。这样，在长崎海军传习所学习的传习生达到百数十名。在各藩的传习生之中，就有萨摩藩的五代友厚、川村纯义和肥前藩的中牟田仓之助和佐野常民等后来活跃在海军和财界、政界的风云人物。传习所教授的课程以海战训练、航海技术、造船技术、测量、炮术等为主，此外还教授数学、地理、荷兰语等课程。因此，不仅培养出一批优秀的海军人才，而且对日本引进西方先进的近代科学技术促进近代化建设也发挥了重要作用。

虽然有语言、风俗习惯不同而造成的不便，但经过艰苦的学习，传习生们的进步非常快。在设立海军传习所仅过两年之后的 1857 年 3 月，第一期

---

① 《幕末外国关系文书》二，一二一号。
② 水田信利：《黎明期的日本海军与荷兰》，雄风社，1940，第 65 页。

修业生就能驾驶着"森宾"号从长崎平安到达江户。大受鼓舞的幕府于1857 年 4 月在江户筑地设立了幕府直属的军舰教授所，7 月改称为军舰操练所，以扩大海军人才的培养。同年，幕府从荷兰订购的军舰"咸临丸"搭载着海军中尉卡登德格及其率领的新教官驶入长崎，接替李肯为首的原有教官。1859 年，井伊直弼下令关闭长崎海军传习所，荷兰海军士官全部回国，在长崎的传习生也全部撤回江户。

在着手培养海军人员的同时，根据德川齐昭于 1854 年 7 月提出的建议，幕府着手建立欧式陆军，12 月，命井户弘道、筒井政宪、松平进直、川路圣谟、岩濑忠震等商议具体措施。幕府重视建立欧式陆军，为此决定先设立军事教育机构以普及欧式军事技术。幕府最初的军事学校，称为滨御庭校武所，位于滨苑南隅，1854 年移至筑地。1855 年 2 月，幕府任命迹部良弼、土岐赖旨、久贝正典、池田长显等 10 人为总裁，下令幕吏、旗本、御家人及其家臣除了勤练弓、马、剑、枪等冷兵器的四艺以外，还要学习欧式炮术和兵学等。1856 年 4 月，校武所改称讲武所，在筑地铁炮洲开课授业，将军德川家定和老中阿部正弘等幕府高官出席开学仪式。讲武所教授的课程与长崎海军传习所不同，还是以剑术、枪术等传统武艺为主，但也注重欧式骑兵和步兵的队形以及欧式枪炮等武器的演练。1860 年 2 月，讲武所移到神田。此时，在井伊直弼的统治之下，较之欧式炮术更加重视传统武艺，但随着文久改革的开始，其中心又重新回到欧式炮术。由阿部正弘主导的军制改革成为日本近代海陆军创设的嚆矢。

安政年间的军事改革的阶段性特点，主要表现为：

第一，对欧美武力威胁的反应相当快。如同在第一次鸦片战争进行期间，幕府已经开始了天保改革，在培理舰队的两次冲击之间，幕府就开始了军事改革，决定借助荷兰的援助，引进欧式舰船和海军军事技术。在培理舰队离开日本一年之后，即 1855 年 6 月，幕府创设海军传习所，着手培养近代海军人才。幕府反应的快速和机敏，令人印象深刻。日本是个地域狭窄的岛国，缺乏安全战略纵深，周边沿海地带均易遭到攻击而无路可退。在这种背景下，当政者对来自海外的冲击尤其敏感，因此，对来自海上的武力冲击，往往出于武士阶级的职业本能，迅速作出了反应，将强兵强国当成第一要务。

第二，突出了举国加强国家防卫的意图。由于当时幕府在与朝廷和诸藩的关系框架中居于主导地位，具备控制全局的能力，统治集团内部，特别是幕府与诸藩大名之间对处理"外压"的具体做法有分歧，却并无对抗，因此长崎海军传习所学习的传习生，不仅有旗本、御家人等幕府嫡系部队的人员，而且有来自诸藩，包括外样大名所在藩的武士家臣。换言之，幕府是基于举国一致、强化国防的考虑，全面提升国家的防卫能力。这与后来的文久改革、庆应改革排斥诸藩势力的立场，形成明显的对比。

2. 文久年间的军事改革

文久改革的中心课题之一就是组建新式陆海军。鉴于幕府和旗本以及御家人等捉襟见肘的财政状况，安藤·久世政权在 1861 年发布为期五年的《俭约令》[1]，还向 300 石以下的旗本和御家人提供贷款[2]，试图以此来减缓其开支压力，得以安心接受训练，从而加强军事力量。但这些在传统军制的基础上，嫁接欧式军事装备和技术的调整政策，因为其根基已经腐败，未能取得任何效果。

在这种情况下，痛感"欲改变锁国制度而未改变军制，则殊难实现"的幕府[3]，着手进行另起炉灶的军制改革。为此，幕府于 1861 年 5 月 11 日设置由勘定奉行、讲武所奉行、军舰奉行、大小目付等组成的军制挂[4]，时任外国奉行的小栗忠顺和军舰奉行胜海舟也在其中。军制挂经过商议，拟定了详细的组建新式陆海军的方案。根据该方案，陆军计划组建由步、骑、炮兵 3 个兵种组成的近卫常备军，兵员总计 13625 人，其中步兵 8306 人，骑兵 1068 人，炮兵 800 人，炮台炮手 2045 人，军官 1406 人[5]。海军计划组建两只大舰队，一支是江户、大阪港警备舰队，配置蒸汽护卫舰 3 艘，兵员 1458 人；蒸汽巡洋舰 9 艘，兵员 2052 人；蒸汽运输船 1 艘，兵员 44 人；小型蒸汽军舰 30 艘，兵员 1350 人；警备舰队总共拥有 43 艘军舰和兵员 4904 人；另一支大舰队由六个沿岸舰队组成，分别驻扎在江户、函馆、能登、下关、长崎、大阪各港，配置军舰 370 艘，兵员 61205 人；运输船和其他船只 75 艘，兵员 3750 人，沿岸舰队共拥有各类舰船 445 艘，总兵员高达 64955 人[6]。

---

① 《昭德院殿御实纪》，文久元年三月二十四日条，《新订增补国史大系》第 51 卷，第 42 页。
② 《昭德院殿御实纪》，文久元年二月二十八日条，《新订增补国史大系》第 51 卷，第 28 页。
③ 胜海舟：《海军历史》卷 13，《海舟全集》第 8 卷，改造社，1929，第 252 页。
④ 《昭德院殿御实纪》，文久元年五月十一日条，《新订增补国史大系》第 51 卷，第 81 页。
⑤ 胜海舟：《陆军历史》卷 20，《海舟全集》第 7 卷，改造社，1929，第 134～135 页。
⑥ 维新史料编纂所《维新史》三，吉川弘文馆，1982，第 194～195 页。

1862 年 5 月 22 日，幕府宣布实施新一轮的改革，提出面对"外压"日甚的现状，必须"充实兵备"，为此要从幕府机构的简化入手，推行"迎合时宜"的改革①。可见，充实军备成为幕府政策的重点。1862 年 6 月由取消普请、小普请两奉行开始的裁减冗员的政策以及闰 8 月实施的参觐交代制的改革等措施，均是以"充实兵备""富强之计策"为目的。如此庞大的充实军备计划的可行性如何？6 月，军制挂提出的《军政改革方案调查报告》，强调新组建的新式陆海军直接归幕府指挥，欲借助组建国内最强的军事力量，恢复幕府的权威地位，以巩固其统治。组建这样一支庞大的陆海军，按照当时幕府的财力，根本不具备实现的可能。但该方案也指出了今后日本军队建设的方向，具有一定的积极意义。

　　闰 8 月军制挂提出的《海岸防御调查报告书》和《兴建海军意见书》指出，"在我国封建制度下，将海军分别委托诸大名管辖，虽属理所当然"，但在因实行参觐交代制改革而大名"割据之势已实际抬头"的形势下，幕府应将"海军统辖之大权集中于一身"②。上述主张，是在幕府无力独自完成军备扩张计划的情况下，试图由沿海诸藩共同参与海军扩张计划，分担军费。这只是为完成计划目标而提出的设想。然而，在 19 世纪 60 年代初期，雄藩势力抬头，特别是长州、萨摩藩等外样大名跃跃欲试，试图扩大对幕政的发言权。1861 年 6 月，长州藩直目付长井雅乐奉藩主毛利庆亲之命，前往京都，向公卿三条实爱提交了《航海远略策》；7 月，又前往江户，向老中久世广周提出了这一策略，得到幕府的赞同，长州的航海远略主导了当时的舆论。1862 年 5 月，萨摩藩主之父岛津久光率领千余士兵，开进京都，向朝廷提出举国一致，尊王攘夷的主张，与长州的策略展开竞争。6 月，岛津久光率兵护卫京都朝廷的敕使大原重德来到江户，勒令幕府起用在"安政大狱"中受到处分的德川庆喜、松平庆永，对幕政指手画脚。如果进而将近代海军的组建权拱手交给雄藩大名，将进一步削弱幕府的权威，导致幕府、雄藩和朝廷三者力量对比的继续失衡。幕府处于两难的困境，国防安全需要组建强大的海陆军，但允许雄藩大名分得一杯羹，又与幕府坚持现存的幕藩体制必须遵循的"强本弱末"原则不相容。因此，在这种情况下，幕

①　《昭德院殿御实纪》，文久二年五月二十二日条，《新订增补国史大系》第 51 卷，第 318 页。

②　胜海舟：《海军历史》，《海舟全集》第 8 卷，改造社，1929，第 261～264 页。

府强调将"海军统辖之大权集中于一身",又将雄藩大名排除于建立全国统一的近代军队之外,而只是要加强幕府自身的军事力量。因此,建立强大的"皇国之海军"的计划未能得到实施。

迫于财政收入困难和压力,加之出于防范雄藩大名掌握新式武器的考虑,幕府在文久改革期间组建欧式陆海军新军的计划,最终仅仅落实为陆军的编组。1862年闰8月27日,幕府下令将弓箭组改为铁炮组,12月1日任命讲武所奉行大关增裕为陆军奉行、町奉行小栗忠顺为步兵奉行。陆军奉行统一管辖步兵奉行以及后设的大炮组之头和骑兵奉行分别指挥的步、骑、炮三军[①]。为了组建这三个兵种组成的陆军,幕府于1862年12月3日颁布了《兵赋令》,要求拥有领地的旗本和御家人提供兵员,领取俸禄米的旗本和御家人缴纳税金,以五年为限,招募17岁到45岁之间的健壮男子组成枪队,称为步兵组,直接归幕府指挥[②]。根据该令,不仅幕臣要提供士兵,农民也要当兵以充作赋役,从而动摇了幕府"兵农分离"的统治原则。两年之后,至1864年,步兵新军人数达到8组,共3500名[③]。

与安政年间的军事改革相比,文久年间幕府强调的是增强"海军统辖之大权集中于一身",组建的欧式新军也只是用洋枪、洋炮武装起来的陆军,并由幕府直接统辖。这种新特点的出现,并非偶然。在文久年间,朝廷和雄藩大名崛起,成为堪与幕府平分统治权的政治力量。由幕府一统天下的一言堂,变成了幕府、朝廷和雄藩大名三分天下的多极化格局。在这一格局下活跃着幕府的政治反对派即尊王攘夷派,从1862年1月的"坂下门外之变"、同年8月的"生麦事件",1863年4月幕府将军德川家茂被迫宣布"全国大攘夷"、6月和7月长州和萨摩先后与外国舰船展开炮战、10月但马国的"生野之变"、1864年7月长州藩尊攘派发动的"禁门之变"、同年8月幕府发动第一次讨伐长州的围剿等,国内的局势越来越充满着火药味,甚至打起了内战。

国内局势已经逐渐失去控制,对于幕府来说,严重的问题不仅仅是威望扫地,而是直接面临着其统治能否继续维持下去的尖锐挑战。在这种情况下,幕府势必日益关注用诸国内镇压的近代陆军组建问题,竭力

① 涩泽荣一:《德川庆喜公传》二,平凡社,1967,第102页。
② 《昭德院殿御实纪》,文久二年十二月三日条,《新订增补国史大系》第51卷,第455页。
③ 芝原拓自:《开国》,《日本历史》第23卷,小学馆,1975,第197页。

牢牢把握这支新军的统率权。文久年间军事改革的特点，也因此而形成。

3. 庆应年间的军事改革

推行强兵方针，加紧建立近代化的军队以加强对国内倒幕派的镇压，是庆应改革的主要内容。与安政军事改革借助荷兰，文久军事改革由高级幕僚策划相比较，庆应年间的幕府推行军事改革，组建近代化军队，是在法国军事教官团的指导下展开的。这一点，构成了庆应军事改革的显著特点。之所以如此，是法国拿破仑三世推行积极的远东政策，在印度支那、中国云南开展殖民扩张，同时在日本与英国展开激烈竞争的结果。在当时，英国看好萨长倒幕派的发展前景，通过在长崎开展军火贸易的"死亡商人"葛伦威尔，向萨长倒幕派提供大量的军火，致使其军事力量迅速增强。拿破仑三世统治下的法国对幕府寄予厚望，试图利用现有的权力渠道，增强对日本政局的影响，维持对英竞争的优势地位，因而坚决支持末代将军德川庆喜主政的幕府。

1864年4月，新任法国公使罗修（Leon Roches）到任后，充分利用幕末日本武士对拿破仑一世军事战略和战绩顶礼膜拜的心理，广泛开展活动，积极推行拿破仑三世以支持幕府将军统治为中心的对日政策。罗修年轻时前往其父做生意的阿尔及利亚，学到了一口流利的阿拉伯语，为此后其在非洲的外交官生涯奠定了基础。经过一番努力，罗修成为法国驻突尼斯领事。在任期间，他力劝当地的巴夏（Pasha）建立立宪政体，并取得了成功，但在他离任之后，该政体即告崩溃。在的黎波里担任外交官时，他与奥斯曼土耳其政府进行交涉，缓和了奴隶买卖制度。由于他在法国北非殖民地担任外交官期间的突出表现，法国政府决定任命其为法国驻日公使。大塚武松在《幕末外交史研究》中对罗修卓越的外交才能给予了高度评价[1]。罗修一改其前任追从英国的对日政策，在解决四国舰队炮击下关事件善后问题的过程中，突出法国的立场，打破了英国驻日公使巴夏礼主导列强对日联合行动的框架。罗修奉行全力支持幕府的对日政策，赢得了德川庆喜的好感和信任。在幕府内部，勘定奉行小栗忠顺等与罗修交往甚密，形成了亲法的官僚势力。罗修力主聘用法国军事教官团，在其指导下，强化军事改革，加速建立装备先进武器的陆军，彻底镇压武力倒幕派。这样，法国势力自一开始，就深深介入庆应改革过程。

---

① 大塚武松：《幕末外交史研究》，宝文馆，1952，第297页。

庆应年间的军事改革，主要从以下三方面展开：

（1）进一步组建近代陆军。幕府在文久改革时期，曾仿效西方国家组建了由步、骑、炮三兵种组成的陆军。在此基础上，1865 年春，勘定奉行小栗忠顺向幕府提议聘请法国教官以建立名副其实的精锐军队，并通过罗修取得了法国政府的同意。1866 年 9 月，在法国的幕府名誉领事福罗里代表幕府与以加诺安大尉为首的法国教官签订合约。1867 年春，幕府在横滨太田阵屋开设了陆军讲习所，由法国教官培训幕府的步兵、骑兵、炮兵。在此之前，1866 年 11 月，幕府将讲武所改为陆军所，令旗本和御家人学习炮术。此后，讲习所迁到江户郊外的越中岛和驹场野。1867 年 6 月，幕府在陆军所中设置步、骑、炮三兵士官学校，在法国教官指导下，培训中下级军官[1]。此外，由于技术学习和陆军讲习的需要，幕府于 1865 年 3 月在横滨开设了法语讲习所，由罗修的翻译官和春等担任教师。1866 年 10 月，举行了第一期结业式，罗修出席了该仪式。在庆应改革期间，陆军建设有了很大发展，至 1867 年 12 月，已编成、训练步兵 17 队、骑兵 1 队和炮兵 4 队，兵力总数达到 1 万数千人[2]。

（2）继续发展近代海军。在庆应改革之前，幕府的海军建设已经具备了一定的基础：1855 年开设长崎海军传习所；1857 年在讲武所内设置军舰操练所；1861 年建立了长崎制铁所；1862 年向荷兰订购军舰并派出留学生；1863 年在神户设置海军操练所，招收旗本、御家人的子弟以及诸家家臣教授海军技术和有关知识，由军舰奉行胜海舟主管。但是由于胜海舟涉嫌培养了一批激进之徒而被免职召回，神户海军操练所于 1865 年 3 月被迫关闭。于是，海军教育成为幕府海军建设的当务之急。7 月，幕府设置了海军奉行，从 1866 年 1 月 4 日起聘请法国海军士官巴里，在横滨港内的幕府军舰"富士山"舰上开展海军教育。1866 年 7 月，原来的军舰操练所改称为海军所，9 月委托罗修斡旋从法国购买两艘军舰。此后，罗修提出幕府陆军和海军的讲习均由法国一手包办欠妥当，建议海军的讲习就委托给英国。幕府接受了他的提议，于 1867 年 4 月停止了在"富士山"舰上的传习，委托英国公使巴夏礼招聘英国海军教官。一批接受聘请的英国士官来到日本，在筑地

---

① 涩泽荣一：《德川庆喜公传》三，平凡社，1967，第 312 页。
② 小西四郎：《开国与攘夷》，《日本历史》第 19 卷，中央公论社，1966，第 444 页。

小田原町开设传习所，从 1867 年 11 月 5 日开始授课，后因幕府崩溃被中止①。

（3）创办近代兵工厂。为了修理军舰和其他船只，幕府曾建立了长崎制铁所，但由于它离江户较远，而且其规模又小，无法满足需要。于是，幕府决定在离江户较近的地方建立修理工场。幕府接受小栗忠顺的建议，将建立工场一事委托给罗修办理。按照罗修的建议，幕府决定在横须贺建立制铁所，在横滨修建小规模的造船所，作为横须贺制铁所的附属工场。1865 年 1 月，幕府向罗修提交了创办横须贺制铁所的约定书，4 月又派外国奉行柴田刚中前往法国聘请技师、购买机械。同年 8 月，幕府投资兴建的横滨制铁所竣工。横须贺制铁所虽然自 1866 年 3 月开工，但由于后来发生戊辰战争而停止。被财政匮乏所困扰的幕府以横滨、横须贺制铁所作抵押，从社会通用公司和帝国邮船公司贷款 50 万美元购买武器和军需品，但因幕府倒台而未能落实②。

随着陆海军建设的推进，需要配置大量的先进武器。为此，1866 年 8 月 20 日，小栗忠顺代表幕府与拿破仑三世的经济特使库莱签订贷款协议书，由法国提供 600 万洋元的紧急贷款，其中的 500 万洋元由社会通用公司和东印度银行共同出资，用于改良陆军装备、购置军舰和横须贺制铁所的追加款项③。除了从国外购买武器以外，幕府还建立近代兵工厂，自己生产所需武器。1866 年 5 月，幕府掌管的石川岛造船所自行设计和建造的"千代田"型木制蒸汽军舰下水，迈出了制造国产军舰的步伐。1865 年外国奉行前往法国购买建立横须贺制铁所所需设备时，在荷兰购买了制造火药的机器。幕府接受勘定奉行小栗忠顺和炮兵头武田斐三郎的建议，在江户泷野川动工兴建了火药制造所④。

（二）兴办洋学

1. 安政年间的洋学

1854 年 6 月，阿部正弘归纳出由 36 项内容组成的改革纲领，其中最为重要的还是设置海防局及其附属调查机构的计划。阿部正弘在其改革纲领中指出："犹如有所谓评定所，无论用何名称，另设海防局一处，有关海防各

① 涩泽荣一：《德川庆喜公传》三，平凡社，1967，第 314 页。
② 涩泽荣一：《德川庆喜公传》三，平凡社，1967，第 314 页。
③ 家永三郎等编《近代日本论争点》，每日新闻社，1967，第 97 页。
④ 涩泽荣一：《德川庆喜公传》三，平凡社，1967，第 316 页。

官员每月定期集会，约十二次，虽无迫切之事，亦希能讨论研究种种事情"
"仿效聘请杉田成卿、箕作阮甫等于天文台任职之做法，在上文所述海防局
内设一附属机构，让当今诸藩中有学问之家臣，通晓外国情况之儒者、兰学
者、兵学者、炮术家等担任职务，亦每月聚会十二次左右，由海防挂向彼等
提出各种问题进行讨论。遇有机密事项，虽不得告知家臣，然彼等推测一
二，亦不必顾虑，乃集中众人之智慧也"①。阿部正弘打算集中有学问者的
集体智慧，制订出一个可行的海防计划，同时也改变幕府的决策方式及机
构。但是由于幕府一直采取情报垄断政策，阿部正弘的建议受到海防挂官吏
们的强烈反对，就连一直支持阿部正弘的川路圣谟也表示反对。

松平进直和川路圣谟建议设立一个专门负责翻译有关西洋各国军事、外
交等书籍和文书的机构，以便为幕府的决策提供情报②。而幕末随着与外国
的接触日益频繁，迫切需要能够翻译外国文书的人才。于是，建立培养外语
人才的机构一事被提上议事日程。1854 年 6 月，幕府任命筒井政宪、川路圣
谟、岩濑忠震、水野忠德等任外国应接挂，1855 年 1 月任命胜海舟、小田又
藏、森山荣之助及箕作阮甫为应接挂手付。经过上述应接挂人员的努力，同
年 8 月创办了洋学所，以翻译欧美的图书和外交文书，了解欧美各国的情况，
培养翻译人员。1856 年 2 月，洋学所改称蕃书调所，西丸留守居古贺谨一郎
任头取，起用了箕作阮甫、杉田成卿、寺岛宗则、大村益次郎等陪臣中擅长
洋学的优秀人才任教授和助教。1857 年 1 月，蕃书调所正式开学，招募百余
名幕臣子弟来此研修兰学。由此，兰学便确立了作为官学的地位。此后，由
于外交的中心转向美国和英国，兰学逐渐衰退，盛行以英语为中心的英学。

2. 文久年间的洋学

在幕府推行的文久改革诸项措施中，学制改革也是一项重要举措。自从
宽政九年（1797 年）以来，昌平坂的学问所成为官学，由大学头林述斋负
责，以宋学为主，排斥异学。1862 年 11 月，幕府设置学问所奉行，由本多
正讷、秋月种树、林学斋担任。12 月，起用盐谷甲藏、安井仲平、芳野立
藏等，从而打开了登用宋学以外学者的道路。1863 年 2 月，幕府令本多正
讷等学问所奉行研究并制订包括创办小学校的学制改革计划③。

---

① 渡边修二郎：《阿部正弘事迹》二，东京大学出版会，1978，第 603 页。
② 芝原拓自：《开国》，《日本历史》第 23 卷，小学馆，1975，第 75 页。
③ 涩泽荣一：《德川庆喜公传》二，平凡社，1967，第 72 页。

此外，幕府也非常重视洋学教育。1862年5月，幕府将原来的蕃书调所改称洋书调所，1863年2月交给学问所奉行管理，计划实行教育行政的统一。8月，洋书调所改称为开成所，成为洋学的教育研究机构，开始招生授业。洋学机构的办学宗旨强调"调查各国之强弱虚实、水陆军状况和器械之利钝"，研究"为海内万民有益之技艺"①，既注意了解和比较欧美国家的产业和军事状况，也注意欧美技艺的引进和开发，教学与研究相辅相成。

在设立蕃书调所的同时，幕府为了进行西方医学教育，开设了西洋医学所，其前身是1858年5月在江户神田开设的种痘所②。1860年10月，种痘所升为幕府直辖的官学，成为研究和教授西洋医学的机构。1861年10月，种痘所改名为西洋医学所，1863年2月，改名为医学所，与开成所同样设置了教授和助教。

洋学机构教授的科目也经历了变化。1860年，当时的蕃书调所设置了精炼方（化学），1861年又新设了物产学、数学等科目，这些都是自然科学中的技术学科。1862年5月，将原来的蕃书调所改称洋书调所。教师西周和津田真道留学荷兰，师从莱顿大学的西蒙教授学习哲学、法学、经济学，学成归国，从而引进了西方社会科学。此后，同为教师的加藤弘之、神田孝平等也开始从事哲学、法学等西方社会科学的研究。由此，原来侧重于医学、天文学等技术科学的洋学的研究范围扩大到全面的西方科学。1863年8月，洋书调所改称为开成所，成为洋学的教育研究机构，开始招生授业。此后，洋学教育取得了长足发展，前来学习的学生不断增加，1862年各学科的学生人数约有100名③。

幕府的洋学机构除了从事上述的教学和研究工作以外，还从事翻译和出版事业。出版以英学的教科书为主，还有1862年出版的堀达之助编的《英日对译袖珍辞典》和英语、法语单词辞典等。此外，还进行了外文报纸的翻译和中国刊行的汉字报纸的翻印，而以开成所教师柳川春三为中心组成的会译社开展了在横滨出版的英文报纸的翻译。1861年出版的《官版巴达维亚新闻》是日本最早的报纸④。

当然，文久年间洋学在发展过程中，也不是一帆风顺。文久年间，也是

---

① 《东京大学百年史》，《通史》（一），东京大学刊行，1983，第11、13页。
② 《东京大学百年史》，《通史》（一），东京大学刊行，1983，第4页。
③ 宫崎富美子：《开成所的庆应改革》，《史学杂志》3，1989，第69页。
④ 永原庆二等编《开国与幕末政治》，山川出版社，1996，第56页。

尊王攘夷狂潮冲击日本社会的动荡时期。接连发生的攘夷事件，产生并刺激着日益偏激的激烈仇外风潮，对幕府的开放政策产生强烈影响。1861 年（文久元年）12 月，迫于尊王攘夷势力的压力，幕府派出了以竹内保德为首的遣欧使节团，离开品川，前往欧洲交涉推迟开放口岸的问题。经过半年多的努力，至 1862 年 5 月，使节团率先与英国外相拉塞尔签订了《伦敦备忘录》，以日本撤销贸易限制为交换条件，英国同意江户、大阪开市和兵库、新泻开港延期五年实行。1862 年闰 8 月，竹内使节团又先后与荷兰、法国、俄国签订了类似的备忘录，大大缩小和推迟了对外开放的步伐。不仅如此，在坚持"攘夷"立场的孝明天皇的敕令下，同年 11 月幕府被迫作出了尊奉"攘夷"敕旨的决定。1863 年 3 月，第 14 代将军德川家茂被迫前往京都朝拜孝明天皇，并违心地追随天皇，到贺茂神社举行"攘夷"的祈祷仪式；4 月，又奏告天皇，以 5 月 10 日为起始日，实行攻击外国人的"全国大攘夷"。不久，就发生了长州藩炮击路过下关的法国、美国舰船，萨摩藩与英国舰队激烈交战的"攘夷"事件。

弥漫于列岛的"攘夷"风潮，对文久年间的洋学发展构成了恶劣的生存环境。动辄挥舞日本刀的尊攘派武士横行江户市街，对洋学者的人身安全构成严重威胁。其情景，如同福泽谕吉所说，1862 年"社会上渐渐骚乱起来，许多进口商开设的洋行忽然关闭，一些自称为浪人的则到处大露头角"。结果，不仅洋行被迫关闭，洋学者也被尊攘派"壮士"视为仇敌，他们"抨击读外国书的人是无法无天，抨击这些人是尽说谎话欺骗社会的卖国贼"。幕府遣欧使节团翻译手冢津藏因为在长州藩邸"说了几句外国话，于是藩邸的一些年轻的武士就要杀他"，迫使手冢津藏急忙逃跑，幸免于难。另外一个长州藩武士，因为是翻译人员，其家遭到"尊攘派"的袭击。在尊王攘夷的风潮中，"洋学者连人身也越来越危险"[①]。这种状况，与庆应年间尊攘派销声匿迹，洋学者再无性命之忧，洋学愈加发展相比较，可谓大相径庭。

3. 庆应改革期间的洋学

庆应年间，尊王攘夷的风潮已经成为过去。幕府无须派遣使节团与列强谈判以推迟开港的时日，而是在不断扩大对外开放。遭受严重挫折的"尊攘派"，迅速演变为"开国倒幕派"，转而与英国公使巴夏礼频繁接触，同

---

① 福泽谕吉著《福泽谕吉自传》，马斌译，商务印书馆，1980，第 168 页。

样举起对外开放的旗号。结果，无论是幕府还是倒幕派，在对外开放、引进和推广洋学方面，并无二致。在这种情况下，洋学得到良好的发展环境，表现在幕府的洋学人才教育方面，开成所成绩斐然。到1866年10月，开成所英国学科学生增至150名，法国学科学生约有60名；至同年年底，英国学科学生人数进一步增加为300名，法国学科学生增加为100名。1867年2月，数学科学生也达到150余名①。各种学科的洋学学生达到550人，是文久年间的5.5倍。开成所的学生人数猛增的原因是：第一，获得良好发展环境的洋学，日益成为满足人们需求的显学。幕府陆海军所属人员都被送到开成所学习英语、法语以及数学等洋学基础知识。第二，调整外交重点的结果。幕府外交的重点由荷兰转向英国和法国，需要大量掌握英语和法语的人才，致使前来学习英语和法语的学生增多。第三，拥护幕府的诸藩加快了普及洋学的步伐。当时的佐幕诸藩均非常重视洋学，派出大量的学生到江户学习洋学。与学生人数的激增相比，教官的人数却变化不大。1857年蕃书调所开张时有教授2名、助教10名；到1866年，有教授5名、副教授5名、助教12名、副助教17名②。由此，教官紧缺成为阻碍开成所扩大发展的瓶颈。

为解决师资问题，1866年10月，负责开成所运营的山口直毅等向幕府提出《开成所学政改革意见书》，其改革方案的要点是：第一，将教授隔日出勤授课改为每天出勤授课；第二，根据学术水平的不同将教官分为三个等级；第三，根据不同等级确定相应职位；第四，根据不同等级确定不同数额的报酬③。经过开成所和幕府有关方面的协商，该改革案获得批准。从1866年10月始至翌年初，开成所按照既定方案推行了学政改革，不仅解决了教员短缺的问题，培养了更多洋学人才，而且对此后明治初期的学校制度也产生了重要影响。

此外，幕府在引进包括汉译西洋图书方面采取了开明政策。1864年，旅华美国传教士丁韪良将美国国际法学者惠顿所著《国际法要论》译成中文，取名为《万国公法》。同年，汉译的《万国公法》传入日本。1865年，幕府的开成所训点翻刻了汉译的《万国公法》，广为传阅。1866年12月，

---

① 宫崎富美子：《开成所的庆应改革》，《史学杂志》3，1989，第69页。
② 宫崎富美子：《开成所的庆应改革》，《史学杂志》3，1989，第69页。
③ 宫崎富美子：《开成所的庆应改革》，《史学杂志》3，1989，第68页。

被幕府派往荷兰留学的西周和津田真道学成归国，出任开成所的教授。幕府命令西周和津田真道翻译他们在荷兰莱顿大学留学期间的恩师维塞林教授讲授的内容。西周翻译了国际法学，于 1868 年出版了日译版《万国公法》，津田真道翻译政治学，于同年出版了《泰西国法论》。这些书籍的翻译出版奠定了日本近代法学的基础，开阔了日本人的国际法视野。

　　庆应年间的洋学，除了官方洋学之外，还应提及民间洋学的发展和培养人才问题。官民热心洋学，是庆应洋学发展的显著特点。洋学风行于日本，反映了社会对洋学人才越来越大的需要，同时，也与幕府鼓励和提倡洋学不无关系。庆应年间，活跃于大都市的民间兰学私塾形形色色。其中，土生玄硕的迎翠堂、吉田长淑的兰馨堂、小石元瑞的究理堂、伊东玄朴的象先堂、佐藤泰然的顺天堂塾等 10 余个兰学私塾，门徒盈门。绪方洪庵 1836 年在大阪创办的适适斋塾，门人多达两三千名。进入庆应年间，出身适适斋的福泽谕吉、大村益次郎又分别创办了庆应义塾、鸠居堂等洋学私塾，兰学扩大为包括英国学、美国学、法兰西学、俄罗斯学等广阔的洋学领域。例如，庆应义塾本来是绪方洪庵弟子福泽谕吉在 1858 年创立的兰学塾，地点在江户筑地中津藩的藩邸。后来，应学生需要，兰学塾改为英学塾。所用的教材，都是福泽谕吉从欧美国家购买的英文图书。庆应四年（1868 年）年四月，英学塾将校舍迁至东京的芝，取当时的年号命名为庆应义塾，开创办近代私立大学之先。福泽谕吉回忆说："学生最初进入我这个学塾学习，他们毕业之后便到各地去当教师，这样一来，势必就在各地学校把自己以前所学的又传授给学生。"[1] 由于兰学在开港后，迅速扩展为洋学，并形成盛行于官民之间的兴旺局面。长此以往，认识世界、走向世界的近代洋学人才大量涌现。洋学孕育的新兴知识分子集团的形成，是明治维新近代化改革之所以成功和日本近代化之所以走在中朝等国前面的一个重要原因。

（三）人才的起用和培养

1. 安政改革期间的人才起用和培养

　　德川幕府建立以来所形成的门阀世袭制经过二百数十年已经腐败透顶，根本无法应对幕府所面临的前所未有的危机。为了打破这种不利局面，阿部正弘不问门第，果断起用一批出身贫寒但能力出众的人才，从而形成了推行安政期幕政改革的新的官吏阶层。1853 年 5 月，堀利熙被任命为海防挂目

---

[1]　福泽谕吉著《福泽谕吉自传》，马斌译，商务印书馆，1980，第 168 页。

付，从翌年 8 月开始，作为箱馆奉行负责处理阿部政权时期日益显出其重要性的虾夷地问题。同年 10 月，永井尚志被任命为海防挂目付，翌年被派往长崎任长崎御目付，长崎海军传习所建立之后任总监督。翌年正月，岩濑忠震也被任命为海防挂目付，此后在幕府的外交交涉中发挥重要作用。他们三人是被称为"幕末三杰"的俊才①。在起用岩濑忠震的同年 5 月，大久保忠宽任海防挂目付。此外，川路圣谟任勘定奉行，筒井政宪从西丸留守居升任大目付，水野忠德任勘定奉行兼长崎奉行，井上清直任下田奉行。由此，一批有能力的官吏陆续被安排到外交、财政等重要部门任职。其中，川路圣谟和井上清直是丰后国日田代官属吏之子，永井尚志和岩濑忠震也只是部屋住（尚未继承家业的长子）身份，而大久保忠宽也是小纳户（幕府职名，隶属若年寄，负责将军的理发、膳食等事情）出身，他们均是出身卑微的人物。但川路圣谟作为全权代表与俄罗斯的普提雅廷展开针锋相对的较量，赢得对方的尊重；井上清直和岩濑忠震作为幕府的全权代表与哈里斯进行通商条约交涉；永井尚志担任日本近代海军教育机构的首任总监督。此外，江川英龙任勘定吟味役，负责韮山反射炉及品川炮台的筑造。而给江川英龙教授近代炮术的兵学者高岛秋帆也从监狱获释，任韮山代官手付，协助江川英龙。

这一时期，除了上述直接得到提拔的人才之外，还有一部分人是受到举荐而被起用。如受到大久保忠宽的大力推荐，胜海舟作为兰书翻译的雇员成为下田取缔挂手付，后来被派往长崎海军传习所做传习生。此时，胜海舟首次被编入小十人组（幕府最下级的现役武官），为此后在军政界担任要职奠定了基础。向山源太夫受到德川齐昭的推荐任箱馆奉行组头勤方，与胜海舟一同，向幕府提出了积极的开国贸易策。而土佐渔夫出身的中滨万次郎以近十年在美国受到的教育和所学到的知识受到江川英龙的举荐任韮山代官手付。

阿部正弘积极的人才政策引起了谱代大名的极度反感。御茶坊主野村休成在给井伊直弼写的信中指出"近来净是登用非门阀出身的人，此举有损于德川家的威严"②，对阿部正弘的政策提出了批评。阿部正弘在培理来航前后起用的人才中，大部分被安排到海防挂任职。由于海防挂中的大部分人又兼任外国使节应接挂，海防挂不仅掌管海防事务，而且在对外政策的制定

---

① 福地源一郎：《幕末政治家》，东京大学出版会，1979，第 503 页。
② 东京大学史料编纂所编《井伊家史料》四，东京大学出版会，1963，第 41 页。

过程中也发挥了重要的作用。这些人才成为支持和推行阿部政权幕政改革的主体势力。

2. 文久改革期间的"公武合体"策略与人才的起用

"樱田门外之变"对幕府的权威造成了巨大的打击。面对国内外的复杂局势，安藤·久世政权放弃了井伊直弼的强硬政策，竭力调整幕府、朝廷与雄藩的关系，以恢复幕府的权威，巩固幕府的统治。

为此，幕府推行公武合体路线，重新定位天皇朝廷与幕府将军的君臣关系。1860 年 4 月，幕府通过京都所司代酒井忠义上奏朝廷，为了实现公武一和，请求天皇恩准其妹和宫下嫁第 14 代将军德川家茂，但遭到孝明天皇的拒绝。于是，幕府派人到和宫生母桥本家进行说服。岩仓具视也力劝天皇以此为契机在朝幕关系中居主导地位。6 月 20 日，天皇敕许了幕府的请求，但要求幕府推行"破约攘夷"的政策①。为了促成这一桩政治婚姻，幕府约定要实行本非自己所愿的攘夷政策。1861 年 3 月，幕府按照天皇废除条约的要求，向英法等国元首致信，要求将两港（兵库、新潟）和两都（江户、大阪）的开港、开市时间推迟 7 年。12 月，幕府派出以竹内保德为首的使节团前往欧洲，就延期开港、开市一事与签约各国进行谈判。幕府通过1862 年 5 月的《日英伦敦备忘录》等同各国签订的备忘录，得以推迟兵库、新潟开港和江户、大阪开市推迟 5 年，但以幕府答应开放市场、废除对贸易的限制以及减轻关税等为其代价。

1862 年 6 月，岛津久光率兵护送敕使大原重德来到江户，宣布孝明天皇敦促幕府改革幕政的诏书。改革幕政的纲领共有三项：第一，幕府将军进京，朝幕共议国事；第二，以萨摩、长州、土佐、仙台、加贺沿海五大藩藩主为五大老，合议防御夷狄措施；第三，任命德川庆喜为"将军后见职"，松平庆永为政事总裁②。7 月，德川庆喜和松平庆永分别出任将军后见职和政事总裁。幕府在接到天皇诏书之前，已经对权力上层进行了调整，安藤信正等一批老中被免除职务。幕府在实施职制改革，精简政府机构和人员的同时，却于 1862 年闰 8 月在京都所司代之上新设京都守护职一职，并特派亲藩会津藩藩主松平容保担任③。京都守护职和将军后见职以及政事总裁职，

---

① 《孝明天皇纪》三，万延元年六月二十日条。
② 多田好问编《岩仓公实纪》上，原书房，1968，第 571 页。
③ 松平春岳全集刊行会：《松平春岳全集》四，原书房，1973，第 135 页。

均为幕府设立的新官职，起到了缓和朝幕关系的作用。按照天皇诏书的要求，1863 年 2 月，幕府将军德川家茂打破 200 多年的旧例抵达京都，对天皇执臣子礼，并宣布从 5 月 30 日起实行全国大攘夷。

在密切朝幕关系的同时，幕府为了缓和与雄藩大名的关系，下放给雄藩大名一定的权限。1860 年 9 月，幕府解除了在"安政大狱"中受到处罚的德川庆胜、德川庆喜、松平庆永、山内容堂的幽禁，也对受到迫害的诸藩人士及朝廷官员予以平反。1862 年闰 8 月，幕府接受横井小楠的建议，对参觐交代制进行改革，把大名化分为四个组，分别在春、夏、秋、冬四季参谒将军，将原来隔年去一次江户的规定改为每 3 年去 1 次江户城，并允许大名的妻子返回本藩①，从而大大减轻了大名的负担。参觐交代制是幕府统治大名政策的核心，因此，它的缓和削弱了幕府对大名的控制，导致幕藩体制的松弛。1863 年 12 月，幕府接受萨摩藩的建议，组成朝、幕、藩三方联手的参预会议，德川庆喜、松平庆永、松平容保、山内封信、伊达宗城出任朝政参预②。围绕长州处分问题和横滨锁港问题，参预会议内部产生了严重的分歧，1864 年 2 月 25 日，山内丰信辞职返回土佐藩，3 月 9 日，德川庆喜辞去参预，其他参预也相继辞职，致使朝政参预会议解体。

在文久改革期间，活跃于安政改革期间的川路圣谟、岩濑忠震等开明派幕府官僚，在"安政大狱"后复出。堪定奉行川路圣谟多次参与对俄交涉，支持老中堀田正睦的开放政策。目付兼外国奉行的岩濑忠震，熟悉国际法和国际惯例等新知识，1856 年在与美国首任驻日总领事使节哈里斯展开艰苦的缔约交涉中，赢得对方的尊敬，被称为"幕末外交的第一人"。与此同时，一批中下级武士新兴力量出现在历史舞台上，并为幕府所用。

借助幕府推行对外开放政策，福泽谕吉作为幕府遣美、遣欧使节团的成员，访问欧美诸国，开阔了眼界，又勤于笔耕，在 19 世纪 60 年代，先后编著、出版了介绍各国概况的手册《世界国尽》《唐人往来》《西洋事情》《西洋旅行导游》等通俗易懂的书著，图文并茂地把世界地理、国际知识、世界历史和各国的文化等，介绍给幕末的日本读者，在成为影响越来越大的思想启蒙家的同时，也提高了日本社会对世界认识的整体水平。

3. 庆应改革期间的人才起用

德川庆喜出任幕府将军之后，不问门第，大胆起用人才，担任幕府的重

---

① 中根雪江：《再梦纪事》，东京大学出版会，1974，第 138 页。
② 《维新史料纲要》五，文久三年十二月晦日条。

要官职。按照幕府的旧规，若年寄只能由万石以上领地的人担任，但庆喜不受旧规束缚，任命大目付永井尚志、陆军奉行浅野氏祐以及外国奉行平山敬忠为若年寄。他们与勘定奉行小栗忠顺、从目付晋升为外国奉行的栗本濑兵卫等受到德川庆喜提拔的人才，成为各事务局总裁的参谋，占据了幕府的要职，从而成为推行改革的中坚官僚集团。推行亲近法国的外交活动，是这个官僚集团的显著特点。

其中，1859 年任幕府目付的小栗忠顺，曾经在 1860 年 9 月作为使节团官员，前往美国交换《日美友好通商条约》，回国后颇受重用。小栗忠顺1860 年 11 月升任外国奉行，1862 年 5 月奉命解决俄国强占对马岛的事件，未果，被免职；1862 年 6 月出任勘定奉行，闰 8 月转任江户町奉行，12 月重任勘定奉行，兼任步兵奉行，参与组建步、骑、炮新军的军制改革；1864年 12 月，出任军舰奉行；1865 年 5 月，出任勘定奉行，为筹集组建近代军队的组建经费，主管财政改革，试图增加海关收入，与驻日公使罗修、法国经济特使库莱密切接触，成为亲法的高级幕僚。在小栗忠顺的主持下，日本向法国贷款 600 万洋元，订立与法国输出公司合办日本商业航海公司的契约。屡受幕府重用的小栗忠顺，坚决主张镇压武力倒幕派。因此，1868 年 3月被东征江户的明治政府军逮捕，闰 4 月被斩于乌川。因誓死捍卫德川幕府统治，而被明治政府处死的幕府高级官僚鲜有其人，但小栗忠顺就是其中之一。小栗忠顺因不顾时势的变化，顽固坚持强硬立场而身首异处，作为个人来说，是人生的悲剧。但是作为至死坚持维持幕府统治的幕僚，德川庆喜起用小栗忠顺，倒也道出了庆应改革的真谛。从选择"忠臣"的角度看起用小栗忠顺，不能不说德川庆喜还是颇为知人善任的。

永井尚志原为三河国奥殿藩主松平乘尹的庶子，后过继给旗本永井氏，遂改换了姓氏。1855 年出任海军传习所的监督，1857 年任江户军舰教授所的总督、勘定奉行，1858 年就任新设置的军舰奉行，不久受"安政大狱"牵连，被免职。1862 年复出，任军舰操练所御用挂。1864 年出任大目付，活跃于对长州藩的两次武力围剿过程中，但因政见不同而辞职。1867 年（庆应三年），永井尚志被德川庆喜任命为若年寄，与老中板仓静胜同为德川庆喜推行亲法诸改革的得力辅臣。同年 10 月，幕府接受了土佐藩坂本龙马《船中八策》的建议，借助建立朝廷、幕府和雄藩联合政权的方式，以退为进，延续幕府的统治。于是，由德川庆喜出面，向京都朝廷呈交了《大政奉还上表文》。这份具有阶段性历史意义重要文件的起草者，就是永井尚志。在形势瞬息万变的转折关头，永井尚志为被逼到墙脚的德川庆喜，找到了可以退保其身的一条政治出路，是德川庆喜起用人才的结果。戊辰战争期间，永井尚志与榎本武杨等占据北海道，出任箱馆奉行，抵抗到最后一刻方开城投降。1872年，永井尚志被明治政府赦免，出任北海道开拓使用挂；1875年，任元老院权大书记官，后隐退，淡出政界。

平山敬忠原为陆奥国三春藩的武士，自1854年出任徒目付以来，多次参与幕府对美国、荷兰和俄罗斯的缔约交涉，积累了丰富的外交经验，在"安政大狱"中被免职。但平山敬忠的外交才能受到德川庆喜的赏识，1865年（庆应元年）被擢升为外国奉行。在庆应年间，平山敬忠作为德川庆喜的侧近幕臣，负责接待法国驻日公使罗修，并参与改革；1867年又被德川庆喜提升为若年寄兼外国总奉行，是德川庆喜开展外交活动的得力幕僚；在幕府统治崩溃后，继续追随德川庆喜到静冈，效忠德川家族，可谓矢志不渝。

栗本濑兵卫，亦名栗本锄云，出身幕府医官家庭，后获武士身份，年轻时参加虾夷地的开发，从事垦荒、矿产调查、畜牧、制盐、养蚕等实验，积累了多种开展实业的经验。在此期间，栗本濑兵卫与法国传教士麦理·杜卡西交往，学会了法语。1863年他应召来江户任职，开展对法国的外交活动，进行创建横须贺造船所和制铁所的交涉，热心导入法国的技术。庆应元年（1865年），他在横滨创办了法国语所，培养法语人才；同年，出任军舰奉行、外国奉行，作为亲法幕僚，十分活跃。德川庆喜对栗本濑兵卫委以重任，是人尽其才之举。1867年，他以外国奉行、勘定奉行和箱馆奉行的资格，前往法国，促进法国对日贷款的实施。1868年回国后，幕府已经崩溃，但栗本濑兵卫终生以"幕臣"自居，活跃在舆论界。

此外，文久年间幕府派出的留学人员，至庆应年间学成回国。这些"海归派"，成为幕府起用人才的重用来源。榎本武杨、西周、津田真道等在文久初年，作为幕府的首批赴欧官派留学生，前往荷兰。数年后，先后回国，为幕府官僚梯队补充了新鲜血液。1866年12月，从荷兰留学归来的津田真道、西周回国后，被破格提升为旗本级的幕臣，可以直接晋见将军，提出政策建议，并担任开成所的教授，培养人才。西周讲授欧洲的哲学、经济学和国际法，与津田真道一起，开启幕末文明开化的气运。1867年榎本武杨乘坐军舰"开阳丸"回国，出任海军奉行。榎本武杨带回大量欧洲海军技术的图书，对发展日本近代海军，作出了贡献。

二 因时而异的改革举措

（一）文久改革加强对国内市场和对外贸易的控制

开港之后，在安政年间，幕府的财政收支大体均衡。因此，安政改革中，有关财政方面的改革并不多见。但是，到了文久年间，幕府的财政状况急剧恶化。自 1859 年 7 月横滨开港后，日本对外贸易额迅速增加。据统计，在 1860～1865 年，按照日本生丝、茶叶输出品的价格计算，输出量增加了 2.4 倍。同期，欧美国家的棉织品、毛织品、棉纱、武器、金属的输入量增加了 12.9 倍[1]，入超额度迅速增加。此外，外国商人利用日本国内和国际金银比价差异悬殊的可乘之机，用廉价的白银大量套购日本的黄金，造成国内黄金短缺，引起物价飞涨。日本出口的主要是生丝、茶、油、铜、种子、干鱼等物资，这些与百姓生活密切相关的商品骤然间大量流往国外，使得国内流通的商品顿时减少，导致流通机构的混乱，引起了物价暴涨，不仅对武士和平民的生活造成了巨大影响，而且也使建立在领主权力与特权批发商资本相结合基础上的领主商品经济陷入了危机。市民和农民的暴动和骚乱频繁发生，动摇了幕府统治的基础。

为了摆脱这种被动局面，幕府于 1860 年 3 月颁布《五品江户回送令》，禁止商人将日常生活必需的杂谷、灯油、蜡、绸缎、生丝五种商品直接从产地运往横滨进行贸易，必须先送到江户以满足国内需求，而后才能运往横滨进行贸易[2]。虽然幕府声称这个命令是暂时性的一种做法，但幕府试图通过该政策加强对横滨贸易的统制，并且借此保护江户批发商的利益，防止领主商品经济的破产，同时也缓和物价暴涨，最终实现加强对全国市场的统制的目的。

为了实现这个目的，幕府于 1860 年 4 月设立了由大目付、町奉行、勘定奉行、目付、勘定吟味役等组成的"国益主法挂"，由老中久世广周和若年寄远藤胤统负责，还任命了专职人员，其主要作用是协商解决救济武士、控制物价、国益会所、铸造货币、开垦荒地等问题[3]。其中，国益会所的设置对幕府能否统一和统制全国市场是至关重要的。1861 年，老中久世广周令国益主法挂就设立作为提高国货利润和降低物价的机构——会所一事进行

---

[1] 安藤良雄：《近代日本经济史要览》，东京大学出版会，1975，第 37 页。
[2] 石井孝：《幕末贸易史研究》，日本评论社，1944，第 330 页。
[3] 本庄荣治郎：《（增订）幕末新政策》，有斐阁，1935，第 218 页。

调查，指出，如果会所能够提高国货利润和降低物价，则"物价高低之权归官方控制，对外贸易之各种物资亦终将由会所经营"，从而把包括贸易在内的整个经济纳入幕府的统制之下[1]。然而，围绕着会所具体的运作方式，幕府内部产生了两个对立的派别：一是以大小目付为中心的急进派，主张完全收回原来委于商人的一切商权归幕府掌握；一是以勘定所官吏为中心的渐进派，主张鉴于财政困难的现状，如由不熟悉商业的幕府官吏掌握商权具有很大的风险，不如暂时与商人妥协，利用商人进行贸易，采取渐进的方法，最终达到幕府完全掌握全国商权的目的[2]。安藤·久世政权采纳了渐进派的建议，1861年9月罢免了大小目付的主法挂一职，12月任命天野左卫门和中村勘兵卫为国益主法方头取[3]。1862年2月，幕府在北八町堀建立了会所，从5月开始在此开展业务[4]。国益主法挂打算将全国各地的产品集中到设于江户和大阪的会所，而作为第一步，首先在江户设立会所，并通过豪农豪商将关东周边地区的产品集中到江户，由幕府统一管理和控制，但该计划最终未能实现。7月19日，国益主法挂被废除。

除了采取上述行政干预加强对国内市场和对外贸易的控制以外，幕府还通过货币改铸加强对国内流通体制的统制。由于对外贸易的迅速发展，日本黄金大量流向国外，国际贸易收支失衡，致使幕府的商品流通体制趋于崩溃。为了扭转对外贸易严重入超的不利局面，恢复幕府对国内商品价格及流通的统治以及遏制因国内外金银比价不同而引起的黄金的大量外流，作为应急之策，幕府自万延元年（1860年）至庆应三年（1867年）期间进行了德川幕府最后一次货币改铸。在此期间，幕府改铸的货币主要有万延大判、万延小判、一分金、万延二分金和二朱金、精铁四文钱、佐渡铁一文钱、文久永宝铜四文钱、天保通宝等，此外，还下令回收历代所铸各类旧金货并禁止其流通。通过货币改铸，幕府取得了一定的短期成效，不仅暂时遏制了日本金货的大量外流，而且获取了一笔不小的改铸收益，暂时弥补了财政收入的不足。例如，1863年幕府通过改铸货币获取的收益为3664399两，占当年幕府财政收入的68%，而同年，幕府通过年贡收取960844两，占当年财政

① 信夫清三郎著《日本近代政治史》1，周启乾译，桂冠图书公司，1990，第307页。
② 北岛正元：《幕末德川幕府的商业统制》，《东京都立大学人文学报》17号，1958，第77页。
③ 本庄荣治郎：《（增订）幕末新政策》，有斐阁，1935，第221页。
④ 石井孝：《佐藤信渊学说实践的企图》，《历史学研究》222号，1958，第6页。

收入的 18%，远远低于改铸货币的收益①。可见，幕府通过货币改铸获取了巨额利润，成为其财政收入的主要来源。

（二）庆应改革对政府行政机构的调整

庆应年间，幕府官制的改革是根据法国公使罗修的提案进行的。德川庆喜就任将军后不久，于 1867 年 2 月在大阪接见了罗修。当时，罗修向德川庆喜提出了幕政改革的具体方案，其主旨是要削减诸大名的权力，强化幕府的权力，实现中央集权体制。罗修提出的幕阁机构改革方案是要建立一个以总裁为首席，设立由陆军、海军、外国事务、全国部内（内务）、会计、曲直裁断（司法）6 个局组成的类似法国内阁制度的组织②。当时的幕府实行老中合议制，由老中辅佐将军执行大政，在其职务制度中除了胜手挂、外国挂、海陆军总裁以外，老中在职务上都不分别担任，采取月番合议制，因此，各自的责任都不明确。

实际上，在 1862 年 12 月，幕府已经创设了陆军总裁和海军总裁，专门负责陆海军的军制建设。在幕府的官制中，虽然出现了"总裁"这一新官职，但只是为了协调陆海军新军的编组问题，与庆应年间的官制综合性的创设，固然不无联系，但毕竟不是同等层次的官制调整。在庆应官制调整过程中，幕府废除了老中轮流坐庄的传统月番制，新设立了由将军掌握曲直裁断之下的 5 个事务局，即国内事务、外国事务、陆军、海军、会计局。据此，任命稻叶正邦为国内事务局总裁，小笠原长行为外国事务局总裁，松平乘谟为陆军局总裁，稻叶正巳为海军总裁，松平康直为会计局总裁，首席老中板仓静胜无任所，相当于首相，辅佐将军，对老中以下的官员实行等级薪水制③。5 个事务局总裁均为老中，分工明确，各司其职。该项措施对传统的行政体制进行了调整，使其具有近代官僚体制的某些特点，相当于建立了法国式的内政部、外交部、陆军部、海军部、财政部。这一新官制，是 1603 年德川家康创建江户幕府以来，所未曾有过的官僚新体制，对后来草创时期明治政府的部局构成不无影响。

此外，德川庆喜还下令对臃肿的幕府机构进行调整，废除了中奥番、骏府定番、材木石奉行、大坂定番、堺奉行、大坂町奉行组与力等官职，新设

---

① 山本有造：《从两到日元——幕末、明治前期货币问题研究》，科技书房，1994，第 5 页。
② 涩泽荣一：《德川庆喜公传》七，平凡社，1967，第 17 页。
③ 涩泽荣一：《德川庆喜公传》三，平凡社，1967，第 308 页。

外国总奉行、会计奉行等职，以图裁减冗员、冗费，节省财政支出，提高政府的办事效率。

此外，德川庆喜还将一批有实际经验和能力的幕吏充实到各级官僚机构中去，使其发挥作用。按照幕府的旧规，若年寄只能由万石以上领地的亲藩、谱代大名或旗本来担任。乱世用俊才，德川庆喜不受财产和门第的旧规束缚，任命大目付永井尚志、陆军奉行浅野氏祐和外国奉行平山敬忠为若年寄。他们与勘定奉行小栗忠顺、外国奉行栗本濑兵卫等，组成各事务局总裁的政务、外务或军务、财务的次官级官僚梯队，充实并完善新设置的官僚机构，成为推行改革的中坚力量。

（三）庆应改革加大对外开放的力度

德川庆喜出任将军之后，日本的政局日趋明朗：攘夷走进了死胡同，只有开放才是唯一的出路。因此，德川庆喜采取更为积极的外交政策，继续坚持对外开放。德川庆喜任将军之后面临的紧迫问题是兵库开港和处分长州藩两件事情。幕府与英国签订的《伦敦备忘录》规定兵库的开港期限是 1868 年 1 月 1 日。英国公使巴夏礼扬言，只有先解决兵库开港一事，英、美、法、荷四国公使才能会见新将军，以此向幕府施加压力。而法国公使罗修则告诫德川庆喜，为了挫败萨、长二藩与英国的阴谋，向外国表示幕府的诚意，应当开放兵库港[①]。

1867 年 3 月 5 日，德川庆喜上书朝廷奏请敕许兵库开港，但遭到拒绝。3 月 22 日，德川庆喜再次奏请敕许兵库开港但再次遭到拒绝。于是，德川庆喜第三次上书奏请，并在 3 月中旬在大阪城接见英、法、美、荷四国公使，做出以将军的权限履行条约的保证[②]。德川庆喜不待敕许做出承诺，意在向外国显示幕府的权威，以牵制外国与雄藩的接触，尤其是英国与萨摩藩的接近。为了联合向幕府施加压力，萨摩藩的西乡吉之助、大久保一藏等劝说岛津久光、伊达宗城、山内丰信、松平庆永进京，与德川庆喜商讨对策。四侯和公卿主张先解决处分长州问题，而德川庆喜则坚持先解决兵库开港问题，双方互不相让。经过彻夜激烈辩论，德川庆喜于 5 月 24 日力排反对意见，终于获得了兵库开港的敕许。6 月，幕府宣布从 1868 年 1 月 1 日起，兵库开港，江户和大阪开市。

为了扩大对外国的了解，同时加强与外国的交流，向世界展示日本的国

---

① 涩泽荣一：《德川庆喜公传》七，平凡社，1967，第 3～37 页。
② 涩泽荣一：《德川庆喜公传》三，平凡社，1967，第 495 页。

威，幕府还多次向海外派遣使节。1866 年 10 月，幕府派遣箱馆奉行小出秀实出使俄国，就北方边境划定问题进行谈判。为了取得主动，小出秀实做出了让步，放弃"北纬 50 度说"，提出了以北纬 48 度线为界的方案，但俄国方面丝毫不肯做出让步，主张领有库页岛全岛，作为其代价，将俄国领有的得抚岛及其附近的 3 座小岛让给日本，而以宗谷海峡作为两国国境。经过多轮谈判，日俄双方于 1867 年 2 月 25 日签订临时协议，库页岛依旧作为日俄两国共有之地，处于日俄两国居民杂居状态①。

1867 年 6 月，法国巴黎召开了万国博览会。幕府接受法国公使罗修的劝告，决定派出将军庆喜之弟、民部大辅德川昭武率领的代表团参加巴黎万国博览会，下令各大名和百姓、町人出示展品，并且允许他们为了学习技术和开展商业活动出国。代表团 1 月 11 日乘坐法国邮船由横滨出发，2 月在马赛登陆前往巴黎，拜会了法国皇帝拿破仑三世，6 月 20 日列席了万国博览会。博览会结束之后，德川昭武一行于 8 月离开巴黎，先后访问了瑞士、荷兰、比利时、意大利、英国等国，拜会了各国元首②。通过此次出访，代表团成员对欧洲文明进行了考察，拓宽了视野。

1866 年 10 月 15 日，在击退法国军队的侵略之后，朝鲜政府曾通过对马藩向幕府通报此事③。在接到朝鲜的通报之前，幕府已经得到了有关"丙寅洋扰"的情报。1867 年 2 月，德川庆喜在接见罗修时提出希望向朝鲜派遣使节进行调停，得到罗修的同意。6 月，德川庆喜拟定对朝鲜方面的回咨，通告将派出由平山图书头、古贺筑后守等组成的使节团，对朝鲜遭受"丙寅洋扰"一事表示慰问，并希望居中调停。但当时滞留香港的日本人八户顺叔将此事捏造为"日本侵攻说"，投稿刊登在广东发行的《中外新闻》上。接到这一消息的清朝政府通过礼部向朝鲜政府发出记录这些报道内容的咨文。4 月 10 日的咨文称"有日本国人名八户顺叔送来新闻原稿云：近来日本武备频盛，现有火轮军艇八十余艘，海外有讨朝鲜之志。朝鲜王每五年必至江户拜谒大君各献贡，是即古例也。朝鲜王废此例久，故发兵责其罪云"④。

---

①　涩泽荣一：《德川庆喜公传》四，平凡社，1967，第 12 页。

②　涩泽荣一：《德川庆喜公传》四，平凡社，1967，第 3～6 页。

③　《高宗实录》，高宗三年十月十五日。

④　宋近洙《龙湖闲录》卷 4，国史编纂委员会，1979，第 163 页；国史编纂委员会编《同文汇考》卷 3，国史编纂委员会，1978，第 2479～2480 页；《清季中日韩关系史料》第 2 册，台湾"中央研究院"近代史研究所，1972，第 52～53 页。

接到这个咨文的朝鲜政府为了追查事实真相，向日本修书求证此事，同时公开拒绝德川幕府派遣使节团。6 月 5 日，德川庆喜起草回复草案，交回对马藩驻江户代表转回。8 月，对马藩将德川庆喜的书信译为汉文，再带回釜山草梁倭馆，转交朝鲜，其主要内容是："我大君殿下不抚区域，旧蔽斯除，百度一新，文武庶员，赞成谋议，夙夜唯以张皇国威为目，今急购其炮舰器械于海外，给我富国强兵之资者，往往皆然，安知非流言之所以由来哉。本邦之于贵国，共挨绥宁者，是台虑所以睠睠于今日也，玉暴虎不法之讹言，不足信也彰彰矣。"[1] 朝鲜政府收到德川庆喜的书信后，连同咨文转呈北京，八户顺叔事件方告一段落。德川庆喜欲向朝鲜派遣使节就"丙寅洋扰"一事进行调停，此举意在通过调停法国和朝鲜之间的矛盾，向外界显示幕府的权威，以提高幕府在国际社会的地位。

三 幕府开港后三次改革之间的关联与互动

与同一时期的中国和朝鲜相比，日本幕末政治史的一个显著特点，就是幕藩领主推行的改革非常频繁而密集。从 1853 年 6 月美国培理舰队叩关到 1868 年 4 月幕府在江户开城投降，在短短 15 年时间里，幕府先后在安政、文久、庆应年间推行了三次改革，改革的主持者却在改革中最终走向灭亡。这种历史现象，颇值得研究。这三次改革并不是互相孤立的，而是存在着彼此关联、互动的逻辑关系，接二连三，构成完整的开港后幕末改革的全过程。作为幕府在风雨飘摇之中的自救、自强行动，三次改革之间存在着密切的联系。概括起来看，其相互联系，主要表现为以下四个方面：

第一，从表面上看，三次改革的主要措施大同小异。或者说，三次改革举措的相同之处的比重，大于三次改革的不同之处。造成这种历史现象的基本原因，一方面，是由于开港后幕府所面临的主要问题始终难以解决。这些基本问题，包括欧美列强不间断的殖民扩张造成民族生存危机和民族矛盾的不断加剧、幕藩领主的恣意盘剥激化的阶级矛盾难以消除、统治集团内部的矛盾也随着朝廷和雄藩的崛起而全面爆发。总而言之，民族矛盾、阶级矛盾和统治集团内部矛盾三大矛盾，始终伴随着幕府安政、文久、庆应三次改革的全过程。在国内矛盾有增无减的困境中，幕府政权需要依靠暴力来维持统治，稳固政权需要不断充实和强化暴力手段。因此，从安政、文久改革到庆

---

① 《清季中日韩关系史料》第 2 册，台湾"中央研究院"近代史研究所，1972，第 91 页。

应改革，组建近代化的陆海军，通过持续进行军事改革，增强防卫和镇压力量，始终是三次改革的主要目标。为了解决外交难题，推行近代化的军事改革，需要发展和推广洋学，培养人才；也需要起用新锐人才，打破保守官僚垄断权力暮气沉沉的局面。于是，发展洋学和人才问题，又成了三次改革均需加以连续解决的同样问题，出现改革举措类似的历史现象。

另一方面，改革在15年间分别进行，由于每次改革幕府所面临的国内外环境不尽相同，国内矛盾激化程度和列强对日本施压的方式均有不同。因此，三次改革举措的重点，自然有所差异。在安政、文久和庆应年间，尊王攘夷风潮的强弱消长差别明显，对幕府的对外方针、洋学的兴衰，均产生了强烈的影响，使得改革呈现阶段性。再如，在安政年间，民族矛盾大于国内矛盾时期，幕府的军事改革，是作为增强国防、抵御外压的手段加以推行的。但在，随着国内矛盾迅速激化，在"内压"的烈度超过"外压"的文久年间，幕府的军事改革，开始把矛头指向国内的政治反对派。特别是在庆应年间，萨、长等武力倒幕派形成同盟，并与朝廷倒幕派公卿互通声气。因此，在庆应改革期间，建立强大的嫡系部队，用武力剿灭心存异志的倒幕派，成为幕府军事改革的中心课题。在这个过程中，痴迷于武力解决国内矛盾的德川氏，越来越关注家族利益的计算，回旋的空间日益减缩。这是幕府在改革进程中之所以灭亡的根本原因。

第二，从改革的指导思想来看，试图对天皇朝廷作出让步，维持幕府对天下的"委任统治"，在"公武合体论"中苟延残喘，是三次改革的基本指导思想。"公武合体论"是作为追求朝廷（公）—幕府（武）—诸雄藩（武）三种势力之间的平衡关系而出现的理论。因此，幕末的政局就是这种平衡关系产生变化的过程，最终在1867年归结为大政奉还。与传统的幕藩关系是以幕府为顶点而形成的将军与诸大名之间的纵向力学关系不同，"公武合体论"设定了朝幕藩三者之间的横向关系，主张幕府放弃独裁地位，依靠横向联系组成联合政权，从而建立合议制的新政体①。

这一理论始于以培理叩关为契机、由阿部正弘推行的协调政策。在"公武合体论"中，"公"是指天皇朝廷，而"武"则是指幕府和雄藩（尤其是西南雄藩）。在传统幕藩体制下，朝廷虽被隔离在现实政治之外，但幕藩体制却使幕府和朝廷处于密不可分的关系，即从借用朝廷权威的官位授受

---

① 大久保利谦：《明治维新的政治过程》，吉川弘文馆，1986，第4页。

以及幕府的职制和身份制度与朝廷的关系、"公"与"武"之间的联姻关系、统治理念中天皇朝廷所处的地位等方面来看，天皇朝廷是幕藩体制不可或缺的重要因素。正因为如此，当面临外压这种关系到"祖法"的重大事态时，幕府将其视为关系到国家命运的大事上奏朝廷，并且向诸大名、幕府有司、儒者、浪人、町人等阶层广泛征求意见，以求良策。幕府向诸大名以及各阶层征询意见是前所未有的举动，但从幕藩体制设定的朝廷与幕府的关系来看，可以说向天皇朝廷上奏一事并非异例。但它却与天保期以后幕藩体制内部力学关系的变化（在外压的冲击下天皇朝廷的政治化和雄藩的抬头）互相结合，成为"幕朝关系"转化为"朝幕关系"的契机。换而言之，由于国际环境的变化，迄今为止的幕朝关系发生了逆转，形成朝权与幕权并立的局势，并且经过一系列事件，最终导致朝权的强化。在此期间提出的"公武合体"或"公武一和"的主张，就是在上述形势变化的基础上，由幕府和雄藩各自试图通过与朝廷的结合来恢复行将崩溃的幕藩体制，而作为其具体的政治策略，开展了公武合体运动。幕府的公武合体运动是要通过和宫下嫁这种政治联姻而形成的将军与天皇之间的血缘关系，借助朝廷的传统权威来强化摇摇欲坠的幕藩体制。而雄藩的公武合体运动是要么像长州藩那样试图利用"航海远略策"说服朝廷和幕府以实现"公武一和"，要么像萨摩藩那样试图以幕政改革为前提来获取"公武合体"之实。这些运动均以将军、藩主或各藩上层为中心，试图通过朝幕关系的调整重编并强化行将崩溃的幕藩体制。

第三，三次改革均非常重视军事改革，但侧重点有所不同。安政改革是在有限的开国环境下采取的应急措施。面对前所未有的外压，幕府一方面在加强海防以抵御外来入侵的同时，也认识到日本和西方国家之间存在的悬殊的武力差距，决定引进和学习西方先进的军事技术和军事制度。为此，幕府雇用了以舰长李肯海军中尉为首的一批荷兰教官，在长崎西役所开设了海军传习所。另一方面，根据德川齐昭提出的建议，幕府着手建立陆军事宜，1854年在筑地设置讲武场，下令幕吏、旗本、御家人及其家臣学习洋式炮术和兵学等，1856年又在筑地铁炮洲开设讲武所，注重洋式骑兵和步兵的队形以及洋式枪炮等武器的演练。安政年间的军事改革侧重于建立西方式的军事教育机构，进行军事理论和军事技术的教育，尚未涉及建立近代化的海陆军。文久改革的中心课题之一就是组建新式陆海军。为此，幕府于1861年设置军制挂，拟定了详细的组建新式陆海军的方案。根据该方案，计划组建由步、骑、炮兵3个兵种组成的近卫常备军和拥有各类战舰的海军舰队。但是，由于当时幕府的财政状况根本无法满足所需庞大费用，加之幕府担心雄藩力量的增强将进一步削弱幕府的权威，导致幕府、雄藩和朝廷三者力量对比的继续失衡。因此，幕府在文久改革期间组建欧式陆海军新军的计划，最终仅仅落实为陆军的编组，组建庞大海军的计划未能实现。推行强兵方针，加紧建立近代化的军队，是庆应改革的主要内容。陆军方面，幕府在文久改革时期组建的亲卫军的基础上，开设了陆军讲习所，又将讲武所改为陆军所，由法国教官培训幕府的步兵、骑兵、炮兵。在庆应改革期间，陆军建设有了很大发展，至1867年12月，已编成、训练步兵17队、骑兵1队和炮兵4队，兵力总数达到1万数千人。海军方面，幕府设置了海军奉行，聘请法国和英国的海军士官开展海军教育。幕府还建立了长崎制铁所、横滨制铁所，并着手兴建横须贺制铁所，以维修和制造舰船。除了从国外购买武器以外，幕府还建立近代兵工厂，自己生产所需武器。可见，幕末的军事改革经历了由建立军事教育机构学习军事技术、制订组建新式陆海军的计划到加紧建立近代化军队的逐步深入发展的过程。

第四，三次改革都非常重视洋学的普及和发展。安政改革期间，随着与外国的接触日益频繁，迫切需要能够翻译外国文书的人才。于是，建立培养外语人才的机构一事被提上议事日程。1855年8月创办了洋学所，以翻译欧美的图书和外交文书，了解欧美各国的情况，培养翻译人员。1856年2月，洋学所改称蕃书调所，起用了箕作阮甫、杉田成卿、寺岛宗则、大村益次郎等陪臣中擅长洋学的优秀人才任教授和助教。1857年1月，蕃书调所正式开学，招募百余名幕臣子弟来此研修兰学。文久改革期间，幕府继续促进了洋学教育。1862年5月，幕府将原来的蕃书调所改称洋书调所，1863年8月，洋书调所改称为开成所，成为洋学的教育研究机构，开始招生授业，既注意了解和比较欧美国家的产业和军事状况，也注意欧美技艺的引进和开发，教学与研究相辅相成。洋学机构教授的科目也经历了变化。1860年，当时的蕃书调所设置了精炼方（化学），1861年又新设了物产学、数学等科目，这些都是自然科学中的技术学科。1862年，教师西周和津田真道留学荷兰，师从莱顿大学的西蒙教授学习哲学、法学、经济学，学成归国，从而引进了西方社会科学。此后，同为教师的加藤弘之、神田孝平等也开始从事哲学、法学等西方社会科学的研究。由此，原来侧重于医学、天文学等技术科学的洋学的研究范围扩大到全面的西方科学。在庆应改革期间，洋学教育取得了长足发展，前来学习的学生不断增加，教官紧缺成为阻碍开成所扩大发展的大问题。为此，开成所获得幕府的批准推行了学政改革，不仅解决了教员短缺的问题，培养了更多洋学人才，而且对此后明治初期的学校制度也产生了重要影响。自开港之后，幕府一直重视洋学教育，刚开始时主要是培养外语人才以应对日益频繁的外交事务，并为幕府制定对外政策提供依据。但此后，幕府专门设立了洋学的教育研究机构，不仅教授国外先进的知识，而且还重视西方技术的引进和开发，所教授的科目也从自然科学扩大为包括社会科学在内的全面的学科体系，为西方先进科学技术的引进和普及做出了贡献，而且为此后日本的近代化培养了一大批杰出的人才。

第二节　大院君改革的主要措施

大院君掌权之后，以"刷新弊政、咸与维新"号令天下，在政治、经济、军事等方面推行了一系列改革措施，以图挽救国家危机、强化王权、巩固李氏王朝的统治。

一　整顿财政

势道政权时期，统治阶级的横征暴敛，引起了三政的紊乱，给广大农民造成了沉重的负担。不堪忍受虐政的农民纷纷揭竿而起，各地民乱频发，其中规模最大的就是"壬戌民乱"，对统治阶级造成了沉重的打击。大院君执政伊始，就非常关注这个问题，采取了一系列经济改革政策，以抚慰民怨、充实国家财政、巩固统治秩序。

首先，大院君下令开展土地调查，查出各地两班和土豪非法占有的土地和免税地以及未登载在土地账簿上的土地，以便对这些土地征税，以解决国家日益严重的财政困难。1864 年 2 月，金左根提议开展土地调查，查出未登在土地账簿上的土地，根据土地面积征收租税，以确保政府财政，并减少民众过重的负担，但无法在全国同时进行，要经过两三年的时间逐渐推行为宜①。但该项政策的实施并不顺利。1866 年，高宗对土地调

---

① 《高宗实录》，高宗一年二月十日。

查政策未能得到有效推行表示不满，特别提出京畿道、全罗道和庆尚道开展土地调查的必要性，并责令各个地方官吏要加倍努力推行该政策①。鉴于地方官吏办事不力，1867 年高宗向全国派出暗行御使进行秘密调查，他们提交的报告反映各地的测量事业混乱不堪，无法正常进行。这表明各地两班贵族依然通过将私有地变成免税地等非法手段占有大量的土地偷税漏税②。大院君认识到土地调查政策不能顺利推行的原因在于两班贵族的横暴，于是在 1870 年 11 月下令对享受免税特权的两班祭祖用的位田也课税③。此后，虽然大院君屡次下令推行土地调查政策，但遇到两班贵族势力巨大的阻力，收效不大。

此外，大院君还下令对享有免税特权的宫房田进行整顿，以扩大税收来源。宫房田是指为了维持王室成员日常所需而特意支给的土地，由称为"导掌"的专职人员进行管理。此政策规定导掌将宫房田的收税权移交给地方官，王室成员所需费用则由国家财政支付。1864 年 1 月，大王大妃下令撤销黄海道地区的所有导掌，由地方官接管宫房田的税收④，由此开始了对宫房田的整顿。在此之前，大王大妃曾下令户曹按照旧例给大院君土地和宅邸。对此，户曹建议"大院君宫免税结一千结，田土价银子二千两输送，宫庄未备前，本曹太一百石、惠厅米一百石，限五年输送"⑤，得到批准。但是由于大院君执意不收，大王大妃"不得不勉从，其令度支月送米十石、钱一百两，以副俭约之意"⑥。大院君的举动对此后推行缩减宫房田的政策提供了很好的名分。为了顺利推行缩减宫房田以扩大政府财政收入的政策，大院君指示其侄子李载元做出表率，向政府返还英祖赐给其祖先的田庄⑦。对此，大王大妃指出"护军李载元疏请纳宫结事，虽出于大院君事事节用之意，而本房折受，与他自别，有难全数还收，姑以三百三十结许施，以成其美"⑧。但是，宫房田的所有者们并没有积极响应。为此，1867 年 12 月，

①　《高宗实录》，高宗三年五月十六日。
②　《高宗实录》，高宗三年五月二十二日。
③　《高宗实录》，高宗七年十一月十七日。
④　《高宗实录》，高宗一年一月六日。
⑤　《高宗实录》，高宗即位年十二月十五日。
⑥　《高宗实录》，高宗即位年十二月十八日。
⑦　《高宗实录》，高宗一年一月十二日。
⑧　《高宗实录》，高宗一年一月十二日。

高宗下令对所有宫房田征收税款，由户曹来进行管理①。但是，由于地方官采取不合作态度以及既得利益集团的阻挠，大院君的此项政策没有收到预期的效果。

由于所推行的土地调查政策和宫房田政策未能取得预期的成果，大院君决定着手改革军布制度，实施户布法，以扩大税收来源。军布原为在国民皆兵制的理念之下征收的一种兵役税，两班阶层享受免税待遇，但平民要承担沉重的赋税，甚至向儿童和死人征收军布，出现了"黄口征布""白骨征布"等怪异现象，引起百姓的怨恨，成为民乱爆发的主要原因。

在实施户布法之前，大院君实施了以村子为单位缴纳军布的洞布制。该制度虽采取了课税均等的原则，但并没有强制两班缴纳军布。但在一些地区试行的结果表明，该制度不仅未能实现课税均等的原则，而且导致国家税收的减少，为了填补不足部分，有些地方还征收各种名目的附加税，反而加重了百姓的负担。于是，从1870年开始，大院君下令实施户布法，要求两班与平民一样缴纳军布，只是考虑到名分，要求借用家奴的名义，翌年由高宗下教将其定为万年法式②。户布法虽然规定两班和庶民同样缴纳军布，但不同地区具体的收税方式有所不同。例如，庆尚道荣川地区规定幼学每户征收1.2两，而小民则每户征收1.94两，依然具有身分等级的差别③；而全罗道求礼地区则规定以实户为基准，按照共同责纳原则将军布税额均分给各面，而各面洞则按照户等制再进行分配，从而减少了小户的负担，即按照经济能力进行课税④。户布法的实施引起了统治阶级的忧虑，领议政洪淳穆认为两班和庶民同样缴纳军布，会使庶民轻视两班的地位⑤，担心户布法的实施会扰乱作为国家秩序之根本的阶级等级制度。

户布法的实施在财政方面取得了一定的成果。其结果是，在大院君执政末期，以别备米的名义储藏的军资无地存放，需要盖新的仓库⑥。充足的军

---

① 《高宗实录》，高宗四年十二月十五日。

② "教曰，（中略）自昨年以有大院君分付，班户则以奴名出布，小民则以身军出之。今无白骨黄口之怨，此为导祥迎和之事，自庙堂行会各道，以为万年法式可也"，参见《日省录》，高宗八年三月二十五日。

③ 张存武等编《近代中韩关系史资料汇编》第八册，国史馆刊行，1980，第714页。

④ 李钟范：《19世纪后半期户布法运营实态研究》，《东方学志》77～79合辑，1993。

⑤ 《高宗实录》，高宗九年十二月四日。

⑥ 《高宗实录》，高宗九年十二月四日。

资成为大院君推行富国强兵政策的有力保障。

在三政之中弊端最为严重的是还政即还谷问题。还谷制度原来是政府在灾年或春荒季节贷给农民粮食或种子、到丰年或秋收季节连本带利偿还的赈恤制度。但是在势道政权时期，该制度完全背离了原来的宗旨，成为直接盘剥农民的高利贷。大院君执政之后，着手解决还谷问题。自1863 年 9 月以后，他多次借用大王大妃的教命宣布要严惩不正当运营还谷者①，1865 年在编制《大典会通》时制定详细的处罚规定以防止围绕还谷发生的各种不法行为。他采取削减或荡减负债的方法以减轻农民负担，但这并不是要废除还谷制度。还谷政策与国家财政有着密不可分的关系，而重建景福宫和增强军事力量抵御外敌入侵都迫切需要国家财政的支持。为此，大院君不得不对还谷问题采取新的政策，此即还谷复旧和社仓制。1866 年 5 月，高宗下教说，"维我慈圣，轸念还谷之弊，年年减总，御供日用，撙节积储，今至三十万两矣。特下庙堂，自庙堂量宜分排于各道，复旧籴粜，仰体我慈圣为国盛念。如是更张之后，又或有夤缘滋奸，渐致耗缩之患，是方伯守宰，负负我慈圣圣德，万亿年永久勿替，用巩我家邦"②，指示复旧还谷制度。1867 年 6 月，国王又下教说，"春粜、秋籴，有国水旱之备也。迩来谷总，月减、岁缩，所以有昨夏作还之举，而立本既少，未可以复旧论矣。就新铸中，岭南六十万两、湖南四十万两、湖西三十万两、海西二十万两，折计下送，使之作谷。趁今分俵谷名，以户曹别备悬录，而见今夏节已晚矣。秋后取耗，实是行之。不得者，当年则特许除耗排捧。至于派给之节、典守之方，方伯、守宰另加纠察，实心对扬。而分钱、粒米，若或虚实相蒙，泽不下究，亦当有别般举措。自庙堂严加申饬"③，下令以新铸钱 150 万两作为还谷的本钱取得利息，即"作谷取耗"。

---

① "初九日。大王大妃教曰：'湖西、关西厘还之举，虽是弊到极处，一时权宜之政。而苟究其源，则专由于方伯、守令之不能举其职也，奸乡、猾胥之偷弄欠逋故也。国有纪纲，岂容若是哉？以逋吏查勘之意，虽已提饬，今至几月，尚无举论，未知何故。而至若关西所谓添饷、轻殖及营各库所逋排年条，皆是还簿之尾闾也。此异于寻常负逋，则其可捧、不可捧之间，宜有一番惩创。添饷、轻殖，秩秩区别，营各库排年条，则溯考十年，一并查栉，条成册报来，以待处分之意，自庙堂措辞行会'"，《高宗实录》，高宗一年十二月九日。

② 《高宗实录》，高宗三年五月十日。

③ 《高宗实录》，高宗四年六月三日。

还谷复旧之后的问题是采取何种方法使还谷制度能够顺利运营。为此，1867 年 6 月，户曹判书金炳国陈述还谷制度的弊端，提出实施社仓制①，得到国王的批准。6 月 11 日，议政府制定了《社仓节目》，规定了具体的实施办法，并下令在除咸镜道、平安道、江原道以外的南部五道施行②。该措施的主旨是将社仓原有机能即乡村自治和赈贷同还谷的机能即取耗补用加以折中，实现均赋均税，防止盘剥，继续征收耗谷，以充实国库。从议政府制定的《社仓节目》内容来看，社仓制具有以下两个特点：一是以面为单位选出社首，将社仓的运营委任于以社首为中心的村民，吏属不得干预；二是以各洞大小贫富为标准分配还谷，各洞再不分班常（两班和庶民）进行分配，以消除偏多偏少、赋税不均的弊端。此时的社仓制只限于别备谷，并未涉及全部还谷，而且其实施范围也限于南部五道，因此具有很大的局限性。但该制度的实施确实在一定程度上起到了消除还谷制度的弊端、减轻农民负担以及充实国家财政的作用。后来的甲午改革中颁布的《社还条例》就是以此时制定的《社仓节目》为蓝本制定，度支部大臣鱼允中发布的度支部第 3 号令规定取消以前还谷制度中取耗补用的机能，只保留其赈贷机能，并将其运营委任于村民③。可见，大院君实施的社仓制成为此后甲午改革中实施的地方改革、财政改革的一个背景。

朝鲜的货币铸造一直是弥补窘迫的国家财政的权宜之计，大院君时期的货币政策也是出于同样的目的，即大院君试图通过铸造当百钱和输入清钱（中国铜钱）以确保重建景福宫和扩充军备所需财政。

1866 年 10 月，左议政金炳学建议为了筹集重建景福宫和江华府所需经费而铸造当百钱④。一周之后，议政府召开会议商讨此事，最后决定铸造当

① "臣尝以朱子社仓之法为必行无疑、永遵无弊。其言曰：'夏受粟于仓，冬则加息，计米以偿。歉蠲其食之半，大饥则尽蠲之。凡十四年，以元数六百石还府，见储米二千一百石，以为社仓，每石上取耗三升。十家为甲，推一人为首，五十家则推一人为社首。惟其管摄在民，吏不得操弄，故民皆便之。'今之民犹古之民也。窃听于闾里、畎亩之言，往往有盻望于社仓之设。臣适忝大农之谷，别备之谷，又命置籍于臣曹，乃以群情之所甚欲者，栓陈。伏乞下臣此章，令庙堂诸臣烂确，如或言有可采，亟令行会于诸省。以颁下钱一百五十万两，排攒郡邑，并与昨夏立本之谷，创设社仓，将见朝家之泽广被而永赖焉"，《高宗实录》，高宗四年六月六日。

② 《高宗实录》，高宗四年六月十一日。

③ 《旧韩国官报》第 76 号，开国 504 年闰 5 月 28 日，度支部令第三号，亚细亚文化社，第 981～988 页。

④ 《高宗实录》，高宗三年十月三十日。

百钱，由户曹主管，在禁卫营铸造①。从 12 月开始，当百钱在市面流通。政府规定当百钱和常平通宝均为交易时使用的法定货币，在向官厅缴纳租税时，当百钱要占2/3、常平通宝要占1/3，以此鼓励使用当百钱②。但是当百钱的流通并不顺利，同时也导致物价上涨。为此，大院君直接介入当百钱问题，下令囤积常平通宝的商人重新将其投入流通，搜捕和惩处铸造伪币的犯人，并向各道派遣暗行御使监督市场的货币交易③。此外，为了表示政府对当百钱的信任，规定全国向官厅缴纳的所有租税和愿纳钱一律使用当百钱④。1867 年 4 月铸造完成的当百钱总额为 1600 万两，其中 200 万两左右在中央和各级地方政府，其余 1400 万两则在民间⑤。这只是官铸钱的数额，如果加上民间私铸的钱，其规模应该更加庞大。当百钱的铸造和流通满足了当时激增的财政需求，但导致了严重的通货膨胀，导致物价暴涨，扰乱了国家和百姓正常的经济生活。于是，以 1868 年 5 月崔益铉的上疏为契机，政府决定停止当百钱的流通。

当百钱的禁用使得政府的财政收入锐减，从而加剧了政府的财政困难。为了打破这种局面，大院君政权决定输入并流通清钱。1867 年 6 月 3 日起，清钱开始在市场上流通。当时，已经流入朝鲜国内的清钱只有数十万两⑥，但到了 1874 年 1 月禁用清钱时，仅汉城官衙所有的清钱就达 300 万两之多⑦。由此可见，当时在朝鲜国内流通的清钱数额应该是很庞大的。清钱是以鍮铁的名义从中国进口的，而对其征收的鍮铁税则成为关税厅主要的税收来源⑧。由于清钱的实际价值只有常平通宝的1/3，而政府强制以与常平通宝相同的面额流通，其结果又导致严重的通货膨胀，大臣们纷纷上疏陈述清钱的弊端，要求革罢清钱。1874 年 1 月 6 日，高宗下令禁止清钱流通⑨。

---

① 《高宗实录》，高宗三年十一月六日。

② 《高宗实录》，高宗三年十二月二日。

③ 《高宗实录》，高宗五年一月三十日。

④ 《高宗实录》，高宗五年十月六日。

⑤ "本以一十六百万两之内，公家所储，通八道未满二百万两矣，然则一十四百万两之失，在于民也"，参见《龙湖闲录》4，第 190 页。

⑥ "译官辈潜出唐钱为数十万两矣，间有政府草记通用之举，此是两国法禁者，而今此通用，实未知如何也"，参见《龙湖闲录》4，第 175 页。

⑦ "顾今京司所在清钱不下三百万两"，参见《日省录》，高宗十一年一月十三日。

⑧ "义州商税曾有洋木等税，今为禁物，又有鍮铁税，清钱亦既革罢，税入渐缩，管税厅事势渐不成样矣"，参见《日省录》，高宗十一年五月五日。

⑨ 《日省录》，高宗十一年一月六日。

大院君执政时期，对外贸商品征收的商税也是其财政收入的主要来源之一。当时在朝鲜的对外贸易中，对华贸易占压倒性优势，对日贸易数额非常少。朝鲜与中国进行边境贸易的主要地点是栅门，由设在义州的管税厅主管对贸易商品征收商税的业务。管税厅设立于 1814 年，由义州商人负责征收帽税、包参税等商税，充当公用。但 1851 年，政府以地方官衙偷税漏税严重为由，派出隶属司译院的监税官负责征税，将其设为户曹的外库。由此，管税厅征收的商税成为中央政府重要的财政来源①。

　　管税厅的主要收入来自对朝鲜的主要出口商品包参的课税。面对国家财政的匮乏，朝鲜政府采取增加包参交易数量或增加税率的方法增加税收，以填补国家财政支出。1864 年举行国葬时，为了弥补财政不足，政府下令增加 2000 斤包参出口中国。此后，管税厅的税收主要用于增强军备。在镇抚营的收入中占有最大比重的是管税厅征收的包参税。这是 1866 年 11 月由议政府奏请设置的新财源。为了重建因"丙寅洋扰"变成废墟的江华府，政府下令增加出口 15000 斤包参，将其税收充当江华、开城、瓮津三营的军费②。据 1874 年 11 月的记载，镇抚营的年收入约为 12 万两，其中的 10 余万两来自管税厅征收的包参税③。由此可见，包参税在镇抚营的收入中占有绝对比重。除了江华、开城、瓮津三营以外，其他地区的军营所需费用也大部分来自管税厅征收的包参税。

　　对华贸易中，朝鲜的出口商品主要是红参，而进口的主要商品是被称为"西洋木"的洋布。即朝鲜商人向中国出口红参，从中国进口中国商人作中介的洋布④。此后，随着贸易量逐年递增，大量洋布流入朝鲜国内占据市场，致使传统手工业者失业⑤。洋布等西洋商品蚕食朝鲜市场的现象引起了统治阶层的危机意识。1866 年 7 月，领议政金炳学奏请禁断洋布等西洋商

① 李哲成：《朝鲜后期对清贸易史研究》，国学资料院，2000，第 226～227 页。
② "命原包参外一万五千斤自明年添付沁松瓮三营税收排划"，参见《日省录》，高宗三年十一月十一日。
③ "予曰，镇抚营划送，近十二万两，其中十余万两，即管税厅包参税中移去者也"，参见《日省录》，高宗十一年三月二十日。
④ "查道光年间，朝鲜在边门交易，皆买斗文布为正款，渐有洋布无税，朝鲜商人俱买洋布，全不贩买斗文布"，参见《清季中日韩关系史料》第 3 卷，台湾"中央研究院"近代史研究所，1972，第 1043 页。
⑤ 《日省录》，宪宗十三年一月二十五日，"备边司启言，（中略）白木廛市民等以为，西洋木出来之后，土产之木，自归无用，以致失业"。

品的进口，得到国王的允准①。"丙寅洋扰"爆发之后，卫正斥邪论者的危机意识更加高涨，主张禁止西洋商品的进口和使用的呼声也日益提高。奇正镇指出"近日豪华轻薄，喜蓄洋物，耽服洋布，最为不祥，殆海寇东来之兆，命中外官搜括廛人所储洋物，焚之通衢，嗣后贸来者，施以交通外寇之律"②，李恒老也指出"洋物之来，其目甚多，要皆奇技淫巧，而于民生日用，不惟无益，为祸滋大，（中略）况彼之为物，生于手而日计有余，我之为物，产于地而岁计不足，以不足交有余，我胡以不困，以日计接岁计，彼胡以不赡"③。于是，政府下令禁止进口西洋商品，此时强调的理由是消费西洋商品诱导西洋侵略朝鲜④，即较之贸易西洋商品所导致的经济或文化侵略，对军事侵略的担忧成为禁止进口西洋商品的首要原因。

二　强化王权

60 年来外戚当权的势道政权，不仅导致政治、经济等各方面的腐败和混乱，而且使王权遭到严重削弱。大院君执政之后，以"刷新弊政"号令天下，以图重整李氏王族的统治，重建景福宫就是其中最为重要的举措。

景福宫建于 1395 年，太祖李成桂命郑道传给新宫取名。郑道传从《诗经、周雅》里的诗句"既醉以酒，既饱以德，君子万年，介而景福"中取"景福"二字，取名曰景福宫。后在壬辰倭乱期间毁于战火。此后，几代国王都欲重修景福宫，但均因财政困难未能如愿。

1865 年 4 月 2 日，大王大妃下教，指示重建景福宫⑤。3 日，大王大妃召见时、原任大臣和户曹判书，询问他们对重建景福宫的意见。对于重

---

① "禁断洋物缎纱器用"，《日省录》，高宗三年七月三十日。
② "副护军奇正镇陈疏斥邪赐批"，《日省录》，高宗三年八月十六日。
③ "护军李恒老疏陈时事仍乞递金吾之任赐批"，《日省录》，高宗三年十月三日。
④ "教曰，洋夷之前后胶扰，辄举交易为言，概以我国之用洋货然而，此所以筵奏筵饬，一切禁断可也"，参见《日省录》，高宗三年十月十八日。
⑤ 《高宗实录》，高宗二年四月二日，"大王大妃教曰：'景福宫，即我朝定鼎初首建之正衙也。规模之正大，位置之整肃，仰见圣人心法，而政令施为，无一不出于正，八域苍生，咸蒙福佑，自此宫始焉。不幸兵燹之后，迄未重建，久为志士之嗟叹。今因政府之重修，每忆国朝盛时，民物之殷盛，明良之登庸，益切钦诵羡慕之心。仍念翼庙代理之年，屡幸旧阙，周审基址，慨然有重营之志，而未卒焉。宪庙屡欲继述志事，而又未及举。呜呼！若有待于今日矣。今我主上，自在潜邸，亦尝游览。而近日每叹祖宗御此宫时太平气像，何为而今不如古乎？此不但肯堂肯构之圣意也，有以见度量之弘大。是惟生灵之福，而无疆之基，实基于此。予心不胜庆幸，重建此宫以恢中兴大业。不可不与诸大臣谋之，时原任大臣，明日赐馔后留待。'"

建景福宫，大臣们没有提出异意，但围绕能否筹措所需资金产生了分歧，如领敦宁金左根认为，"三百年未遑之事，今若一新营建，则此旧邦新命也，孰不攒祝，事极重大，财力又非仓卒所可办，此为池莞"，而左议政金炳学则认为，"旧阙重建，景命维新之会也，不胜忭祝之忱，而凡国有大役，必用民力，是所谓子趋父事也，至于财用，则有司之臣，当次第区划"①，表示赞同。大王大妃就是否使用民力进一步征求诸大臣的意见："大王大妃曰，今此重建，专为百姓之计，而岂可先费民力乎。元容曰，古制岁用民力三日，如此国役，民岂不出力乎，群情胥悦，则自忘其劳矣，臣意则财用犹属第二也，役民劳民之际，在任事者，察民情而轸民势，随事纡力，则为好矣。斗淳曰，国之大役，民之赴役，即左相所奏，子趋父事之义也。凡于国役用民之力，亦多已例矣。大王大妃曰，然则但用民力乎。斗淳曰，非但庶民而已，上自卿宰，下至庶民，当举皆出力矣。"② 于是，大王大妃指示为重建景福宫而设立营建督监，"营建督监都提调以领议政赵斗淳、左议政金炳学为之，提调以兴寅君最应、左赞成金炳冀、判府事金炳国、兼户曹判书李敦荣、大护军朴珪寿、宗正卿李载元差下，大司成李载冕、副护军赵宁夏、赵成夏，副提调差下"③，可见，营建督监的堂上官人员由与大院君携手的金炳学兄弟、大王大妃的侄子及大院君的亲族构成。

大王大妃将重建景福宫一事全权委任于大院君，并且指示诸大臣有关重建的每个事项都要与大院君商定④。于是，大院君取得了掌握议政府权力的名分，成为其通过议政府体制行使权力的契机，诸大臣在重建工程中要听命于大院君。重建景福宫是大院君一手策划的政策，其目的不仅是为了恢复王室的尊严，而且还希望借此削弱老论执权势力的政治力量及其权威、将其纳入以国王为中心的权力体制之中加以控制和利用。而以安东金氏为中心的老论执权势力也不得不积极执行与王权有关的国家政策。

为此，大院君还煞费苦心，做好周密部署。1865 年 3 月，在修复议政府建筑时发现刻有字的石头，正面刻有"癸未甲元，新王虽登，国嗣又绝，

---

① 《高宗实录》，高宗二年四月三日。
② 《高宗实录》，高宗二年四月三日。
③ 《承政院日记》，高宗二年四月三日。
④ "如此莫大之事，以予精力有所不逮，故都委于大院君矣，每事必讲定为之也"，参见《高宗实录》，高宗二年四月三日。

可不惧哉，景福宫殿，更为创见，宝座移定，圣子神孙，继继承承，国祚更延，人民富盛"，背面刻有"东方老人秘诀，看此不告，东国逆贼"①。大院君此举的目的是阐明重建景福宫的正当性，以"东国逆贼"的罪名压制反对派、笼络民心。此外，他又以"寿进宝酌"②的谶言为其掌控以议政府为中心的国家权力机构提供名分。他成为国家之尊属即国太公之后就可以名正言顺地行使国家权力，而奎章阁提学等人作铭文呈上又对大院君的权力予以正当性，同时表示对大院君的忠诚。

大院君通过议政府直接管理重建工程，领议政赵斗淳给予积极协助。他以宗亲势力为中心组织了营建督监的组成人员，又选拔大院君的亲信任堂上官。为了确保重建工程的顺利进行，大院君追加任命三营武将和总戎使以及左右捕盗大将为营建督监提调，这些军营大将均为大院君的支持者。

大院君非常重视筹措重建所需资金。为此，他首先动员大王大妃捐出内帑金10万两送至营建督监③。他还通过宗亲府动员散居在各地的宗亲积极捐款。由王室和宗亲率先捐款，意在做出表率，以诱导卿宰以下的官员和富民等积极捐款。仅仅两天之内，都城百姓捐献的愿纳钱就达10万两，宗亲也捐献了数万两。此外，大院君还利用给捐款者授予官职等方式筹集资金④。

为了筹集庞大的经费，他下令新设被称为"结头钱"的地税，每一结土地征收一百文钱。在汉城新设"门税钱"，对进入城内的人和货物征收税

---

① 《高宗时代史》，高宗二年四月，第 115 页；《龙湖闲录》卷 3，"东方老人秘诀"。

② "初四日，劝讲讫，命内侍出示具盖铜器一坐，教曰，此是石琼楼下所出者也，见甚庆怍，其在孝理，不可无识喜，内阁提学与今日入侍讲官玉堂以下撰铭以人，承旨金泰郁跪受器，启盖视之，则其中有螺酌一坐，盖中环书，有诗曰，华山道士袖中宝，献寿东方国太公，青牛一回白巳节，开封人是玉泉翁。当中有寿进宝酌四字，诸臣以次奉玩讫，讲官朴珪寿曰，事不偶然，谨当退与内阁提学作铭以献，而审其诗意，似是献寿于大院君，以太公比拟，而大院君，殿下之私亲也，唐宋人语，以国家之尊属谓之国太公，此诗语恐是献寿于国太公之谓也，教曰，今日筵说，颁诸朝纸可也"，参见《承政院日记》，高宗二年五月四日。

③ "大王大妃教曰：'今此景福宫重建时，钱十万两，当内下矣。先为补用事，分付营建都监'"，参见《高宗实录》，高宗二年四月八日。

④ "教曰，法宫营建，专赖民力，今方次第告成，……若其为国之诚，极用嘉尚矣，褒施推奖，不可无示意之举，愿纳一万两以上人，别单书人，愿纳人施赏有差，李度膺等五人，工曹参议除授，安时赫等二十一人并守令待窠差送，李承俭等二十七人，并相当职除授"，参见《高宗实录》，高宗三年十月一日。

款。在地方，则新设按丁征收的税，百姓称为"肾囊钱"；按田亩征收的税，百姓称为"水用钱"①。

虽然大院君采取了上述非常措施，但依然未能满足财政的需要。为此，大院君于1866年11月命户曹在禁卫营铸造新货币"当百钱"流通②，规定其价值为原有货币的一百倍，但其实际价值尚不足时价的二十分之一，致使物价暴涨、财政混乱，不得不在1868年11月停止使用，改从中国进口铜钱强行流通③。

大院君不仅强行征收现款，还征收重建所需的木料、石料和铁等建筑材料，甚至"敛民间鼎釜犁铧之破者，逐户上下定其斤两"④。

1866年3月6日，存放重建工程所需木材的积木场发生大火，木材全部化为灰烬，但大院君并没有停止重建工程，而是下令从江原道和咸镜道的深山中砍伐巨木运送到汉城，还不顾百姓和两班的强烈反对砍伐民众信仰之地城隍堂和两班巨族祖坟里的巨木，还说"将建王居，欲用君家墓木，君之先祖有灵，亦必首肯"⑤。

大院君的上述措施引起了广大民众的强烈不满，有些儒生和官吏上疏提出批评，要求予以纠正⑥。但大院君置之不理，继续推行重建工程。他动用上百万人次的"自愿赋役"，耗费内帑金11万两、愿纳钱786万两，历时两年多时间，终于完成了重建景福宫的庞大工程。此外，大院君还下令修建了议政府、三军府、六曹衙门和宗亲府等官衙和都城以及北汉山城，使首都汉城的面貌焕然一新。

三 裁撤书院

进入19世纪以来，势道政权的横征暴敛，迫使农民揭竿而起，爆发了1811年"洪景来之乱"和1862年"壬戌民乱"等大规模农民起义，对朝鲜王朝的统治造成了巨大的冲击。高宗就是在这种背景之下即位的，而掌握实权的大院君对此感到深刻的危机，为了继续维持李氏王朝的统治，不得不采

---

① 黄玹：《梅泉野录》，教文社，1994，第10页。
② "命铸当百大钱"，参见《日省录》，高宗三年十月三十日。
③ "命小钱一体通用"，参见《日省录》，高宗四年六月三日。
④ 黄玹：《梅泉野录》，教文社，1994，第10页。
⑤ 朴齐炯：《近世朝鲜政鉴》，探求堂，1975，第149页。
⑥ 护军李恒老疏陈时事仍乞递金吾之任赐批，"臣深忧永叹，不量其力，溯本而论之，请罢土木之役，止敛民之政，此老臣满腔热血之所泻也"，参见《日省录》，高宗三年十月三日。

取一系列的措施对原有政策进行改革，裁撤书院就是其中的一项重大改革举措。

朝鲜朝的第一个书院是周世鹏于 1543 年在庆尚道丰基郡修建的白云洞书院。书院原为祭祀先贤、尊崇士气的场所，享受免赋税和免徭役等特权，后来超出了原来作为祠堂和教育机构的机能，不仅占有大量的土地，而且成为两班儒生制造舆论、煽动党争的巢穴，甚至还非法盗用收税权，剥削农民，损害王权。于是，大院君决定采取果断措施对书院进行大力整顿。

大院君执政期裁撤书院的过程大致可以分为三个阶段：1865 年撤销万东庙；1868 年撤销未赐额书院；1871 年撤销除 47 所赐额书院以外的其他书院。

1863 年 4 月，大院君借大王大妃之命，下令各地对书院和乡贤祠拥有的土地和人员等基本状况进行调查并呈上调查书①，但只有江华、水原等地区积极响应，而且各地所呈上的报告也详略不同。为此，7 月 27 日他再次下令，要求“凡其累设之可减，私设之可撤，今当斟量裁处，而成册之尤甚疏略者有难凭考。自庙堂或参考礼曹文案或并关该道详报烂漫商确，继以礼制其存其撤划成一副规模，斯速禀定施行，俾无亵渎淆杂之弊”②。

大臣们也认识到累设、私设书院产生的弊端，赞同对书院进行一定的整顿，但反对大规模裁撤书院。1863 年 8 月 17 日，为了压制反对派的意见，大院君又一次借用大王大妃的教命，其主要内容包括：赐额书院的土地“如有自备之未满三结，而滥以民结充数者一切摘发厘正”“院仆、库直等紧切各色，自庙堂划一定额，而其他则一切裁草实充军额”“乡贤祠保率各色一并删汰签丁”“官封祭需之礼曹许题事极无谓，从今严饬防塞”“凡系祠院之累设私设，一切严立防禁并铁滥杂，如有冒禁，断当随即毁撤，绳以重律”③。大院君认识到书院的弊端在于借用乡贤祠名义侵虐平民，这不仅是对书院的亵渎，而且也是引发农民抗争的原因。因此，大院君裁撤书院的政策聚焦于削弱书院的经济基础，并将其纳入国家财政中。大院君还切断了国家机关与书院之间的联系，严令防塞礼曹许题的官封祭需，从而使书院丧失其以祭祀为由在乡村社会享有的特权，瓦解了乡村社会儒生以书院为中心

---

① 《高宗实录》，高宗元年四月二十二日。
② 《高宗实录》，高宗元年七月二十七日。
③ 《高宗实录》，高宗元年八月十七日。

恣意妄为的经济和政治基础。同一天，大院君又下令其父南延君墓所在之村"元定守墓外，一并充定军还户役，以示法行一切之意""而士夫家墓村养户，一一查括，充定军额，勿敢复蹈前习之意，令庙堂行会，严饬诸道修成册启闻"①。大院君此举的目的在于主动做出表率，以获得裁撤各地书院的名分。

1865年3月，大院君借大王大妃之命，以万东庙与建于王官内的大报坛重设并因年久失修致使庙貌荒凉多有失礼不敬之险为由，下令撤销万东庙并派礼曹判书前往华阳书院将纸榜位和匾额移至大报坛敬奉阁②。万东庙是为了祭祀明朝神宗和毅宗而修建的祠堂，老论派首领大儒宋时烈去世之后按照其遗愿设于其创办的华阳书院之内。因此，万东庙与老论一派的政治生命息息相关。大院君将成为老论一派政治中心的万东庙移至政府主管的大报坛，不仅可以借此削弱老论的势力，而且可以获得不背弃春秋义理的名分。

万东庙是与李滉的陶山书院齐名的朝鲜朝四大书院之一，同时又是感念大明再造之恩的象征，因此，撤销万东庙的举措立即遭到了众多儒生的强烈反对。各地儒生纷纷召开会议，并且派代表进京上疏，指出撤销万东庙的不当之处。但大院君毫不动摇，愤怒地说，"苟有害于斯民者，虽出于孔子，我不能恕。而况书院为祀先儒，而变为盗薮，重得罪于孔子，何可置之"③，遂动员兵力将这些儒生驱逐到汉江以南，如有不应者严惩不怠。

"丙寅洋扰"的爆发加深了朝鲜国内的对外危机意识，使众儒生要求恢复万东庙的活动告一段落，而大院君的书院政策也被迫中断。战事的发生使扩充兵源成为当务之急，以此为契机，大院君决定继续推行书院政策。1866年，公忠监司申櫶提出结弊问题，大院君以此作为更张的机会。议政府讨论军政的变通方案时，认为书院成为逃避军役的场所④。当时，大院君通过议政府推行其书院政策，表明大院君已经确立了能够控制国家最高机构的统治基础。

由于成功击退"丙寅洋扰"，大院君的政治地位及其立场进一步得到巩固，而这又更加坚定了他通过整顿书院确保军役资源的想法。1868年9月3

---

① 《承政院日记》，高宗元年八月十七日。

② 《承政院日记》，高宗二年三月二十九日。

③ 朴殷植：《朴殷植全书》上，檀国大学出版部，1975，第64页。

④ 《议政府謄录》，高宗三年六月二日。

日，大院君通过礼曹下令撤销未赐额书院①。该命令以大院位分付的形式通过礼曹关文下达到各地。但全面撤销未赐额书院的措施进展缓慢。大部分的地方守令有必要与当地的两班维持良好关系，因此，推迟整顿书院或流于形式的情况时有发生。在中央政府的一再督促之下，地方守令不得不亲自出面撤销书院。此外，大院君还下令将运营书院的主体由儒生转化为守令，此举旨在通过转换书院的运营体制，加强中央政府对地方的控制，消除乡村儒生恣意妄为的非法行为，并通过地方守令切断儒生有组织的政治性抵抗。但是，各地守令未能全面掌握书院。对此，大院君警告那些不执行命令的书院，即使是赐额书院也会遭到裁撤②。这项命令意味着大院君裁撤书院的范围将进一步扩大。

1871 年，大院君通过礼曹下令整顿赐额书院，由礼曹判书赵秉昌负责推行。高宗下教说，如果今后出现道学和忠节出众的人物需要供奉在书院时，将其选定标准记入《五礼便考》，定为万年法式，给大院君推行的书院政策予以正当性③。此外，高宗还亲自向成均馆的儒生解释政府的书院政策，希望取得他们的支持。高宗的意图在于切断成均馆儒生对书院政策的有组织的抵抗。此举非常奏效，成均馆的儒生均对书院政策持赞同态度。

高宗于 3 月 20 日指示整顿赐额书院，而裁撤的范围和对象则委任于大院君④。大院君接受礼曹参判赵秉昌的禀告，选定了 47 所祭拜供奉在文庙中的人物和忠节大义卓然人物的赐额书院，其余的书院一律撤销⑤。该举措在政府内部没有遇到任何阻力，对前两次裁撤书院的政策表示反对的成均馆儒生也一致表示赞同，这说明此时大院君已经完全掌握了议政府为中心的政治机构。至此，大院君的书院裁撤政策告一段落。

通过书院裁撤，大院君恢复了中央政府的权威，加强了对地方政府的控制能力，减少了地方两班势力对平民的侵虐，而且还增加了国家财政收入并扩大了军役资源，取得了一举多得的效果。他借用大王大妃和国王之命推行改革措施，从而减少了来自保守的老论派官僚和儒生的阻

---

① 《承政院日记》，高宗五年九月三日。

② 《承政院日记》，高宗七年九月十日。

③ 《承政院日记》，高宗八年三月九日。

④ 《承政院日记》，高宗八年三月十八日。

⑤ 《高宗实录》，高宗八年三月二十日。

力，但同时也加深了国王和老论派的权力危机意识，最终成为迫使其下野的契机。

四 起用人才

大院君执政初期，由于以安东金氏为中心的外戚势力独揽大权六十多年，王权遭到严重削弱，甚至到了"世惟知壮金，不知有国家"① 的程度。为了强化王权、整顿纪纲、确立中央集权体制，大院君的当务之急就是对原有政治集团进行改编，以尽快建立和巩固自己的政治基础。为此，大院君标榜"四色平等、以才择官"，采取果断措施推行人事改革。

大院君执政初期，曾对诸大臣说，"吾欲引千里为咫尺，吾欲划泰山为平地，吾欲高南大门三层，盖千里咫尺者，右宗亲也，南大门三层者，阐南人也，泰山平地者，抑老论也"②，表明了他要强化王权、提高南人地位、压制安东金氏的决心。

在势道政权期间，王室宗亲被迫远离政治，受到压制。执政伊始，大院君就着手加强宗亲府的权力及其作用，这不仅有助于提高宗亲的政治、社会地位，而且也可以通过宗亲的团结及其势力的扩大来削弱安东金氏势力，从而达到强化王权的目的。为此，大院君将宗府寺和宗亲府合并，由宗亲府统一管理有关宗亲的事务，并扩大了对宗亲府的财政支持③。此外，他还下令建立宗正卿制度，给宗室人员赋予领宗正卿、判宗正卿、知宗正卿、宗正卿等官职，使原本只是一个礼遇衙门的宗亲府成为权力机关。大院君将这些宗正卿安排在中央和地方的各级权力机构担任要职，通过他们来加强对中央和地方的控制，逐步扩大自己的权力基础。例如，按照大院君的指示，李敦荣经议政府左参赞（1864 年 1 月 12 日）任户曹判书（1864 年 3 月 9 日），李是远任右参赞（1864 年 8 月 13 日），李圭彻任工曹判书（1864 年 4 月 29 日）和兵曹判书（1864 年 11 月 18 日），李导重任户曹参议（1864 年 1 月 10 日）和工曹判书（1865 年 4 月 11 日），李承辅任开城留守（1864 年 10 月 21 日），李寅夔任江华留守（1865 年 3 月 10 日），李景夏任总戎使兼禁

---

① 黄玹：《梅泉野录》，教文社，1994，第 8 页。
② 黄玹：《梅泉野录》，教文社，1994，第 9 页。
③ "命宗亲府元给代外，每年钱四千两，布木各十同，加磨炼输送事，分付宣惠厅"，参见《高宗实录》，高宗即位年十二月二十三日。

卫大将（1864年3月9日），李载元任都承旨（1864年1月15日）①。大院君通过他们来掌握中央和地方的财政大权和军事大权。

宗正卿的政治活动领域逐渐扩大，政治地位也逐步提高。李敦荣因重建云岘宫有功升为辅国②，领议政赵斗淳建议予以与议政相同的"赒赠之节"③。由此，宗正卿的官阶与判敦宁相同，其地位有了很大的提高。由于户曹判书李敦荣与议政具有同样的地位，大院君可以制定并实施较为独立的财政政策。大院君在为了重建景福宫而专门设立的营建督监中也安排了宗正卿。李载元被任命为营建督监提调掌管重建景福宫的役事④。在此过程中，宗正卿超越了宗亲的礼遇，得到与时任、原任大臣相同的待遇。

此外，大院君还利用科举制从宗亲中选拔人才委以官职。高宗二年（1865年）三月举行式年科会试，在此之前，大院君借国王之命下令"宗亲各派当为应举者未知为几人，而近来朝家之敦尚宗谊，乃中外之所共知者也，今亦不可无示意，而如是许赴之际，苟不到底探察则必多淆杂之弊，璿派人则自宗府收单，并一一考准，修成册，移送四馆所，俾各赴举可也"⑤。此次考试结束之后，大王大妃说，"至若今番新榜生进蒙恩赐者为百人之多，此实稀有之盛事，寔出于我主上敦宗睦亲之圣念"⑥，而合格定员数是200人，可见当年合格的宗亲就占全部合格人数的一半。高宗五年（1868年），大院君不仅恢复了宗亲科，还新设被称为"璿派儒武应制"的特别科，以与正式科举的及第者同样的资格选拔和登用每年春天宗庙祭祀时参加仪式的璿派儒生和武士。

高宗即位初期，以金左根、金兴根、金炳冀为中心的安东金氏及其所属的老论集团掌握大权，极力反对大院君执政⑦。于是，大院君执政之后，压制安东金氏势力，将安东金氏中的要人从政府的重要部门驱逐出去。1864年4月，金左根被迫辞去领议政一职，由具有丰富的政治经验并在哲宗时期

① 根据《高宗实录》《承政院日记》《日省录》的有关记录整理。
② 《承政院日记》，高宗一年九月二十四日。
③ 《承政院日记》，高宗二年一月二十日。
④ 《承政院日记》，高宗二年四月三日。
⑤ 《高宗实录》，高宗二年三月十五日。
⑥ 《高宗实录》，高宗二年四月二日。
⑦ "甲子初，大院君稍稍欲用事，金兴根扬言于朝曰：'自古私亲不预政，即勒归私第，终身不失富贵可也。'大院君由是于诸金最嫉兴根"，参见黄玹《梅泉野录》，教文社，1994，第9页。

作为三政厘正厅总裁官制定《三政厘正节目》、主张采用洞布制的赵斗淳来接任；翌年1月，领敦宁府使金兴根称病退出；金左根之子金炳冀被免去户曹判书一职，降为光州留守①，由具有清官美誉的李敦荣接任，从而失去了政治主导权。由此，在哲宗时期飞扬跋扈的部分安东金氏势力被黜出政界。

但这并不意味着大院君彻底清除了以安东金氏为中心的外戚势力②。高宗以旁系入继王位，大院君以辅助幼主为名执政，其政治基础非常薄弱，尚无力与掌握重权数十年的安东金氏正面对抗。因此，大院君虽然嫉恨安东金氏，但为了维持政权，不得不与安东金氏携手。而此时，在安东金氏内部，金炳学与金炳冀之间产生了矛盾，导致其势力的分化③。于是，大院君对安东金氏采取了既牵制又联合的政策，即一面打击以金左根、金兴根、金炳冀为首的势力，另一面又拉拢以金炳学兄弟为首的势力，与之联合、互为依托。1864年，金炳学被任命为吏曹判书，1865年升任左议政，自1867年至1872年连任领议政一职，为大院君出谋划策，并负责推行量田、铸造当百钱等措施；金炳国自1866年一直任户曹判书，掌握了国家财政，执行了社仓制等改革措施；就连曾被贬职的金炳冀在1865年也重新任兵曹判书，长期掌管兵权，后在重建景福宫时任营建督监提调，执行了大院君的政策④。可见，在大院君执政时期，安东金氏依然是最有力的政治势力之一，这也是大院君的统治未遇到安东金氏有组织的抵抗的重要原因。然而，随着统治基础的逐步巩固，大院君逐渐削弱了金炳学等的权力。1869年5月，国王和重臣们商议国事时，金炳学说道，"今兹营建之役，即绍复大业，迓续景命之会也，相度筹划已定于经始之初，苟其改拓基址，增衍间架，以有限之制，应无艺之求，安得不伤财害民，况寸木片石，莫非民力之所给，何可以不急无益之费，取之无节，不知所以裁制乎。臣前后陈达，亦非一再，每承服膺赐达，而终未见采纳，然则臣所仰勉，徒归应文，殿下所以虚受，亦近空言，此臣中夜绕壁，烦闷抑郁者"⑤，对大院君主导的土木工程提出批评，

————————————

① 李瑄根：《韩国史——最近世篇》，乙酉文化社，1961，第165页。
② 李瑄根认为除了与大院君达成默契的金炳学以外，其他金氏势力依此被清除，参见李瑄根《韩国史——最近世篇》，乙酉文化社，1961，第165页。而成大庆主张大院君以清除一切阻碍新国王执政的势力的意志对安东金氏施以反击，使其彻底屈服，参见成大庆《大院君执政初期的权力结构》，《大东文化研究》15，1982，第101～104页。
③ 尹孝定：《韩末秘史》，教文社，1995，第8～9页。
④ 金炳佑：《大院君的统治政策》，慧眼出版社，2006，第371～374页。
⑤ 《高宗实录》，高宗六年五月二十九日。

并对自己作为领议政提出的建议不受重视表示不满。1872 年 10 月，大院君对三议政人选进行调整，金正喜的侄女婿洪淳穆代替金炳学任领议政，1829年（纯祖二十九年）曾弹劾安东金氏的金教根、金炳朝父子的韩镇户之子韩启源任右议政，而三个月前曾遭金炳学弹劾的姜㳫任左议政①。由此，三议政全部由主张牵制安东金氏的亲大院君势力构成。

在打击安东金氏势力的同时，大院君还打破派系、门阀、地区的界限，广泛起用人才，这主要体现在议政府三议政人选上：金左根（领议政，老论）；赵斗淳（领议政，老论）；李景在（领议政，少论）；任百经（左议政，北人）；李裕元（左议政，少论）；郑元容（领议政，少论）；金炳学（领议政，老论）；柳厚祚（右议政，南人）；洪淳穆（领议政，老论）；韩启源（右议政，南人）；姜㳫（左议政，北人）。从其派系的构成来看，有四个老论、三个少论、两个南人和两个北人，老论所占比例最大，但考虑到在势道政权时期老论垄断三议政职位，大院君起用一直受排挤的南人和北人以及少论的人物担任要职，也不失为是一项果断的措施。

此外，大院君甚至起用朝鲜朝建国以来一直被排斥在政治之外的松都人、西北人委以重任②，如 1867 年任命高丽朝王氏后裔王庭杨为兵曹参议，后晋升为参判，其子王性协也任弘文馆校理一职，这是朝鲜朝建国以来前所未有的创举。

按照朝鲜朝的法规，中人、庶类出身的人不能任官职，埋没了不少人才。大院君下令从中选拔有能力的人在天文、法律、书写等政府部门任用③。吴庆锡是中人出身，1872 年作为燕行使节团首席译官随朴珪寿出使中国，发挥了重要作用。1876 年签订江华岛条约时，大院君提拔的申櫶任接见大官，中人、庶类出身的吴庆锡和姜玮担当实务，而朴珪寿在背后发挥了影响力。他们均是通过北学知晓国际局势的实务官僚，活跃在朝鲜朝的外交前沿处理外交危机，而且又都是受大院君重用的人才。

---

① 《高宗实录》，高宗九年十月十二日。

② "教曰，国家用人本无界限，西北松都收用之地，列圣朝由来申命之盛，而挽近以来有名无实，即是有司不善奉承之致，况当此人才蔚然之时，不可无别段广选旁择之举，两道监司松都留守，齐会乡长老于学官论荐以闻，则高官清官无所吝惜也，然关系甚重，如有夹实之叹，误荐之律，自有所归，荐得其人，当有进贤之赏矣，自庙堂行会"，参见《承政院日记》，高宗三年十月三日。

③ 《高宗实录》，高宗二年六月癸卯条。

大院君在中国保定府被软禁期间曾说"十年之内，群彦成翼"①，炫耀自己十年执政期间俊才辈出。大院君人事政策的目的在于加强王权、巩固李氏王朝的统治地位。面对以安东金氏为中心的外戚势力仍然掌握国家大权的现实情况，他采取了既牵制又联合的灵活政策，充分利用安东金氏的内部矛盾，打击与自己处于敌对状态的一派，拉拢与自己具有共同利益的一派。此外，他还采取多种措施加强宗亲势力的力量，使之成为强化王权的政治基础。大院君标榜"四色平等、以才则官"，起用一直受到势道政权势力排斥的南人、北人和少论的人才，甚至还起用前朝后裔担任官职，其目的就是扩大自己的支持势力，以对抗和牵制安东金氏势力及其所属的老论集团。因此，大院君的人事政策虽与势道政权时期相比有了一定的进步，但还是具有很大的局限性。

五　巩固国防

大院君执政之后，对内要消除势道政权所造成的弊端，维护和加强李氏王权，对外则要应对来自欧美列强的威胁。为此，大院君推行了一系列军事改革，以加强自"丙子胡乱"以来几近废弛的国防力量。

势道政权时期，备边司不仅掌握重要的政治决定权，还掌握中央和地方政府主要的行政、军事机构主要官员的人事权，从而变成了国家权力的核心部门，而掌握备边司、独揽大权的就是以安东金氏为核心的政治集团。要重新确立国王集权体制，最大的障碍就是备边司。为此，大院君上台之后欲通过恢复建国初期以议政府和六曹以及三军府为中心的政治体制，对现有权力结构进行改编。1865年3月，大王大妃下令取消备边司，将其并入议政府，备边司作为议政府的朝房，新刻"朝房"匾额揭于其大门之楣，而原有的"庙堂"匾额则移揭于大厅。备边司的印信永久销毁，所有启目和文簿要以"政府"开头②。于是，"备边司"从政府公文中完全消失。在此之前，大院君任命任泰瑛为训练大将、许棨为御营大将、李景夏为禁卫大将、李显稷

---

① 成大庆译《保定府谈草》，《乡土首尔》40，首尔市史编纂委员会，1982，第384页。

② 大王大妃教曰："议政即大臣之董率百僚、揆察庶政之所也。其所重，与他迥别。京外事务之一委备边司，未知创自何时，而事体有不然者。向所以文簿之区以别之，亦出于复旧规也。而今则政府既至重新矣，从兹为始，政府、备局，一依宗簿寺、宗亲府合附之例，亦合为一府。备局则仍为政府朝房，而刻揭于大门之楣，庙堂扁额则移揭大厅。而备局印信，永为销刻；启目及文簿，并以政府为头辞。凡系体统系、沿革之节，参互古规，大臣、政府堂上商确议定，别单以入"，参见《高宗实录》，高宗二年三月二十八日。

为总戎使①，以便掌握取消备边司之后将会产生空白的军务、宿卫、边防等方面的军权。备边司虽然被取消，其建筑降格为议政府的朝房，但议政府的日常业务依然在旧备边司的建筑内履行②，而议政府堂上制度也沿用了以前备边司的运营方式③。这些措施表明，备边司只是改名为公事色④，成为议政府的所属机构，其运营方式及政治势力并没有发生实质性变化，即只是把备边司的名称改为议政府了。这是因为，取消备边司的目的在于将以往掌管武备的备边司改名为专管文事的议政府，以便设立专管武备的三军府。

1865 年 5 月 26 日，领议政赵斗淳建议恢复三军府，得到大王大妃的批准⑤。此时的三军府虽然只是初具规模，但为此后成为与议政府比肩的正一品衙门奠定了基础。1866 年 4 月 24 日，高宗下令将各军营大将升格为正二品，使之具有了与此前掌管各军营的兵曹判书相同的官品。于是，便产生了设置总管各军营的独立机构即最高军令机构三军府的必要性。由于爆发"丙寅洋扰"，亟待设立最高军令机构。为了统一指挥各军营，政府设立了最高军令机构——巡抚营，但这只是一个临时性机构。为了抵抗法国的军事侵略，有必要设置常设的最高军令机构。即便如此，由于既得利益集团强烈反对武将权限的扩大⑥，三军府依然未能成为最高军令机构。重建景福宫的工程告一段落、国王决定从昌德宫移御景福宫之后，大院君的政治地位得到进一步的提高，将三军府设为最高军令机构一事被提上议事日程。1868 年 3 月 23 日，领议政金炳学提议道："三军府既复设矣，五卫旧制，今不可遽议，而曾经将臣中，大匡则领事、上辅国、辅国则判事，崇禄、崇政则行知事，正宪、资宪则知事，并以兼衔下批。时任将臣，亦照此例，随时单付，

---

① 《高宗实录》，高宗二年三月四日。

② "凡于文簿，依前自公事色举行，在前本府举行者，亦自本府举行，本府吏隶与公事色吏隶，既以通同，而渠辈聊赖之资，名目各殊，使之各随所管，依前规施行"，参见《议政府体统沿革别单》七条，《训局誊录》。

③ "备局堂上，并政府堂上启下"，参见《议政府体统沿革别单》二条，《训局誊录》。

④ 《六典条例》，吏典，议政府条，"备边司总领中外军国机务，当宁乙丑，合属本府，称公事色也"。

⑤ "领议政赵斗淳启言，今之礼曹，即国初三军府。而与政府对峙者，以其为一国政令所出，文事与武备而然矣。五卫旧制虽不可遽复，以训局新营、南营马兵所及五营昼仕之所，合设于今礼曹，而曰三军府。礼曹则移设于汉城府，汉城府则移设于训局新营，使六部列于象魏左右，一遵古例。大王大妃殿从之"，参见《日省录》，高宗二年五月二十六日。

⑥ "领敦宁金左根启曰，治之尚文，乱之尚武，古今通义也。是以安不废武，危不可废文。然而必以文为本，以武为用，盖文以知武，武不知文。伏愿留心于尚文尚武，而文重于武之义焉"，参见《承政院日记》，高宗四年三月二十二日。

仍以三营将臣定为有司三员，检察一府事，著为定式"①，得到允准。1868年 6 月 8 日，高宗下令"三军府既为复设，则体貌有别，必以正一品衙门磨炼。时任三相，例兼都提调，节制视务，与庙堂一体为之事，定式"②。此外，他还下令以三营文从事官兼任三军府从事官，兵曹判书兼任三军府提调，捕盗大将人选由三军府推荐。由此，三军府具备了作为最高军令机构的组织机构和职位。

恢复三军府的重大意义在于设置了常设最高军令机构，以便统一指挥在此之前分散的各军营，使之能够分工明确、互相协助，能够更加有效应对外来入侵。此外，由于原来属于议政府的有关军事力量及国防的主要官职的任命权和各种经济权限过渡到由大院君直接控制的三军府，进一步巩固和扩大了大院君的权力基础。

除了上述机构改革以外，大院君还致力于兵制改革。经历"丙寅洋扰"之后，大院君切实感受到了加强军备的必要性，采取了一系列政策来增强朝鲜的国防力量。1867 年正月，训练大将申櫶上疏提出"军务六条"，即"京兵操练、奖选乡炮、劝设民堡、北沿制兵、笃修内政、审料夷变"③，得到国王的批准。他主张"兵贵精不贵多"，提出对原来的军队进行整顿，缩减冗员，实现军队的精锐化，加强军队的战斗力，并大力培养火枪手，成为此后大院君推行兵制改革的政策依据。

在申櫶提出改革建议之前，大院君已下令对禁卫营和御营厅进行改编，即改变以往禁卫营和御营厅乡兵轮番上京的方式，用其费用增设几哨火枪手，其结果是，1867 年 10 月在禁卫营和御营厅设置了使用火枪的京军四哨④。此外，1867 年 8 月，在总戎厅新设 125 名擅长射击的火枪手，由大院君出资 30 万两交给五贡契，每年收取 3000 石利息，充当军饷⑤。由此，禁卫营和御营厅以及总戎厅为核心的中央各军营中，新增了一批具有常备军性质的军队，而且其中大部分为使用火器的铳军，从而大大增强了中央军的战斗力。

除了上述的禁卫营和御营厅以及总戎厅之外，大院君还增强了作为国王

---

① 《高宗实录》，高宗五年三月二十三日。

② 《高宗实录》，高宗五年六月八日。

③ "左参赞申观浩疏陈军务六条赐批"，参见《日省录》，高宗四年正月十六日。

④ "命禁御两营乡军停番代钱还付炮手几哨加数磨炼"，参见《日省录》，高宗三年十月八日。

⑤ "许施总戎厅善放炮手试取作哨之请"，参见《日省录》，高宗四年八月二十三日。

亲卫兵的龙虎营的军力：1867 年 11 月从卜马军和待年军中选拔 60 名健壮的士兵作为牙兵补充人员①，1870 年 2 月又增设别牙兵 60 名②；此外，从1867 年至 1870 年之间招募多名新兵，总共增设了牙兵 120 名以及大旗手 30名等 240 名兵力。势道政权时期，国王的权力大为削弱，由训练督监来担任侍卫国王之责，龙虎营也随之衰弱。大院君让龙虎营代替训练督监负责国王的侍卫，从而恢复了龙虎营作为亲卫兵的作用及其军威。龙虎营直接受兵曹判书的管辖，自 1869 年以后，李景夏、姜洣等大院君的亲信担任兵曹判书，使得龙虎营的地位大为提高。

江华岛是守卫首都的关门，又是漕运船进入汉城的必经之地，具有重要的战略意义。"丙寅洋扰"之后，大院君下令大力加强江华岛的军事力量。1866 年 10 月 8 日，政府设置了沁都营造督监，负责修理江华岛的官衙、武器、战船，1869 年营造事务告一段落③。1866 年 10 月，令武臣镇抚使任原来由文臣担任的江华留守一职，还兼任三道水军统制使，其官品也由原来的从二品升格为正二品，又令三道水军总御营的乔桐隶属镇抚营④。11 月 16日，政府制定的《镇抚营别单》，再次确认了升为正二品的镇抚营的地位，并下令各有关部门发给镇抚营的文书样式要符合其地位⑤，从而强调了江华岛的镇抚营与中央军营具有同等的地位。此外，大院君还下令将原来由京畿水营掌管的对边将的任免权移交给镇抚营，从而进一步加强了镇抚使的权限。"辛未洋扰"的爆发使江华岛镇抚营的军事力量再次急剧膨胀。美军撤出后，大院君下令征收称为"沁都炮粮米"的税，用以增强江华岛的兵力⑥。到 1874 年，镇抚营的总兵力为 3300 名，有火枪手和马军等兵种，但所有兵力均以火枪为主进行了训练⑦。

综观大院君执政时期新设置的兵种，其中大部分都是使用火枪的军队⑧。这表明，大院君在"丙寅洋扰"之后认识到能够有效抵抗西洋军队的

---

① 《承政院日记》，高宗四年十一月二日。
② 《承政院日记》，高宗七年二月三十日。
③ 《日省录》，高宗六年十二月三日。
④ 《日省录》，高宗三年十月三十日。
⑤ 《备边司誊录》，高宗三年十一月十六日。
⑥ 《日省录》，高宗八年五月二十五日。
⑦ 《日省录》，高宗十一年正月二十六日。
⑧ "传曰，各道炮兵，多设施云，随其所报，一一以闻事"，参见《承政院日记》，高宗七年十二月十三日。

只有使用火器的"炮军"①，而传统的以炮手、射手、杀手为中心的"三手兵体制"在"丙寅洋扰"之后也逐渐过渡到以火枪手为中心的体制。

"丙寅洋扰"之后，在加强军事力量的过程中，新式武器的开发活动也非常活跃。"丙寅洋扰"时期，面对逆江而上的法国军舰，朝鲜军队束手无策。因此，为了防备逆流而上的西洋军舰，大院君政权下令在李景纯、申櫶等的监督下建造战船②。1867年9月9日，在汉江露梁北岸举行了战舰下水仪式，高宗也亲临现场观看。新造战舰非常坚固且重量轻，受到好评，监董堂上李景纯受到奖赏③。国王还令大院君分赏参与战船制造的工匠④。新造战船共有三艘，由舟桥司管理⑤。1868年春季操练时，新造战船曾奉命到江华岛前海参加训练⑥，但此后的史料中再也找不到有关战船的记录。

此外，在训练大将申櫶的主导下，训练督监积极开展新式武器的开发，其中最引人瞩目的是按照《海国图志》的论述制造的水雷炮⑦。试放当天，国王高宗亲临观摩。朴齐炯所著《近世朝鲜政鉴》中对当时的情景有详细描述⑧。制造水雷炮的目的与制造战船一样，也是为了防备逆流而上的西洋军舰。但"丙寅洋扰"之后没有出现过逆汉江而上威胁首都的敌船，此后的史料中也没有再出现过有关水雷炮的记录。

---

① 大院君执政时期，朝鲜的国内资料没有明确区分炮和枪，大部分以"炮"来记录，而所说的"炮军"也一般是指使用火枪的军队。

② "议政府启曰，洋舶既退出矣，江都之公厅也军器也战舰也，不容不及今修举，而重建之役，新备之方，设都监举行，以沁营营造都监为称。知宗正卿李景纯、左参赞申观浩、知宗正卿李景夏、江华留守车章濂、左尹郑主应、左尹梁宪洙并监董堂上差下，令该曹口传单付，使之鸠合材木，商榷制度，所入物力，先次户、惠厅各营内所在贷用、处所，从便为之之意，分付何如，传曰，允"，参见《承政院日记》，高宗三年十月八日。

③ "传曰，新造战船制度甚坚且轻，御敌之道无过于此，当该监董堂上之半年勤劳，不可无示意，知宗正卿李景纯加资"，参见《承政院日记》，高宗四年九月九日。

④ "教曰，钱一千两，当自云岘宫出给矣，战船新造时工匠，分等施赏"，参见《日省录》，高宗四年九月九日。

⑤ "传曰，新造战船三只，付之舟桥司，随伤随补之节，令舟司主管"，参照《云养集》卷11，书牍中《洋扰时答某人书》。

⑥ "政府启言，舟司所在新造战船，趁月下送于沁都，请操习，允之"，参见《日省录》，高宗五年正月十一日。

⑦ "教曰，水雷炮制度，虽出于海国图志，以我国之不娴军务，今此模做，昨又试放，能罢大船，何患外寇"，参见《日省录》，高宗四年九月十一日。

⑧ "又制水雷炮，请王临幸露梁亲阅之。是日观者尤众，泛小船于中流，沈炮发之，江水涌起十余丈，小船腾空粉碎而坠，万众齐呼，诧为神奇，而犹有诽笑者曰，是能破一叶小船耳，岂能攻破巨舰哉，然大院君颇有得色"，参见朴齐炯《近世朝鲜政鉴（上）》，探求堂，1975，第26页。

除了水雷炮之外，在申櫶的主导下，1868 年还制造了磨盘炮车和双炮等武器。磨盘炮车也是按照《海国图志》的记录仿造。它消除了以往为了调整大炮的偏角需要移动炮车的不便，可以在固定炮车的状态下调整大炮的偏角，而且还可以更加容易调整大炮的高角。双炮并不是新发明的大炮，而是在双炮两轮车上装载两门大炮使用的装置，可以在炮台对敌人施以更加集中的炮击①。

武器的开发并不局限于训练督监，设置在江华岛的镇抚营也进行了武器的开发。1871 年"辛未洋扰"之后，大院君下令在为了制造火器每年由户曹送至内需司的铜铁中拨出一部分送至镇抚营②，此后不久，他还下令宣惠厅给镇抚营的军器制造所拨款 10 万两③。此外，为了支持镇抚营的武器开发，大院君还赠送了来自中国的介绍西洋火炮技术的《海炮图说》8 册和《则克录》4 册④，表明当时大院君非常关注从中国出版的洋务书籍中收集有关军事技术的信息。大院君不仅收集军事技术信息，还派人到中国引进重达数千斤的佛狼机炮，下令模仿制造⑤。此外，当时朝鲜政府虽然拒绝了日本出口武器的提议，但实际上在东莱府模仿日本的"火药木铳之法"即小铳制造技术制造了小铳⑥。

第三节　改革主要举措的异同比较

一　加强中央权力举措的异同

由于日朝两国当时均处于封建社会末期，长期腐败的封建统治造成了国内诸多矛盾，同时也严重削弱了中央的权力基础。因此，尽快恢复并加强中央权力成为两国改革的主要目标。幕末日本的政体是幕藩体制，在此基础上

---

① 朴赞殖：《申櫶的海防论》，《历史学报》117，1988。
② 《承政院日记》，高宗八年五月二十五日。
③ 《日省录》，高宗八年十月十六日。
④ 《沁营重记》，"辛未云岘宫下来'海炮图说'八册，'则克录'四册"，转引自延甲洙《大院君执权期富国强兵政策研究》，首尔大学出版部，第 198 页。
⑤ "遣人诣中朝，求其火器之最精者，车运以来，佛狼机之重，各数千斤，其费甚多"，参见金奎洛《云下见闻录》，亚细亚文化社，1990，第 32 页。
⑥ "得倭人所造火药木铳之法，先自莱府仿而试之"，参见金奎洛《云下见闻录》，亚细亚文化社，1990，第 32 页。

建立了幕府集权与诸藩分权、将军至强与天皇至尊的双重二元政治结构。所以，虽然由幕府掌握政权，但实际上幕府只是最大的领主，各藩之中也有具有强大实力者即雄藩大名，而且随着幕末幕府力量的削弱，这些雄藩大名的权力反而有所增加。此外，在京都还有天皇的朝廷。因此，怎样调整朝、幕、藩三者之间的关系以加强幕权幕威，成为开港后幕府改革的重点之一。大院君执政时期，由于朝鲜朝长期处于势道政权的统治之下，大权掌握在以安东金氏为首的外戚势力手中而国王形同虚设。而在地方，以书院势力为代表的两班官僚横行，导致"三政紊乱"，致使处在水深火热之中的农民被迫揭竿而起。因此，加强王权、协调国内政治，始终是大院君改革的重点之一。

幕末改革和大院君改革虽然在其主要目标上具有相似之处，但由于国情、政体等方面存在差异，因此所采取的措施也不尽相同。幕府旨在加强中央权力的措施是根据所面临的局势不同，在不同阶段具有不同的内容。

1. 联合雄藩大名

继水野忠邦之后任首席老中的阿部正弘深知天保改革失败的原因之一就是水野忠邦发布《上知令》惹起众怒，因此，阿部正弘采取了"雄藩联合策"，注意争取雄藩大名的支持。为此，阿部正弘力排众议，任命水户藩前藩主德川齐昭为主管国防的"海防参与"。当时，德川齐昭受到雄藩大名的支持，与岛津齐彬、松平庆永等有力大名形成了一个强有力的政治势力。另外，培理来航递交国书之后，阿部正弘打破国政历来完全由幕府独断专行、不允许朝廷和大名参与国政的规定，不仅征求诸大名的意见，而且还派人到京都请示天皇朝廷。阿部政权采取自德川幕府建立以来前所未有的举措，其目的就是希望加强与雄藩大名和天皇朝廷的联系和合作，以恢复日益衰弱的幕府权威，共同应对前所未有的对外危机，但同时也开创了朝廷以及雄藩大名干预外交政治的始端。在雄藩大名的支持下，阿部正弘按照幕政改革的36条方案，推行了安政改革。在改革过程中，阿部政权采取较为开明的政策，如在长崎创办的海军传习所中，除了幕府派出的学员以外，还允许各藩选拔学员前来学习；在蕃书调所中，录用了一批来自各藩通晓兰学的有识之士任教授，传授洋学知识。

井伊直弼就任大老之后，一改阿部政权的宽容立场，推行强化幕权幕威的强硬政策，既不顾雄藩大名的反对强行拥立德川庆福为第14代将军，而且还在尚未获得天皇敕许的情况下擅自批准了《日美友好通商条约》。面对一桥派的批评，他发动"安政大狱"，进行了残酷镇压。井伊直弼的血腥镇压激起了一桥派中下级武士的愤恨，来自水户藩、萨摩藩的 18 名志士在江户城樱田门外刺杀了井伊直弼，致使幕府的权威扫地。

2. 协调朝幕藩关系

继井伊直弼之后上台的安藤·久世政权抛弃了井伊政权的强硬政策，转而推行靠拢朝廷、密切幕府与皇室关系的公武合体政策，重新定位天皇朝廷与幕府将军的君臣关系，欲借助天皇的权威来压制尊攘派中下级武士，以恢复并强化幕府的权威。为此，幕府以废约攘夷为交换条件，获得了孝明天皇的允许，皇妹和宫下嫁第 14 代将军德川家茂，促成了朝幕之间的政治联姻。此外，安藤政权还曾制订过组建一支规模庞大的陆海军的计划。该方案提出新组建的新式陆海军直接归幕府指挥，反映了幕府欲借助日本国内最强的军事力量以恢复并巩固其统治的目的。安藤·久世政权解体之后，继任的庆喜·庆永政权尊奉朝廷改革幕政的旨意继续推行公武合体政策。按照天皇诏书的要求，1863 年 2 月，幕府将军德川家茂打破 200 多年的旧例抵达京都，对天皇执臣子礼，并宣布从 1863 年 5 月 30 日起实行全国大攘夷。庆喜·庆永政权也制订了兴建海军的计划，但规定幕府应将"海军统辖之大权集中于一手"①。这表明幕府推行军政改革的目的不是要建立全国统一的近代军队，而只是要加强幕府自身的军事力量。

3. 压制雄藩

受到公武合体派压制的尊攘派进行反击，于 1862 年正月在江户城坂下门外袭击了老中安藤信正。此后，尊攘派以长州藩为根据地更加积极地活动，对幕府的统治造成了极大的威胁。于是，幕府便采取维护和加强幕权的政策。1864 年 7 月，幕府利用长州藩因"禁门之变"而被宣布为"朝敌"的有利时机，调动军队围剿长州藩。企图加强国内统制的幕府还下令恢复两年前曾作为幕政改革的一项措施而缓和了的参觐交代制。由于长州藩的保守派俗论党完全接受了幕府的要求，幕府从长州藩撤兵。此后，武力倒幕派经过激战打垮了俗论党政府，重新掌握了长州藩的实权，直接威胁到幕府的统治。1866 年 6 月，幕府发动第二次征长之战，遇到长州藩军民的顽强抵抗。7 月，将军家茂病亡。德川庆喜作为代理将军要求实行强硬的征讨计划，决

---

① 胜海舟：《海军历史》，《海舟全集》第 8 卷，第 261～264 页。

心对长州藩进行大讨伐，为此着手进行大规模的军制改革，还委托法国公使购买武器和军舰以加强幕府的军事力量。可见，幕府通过庆应改革建立强大的军事力量，其目的不是抵御外压，而是剿灭对其统治构成威胁的反对势力。

与日本不同，朝鲜的政体是大一统的中央集权制，"君权"是一元的和绝对的权力，国王对社会的方方面面实施绝对的专制统治。因此，从旨在加强中央权力的举措及其实施过程来看，大院君手握重权，并借助大王大妃和国王的名义下达命令，推行其改革措施。因此，其改革的特点是运用行政权力，雷厉风行，迅速展开。

大院君改革中加强中央权力的措施主要有重建景福宫和裁撤书院。重建景福宫是大院君一手策划的政策，其目的不仅是恢复王室的尊严，而且还希望借此削弱老论执权势力的政治力量及其权威，将其纳入以国王为中心的权力体制之中加以控制和利用。大王大妃将重建景福宫一事全权委任于大院君，并且指示大臣听从大院君之命。由此，大院君便取得了行使权力的名分，而且在营建督监的重要职位上安排自己的亲信，逐渐巩固了自己的政治地位。为了筹措重建工程所需的庞大经费，他不仅要求官员和富民以及宗亲等积极捐款，还利用给捐款者授予官职等方式筹集资金。此外，他还巧立名目征收各种税金，铸造"当百钱"、引进清朝的铜钱，竭尽所能增加财政收入，不仅激起了民怨，还遭到李恒老等的批评。但大院君置之不理，继续推行重建工程，耗银800万两，历时两年多时间，终于完成了重建景福宫的庞大工程。

朝鲜朝崇尚朱子学，在各地建有很多书院和乡贤祠。书院原为祭祀先贤、尊崇士气的场所，享受免赋税和免徭役等特权，后来超出了原来作为祠堂和教育机构的机能，滥用特权，向农民勒索钱财，收容逃避军役者或罪犯，制造舆论，煽动党争，损害王权。于是，大院君采取果断措施对书院进行大力整顿，1865年撤销了作为感念大明再造之恩象征的万东庙，1868年撤销未赐额书院，1871年撤销除47所赐额书院以外的其他书院。大院君裁撤书院的举措遭到了众多儒生以及一些既得利益集团的强烈反对，但大院君毫不动摇，愤怒地说，"苟有害于斯民者，虽出于孔子，我不能恕。而况书院为祀先儒，而变为盗薮，重得罪于孔子，何可置之"①，坚决推行既定政

---

①　朴殷植：《朴殷植全书》上，檀国大学出版部，1975，第64页。

策。通过书院裁撤，大院君削弱了地方两班势力的经济基础和政治基础，恢复了中央政府的权威，加强了对地方政府的控制能力。

二　克服财政危机举措的异同

到了19世纪50～60年代，日朝两国封建政权都进入行将退出历史舞台的崩溃时期。商品经济的发展，导致封建自然经济的破坏或封建土地所有制的瓦解，加上封建统治阶级的腐败统治，日朝两国均面临着严重的财政危机。在日本，由于18世纪以来商品货币经济的发展，出现了封建年贡的中间分肥者即豪农豪商，年贡米在国内市场商品率的比重逐年下滑，米价在波动中持续走低，致使幕藩领主所拥有的财富锐减，从而造成幕藩领主财政的普遍困难。在朝鲜，土地兼并日益盛行，大批农民失去土地流离失所，但封建租赋却有增无减，导致"三政紊乱"，社会动荡不安，国库空虚。为了尽快克服财政危机，充实国库，巩固封建统治，两国的统治阶级均实施了一系列经济改革措施。

（一）两国克服财政危机举措的共同点

1. 设立新税，增加税收

税金是国家财政收入的主要来源。因此，日朝两国的统治阶级均想方设法扩大税收来源，巧立名目征收税金。例如，幕府为了加强对生丝贸易的管制，于1866年1月发布《生丝蚕种改印令》，下令从事生丝贸易的江户批发商不再在横滨办理验关手续，而是先到生丝蚕种产地、由幕府控制的"元方改所"办理盖章手续，然后再到江户办理出关手续，通过征收两次税收来增加幕府的收入。此外，幕府还曾制定了创设营业税、房产税、土地税、商业税、酒税、烟草税、生丝税、茶税、船舶税等诸种新税的计划，以增加幕府的财政收入，但因大政奉还而未能实施。大院君执政之后，为了筹措重建景福宫和加强国防力量所需的庞大经费，以"愿纳钱"的名目督促两班、富商以及宗亲等捐款，还按照捐款的数额授予不同等级的官职，明目张胆地实施"卖官鬻爵"的政策。此外，他还下令新设被称为"结头钱"的地税，每一结土地征收一百文钱。在汉城新设"门税钱"，对进入城内的人和货物征收税款。在地方，则新设按丁征收的税，百姓称为"肾囊钱"；按田亩征收的税，百姓称为"水用钱"①。"丙寅洋扰"之后，为了加强江

---

① 黄玹：《梅泉野录》，教文社，1994，第10页。

华岛的防御力量以抵御外来侵略，大院君还下令征收被称为"沁都炮粮米"
的税。

2. 改铸货币，获取收益

日朝两国的统治阶级虽然以各种名目征收税金，但仍不能满足财政支出
的需要。于是采取了改铸货币这种屡试不爽的传统方法牟取巨额利润。幕府
在安政、万延年间进行了货币改铸，降低货币品味，增加货币流通量，其主
要种类有安政一朱银、新铸二分金、新铸二朱银、安政一分银、安政小判、
一分金、丁银、豆板银宽永通宝四文钱和铁一文钱、万延大判、万延小判、
一分金、万延二分金和二朱金、精铁四文钱、佐渡铁一文钱、文久永宝铜四
文钱、天保通宝等。通过货币改铸，幕府取得了巨额的利益，成为幕府增加
财政收入的主要手段：1863年，幕府通过货币改铸获取收益3664399两，占
当年幕府财政收入的68%，而同年幕府通过年贡收获960844两，占当年财政
总收入的18%。文久元年（1861年）至庆应二年（1866年）的6年中，幕府
仅通过改铸金货小判、二分判，就获取改铸收益11326967两。其中，文久三
年（1863年）为2599000两，元治元年（1864年）为3226000两，庆应元年
（1865年）为2500000两，庆应二年（1866年）为1570000两[①]。

大院君执政之后，试图通过铸造当百钱和输入清钱（中国铜钱）以确
保重建景福宫和扩充军备所需经费。1866年10月，议政府接受左议政金炳
学的建议决定铸造当百钱，由户曹主管，在禁卫营铸造。为了促进当百钱的
流通，政府曾规定在向官厅缴纳租税时，当百钱要占2/3、常平通宝要占1/3，
最后甚至规定向官厅缴纳的所有租税和愿纳钱一律使用当百钱。1867年4月
铸造完成的当百钱总额为1600万两，这还只是官铸钱的数额，如果加上民
间的私铸钱，其规模应该更加庞大。当百钱的铸造和流通满足了当时激增的
财政需求，但导致了严重的通货膨胀，致使物价暴涨。于是，1868年5月
政府决定停止当百钱的流通。当百钱的禁用使得政府的财政收入锐减，从而
加剧了政府的财政困难。可见，政府通过铸造当百钱取得了不少收益。为了
解决财政问题，大院君政权决定输入清钱。1867年6月3日起，清钱开始
在市场上流通。当时，已经流入朝鲜国内的清钱只有数十万两，但到了
1874年1月发布禁令停用清钱时，仅汉城官衙所拥有的清钱就达300万两

---

① 山本有造：《从两到日元——幕末、明治前期货币问题研究》，科技书房，1994，第10页。

之多①。由此可见，当时在朝鲜国内流通的清钱数额应该是很庞大的。由于清钱的实际价值只有常平通宝的1/3，而政府强制以与常平通宝相同的面额流通，其结果又导致严重的通货膨胀。

（二）两国克服财政危机举措的不同点

由于日朝两国的国情以及所处的国际环境等因素的不同，两国为了克服财政危机而采取的措施的侧重点也有所不同。自从开港通商之后，大量廉价的西方工业品涌入日本国内市场，而日本主要的工业原料生丝、棉花、茶叶等则廉价大量流出海外，导致了国内工业原料价格猛涨，使日本的传统手工业纷纷倒闭。而在外国廉价商品的冲击下，米、盐等生活必需品的价格也不断上涨，致使农民和下级武士的生活日趋贫困，原有的商品经济体制陷于危机。因此，幕府采取的经济改革措施侧重于通过强有力的行政干预，加强对国内商品市场和对外贸易的管理和统制，缓和物价上涨，维护特权商人和封建领主的利益，聚敛财富克服财政危机。为此，幕府颁布《五品江户回送令》，规定对于日常生活必需的杂谷、灯油、蜡、绸缎、生丝五种商品，禁止商人直接从产地运往横滨进行贸易，必须先送到江户以满足国内需求，而后才能运往横滨进行贸易。幕府试图通过该政策保护江户批发商的利益，防止领主商品经济的破产，同时加强对横滨贸易的统制，并最终实现加强对全国市场统制的目的。

此外，幕府还设立了协商解决救济武士、控制物价、国益会所、铸造货币、开垦荒地等问题的"国益主法挂"。其中，国益会所的设置对幕府能否统一和统制全国市场至关重要。幕府试图通过建立国益会所实现"物价高低之权归官方控制，对外贸易之各种物资亦终将由会所经营"，从而把包括贸易在内的整个经济纳入幕府的统制之下的目的②。国益主法挂打算将全国各地的产品集中到设于江户和大阪的会所，而作为第一步，首先在江户设立会所，并通过豪农豪商将关东周边地区的产品集中到江户，由幕府统一管理和控制，但该计划最终未能实现。

大院君改革采取的措施主要是对传统的税收制度进行调整，增加财政收入。由于势道政权的横征暴敛，导致传统的税收制度即田政、还政、军政的紊乱，不仅加重了农民的负担，迫使农民奋起反抗，而且也使国家财政陷入

---

① "顾今京司所在清钱不下三百万两"，参见《日省录》，高宗十一年一月十三日。
② 信夫清三郎著《日本近代政治史》1，周启乾译，桂冠图书公司，1990，第307页。

困境，国库空虚。严重的财政危机带来了统治危机。统治阶级也意识到问题的严重性，设立了"三政厘正厅"，制定了一些补救措施，但只是一些权益之策，而且也未能得到积极的推行。因此，大院君执政之后所推行的经济政策的重点就是对田政、还政、军政进行调整，减轻农民负担以抚慰民怨，同时也充实国库。在田政方面，大院君下令开展全国性的土地调查，查出各地两班和土豪非法占有的土地和免税地以及未登载在土地账簿上的土地，以便对这些土地征税，以解决国家日益严重的财政困难。此外，大院君还下令对享有免税特权的官房田进行整顿，开始时采取缩减官房田规模的措施，后来则采取取消其免税特权一律征税的措施，以扩大税收来源。在还政方面，大院君着手解决还谷问题。他多次宣布要严惩不正当运营还谷者，制定了详细的处罚规定以防止围绕还谷发生的各种不法行为。他采取削减或荡减负债的方法以减轻农民负担，但这并不是要废除还谷制度，这是因为还谷政策与国家财政收入有着密不可分的关系。为此，大院君不得不对还谷问题采取新的政策，此即还谷复旧和社仓制。为了使还谷制度能够顺利运营，大院君实施社仓制，由议政府制定了《社仓节目》，规定了具体的实施办法。该制度的实施确实在一定程度上起到了消除还谷制度的弊端、减轻农民负担以及充实国家财政的作用。在军政方面，大院君决定着手改革引起百姓怨恨的军布制度，实施户布法，以扩大税收来源。大院君下令实施户布法，取消两班阶层享受免税待遇的特权，要求两班与平民一样缴纳军布，只是考虑到名分，要求借用家奴的名义。户布法的实施在财政方面取得了一定的成果，充足的军资成为大院君推行富国强兵政策的有力保障。

三 起用人才举措的异同

（一）起用人才举措的共同点

日朝两国改革在起用人才的措施方面具有的共同点就是：打破陈规，以才择官。德川幕府建立以来所实施的门阀世袭制经过二百数十年已经腐败透顶，通过这种制度而形成的官僚集团根本无法应对幕府所面临的前所未有的危机。为了打破这种不利局面，幕末改革的主导者均采取了不问门第、以才择官的人才政策，果断起用一批出身贫寒但能力出众的人才，从而形成了推行开港后幕府改革的新的官吏阶层。在安政改革期间，阿部正弘起用一批有能力的官吏陆续到外交、财政等重要部门任职：永井尚志被任命为海防挂目付，翌年被派往长崎任长崎御目付，长崎海军传习所建立之后任总监督；岩濑忠震也被任命为海防挂目付，此后在幕府的外交交涉中发挥重要作用；大久保忠宽任海防挂目付；川路圣谟任勘定奉行；筒井政宪从西丸留守居升任大目付；水野忠德任勘定奉行兼长崎奉行；井上清直任下田奉行。其中，川路圣谟和井上清直是丰后国日田代官属吏之子，永井尚志和岩濑忠震也只是部屋住①身份，而大久保也是小纳户②出身，他们均是出身卑微的人物。但川路圣谟作为全权代表与俄罗斯的普提雅廷展开针锋相对的较量，赢得对方的尊重；井上清直和岩濑忠震作为幕府的全权代表与哈里斯进行通商条约交涉；永井尚志担任日本近代海军教育机构的首任总监督。阿部正弘在培理来航前后起用的人才中，大部分被安排到海防挂任职。由于海防挂中的大部分人又兼任外国使节应接挂，海防挂不仅掌管海防事务，而且在对外政策的制定过程中也发挥了重要的作用。这些人才成为支持和推行阿部政权主导的安政改革的主体势力。末代将军德川庆喜执政之后，也打破门阀世袭制的禁锢，大胆起用一批人才担任幕府的重要官职。按照幕府的旧规，若年寄只能由拥有万石以上领地的人才能担任，但德川庆喜不受旧规束缚，任命大目付永井尚志和陆军奉行浅野氏佑以及外国奉行平山敬忠为若年寄。他们三人以及勘定奉行小栗忠顺、从目付晋升为外国奉行的栗本濑兵卫等受到德川庆喜提拔的人才成为各事务局总裁的参谋，占据了幕府的要职，从而成为推行改革的中坚力量。此外，幕府还破例提升从荷兰学成归国的津田真道和西周为可以直接觐见将军的幕臣，出任幕府洋学机构开成所的教授，有助于开阔幕府朝野的视野。

势道政权统治时期，以外戚势力为中心的老论派掌握了中央和地方政府的要职，滥用权力，任人唯亲。大院君临朝执政之后，标榜"四色平等、以才择官"，采取果断措施推行人事改革，对原有政治集团进行改编，尽量扩大统治集团的支持层。为此，他将安东金氏势力中的核心人物领议政金左根、领敦宁府使金兴根以及左赞成金炳冀等依此黜出政界，以削弱外戚势道势力的力量。在压制安东金氏势力的同时，他还打破门阀、党色和地区的界限，广泛任用人才，起用一直受排挤的南人和北人以及少论的人物担任要职，不失为是一项果断的措施。大院君还打破中人、庶类出身的人不能任官职的旧例，下令从中选拔有能力的人在天文、法律、书写等政府部门任用。

① 指尚未继承家业的长子。
② 幕府职名，隶属若年寄，负责将军的理发、膳食等事情。

吴庆锡是中人出身，作为燕行使节团首席译官随朴珪寿出使中国，发挥了重要作用。此外，大院君甚至起用朝鲜朝建国以来一直被排斥在政治之外的松都人、西北人，并委以重任，如任命高丽朝王氏后裔王庭杨为兵曹参议，后晋升为参判，其子王性协也任弘文馆校理一职。

（二）起用人才举措的不同点

虽然日朝两国均打破陈规、任人唯贤，不问出身门第起用人才，具有共同的一面，但是由于两国国情、改革主导者的观念等因素的不同，也显示出不同的一面，这主要表现在大院君改革中采取的优待宗亲的政策方面。在势道政权期间，王室宗亲被迫远离政治，受到压制。执政伊始，大院君就着手加强宗亲府的权力及其作用，这不仅有助于提高宗亲的政治、社会地位，而且也可以通过宗亲的团结及其势力的扩大来削弱安东金氏势力，从而达到强化王权的目的。为此，大院君将宗府寺和宗亲府合并，由宗亲府统一管理有关宗亲的事务。此外，他还下令建立宗正卿制度，使原本只是一个礼遇衙门的宗亲府成为权力机关。大院君将这些宗正卿安排在中央和地方的各级权力机构担任要职，通过他们来加强对中央和地方的控制，逐步扩大自己的权力基础。宗正卿的政治活动领域逐渐扩大，政治地位也逐步提高，超越了宗亲的礼遇，受到与时任、原任大臣相同的待遇。此外，大院君还利用科举制从宗亲中选拔人才委以官职。高宗二年（1865年）三月举行的式年试中，合格定员数是200人，而合格的宗亲达到100人左右，占全部合格人数的一半。高宗五年（1868年），大院君不仅恢复了宗亲科，还新设被称为"璿派儒武应制"的特别科，以与正式科举的及第者同样的资格选拔和登用每年春天宗庙祭祀时参加仪式的璿派儒生和武士。可见，大院君在实行开明、公正的人事政策的同时，也滥用其权力，致力于强化王室宗亲的势力。大院君人事政策的目的在于加强王权、巩固李氏王朝的统治地位。为此，他采取多种措施加强宗亲势力的力量，使之成为强化王权的政治基础。大院君标榜"四色平等、以才择官"，起用一直受到势道政权势力排斥的南人、北人和少论的人才，甚至还起用前朝后裔担任官职，其目的就是扩大自己的支持势力，以对抗和牵制安东金氏势力及其所属的老论集团。因此，大院君的人事政策与日本开港后幕府改革中的人才政策相比具有一定的局限性，表现出自相矛盾的一面。

四 强化国防举措的异同

幕末的日本被迫开国，是受到美国培理舰队"黑船"大炮的威胁，同时也受到两次鸦片战争中中国败北的深刻影响。幕府看到了西方国家军事力量的优越性，也认识到增强军事力量的必要性。因此，军事改革成为幕末改革的一项重要内容。

大院君改革的最终目的在于加强王权，在改革的过程中要压制以安东金氏为中心的外戚势力和地方两班官僚，就要拥有强有力的后盾——军队，而要抵抗外来势力的入侵，也需要强有力的军队。尤其是经历了"丙寅洋扰"和"辛未洋扰"两次西方势力的军事侵略之后，大院君切实感受到强化国防力量的必要性，因此，非常重视军事改革。

（一）两国强化国防举措的共同点

尽管在先进程度上有所差异，但两国在强化国防的过程中，都注意学习西方的军事技术，仿造西洋武器。在幕末的军事改革中，幕府不仅从国外直接订购军舰和各种武器，还在国内建立兵工厂，制造洋式武器。例如，1855年1月，幕府命韮山代官江川英敏设立冶炼优质钢铁的高炉反射炉，铸造洋式枪炮；1855年6月，汤岛铸炮所开始生产洋式手枪；1863年，幕府创见关口大炮制造所，开始试制近代欧式兵器；1866年5月，幕府掌管的石川岛造船所自行设计和建造的"千代田"型木制蒸汽军舰下水；1867年7月，幕府在江户泷野川动工兴建了火药制造所。

"丙寅洋扰"之后，大院君政权非常重视新式武器的开发。为了对付西洋军舰的冲击，大院君政权下令模仿在平壤大同江被烧毁的美国"舍门将军"号船的残体建造战船。1867年9月，在舟桥司堂上李景纯的主导下建造的战船下水，新造战船由舟桥司管理，1868年春季操练时曾奉命到江华岛前海参加训练。此外，在训练大将申观浩（申櫶）的主导下，训练督监按照《海国图志》的论述制造了水雷炮，还按照《海国图志》的记录仿造了磨盘炮车和双炮等武器，以防备逆江而上的西方军舰。在经历洋扰，认识到朝鲜和西方国家在武器方面的差距之后，大院君非常注重从中国出版的洋务书籍中收集有关军事技术的信息。为了支持设置在江华岛的镇抚营进行武器开发，大院君还赠送了来自中国的介绍西洋火炮技术的《海炮图说》和《则克录》等洋务书籍。此外，朝鲜政府还充分利用与日本的交邻关系，在主管对日外交的东莱府模仿日本的步枪制造技术制造了步枪。

（二）两国强化国防举措的不同点

由于日朝两国所处的外部环境以及对西方的认识程度不同，两国强化国防举措的近代化程度存在很大的差距。

首先，从新设的兵种来看，幕末日本创建的海陆军均为采用西方军制的近代军队。从海军的建设来看，安政改革期间设立的长崎海军传习所聘请了荷兰海军教官，将荷兰政府赠送给幕府将军的军舰森宾号作为训练海军的实习舰。此后，幕府又相继设立了军舰操练所、神户海军操练所、海军所等海军教育机构，仍然采用聘请欧洲国家海军教官的方针。这些海军教育机构所教授的课程以海战训练、航海技术、造船技术、测量、炮术等为主，此外还教授数学、地理、荷兰语、法语、英语等课程，不仅培养出一批优秀的海军人才，而且对日本引进西方先进的近代科学技术促进近代化建设也发挥了重要作用。从陆军的建设来看，幕府的最终目标是建立洋式陆军，为此设立了军事教育机构以普及洋式军事技术。幕府于1854年在筑地设置讲武场，1856年改称为讲武所。讲武所教授的课程虽然还是以剑术、枪术等传统武艺为主，但也注重洋式骑兵和步兵的队形以及洋式枪炮等武器的演练。在文久改革时期，幕府曾仿效西方国家组建了由步、骑、炮三兵种组成的陆军。但由于处于草创时期，难以形成强大的战斗力。庆应改革期间，幕府开设陆军讲习所，由法国教官培训幕府的步兵、骑兵、炮兵。此外，幕府将讲武所改为陆军所，设置步、骑、炮三兵士官学校，在法国教官的指导下，培训中下级军官。在庆应改革期间，幕府的陆军建设有了很大发展。

朝鲜由于长期处于"太平盛世"，再加上统治阶级的腐败，军事力量非常薄弱。为了缩减冗员，实现军队的精锐化，加强军队的战斗力，大院君下令对禁卫营和御营厅进行改编，设置了使用火枪的京军四哨。此外，1867年在总戎厅新设125名擅长射击的火枪手。由此，以禁卫营和御营厅以及总戎厅为核心的中央各军营中，新增了一批具有常备军性质的军队，而且其中大部分为火枪手，从而大大增强了中央军的战斗力。"丙寅洋扰"之后，大院君下令大力加强具有重要战略意义的江华岛的军事力量，设置了镇抚营。"辛未洋扰"爆发后，大院君下令进一步增强江华岛的兵力。所有兵力均以火枪为主进行训练。综观大院君执政时期新设置的兵种，其中大部分都是使用火枪的军队。可见，在"丙寅洋扰"之后，大院君认识到能够有效抵抗西洋军队的只有使用火器的"炮军"，但这些兵种只是在传统军制的基础上进行了一些调整和强化而已，并不是要像日本那样建立欧式近代军队，既没有建立海军，也没有设立采用西方军制的陆军，仍然停留在传统军事改革的阶段。

其次，如在分析两国强化国防举措的共同点时提到的那样，两国均注意学习西方的军事技术、仿造西洋武器，但从其近代化程度来看，却存在着很大的差异。日本刚开始从欧洲国家直接订购军舰和各种武器，后来则从国外引进先进的设备并聘请外国技术顾问，在国内建立近代兵工厂，试制近代欧式兵器，为贯彻强兵方针奠定了物质基础。而朝鲜虽然也参考从中国引进的《海国图志》等介绍西方军事技术的书籍仿造了水雷炮等一批新武器，但这些书籍中记载的情报和技术知识相对于当时飞速发展的西方军事技术而言，是非常落后的，而且，当时的朝鲜还不具备开发近代武器所需的近代科学技术和物质基础。因此，当日本军队使用先进的近代武器时，朝鲜军队仍在使用落后的火绳枪等武器。

本章小结

19 世纪 50～60 年代，日朝两国统治者所面临的危机，概而言之，不外"内忧外患"四个字而已。无论是幕末开港后幕府的三次改革，还是大院君改革的诸项举措，无一不是针对内忧外患问题，提出的各种应对办法。比较起来看，两国的改革举措可以说是异中有同，也同中有异。具体的异同，已如上文所述，此处就不再重复了。作为本章的小结，这里将对以下几个问题，再做简略的探讨。

1. 如何评价"外压"的作用

回顾两国改革的诸多举措，一个首先值得思考的问题，就是若无欧美列强的"外压"冲击，两国统治者是否会进行改革？比较起来看，可以说在幕末日本，"外压"是开港后幕府迅速作出回应、连续推行改革的直接刺激因素。众所周知，在整个江户时代，幕府曾经在享保、宽政、天保年间先后进行过三次改革①。开港后，又接连在安政、文久、庆应年间，又进行了三次改革②。上述改革，除了享保改革起因于幕府财政危机之外，其余的五次改革，无不与日益增强的"外压"有关。特别是第一次鸦片战争爆发，导致了天保改革的启动。培理舰队的叩关与开港，引发了安政改革。在此后接连进行的文久、庆应改革过程中，"外压"始终发挥着重用的影响，与此相

---

① 沈仁安：《德川时代三大改革的比较研究》，《德川时代史论》，河北人民出版社，2003，第135～156 页。

② 宋成有：《新编日本近代史》，北京大学出版社，2006，第 53～63 页。

关的改革举措接连出台。

在朝鲜，情况与日本显著不同，即在欧美列强武力冲击的"外压"尚未到来之前，大院君就已经开始了改革。在大院君改革过程中，"外压"因素发挥了丰富改革内容的刺激作用，却不是启动改革的主要原因。何以至此？恐怕与日朝两国是否加入以中国为中心的宗藩关系体制关联密切。由于日本与宗藩关系体制无关，只能独自面对欧美列强的武力冲击，尽快对"外压"作出回应。与此相反，加入宗藩关系体制的朝鲜，被国际社会视为中国的藩属国，举凡与朝鲜有关的外交事务均通过清朝的总理衙门处理。法国和美国远征朝鲜的善后事宜，通过总理衙门的交涉而化解风波，欧美列强对朝鲜的开港通商要求，也就不了了之。借助宗藩关系的庇护，朝鲜军民在奋力抗击"外压"，维护了国家独立主权之后，大院君政权继续奉行锁国政策。

2. 如何评价"内忧"对两国改革的影响

从两国改革的各种举措来看，解决"内忧"问题的举措占据了相当大的比重。正是在这个意义上，可以说改革举措是补足统治漏洞的补救手段。在朝鲜，大院君改革的举措，主要是针对国内的各种"内忧"，不断采取"补天"的行动。在日本，开港后三次改革针对"内忧"的举措，经历了逐渐加强的过程。在国内矛盾尚未激化之前的安政改革期间，幕府强调协调与朝廷和雄藩大名的关系。"安政大狱"之后，国内矛盾急剧激化，"内忧"成为日益威胁幕府统治的严重问题。文久年间尊王攘夷派和公武合体派的冲突与较量，构成了幕末政治史的基本内容。庆应改革期间，幕府推行买办化的亲法方针，更加激化了阶级矛盾和统治集团内部的矛盾，利用法国武装和培训的近代化陆军镇压武力倒幕派和暴动的农民，成为幕府克服"内忧"的主要举措。之所以这样做的基本原因，是国内矛盾占据了主导地位，"内忧"的影响力远远大于"外压"。

相比较而言，"内忧"始终伴随着大院君的改革过程，因此其改革举措主要围绕着解决"内忧"问题展开。在幕末开港后的三次改革期间，经历了"内忧"逐步取代"外压"主导地位的过程。这是在整体上把握两国改革举措时，应该加以注意之处。

3. 如何评价举措的实际效果

综观两国改革举措的实际效果，可谓差别明显。从短期效果看，大院君改革收效明显，王权统治权威得到维护和增强。但是，从长远效果来看，由于大院君采取强硬手段，压制反对派，虽然一时令行禁止，形成强势政权，国家财政状况有所改观，但反对的力量也在积累，蓄势待发，伺机反弹。等到高宗十年（1873 年）10 月至 11 月崔益铉两次上书指责大院君失政时，反对派的能量一起爆发出来，大院君政权也就在一夜之间土崩瓦解了。特别是由于大院君政权虽然抗击欧美列强的军事入侵，捍卫国家主权有功，但未能跳出尊王攘夷的窠臼，继续坚持锁国，则是其历史性的失误，错过了朝鲜近代化的机遇，令人惋惜。

比较而言，幕府在开港后采取的改革举措，针对开港后国内外矛盾，作出了反应。在这个充满屈辱与曲折的过程中，日本迈出了近代化的步伐。与大院君改革举措更多具备传统政治的色彩相比，幕末三次改革举措中的"症候群"鲜明，例如创建近代陆海军、发展洋学、广泛开展对外交往、调整官制等。虽然各举措在实施过程中，未必落实，尤其是各举措无不围绕着维护德川家族统治展开，因而改革不但未能挽救幕府，反而加快了幕府走向灭亡的进程。对于德川家族而言，幕府三次改革的短期效果是一场悲剧。但从长远效果来看，幕府统治的崩溃，对日本民族和国家来说，是一件好事。理由是：其一，幕府的崩溃与明治政府的建立，是前后相续的环节，互为前提和结果。其二，开港后幕府的三次改革的若干举措，被明治政府所继承，因而为明治时期日本近代化的展开奠定了基础。

第四章

改革结局的异同及其原因分析

第一节　日本开港后三次改革的结局

一　倒幕势力在藩政改革中壮大

德川庆喜就任幕府末代将军时，面临严峻的国内形势，他将强化幕府镇压机制，大力发展与法国的关系和协调朝幕关系，视为摆脱危机的出路。在法国的积极援助之下，幕府推行了以强化军事力量为中心的一系列改革措施，以图加强幕权幕威，扑灭倒幕派势力。

然而，在开港后幕府三次改革的过程中，幕府居于中心地位、雄藩诸藩被半边缘化、朝廷被边缘化的权力格局不断发生变化。雄藩和朝廷势力作为新兴的政治力量，出现在幕末政治舞台。幕府集权框架被逐渐削弱，诸藩分权的趋势在逐步加强，朝廷也不再甘愿坐权力分配的冷板凳，而向权力中心地位移动。上述变动是如何出现的？概括起来看，是幕府三次改革的逻辑结果。

在安政改革期间，利用阿部政权推行协调幕府与朝廷、雄藩关系的政策，在培理舰队离开日本后征询继续锁国还是开港的机会，京都朝廷和雄藩大名取得政治发言权。这样，幕府垄断外交的一言堂格局被一举打破，局面呈现难以操控的趋势。试图以铁腕镇压手段重建幕府权威的大老井伊直弼发动"安政大狱"，虽然在短时期内剥夺了雄藩大名参与幕政的权力，并使京都朝廷缩回伸向权力的手，但樱田门外刺杀井伊直弼的行动，宣告了铁腕政策的破产，幕府不得不回归协调幕府与朝廷、雄藩关系的立场。

随着安藤·久世政权开展以"公武合体"为指导方针的文久改革，对井伊直弼的政策拨乱反正，朝廷和雄藩大名乘机重新崛起。在文久年间，幕府、朝廷和雄藩三分权力的格局，已经是不可逆转。朝廷和雄藩不仅稳固了阵脚，而且通过雄藩利用结托朝廷的名分论以增强发言份量，朝廷倚重雄藩而向幕府施加压力、增强权威。这种互动框架，造成幕府的实际统治能力进一步萎缩，陷入惶惶不可终日的困境之中。

在庆应年间，末代将军德川庆喜亲自主持了开港后的最后一次改革，作出挽救幕府统治的最后一次努力。情急之下，幕府的庆应改革力度超过了安政、文久改革，官制调整的步伐、近代陆海军建设的实绩、对外开放的幅度等，均在前两次改革之上。尽管如此，上述改革举措既不能从根本上消除幕府行将崩溃的危机，也不能平息人怨，留给德川庆喜的唯一出路，就只剩下大政奉还，并在戊辰战争中被倒幕势力推翻了。

在幕末政治舞台上，真正能与幕府展开生死较量的势力，是拥有竞争实力的雄藩，特别是西南雄藩。幕末诸藩号称三百诸侯，但可以称为雄藩的，不过十余家。雄藩未必是大藩，可能是亲藩、谱代，也可能是外样大名主政的诸藩，其共同特点是在幕末舞台上行动活跃、竞争激烈，对全局产生影响。其中，特别是长州藩、萨摩藩等一批西南外样大名逐渐显露头角，其影响力越来越超过了福井、名古屋藩等亲藩大名和会津藩等谱代大名。进入庆应年间，萨长等外样大名作为幕府的对立面，进一步扩张实力，成为决定时局发展的强大力量。

萨长等西南外样雄藩大名的政治影响力迅速增强的重要原因，在于他们利用幕府频繁进行改革、分权趋势日益增强之机，也在本藩展开以"富国强兵""殖产兴业"和"振兴洋学"为中心的藩政改革，发展经济、增强军力，在改革中不断壮大了自身的力量。作为藩政改革的政治结果，西南雄藩分权的趋势进一步增强，一批革新派中下级武士执掌了权力。他们在不断实现自身演变的同时，也在改变策略，最终锁定了武力倒幕的奋斗目标。这种策略的改变，是西南雄藩实行改革的产物，也是幕府在频繁改革期间，集权因素不断流失的结果。

1864 年 7 月 19 日发生的"禁门之变"，以尊攘派的彻底失败，宣告了重返京都老路线的破产。木户孝允、高杉晋作等一批志士果断放弃"尊王攘夷"的老策略，加紧推行以长州藩为根据地的"大割据"新政策。这种新政策与老政策的最大不同之处在于：不再把注意力一相情愿地投放在京都，而是立足于本藩的建设，割地自立自强；对外，则停止与英国毫无意义的对抗，积极发展贸易，购置新式武器，装备军队，不断积累实力，伺机武力推翻幕府的统治。"大割据"政策的提出，标志着决定日本命运的基本力量，即武力倒幕派最终形成①。然而，倒幕派能否执掌政权，还需要艰苦的努力。

1864 年 7 月 23 日，朝廷向禁里守卫总督德川庆喜下达讨伐"朝敌"长州藩的朝命，7 月 24 日幕府下令西国 21 个藩出兵，发动了第一次征长之役。大军压境，长州藩内部分裂为俗论党和正义派。前者主张单纯恭顺论，即为了保持毛利家的宗祀，尽管不得不牺牲藩主父子，也要向幕府宣示绝对服从；后者主张武备恭顺论，即认为让藩主父子承担"禁门之变"的责任，是对其实行苛刻的惩罚，要求坚决予以拒绝，甚至不惜与幕府一战。双方各执一端，严重对立。1864 年 9 月，俗论党对正义派发动袭击，掌握了政权。高杉晋作被迫离开长州藩，逃难到九州的福冈。掌握政权的俗论党不仅发布命令解散支持正义派的诸队，而且为表示其绝对恭顺之意，将"禁门之变"的责任者国司信浓等三家老赐死，并且处死了有关的四名藩士。

被逼上绝路的正义派铤而走险，决定从俗论党手中夺回政权。1864 年12 月，高杉晋作秘密潜回长州藩，在力士队总督伊藤博文的追随和协助下，率领草莽志士诸队在马关举行武装起义。此后，正义派的阵营不断扩大。1865 年 1 月，品川弥二郎等率领诸队从伊佐村前往小郡，袭击代官所以筹措财务。在大庄屋林勇藏主导下，当地官吏和庄屋及豪农 28 人响应诸队的号召，组织了庄屋同盟，宣誓支持诸队并提供资金②。从此以后，越来越多的豪农豪商参加诸队。在他们的号召下，老百姓也踊跃参加诸队。由于得到豪农豪商和老百姓的广泛支持，诸队发挥出强大的战斗力，击败了政府军，到 1865 年 2 月重新掌握了政权。

在"禁门之变"之前，面对藩政府做出进军京都的决定，高杉晋作就曾表示坚决反对。他强调："割据亦以真正之割据为佳，进军亦以真正之进军为善也。为君尽心则为玉，粉碎我身则为瓦。表面形式之进军，闻之亦甚为气愤。前句所云为君尽心则为玉，意在挽留主公之进京，即实行大割据

① 宋成有：《新编日本近代史》，北京大学出版社，2006，第 82 页。
② 田中彰：《明治维新政治史研究》，青木书店，1986，第 167～168 页。

也。后句所云粉碎我身则为瓦，乃言愚者任意而行，甘愿采取过激之行动也。希望君仔细读之。"① 重新掌握藩政之后，高杉晋作等获得实施"大割据"政策的机会。他指出"赤间关（下关）亦应断然实行不辱国体之开港。否则，幕府萨藩自不待言，亦终将堕于外夷之妖术。如不着意将周防、长州之主旨推广至五大洲，则大割据将不能实现"②，主张为了实现大割据而实施开港和开国。在高杉晋作、木户孝允等的主导下，长州藩实施了一系列改革措施，以增强实力，与幕府进行对抗。

首先，倒幕派对藩政机构进行了改革。1865 年 6 月，将分置于江户和本藩的机构合二为一，称为"政事堂"，下设"国政方引请"和"国用方引请民政兼务"，分别主管一般政务和财政、民政。次年 4 月，又将国用方、军政方二局并入国政方③，以实现行政、财政、军政的一元化，使权力集中在倒幕派手中，重点保障军政的顺利实施。与此同时，倒幕派还不问门第出身，广泛起用人才，委以重任。因为倒幕派的核心人物均为中下级武士出身，从其自身经历来看，他们也深刻认识到人才的重要性。通过这些机构改革和人才政策，以木户孝允、高杉晋作等为首的倒幕派完全掌握了藩政的中枢，形成了上下一致的临战体制。

其次，倒幕派推行了经济改革，以实现富国的目标。如高杉晋作提出的"大割据"政策所示，倒幕派主张开港贸易，发展经济。为此，藩政府特意派出木户孝允和高山晋作到马关，兼任下关越荷方（藩营的税关、海运、仓库业办事机构）头人，主管贸易活动和物产专卖，而贸易的对象就是萨摩藩④。由于萨摩藩一直采取公武合体政策，又在"禁门之变"时与会津藩等一同镇压了长州藩，因此，长州藩将萨摩藩和会津藩称为"萨贼会奸"。长州藩与萨摩藩在政治上的对立，致使从安政末期开始、文久期步入正轨的萨长交易中断。要实现富国强兵，就要重开萨长交易。于是，藩政府制定了优待萨摩藩商船的政策，并专门派人给萨摩藩的小松带刀、大久保一藏等高层官吏送礼物，以图重开萨长交易，并委托萨摩藩购买枪炮军舰等武器⑤。除了恢复与萨摩藩的交易之外，长州藩和一些外商合作，不顾幕府禁令，开

---

① 信夫清三郎：《日本政治史》2，商务印书馆，1980，第 53 页。
② 末松谦澄：《防长回天史》七，柏书房，1921，第 103～104 页。
③ 末松谦澄：《防长回天史》八，柏书房，1921，第 191～192 页。
④ 末松谦澄：《防长回天史》七，柏书房，1921，第 292 页。
⑤ 末松谦澄：《防长回天史》七，柏书房，1921，第 310 页。

展下关至上海的走私贸易，获取巨额利润①。此外，为了筹措军备扩张所需经费，藩政府还从 1865 年 10 月起，陆续兴建了造船、制铁、炼油、制蜡等藩营手工业工场②。

最后，倒幕派根据武备恭顺的原则，推行了军事改革，以加强军事力量，实现武力倒幕。长州藩面临着幕府第二次征长战争所带来的危机，因此，军事改革刻不容缓。在木户孝允的计划和大村益次郎的指导下，长州藩的武装获得了划时代的发展。1865 年 4 月，自"禁门之变"以来一直潜伏在外的木户孝允回到长州藩。他根据所收集的情报整理了一篇意见书，抨击了藩政的现状，指出"军政之未立，乃因尚无一定之方法"③，强调进行强有力的军事改革的必要性。根据木户孝允的推荐，藩政府任命大村益次郎为军事专务，负责军事改革。大村益次郎是兰学造诣颇深的一位军事学家，曾任蕃书调所助教，又被派往幕府的军事学校讲武所任教。大村益次郎以《活版兵家须知战斗术门》之名翻译出版了荷兰人克诺普所著关于战术的书籍，按照克诺普的理论，专心致力于创造出有组织和大规模的"西洋阵法"，把诸队培养成为能够迎击"四境之敌"的强大军队。而若要采用"西洋阵法"，实现武器装备的近代化是必不可少的。

1865 年 5 月，藩政府下令实施藩内军制的统一，即一律更换新武器。7 月，藩政府卜令在长崎的井上馨、伊藤博文、木户孝允等购买米尼埃步枪 4300 支和格沃步枪 3000 支，其费用总额为 92400 两④。为了实现装备的近代化，长州藩需要从国外购买枪炮军舰，而在当时长州藩面临的形势下，只能通过萨摩藩购买武器。因此，长州藩的军事改革也成为促成此后"萨长结盟"的一个契机。此外，长州藩还通过军队的整编和统一来实现军权的集中。家臣团队以镇静会议员组织的干城队为核心，中间（武士的仆役长）、足轻、陪臣的队伍也直接归军政方指挥。干城队集中了许多世代享受俸禄的武士，因而被称为"世禄队"。诸队也缩编为 10 队、1900 人，成为从藩政府直接领取报酬的正规的藩兵组织，还吸收农商出身青年组成 1600

① 石井孝：《在明治维新的幕后》，岩波书店，1982，第 46 页。
② 石井孝：《学说批判 明治维新论》，吉川弘文馆，1966，第 190 页。
③ 末松谦澄：《防长回天史》七，柏书房，1921，第 154 页；日本史籍协会编《木户孝允文书》八，东京大学出版会，1971，第 22 页。
④ 末松谦澄：《防长回天史》七，柏书房，1921，第 267～270 页；春亩公追颂会编《伊藤博文传》上卷，原书房，1970，第 228～231 页。

人的"农商队"，接受新式军事训练，附属于干城队。另一方面，为了防范群众，藩政府还以防止枪炮的"和洋混乱"为由，禁止民众自发组织新的武装。藩政府规定一切武装均归军政方指挥，军事训练也由军政方统一管理，以此实现了对军队的直接控制①。

在长州藩致力于诸项改革的时候，萨摩藩也在"大割据"政策的指导下，推行了一系列旨在实现富国强兵的措施。为萨摩藩提出明确的割据纲领的，是志在富国强兵的五代友厚。五代友厚出身藩吏之家，1857 年曾在长崎海军传习所学习，受到胜海舟的指导。1862 年，他作为幕府船只"千岁丸"的水手，与长州藩的高杉晋作等一同，乘船前往上海。1863 年，五代友厚投身于军队参加了萨英战争，又与寺岛宗则一起被俘，因而受到向英国泄露本藩情报之嫌，被迫离开萨摩藩。1865 年，经小松带刀的竭力斡旋，重新返回萨摩的五代友厚向藩政府提出呈文，力主采用富国强兵之策。五代友厚认为当前的国际政治是"五洲乱如麻，和则缔盟约、通贸易，不和则相互交兵，攻伐侵吞"的强权政治，日本有"不知攘夷之功业不成，妨碍国政反酿出内外之大乱，而招致自灭之征兆，重蹈远则东印度、近则清朝之覆辙"，指出"此次于海面上被迫与英国进行炮战，虽损失甚大，但对启迪三州土民之蒙昧，实乃天赐千金难买之良机，谁无发奋而起，积累富国强兵之功业，以愤慨复仇之心情耶。应当理解，今后天下之一般形势，已非复攘夷，对其已难加拒绝。天下形势趋向于开国之时期业已临近，因而诸侯竞相钻研富国之方法，如不采取措施，先发制人，则难睹国家充实富强之成绩"②。五代友厚对尊攘派提出严厉的批评，主张断然实现对外开放，割据自保，以积累富国强兵之功业。

为了谋求富国强兵，五代友厚设想开辟通往上海的航路，出口大米、砂糖、生丝等产品，进口蒸汽船、蒸汽机等产品。他主张最大限度地利用本藩的专卖制度，由藩垄断进出口贸易，以获得富国强兵的财源。此外，他还提议：向英法派遣留学生；使用机械生产白砂糖以供出口；进口军舰、大炮、枪支以及农业耕作机械、制造火药机械、纺织机械、挖掘矿藏的机械等③。

在五代友厚提出富国强兵之策之前，萨摩藩就已经开始致力于近代化的

---

① 芝原拓自：《开国》，小学馆，1975，第 286～287 页。
② 公爵岛津家编辑所编《萨藩海军史》中卷，原书房，1968，第 867～868 页。
③ 公爵岛津家编辑所编《萨藩海军史》中卷，原书房，1968，第 876～882 页。

军事改革。萨摩藩的军舰在萨英战争中损失惨重。为此，藩政府从外国购入军舰以充实海军的力量。此外，还修筑被毁的炮台，购买大炮，进行操练。1868年5月，藩政府进行军制改革，将海陆军分开，分别设置海军所和陆军操练所。在前一年6月，藩政府已经设立了开成所，其宗旨是"于当今之势，通晓海陆军事、测量机械等学，充实武备，收攻守之权，以使事业繁盛"①。萨摩藩按照五代友厚等提出的方针，积极开展对外贸易和藩际贸易，购买机械，兴办产业，购买大量舰船和武器，增强了经济和军事力量，成为倒幕派的新据点。

萨摩藩和长州藩自文久二年（1862年）展开竞争，特别是文久四年（1864年）"禁门事变"期间萨摩藩全力参与镇压长州藩以来，两藩无论是在政治上还是在感情上，均处于对立的状态；但随着时局的变化，在采取富国强兵的"大割据"政策和反幕的倾向上却产生了共鸣。此时，长州藩在进行军事改革的过程中急需的武器进口成为两藩开始接近的契机。而在两藩之间进行积极斡旋的是土佐藩的坂本龙马和中冈慎太郎。坂本龙马曾参加武市瑞山的勤王党，文久政变之后，为了躲避土佐藩对尊攘派的镇压而逃离土佐藩，与久坂玄瑞、胜海舟、大久保忠宽、横井小楠等接触，试图广泛联合诸雄藩。他认识到萨长两藩的实力雄厚，于是决定促成两藩的联合。他通过胜海舟的介绍于1864年8月在京都会见了西乡隆盛，开始接近萨摩藩。

1865年5月，坂本龙马和中冈慎太郎在从鹿儿岛的归途中到下关，会见了木户孝允，阐述了萨长两藩联合的必要性。5月末，长州藩任命大村益次郎为军政专务，开始推行军事改革。但是由于幕府禁止长州藩与外国进行贸易，长州藩无法购买所需武器。坂本龙马提议到长崎，以萨摩藩的名义从外商手中购买武器。7月，伊藤博文和井上馨被派往长崎，负责办理购买武器一事。经同行的土方楠右卫门（三条实美的随员）斡旋，通过萨摩藩藩士小松带刀，与英国商人格罗威尔就购买米尼埃步枪4300支和格沃步枪3000支进行交涉②。以此为契机，经坂本龙马的同志上杉荣次郎的斡旋，井上馨与小松带刀一同前往鹿儿岛，会见萨摩藩家老桂右卫门和大久保一藏

① 信夫清三郎：《日本政治史》2，商务印书馆，1980，第71页。
② 末松谦澄：《防长回天史》七，柏书房，1921，第267～270页；春亩公追颂会编《伊藤博文传》上卷，原书房，1970，第228～231页。

等，谈论了消除两藩间感情上的隔阂、将来实现合作等事情，并建议萨摩藩也派使节前往长州藩以商讨融和两藩关系一事①。接着，伊藤博文和井上馨又着手办理购买汽船一事。经上杉荣次郎的斡旋，购买了"同盟"号汽船。通过购买武器一事，两藩之间的关系日益密切。

1865年10月25日，小松带刀和西乡隆盛率兵入京。为了实现萨长两藩的联合，西乡隆盛派出黑田清隆前往下关，邀请木户孝允和坂本龙马上京。木户孝允以诸队的反对为由拒绝上京，后经黑田清隆和坂本龙马以及高山晋作等的多次劝告，于1866年1月7日来到京都萨摩藩藩邸。木户孝允与萨摩藩的小松带刀、西乡隆盛、大久保利通等要人进行了会谈，但经过十多天也未能达成一致意见。1866年1月22日，经从下关上京的坂本龙马的积极斡旋，双方终于缔结了《萨长密约六条》，其主要内容为：第一，一旦幕、长开战，萨摩藩迅即派兵两千余名进京，与现今在京之兵汇合，并在浪华（大阪）陈兵千名左右，以加强京阪两地之防卫；第二，当战况出现长州藩必胜之局面时，萨摩藩要立即上奏朝廷，为长州藩尽力而为；第三，万一战局不利于长州藩，也绝不会在一年或半年之内溃败，在此期间，萨摩藩必定尽力而为；第四，当幕府军由此而东归时，萨摩藩立即向朝廷申冤，尽力请求酌情不予处分；第五，萨摩兵进京之后，即使一桥、会津、桑名等藩像现在这样不知悔改，也要为拥护朝廷和伸张正义而尽力说服他们，而当此路行不通时，只能与之决战；第六，申冤而获赦免之后，两藩要诚心合作，为皇国粉身碎骨而在所不惜。因此，不管通过什么途径，两藩一定要为皇国尽诚心，出全力，以耀皇威，使之回复昔日之光辉②。在缔结共同对付幕府的攻守同盟之后，长州藩的木户孝允和萨摩藩的五代友厚又于1866年11月，经坂本龙马斡旋，在下关签订了《商社会谈议定书》，建立了萨长经济同盟，试图建立以马关、长崎、大阪为中心的西南日本贸易圈，切断幕府支配的国内商业网，形成全国性市场③。倒幕派在改革过程中不断壮大，在政治军事联合的基础上，又增强了经济的结合，由此形成了以萨长同盟为核心的举国倒幕的局面。

二 庆应改革的历史逻辑：幕府被推翻

德川庆喜主政之后，幕府的统治已经到了积重难返的时刻。在德川庆喜

① 井上馨侯传记编纂会编《世外井上公传》第一卷，原书房，1968，第221~222页。
② 末松谦澄：《防长回天史》八，柏书房，1921，第134~135页。
③ 田中彰：《明治维新政治史研究》，青木书店，1963，第253~255页。

225

遇到的各种问题中，兵库开港问题迫在眉睫。萨摩藩试图利用这个问题将权力从幕府转移到雄藩会议手中，而德川庆喜则决心不经敕许也要强行对外开放兵库。经过双方的激烈较量，最终德川庆喜获胜，强行解决了兵库开港问题。遭到失败的大久保利通等决定改变与幕府妥协的方针，实施武力倒幕。1867年5月29日，在京的萨长两藩藩士就武力倒幕达成一致，随即着手准备迎接藩主进京和出动藩兵。在此之前的5月21日，土佐藩激进派板垣退助、谷干城等经中冈慎太郎的斡旋，与小松带刀、西乡隆盛等萨摩藩士会见，订立了萨土武力倒幕盟约。在武力倒幕派开始集结时，幕府遭受了一个致命的打击，即法国政府改变了对日政策。1866年8月，支持罗修的法国外交大臣下台。新上任的外交大臣否定支援幕府的政策，暗示转向英法协调的政策。此时，法国在内政外交上均陷入困境，尤其是普法战争迫在眉睫，因此，不希望因支持前途未卜的幕府而激化与英国的关系。由此，幕府失去了强有力的后盾，在外交上也处于孤立无援的境地。

与萨长两藩积极的武力倒幕主张不同，土佐藩内的主流派却希望采取和平的方式，此即大政奉还论，其主倡者为坂本龙马和后藤象二郎。1867年6月，坂本龙马和后藤象二郎在乘船前往京都的途中，共同拟定了建立国家新体制的"船中八策"，其主要内容为：第一，将天下之政权奉还朝廷，政令出自朝廷；第二，设置上下议政局，万机决于公议；第三，以有才之公卿、诸侯及天下之人才为顾问，裁减冗官；第四，与外国之交际应广泛召集会议，新订至当之规约，修改不合理的条约；第五，参照古来之律令，重新编定长久实行之大典；第六，扩充海军；第七，设置亲兵守卫京都；第八，在金银与物价方面制定与外国均衡之法①。这是一个模仿西方议会政治的中央集权体制的构想，成为此后大政奉还建白的基调。

土佐藩前藩主山内丰信不同意岛津久光在四侯会议上提出的对幕强硬策，为了确定代表土佐藩立场的政策，命在长崎的后藤象二郎前来京都。但后藤象二郎到达京都时，山内丰信已经离开。后藤象二郎与在京的福冈孝弟等同藩的主流派进行协商，确定了以"大政奉还论"（"船中八策"）为藩论的基本方针。后藤象二郎与坂本龙马为了实现大政奉还的方策与主张倒幕的萨摩藩进行交涉。1867年6月22日，萨土两藩代表进行会面，萨摩藩出

---

① 芝原拓自：《开国》，小学馆，1975，第369～370页；岩崎英重编《坂本龙马关系文书》第二卷，日本史籍协会，1926，第20页。

席的有小松带刀、西乡隆盛、大久保利通；土佐藩出席的有后藤象二郎、福
冈孝弟、寺村左膳和坂本龙马、中冈慎太郎等。经过一番协商，双方订立了
《萨土盟约》，其主旨是：匡正国体，不耻于面向万世万国，此乃第一义；
王制复古宜审察宇内之形势以参酌匡正；国无二帝，家无二主，政刑惟归于
一君；设将军职以掌权柄，此乃天地间前所未有之理也，宜归于列侯，应以
翼载为主①。该协定把德川氏置于诸侯之列，并使用了"王制复古"一语。
已经与长州藩结成武力倒幕战线的萨摩藩又与主张以和平方式解决问题的土
佐藩订立盟约，从而建立了以和战两手来应付政局变化的态势。在得知萨摩
藩与土佐藩订立盟约一事之后，长州藩为了探明其真意派品川弥二郎进京协
商萨摩藩要塞问题。为了消除长州藩的疑虑，大久保利通立即前往长州会见
藩主父子，并与木户孝允、广泽真臣等进行协商，于 1867 年 9 月 19 日订立
了出兵的盟约。此时，艺州藩也派出藩士植田乙次郎前往长州，与木户孝
允、广泽真臣协商订立了出兵盟约。由此，萨摩、长州、艺州三藩之间的举
兵盟约正式确定。

　　1867 年 7 月 8 日，后藤象二郎回到土佐，拜见了藩主山内容堂，报告
了该方案。山内容堂对此方案大为赞许，认为这是使德川氏奉还大政，将其
从灭亡中挽救出来、恩义两全的良策。但激进派板垣退助等指责"政权奉
还之名虽美，却属空论。德川氏既然在马上得天下，如不在马上把它夺回，
就不能打倒数百年来的霸业"②，竭力主张武力倒幕。为此，山内容堂免去
了板垣退助的大目付、军务总裁职务，将后藤象二郎的方案视为土佐藩在国
内政治竞争的工具，命后藤象二郎开展游说活动。9 月 1 日，后藤象二郎和
寺村左膳由浦户出航前往京都。10 月 3 日，后藤象二郎向在京的老中板仓
胜静呈交了《大政奉还意见书》，要求幕府将军主动将大政奉还天皇朝廷，
就任列侯会议议长，以维系德川氏的统治实权。

　　对于深陷困境的德川庆喜而言，土佐藩的建议提供了能够摆脱困境的方
法。但是，要放弃自远祖德川家康以来的大政，德川庆喜无法立即做出决
定。在征求老中板仓胜静和若年寄永井尚志以及在京诸藩要人的意见之后，
德川庆喜于 1867 年 10 月 14 日向天皇朝廷呈交了《大政奉还上奏文》。奏文

---

① 日本史籍协会：《大久保利通文书》第一卷，东京大学出版会，1983，第 480～484 页；维
　　新史料编纂会：《维新史》第四卷，吉川弘文馆，1983，第 668 页。
② 维新史料编纂事务局：《概观维新史》，明治书院，1940，第 705 页。

说："臣虽奉其职，至今日之形势，毕竟薄德之所致，惭惧不堪。何况当今外国之交际日盛，愈感朝权不出一途，则纲纪难立，故应改变从来之陋习，将政权奉归朝廷。广采天下公议，仰尊圣断，同心协力，共保皇国，必可与海外万国并立。"①

对于德川庆喜的上奏文，朝廷没有一点准备。当时在朝廷中占据主导地位的是以二条摄政为首的公武合体派。围绕着上奏文，朝廷的意见发生了分歧，一部分公卿主张接受德川庆喜的要求，一部分公卿则主张将大政重新委任于德川庆喜。经过激烈的争论，朝廷于1867年10月15日给德川庆喜下达敕令，"朕以为奏闻之旨甚是，钦许奉还政权。但国家大事与对外国之事宜经众议决定，而其他事可暂如从前"②。德川庆喜虽然上奏奉还大政，但仍自行保留了征夷大将军一职，即继续掌握着军队统率权。从政治策略上看，德川庆喜采取的"大政奉还"是以退为进、后发制人的手段。他试图以"大政奉还"来压制倒幕派，而后通过朝廷的重新委任来确立天下的统治权。接到大政奉还快报的罗修大吃一惊，立即返回江户同幕府要人接触，获悉大政奉还之举反而使德川庆喜名声大振，预定德川庆喜将出任天皇为修改宪法而召集的会议的议长，而若此举遭到敌对诸侯所反对，德川庆喜将退据江户，以期以此为基地东山再起。罗修将此情报报告给本国外交大臣，断言德川庆喜在同诸侯的斗争中必胜，主张支持德川庆喜③。而英国公使巴夏礼也认为德川庆喜通过和平方式进行了革命，赞赏大政奉还，指出"如果改革成功，则必将受到日本人的高度赞扬。大君以牺牲权力作出了很好的表率。诸大名也应仿效他的榜样"④。可见，通过"大政奉还"，德川庆喜在政治上赢得了主动，对倒幕派造成了沉重的打击。

在公议政体派展开活动的时候，武力倒幕派也加紧开展秘密活动。小松带刀、大久保利通、西乡隆盛等与公卿岩仓具视、三条实爱经过秘密策划，以明治天皇的名义制定了《讨幕密敕》，宣布赦免长州藩藩主父子"朝敌"的罪名、官复原职，并在德川庆喜向天皇朝廷呈交上奏文的同一天，将密敕下发给萨长两藩，下令出兵讨伐幕府，以"助幕贼之暴其罪非轻"的罪名，命令萨长两藩诛戮京都守护职松平容保和京都所司代松平定敬二人，并令为

---

① 涩泽荣一：《德川庆喜公传》七（史料篇），平凡社，1967，第183～184页。
② 涩泽荣一：《德川庆喜公传》七（史料篇），平凡社，1967，第191页。
③ 石井孝：《在明治维新的幕后》，岩波书店，1982，第176页。
④ 狄金斯著《巴夏礼传》，高梨健吉译，平凡社，1984，第76页。

谢先帝之灵，报万民之深仇，"殄戮贼臣庆喜，以速奏回天之伟业"①。《讨幕密敕》既不是天皇的亲笔，也没有奉敕三卿的花押，无论作为敕书还是宣旨均属异例。即便如此，对拿到密敕的倒幕阵营来说，得到"密敕"即得到了大义名分，可以采取武力倒幕行动了。萨长两藩随即向京阪神一带集结兵力，萨摩藩的兵力约 10000 人，长州藩的兵力约 1300 人，此外还有约 300 人的艺州藩兵。1867 年 10 月 24 日，德川庆喜向朝廷提交"征夷大将军"辞职书。朝廷接受了其辞呈，只保留了其内大臣的虚衔官位。德川庆喜以退为进的政治策略遭到严重挫折。

土佐藩的公议政体派仍致力于对朝廷公卿进行劝说。后藤象二郎为了取得萨摩藩的支持，对萨摩藩稳健派小松带刀开展说服工作。同藩的福冈孝弟等于 1867 年 10 月 25 日拜访三条实爱，说明实行国体变更、诸侯会议、帘前盟约、建立制度改正局和议事院五项内容②，但三条实爱建议他向二条摄政进言，采取回避的态度。此后，福冈孝弟也向松平庆永建议开设议事院、决定"皇国之国体"、在天皇的帘前确立誓约等事项，于 11 月末实现了土佐、越前两藩的联合。对此，倒幕派则以萨摩藩和岩仓具视为中心，同时又拉拢公议派决心与佐幕派进行对抗。

以土佐藩为核心的公议政体派和武力倒幕派，虽然在拥立天皇为共主、用新的政治体制来取代幕藩体制等方面具有许多共识，但在如何对待幕府方面存在着严重分歧。与公议政体派使用和平手段来改造幕府统治的主张不同，倒幕派则主张彻底消灭幕府，实现真正的王政复古。由于佐幕派尚有强大的力量，因此，倒幕派决定发动政变，萨摩藩的西乡隆盛、大久保利通与朝廷中的岩仓具视等公卿密切合作，秘密展开了政变的准备工作。此时，萨摩藩藩兵奉命入京，长州藩藩兵也在摄津西营待命，做好了军事部署。在举行政变之前，倒幕派对后藤象二郎等公议政体派开展说服工作，最终取得了后藤象二郎等的同意。此次政变的核心是岩仓具视，萨摩、土佐、艺州、越前、尾张五藩积极参与。

1867 年 12 月 8 日夜，朝廷召开了有关长州处分问题的会议，一直进行到第二天拂晓。此次会议决定恢复长州藩藩主毛利父子及三末家的官位，并允许其入京。会议结束之后，二条摄政以下退朝，但中山忠能、德川庆胜、

① 维新史料编纂会：《维新史》第四卷，吉川弘文馆，1983，第 709~710 页。
② 维新史料编纂会：《维新史》第五卷，吉川弘文馆，1983，第 28 页。

松平庆永、浅野茂勋等留在宫中。按照预定计划，明治天皇在学问所接见诸臣，宣布王政复古，明治政府由此成立。

新政府的第一份文告《王政复古大号令》宣布："德川内大臣将迄今为止天皇委任之大权奉还朝廷及其辞退将军职之二件，今般断然应诺。原自癸丑以来，遭蒙未曾有之国难，先帝频年为之所苦，忧虑之情当为众庶所知。因此，圣意已决，实行王政复古，树立挽回国威之基。自此废除摄关、幕府等，先暂设总裁、议定、参与三职，使之处理万机。诸事应按神武创业之始，无缙绅、武士、堂上、地下之别，皆须尽力发表至当之公议。"① 该大号令宣布批准德川庆喜奉还大政和辞去将军职，而且断然废除了幕府，另设由总裁、议定、参与组成的三职制政府。

1867年12月9日晚，在宫中的小御所举行的第一次三职会议上，倒幕派岩仓具视、大久保利通等挫败了公议政体派山内容堂等邀请德川庆喜加入政府的图谋，决定让德川庆喜"辞官纳地"，即令德川庆喜辞去内大臣的官位，上缴幕府将军的全部领地，并让德川庆胜和松平庆永将此决定传达给德川庆喜。获悉这项决定的幕臣和佐幕派各藩愤恨不已，担心发生冲突的德川庆喜从京都二条城移到大阪城。另一方面，为了打开僵持的局势，倒幕派制定了向幕府进行挑衅的策略。西乡隆盛秘密派遣500名草莽志士组成敢死队，以江户萨摩藩邸为据点进行抢劫、放火等恐怖活动，并且号召勤王倒幕，袭击幕府军队，以扰乱江户的治安。12月23日，庄内藩驻所发生枪击事件，二丸又发生火灾。12月25日，幕府下令庄内藩等数藩出兵围攻江户萨摩藩藩邸，以清除制造恐怖的敢死队。消息传到大阪，城内的主战派坚决要求与萨摩藩开战。1868年1月1日，德川庆喜发布《讨萨表》，下令"清君侧"、讨伐萨长奸贼。1868年1月2日，总兵力约1.5万人的幕府军离开大阪进军京都。当晚，幕府军舰"开阳丸""蟠龙丸"攻击停泊在兵库近海的萨摩藩轮船"平运丸"，提前打响了戊辰战争的第一炮②。1月3日，幕府军与驻守在鸟羽、伏见的官军激战，终因武器落后、士气低落等原因全线溃败。1月6日，德川庆喜登上"开阳丸"逃回江户。由此，战争的主动权从幕府手中转移到倒幕阵营一方。

1868年1月7日，明治政府发布《庆喜追讨令》，号召天下共同讨伐

① 历史学研究会编《日本史史料》4，近代卷，岩波书店，1997，第79页。
② 中村哲：《明治维新》，集英社，1992，第17页。

"朝廷叛贼"德川庆喜。2月3日，明治天皇发布《亲征诏书》，命令各藩出兵勤王，讨伐叛臣德川庆喜。2月9日，成立了以有栖川宫炽仁亲王为东征大总督、西乡隆盛为总参谋的讨幕东征军，开始了直趋江户城的东征。在击溃幕府军轻微的抵抗之后，东征军于3月初包围江户城。东征军进展迅速有诸多原因，其中一个重要原因就是，为早日结束内战，防止列强干涉日本内政，德川庆喜采取了彻底恭顺朝廷的方针①。当法国公使罗修提出给予军舰、武器和军费援助的建议时，德川庆喜认为幕府依赖法国，萨长诸雄藩势必投靠英国，双方凭借外国的支持而互动干戈，则中国、印度的惨状将在日本重演；而且日本有日本的国情和尊王名分论，因此谢绝了法国的军援②。3月14日，幕府陆军总裁胜海舟与东征军参谋西乡隆盛的谈判达成协议，幕府开城投降，朝廷赦免德川庆喜并给予70万石的领地。4月11日，东征军开进江户城，史称"无血开城"。德川庆喜隐居水户，由其养子德川家达继承德川家。至此，德川幕府"三百年天下"宣告彻底结束。

德川庆喜的投降并不意味着内战的终结，分散在各地的佐幕派继续进行抵抗。1868年5月，东征军在大村益次郎的指挥下击溃了彰义队等盘踞在江户上野一带的幕府残余势力，恢复了城内秩序。7月，官军进击本州岛的东北地区，与"奥羽越诸藩同盟"联军展开拉锯战。至9月，庄内、米泽、仙台、会津等抵抗最坚决的佐幕派诸藩陆续投降。官军付出重大伤亡后，最终赢得了东北会战的胜利，占领了本州岛全境。

1868年8月，幕府前海军总裁榎本武扬率军舰8艘，携带黄金18万两，逃往虾夷地。12月，榎本武扬建立"虾夷地共和国"，担任总裁，屯兵备战，渐成割据之势。1869年5月，官军攻入虾夷地。困守箱馆五棱郭的榎本武扬率最后一批幕府军，开城投降。至此，历时近一年半的戊辰战争终于以德川幕府的彻底灭亡而宣告结束。

纵观上述历史进程，不难看出开港后幕府三次改革与幕府灭亡之间，存在着必然的联系。笔者以为，这种联系主要表现为两者存在着因果关系。概括看来，在德川幕府200余年的统治过程中，由于商品经济的发展腐蚀了幕府赖以生存的自然经济基础，以本百姓为中心的年贡体制瓦解，造成了幕府日益沉重的财政危机。因此，幕府不得不进行享保、宽政和天保改革，想方

<hr />

① 宋成有：《新编日本近代史》，北京大学出版社，2006，第88页。
② 维新史料编辑会：《维新史》第五卷，吉川弘文馆，1983，第181~182页。

设法增加年贡米的收入，但改革的效果一次比一次差。就在幕府的统治岌岌可危之时，培理舰队闯关成功，"外压"骤增，幕府的统治危机愈加严重。

无奈之下，幕府在开港后连续展开安政、文久和庆应三次改革。在这个过程中，民族矛盾、阶级矛盾和统治集团内部矛盾在滋长，并且越来越尖锐化，使得幕府日益丧失控制全局的能力。在安政改革期间，推行协调幕府、朝廷和雄藩关系改革措施的幕府，尚可驾驭时局，但朝廷和雄藩势力已经显示了存在的实力。随后展开的"安政大狱"致使统治集团的矛盾急遽达到不可收拾的严重程度。井伊直弼暴亡后，文久改革推行的"公武合体"路线，虽然暂时稳定了幕府、朝廷和雄藩的关系，但后两者进一步增强对时局的影响力，与幕府在政治舞台上三分天下，成为幕府难以操控的力量。庆应改革期间，在民族矛盾的大背景下，激化的阶级矛盾加剧了统治集团的矛盾。为了镇压武力倒幕派，借助法国的援助，实现嫡系武装力量的近代化，以铁腕手段维持幕府统治，成为庆应改革的基本出发点。这样一来，使得统治集团内部矛盾难以找到回旋的余地。在幕府通过改革、不断强化镇压力量的严峻现实面前，武力倒幕派只能以暴力回答暴力，并最终以戊辰战争的暴力方式，推翻了幕府。

第二节　朝鲜大院君改革的结局

一　大院君改革的历史逻辑：李昰应下野

1871～1872 年，大院君的统治地位得到了大幅提高。随着统治基础的逐步巩固，大院君决定放弃与势道阀阅家门联合的方针，建立铁腕专制体制。1871 年，大院君下令只保留由政府选定的 47 所祭拜供奉在文庙中的人物和忠节大义卓然人物的赐额书院，其余的书院一律撤销①，以此压制地方两班官僚势力。1872 年 9 月，金炳学兄弟以母丧为由提出辞呈。10 月，大院君对三议政人选进行调整，金正喜的侄女婿洪淳穆代替金炳学任领议政，1829 年（纯祖二十九年）曾弹劾安东金氏的金教根、金炳朝父子的韩镇庤之子韩启源任右议政，而三个月前曾遭金炳学弹劾的姜㳣任左议政②。由

---

① 《高宗实录》，高宗八年三月二十日。
② 《高宗实录》，高宗九年十月十二日。

此，三议政全部由主张牵制安东金氏的亲大院君势力构成。此外，大院君还在六曹判书和承政院都承旨等职位上安置自己的亲信，通过他们来掌握政策的制定、政务的执行以及王命的下达。通过上述人事变动，大院君压制安东金氏及老论势力，建立了由其亲信势力构成的执政体系。

天道循环，盛极必衰。大院君独断专行，排斥原先政治盟友，强化其专制权力的举动，加深了高宗和老论势力的危机感，也使大院君陷入政治上的孤立。两种动向形成合力，加快了大院君政权崩溃的步伐。反对派看到时机成熟，纷纷上疏，抨击大院君的举措。副司果权仁成和副护军姜晋奎的上疏聚焦于政局运营的垄断和土木工程方面。权仁成指出了"科举之弊端""守令之贪欲不法"①，姜晋奎则指出了十年土木工程致使"百姓疲敝"②。成均馆儒生李世愚上疏奏请"大院君爵号，自是中外之敬奉，而凡于公私尊称之际，隆之以大老二字，俾副颙仰之群情焉"③。从表面上看，李世愚奏请尊奉大院君为"大老"，但实际上是要求大院君隐退。

这些上疏，得到急欲亲政的高宗的支持。因此高宗表态说，"卫正斥邪，有国先务，而况我国之讲夫子学阐夫子道乎，此不可一日暂忘于中者也。年前洋扰，大院君一心快断，卫斥大功，永有辞于后世，然则今兹所请，当谨依矣"④，表明了高宗欲摆脱大院君的影响，实现独立政治的意志。在高宗的背后，聚合着同样对权力高度关注的闵妃及其家族势力，他们积极支持高宗尽快亲政。削弱大院君的权柄，成为高宗、闵妃势力的行动目标。

高宗采取了多种措施，牵制和遏制大院君权力的扩张。首先，他通过逐步废除大院君实施的政策，把握独立的人事安排权，瓦解大院君的阵脚。1873 年 8 月，高宗指出连书生也要缴纳门税的弊端，下令纠正都城门税的运营⑤。此时的都城门税是重建景福宫和推行军事改革所需的重要财政基础，高宗的此举表面上涉及税收问题，实际上是笼络人心，削弱并打击大院君的政治力量。此外，他还任命戚族势力闵奎镐和赵宁夏以及反大院君势力金甫铉为都承旨，通过承政院的人事变动以图强化自己的亲信势力。

---

① 《承政院日记》，高宗十年五月七日。
② 《承政院日记》，高宗十年五月十日。
③ 《承政院日记》，高宗十年闰六月二十日。黄玹认为，李世愚是依照高宗之意上疏奏请，参见黄玹《梅泉野录》，教文社，1994，第 50 页。
④ 《承政院日记》，高宗十年闰六月二十日。
⑤ 《承政院日记》，高宗十年八月二十六日。

高宗的上述举措，鼓舞了反大院君势力，相应的活动随即展开。反大院君势力大致可分为赵大妃及其亲信、安东金氏、闵氏戚族和宗亲势力。在执政初期，大院君与赵大妃建立了政治同盟，在赵大妃的鼎力支持下，大院君才得以逐步确立自己的政治地位。但是，在"丙寅洋扰"之后，丰壤赵氏势力被排挤出中央政界，失去了权势，从而与大院君产生了矛盾。因此，以赵宁夏任都承旨为契机，以赵大妃为首的丰壤赵氏成为支持高宗亲政的后盾，高宗也利用赵大妃的权威以图摆脱困境①。

　　以金炳学兄弟为中心的安东金氏在大院君执政初期被委以重任，与大院君形成了政治上的合作关系，成为大院君政权的重要组成部分。但是大院君实施的书院裁撤、户布法等改革措施损害了他们的利益，而且随着政治基础的巩固，大院君又采取措施削弱他们的权力，因此招致他们的怨恨。

　　闵氏戚族势力在中央政界的权力较为薄弱，但是在闵升镐、闵奎镐、闵致庠等进入中央政界、形成一个政治集团之后，成为支持高宗亲政的坚强后盾②。1873 年，完成冬至使的使命归国的闵泳穆在给高宗的报告书中，详述清朝同治皇帝摆脱摄政王实施亲政一事，用迂回的方法对大院君的独裁提出批评，敦促高宗亲政。除了上述戚族势力以外，以李最应为首的一些宗亲也反对大院君而支持高宗亲政。以宗亲府为中心的宗亲势力曾作为大院君的权力基础发挥了重要作用。但随着权威的不断提高，大院君就不再需要依赖宗亲势力。因此，宗亲势力逐渐被排挤出政界，失去权势，对大院君产生了不满。

　　对于反对势力的上述举动，大院君势力并未采取积极措施予以应对。这主要是考虑到高宗的国王名分。1866 年赵大妃宣布取消垂帘听政之后，形式上高宗就已经开始了亲政，但实际上是由大院君以辅佐幼主之名掌握实权。但随着年龄的增长，国王的参政意识会逐渐提高，大院君及其亲信就不能公开反对高宗扩大政治权力。崔益铉上疏之后，反对高宗亲政、呼吁大院君重新执政的上疏在名分上是难以被接受的。因此，对高宗的批评只能是通过对崔益铉或高宗亲信的批评来迂回表达。

　　导致大院君下野的导火索是崔益铉提出的上疏。1873 年 10 月，高宗任命被大院君政府冷落的巨儒崔益铉为承政院同副承旨，并在同一天宣布废除都

---

①　"批曰，万东庙事，既有慈圣处分，则今不敢举论矣"，参见《高宗实录》，高宗十年十一月三日。

②　闵致庠任工曹判书、兵曹判书；闵升镐从水原留守升任兵曹判书，从而进入中央政界；闵奎镐则两次任承政院都承旨。

城门税。按照惯例，国家重要政策的改订需与大臣商议，听取他们的意见之后再作决定。但高宗却打破惯例，未经商议，直接下令废除都城门税。早在1868年，崔益铉就曾对大院君的政策提出批评，其中就包括废除门税①。因此，高宗在下令废除门税的同一天任命崔益铉，表明了高宗强烈的亲政意志。

1873年10月25日，崔益铉首先上疏，指出"挽近以来，政变旧章，人取软熟，大臣六卿无建白之议，台谏侍从避好事之谤，朝廷之上，俗论恣行而正谊消，谄佞肆志而直士藏，赋敛不息，生民鱼肉，彝伦斁丧，士气沮败，事公者谓之乖激，事私者谓之得计，无耻者沛然而得时，有守者荼然而滨死"②。在这里，崔益铉攻击了包括台谏在内的政府一切部门，指责大院君政权"政变旧章""俗论恣行"，鱼肉百姓，怨声载道，予以猛烈抨击。对于如此激烈的言词，高宗非但不予加罪，反而批答，"尔之此疏，出于衷曲，且为戒予之辞，极为嘉尚，敢述列圣朝盛事。而如此正直之言，若有歧贰者，不免为小人矣"③，并下令晋升崔益铉为户曹参判。

对此，大院君势力的反驳始于议政府大臣的上疏。1873年10月26日，姜㳣和韩启源以作为"大臣六卿无建白之议"未能履行好职责为由，请求予以处罚，以此来表示反对意见。此外，承政院、司宪府、弘文馆的官僚也纷纷上疏加以反驳，但多为"引咎辞职"的消极抵抗。与此相反，刑曹参议许元杖和安骥泳则上疏直接抨击崔益铉指出的"彝伦斁丧"，主张设立鞫厅实施鞫问，予以严惩④。对此，高宗采取强硬措施予以回击，下令安骥泳流配全罗道绫州牧、许元杖流配平安道中和府⑤。可见，面对大院君势力的强烈反对，高宗采取了强硬措施予以应对，同时又在承政院和三司安置亲卫势力，并下令革罢"愿纳钱"和"结敛"⑥，以此来削弱大院君势力的经济基础，并通过实施与大院君不同的政策以标榜其独立性。

1873年11月3日，崔益铉再度上疏，对大院君的政策提出批评，主张

---

① "禁门税之捧。夫以堂堂千乘之富，较计利害，既减百官各军门支放之禄，其余各项蠹荡之物，指不胜屈，而犹以为不足，一分二分，乞怜于卖薪籴米不恤冻饿之残氓，是诚不可使闻于邻国也。伏乞圣明，即为禁断，使民无怨，则不胜幸甚"，参见《高宗实录》，高宗五年十月十日。

② 《高宗实录》，高宗十年十月二十五日。

③ 《高宗实录》，高宗十年十月二十五日。

④ 《承政院日记》，高宗十年十月二十八日。

⑤ 《承政院日记》，高宗十年十月二十九日。

⑥ 《承政院日记》，高宗十年十月二十九日。

复设万东庙、革罢清小钱、废除愿纳钱，并以更加强硬的言词指出"伏愿殿下，留神登省，凡此数者，变乱成宪，实在殿下冲年未专政之日，则未必皆殿下自致之失也。特因任事之臣，壅蔽聪明，操纵威福，纲目俱弛，而致有今日之病弊也。伏愿殿下，继自今奋发干刚，早寝旰食，克念克勤，毋为俗论邪说所引，毋为权贵近习所蔽，使气机退听，本心澄澈，人欲净尽，天理流行。至于政令注措之间，当为即为，有雷励风猛之势，当去即去，有斩钉截铁之力，而涣发大号，警励朝廷，立道不惑，熏陶德性，责于贤师，进退百官，燮理阴阳，责于大臣，补阙拾遗，绳愆纠缪，责于两司，论思辅养，启沃圣心，责于儒臣，炼兵选武，折冲御侮，责于帅臣，出纳钱谷，需用军国，责于有司，选举孝廉，收拾士流，责于道臣。若其不在其位，惟在亲亲之列者，只当尊其位厚其禄，勿使干预国政，以中庸九经之训，鲁论出位论政之戒，不愆不忘，日新又新，叙彝伦于既斁，安国势于将危，则生民遭泰平之乐，宗社享万年之祀，殿下为尧舜之君，而大小远近，莫不幸甚"①，这份上疏首先攻击大院君改革"变乱成宪"，导致"壅蔽聪明，操纵威福，纲目俱弛，而致有今日之病弊"；继而，鼓动高宗掌握权力，"政令注措之间，当为即为，有雷励风猛之势，当去即去，有斩钉截铁之力，而涣发大号，警励朝廷"；最后，主张"若其不在其位，惟在亲亲之列者，只当尊其位厚其禄，勿使干预国政"，明确要求大院君下台。

此份上疏，成了清算大院君政权的檄文，言辞犀利，主张明确。高宗以上疏文字过于激烈、多有抵触忌讳之处为由，下令流放崔益铉②。但崔益铉毕竟说出了高宗热望独揽大权的心里话，流放实际上是高宗对崔益铉采取的保护措施。此后，司谏院、议政府、司宪府等上疏建议设置鞫厅，严惩崔益铉，高宗以已处以流刑为由予以驳回。但大院君势力继续上疏要求严惩崔益铉，现任、前任的高层官僚中有 60 多人强烈要求设置鞫厅，其中的一些人甚至以辞职的方式抵抗；义禁府（判义禁赵秉徽，知义禁朴珪寿、沈舜泽）拒绝执行崔益铉的流刑；宗亲府也联名上疏表示反对意见③。一时间，朝议纷乱。

这种状况有利于国王出台，收拾局面。高宗因势利导，夺回权柄。1873

---

① 《高宗实录》，高宗十年十一月三日。
② 《承政院日记》，高宗十年十一月三日。
③ 《承政院日记》，高宗十年十一月五日。

年 11 月 4 日夜，高宗曾下令承政院发布《朝报》，昭告天下正式亲政。但翌日在接见大臣时，高宗却下令不要将前夜的下教登在《朝报》和承政院的记录上。因为他认识到 1867 年赵大妃取消垂帘听政时，自己在形式上已经亲政①。宣布亲政虽然没有登在《朝报》上，但却成为高宗作为政治主体恢复国王权力的契机。即高宗强调机务亲裁意味着否定大院君作为政治主体的资格，收回此前委任于大院君的行使权力的权限。对于自己的执政，大院君曾说："甲子本国王入承大统，老王妃垂帘，其时下生亦为辅政，此为国王冲年故也。"② 因此，高宗宣布亲政，致使大院君失去行使权力的合法性和正当性，而大院君也没有任何理由反对已成年的高宗宣布亲政。

朝鲜是大一统的集权国家，国王具有至高无上的权威，大院君势力不可能直接对抗国王高宗。因此，他们将进攻的矛头指向高宗的亲信势力，以图削弱高宗的权力。副护军洪万燮指出崔益铉出身寒微，不应授以官职；而赵愿祖和奇观铉则指责曾抨击大院君的洪时衡是机会主义者，原来上疏拥护崔益铉，后又上疏主张处罚崔益铉，应予以惩处③。但高宗却以"欺诈朝廷、凌辱朝官"的罪名处罚了这些人④。此外，高宗罢免了大院君的亲信左议政姜㳰和右议政韩启源，任命与大院君反目的李裕元为领议政，从而削弱了大院君势力，逐渐站在政治舞台中心，推行了政治势力的交替。

对崔益铉的第一次上疏，宗亲府并没有采取有组织的反驳，只有宗正卿李承辅在结束进讲之后与高宗进行对话时，对崔益铉提出了批评。对于崔益铉的第二次上疏，宗亲府通过宾厅的联名上疏、宗正卿的联名上疏以及璿派人的联名上疏要求严惩崔益铉。但此后，宗亲府和璿派人再也没有提出联名上疏。这是因为，宗亲府原本就是一个礼遇衙门，并不是一个合法的权力机构。在大院君以"大院位分付"行使权力时，宗亲府和宗正卿享有较高的权威，但高宗宣布亲政之后，随着大院君的下野，宗亲府也失去了往日的权力，重新成为一个礼遇衙门，不能过问政治。此外，宗正卿李最应、李载冕、李载元等均加入反大院君势力，宗亲府掌握在高宗的手中。

---

① "召见时原任大臣，教曰：以昨夜筵说中两条颁诸朝纸之意有所下教，而丙寅东朝撤簾后庶务既亲总，则今不当提，故询及大臣欲为还收者也。（中略）教曰：大臣之意又如是，此筵说使之勿为颁布也"，参见《高宗实录》，高宗十年十一月五日。

② 台湾"中央研究院"近代史研究所《清季中日韩关系史料》卷 3，台湾"中央研究院"近代史研究所，1972，第 933 页。

③ 《承政院日记》，高宗十年十一月六日。

④ 《承政院日记》，高宗十年十一月七日。

面对如此巨大的政局变化，大院君没有表明任何政治立场，只是在云岘宫接待来宾、饮酒作诗。在高宗宣布亲政之后，大院君再也不能谈论国政，因为在国王亲政体制下，这会有不忠之嫌。大院君无法实现政治上的重新崛起，因为他扶植的宗正卿大部分被黜出政界而失去了影响力，而李最应、李景宇、李载冕、李载元等又都加入反大院君势力。

大院君的隐退成为既成事实之后，以其为顶点的政治势力为了自身的存立不得不进行反击。他们的目的是给大院君重新执政提供名分，以恢复大院君的统治。为此，他们甚至不惜采取恐怖手段。1873年12月10日，赵大妃居住的纯熙堂发生火灾，这表明了大院君势力对赵大妃在高宗亲政和处理崔益铉上疏事件过程中发挥的作用的极度不满。当时担任宫城护卫的是曾由大院君掌握的三军府所属各军营，若没有他们的协助，在戒备森严的宫里放火是不太可能的。但是，大院君势力的反击不仅未能取得预期效果，反而成为强化高宗亲政势力的一个契机。火灾事件发生之后，高宗下令加强宫城守备，强化了对军队的控制，新设武卫所来替代三军府，并重用与大院君不和的李裕元和与赵大妃关系密切的朴珪寿，从而强化了反大院君势力的力量。虽然火灾是因内应势力纵火引起的，但事发后高宗为了避免与大院君的正面冲突，并没有下令进行彻底的调查。另一起恐怖事件是"闵升镐暗杀事件"。据《高宗实录》记载，某人给闵升镐家送来一个小木匣，待此人离开之后，闵升镐打开木匣，结果放在里面的炸药发生爆炸，致使其家人遇难，但到底是何人送来木匣不得而知①。对于该事件的主谋，一般则认为，是大院君指使人暗杀了闵升镐②，但由于史料不足，无法考证。

除了上述恐怖活动以外，大院君势力还继续采取上疏的手段进行反击。以往的上疏是围绕着崔益铉的处罚问题提出的，但这一次的上疏却把矛头直接指向高宗。副司果朴遇贤上疏指出，"孝者，百行之源，而万化之本也。孟子曰：惟顺于父母可以解忧。自古修身齐家治国平天下之道，不过是孝悌上做去。而惟孝之道，亦莫如承欢而已。殿下光御以来，孝友根天，私恩无

---

① 《高宗实录》，高宗十一年十一月二十九日。

② "闵后既夺大院君之政柄，升镐悉主之，大院君怨之。一日，有人持一柜，乘昏纳于升镐家。升镐以为馈遗之物，于寝室开之，火药自柜中爆发，升镐及其幼子烧死而死。人以为大院君愤闵氏之夺己权，使人用此惨毒之计也"，参见黄玹《梅泉野录》，教文社，1994，第31页，"…其子方十岁，与祖母俱立死，升镐腾而坠，浑体煤炭，哑不能言，兢宿乃死。死时，指云岘宫者再三。外议藉藉，目云岘，然竟不知函从何来。两殿悲悼，明成后又切齿云岘，然无以雪也"，参见郑乔《大韩季年史》，国史编纂委员会，1957，第9页。

压，夔齐之色，溢于天表，愉惋之气，动于玉音。晨夕之候问，春秋之觐幸，不少隳废，庶绩咸熙，和气导纳，天有屡丰之兆，地有寿酌之瑞矣。奈之何崔益铉再疏之后，爻象失和，听闻乖当，有识者之长吁短叹，耳语目说，少无和平底意。若靡所止戾，此诚炭纂兢惧之秋也，若于孝理之道，有一毫未尽，则虽百事尽善，无补于治。而尚不免天下后世之疵议矣，此不可不大加修省也"。上疏对高宗的不孝行为提出批评，强烈要求高宗"立爱由亲，推己及人，忠信重禄，而体群臣以礼，崇明德业，而养多士以宁，严科条而设置屯田，尚名节而克审朕典，则庶可以反污为隆，回灾为祥"[1]。对此上疏，高宗勃然大怒，命朴遇贤流配恶岛，充军至死。

虽然大院君势力采取上述活动进行反击，但均无济于事。大院君无力回天，眼见大势已去，遂离开云岘宫，退隐三溪洞山庄。

二　大院君改革的副产品：闵氏势道集团的形成

大院君失势之后，取代大院君政权的是以闵妃为中心的闵氏戚族政府，其实权完全掌握在闵妃手中，宫外政事一切委于闵升镐、闵奎镐等诸闵。

闵氏势道集团的形成以高宗之妃闵氏入宫为契机。大院君执政初期，为了避免重蹈外戚专权的覆辙，在选定高宗的王妃时，持特别慎重的态度，竭力排除一切名门望族和权门势家之女被立为王妃。经过一段仔细的筛选，最后确定了府大夫人闵氏家族闵致禄之独生女闵紫英为王妃，此即后来把持朝政近 20 年的闵妃。闵紫英早年丧父，家门无子继承，后来收闵致久之子闵升镐为养子。闵升镐是大院君夫人之弟，使得闵紫英与大院君家族的关系变得密切。大院君经过处心积虑的衡量，选择了闵紫英，自以为其家势衰微，不会对王权构成威胁。不料，如此慎重的选择竟为日后闵氏势道集团当道打开了方便之门，并且为自己被迫下野埋下了伏笔。

闵妃入宫之初，对赵大妃、大院君和府大夫人毕恭毕敬、孝顺有加；对宫女体恤下情、仁慈宽厚，因而获得了上上下下的喜爱与尊敬。但闵妃并不受高宗宠爱，特别是在受高宗宠爱的宫人李氏生下王子完和君之后，面对日后东宫册封问题，闵妃更感到苦闷、忧虑。但是，她善于掩饰，把郁闷与自尊深藏于内心，发奋苦读《春秋》《左传》等典籍以提高自己的素养，从中汲取治乱之道，在政治上迅速成熟起来。颇有心计的闵妃采取韬光养晦之

---

① 《高宗实录》，高宗十年十二月十二日。

术，以温顺、谨慎、泰然的态度赢得了周边人的尊敬与同情。闵妃在宫中的处境唤起了府大夫人的同情，就连因闵妃的伶俐而心存戒备的大院君也顿生恻隐之心。为了安慰闵妃的孤独心情，大院君任用了闵妃的近亲，使其有所倚靠。

1866年8月，闵妃之养兄闵升镐被任命为吏曹参议，次年初又晋升为户曹参议，此后又历任吏曹参判和工曹参判。但是，大院君和闵妃之间的关系并不和睦。闵妃对集内外大权于一身的大院君心存不满，将大院君视为心目中的敌手，使用一切手段，如利用大院君，将闵奎镐、闵谦镐、闵台镐等闵氏中的年轻一辈安插在政府要职上；联络被大院君黜出政界的安东金氏家族中的金炳冀、金炳国等，也紧密联络与大院君不和的朝中元老赵斗淳；深入大院君家族内部，利用和操纵大院君长子李载冕获得机密，也与不受重用而心存不满的大院君之兄李最应达成了默契；联络反对大院君实施的裁撤书院、征收户布等政策的两班阶级和儒士阶层等，竭力纠集反大院君的势力①。

在大院君执政的十年间，通过裁撤书院、重建景福宫等措施强化了衰微的王权，并抗击了法美两国殖民势力的入侵，维护了民族利益。但大院君政权采取的强行增税和通货膨胀政策，加重了农民的负担，激起了民怨；强化王权的政策又严重损害了势道政治和封建儒生的利益。大院君政权的专制不仅激化了阶级矛盾，也使统治阶级内部矛盾空前激烈。正是在这种形势下，羽翼渐丰、伺机夺权的闵氏势力终于以崔益铉两次上疏弹劾大院君为契机，在高宗亲政的名义下，将大院君逐出政治舞台。

在大院君执政时期，因为大院君采取彻底排除戚族参与政治的政策，闵氏势力中虽有一些人担任官职，如闵永纬曾任大司宪和汉城判尹，后被革职；闵台镐任黄海道观察使；闵致庠任水原留守，但只有任兵曹判书的闵升镐比较靠近权力中心，其政治力量非常薄弱。这也成为他们竭力纠集反大院君势力的原因之一。在迫使大院君下野的活动中表现最为积极的是闵升镐②。闵升镐是闵妃之父闵致禄的养子，1866年先后担任吏曹参议、成均馆大司成、弘文馆副提学。1867年，他任户曹参判、吏曹参判、工曹参判。1872

---

① 李瑄根：《韩国史》（最近世篇），乙酉文化社，1976，第346～347页。
② "大院君秉国十载，兴土木，滥杀戮，务掊克，用私人，政乱民怨，时后闵氏之兄升镐欲揽政权，后援于内，诸闵助之于外"，参见郑乔《大韩季年史》，国史编纂委员会，1957，第8页。

年，他先后担任知经延事、刑曹判书、礼曹判书、水原府留守。1873 年，他晋升为兵曹判书。1874 年，闵升镐遭暗杀，未能继续发挥其政治作用。

闵氏势道集团掌握政权之后，首先在人事方面做出了调整。大院君政权的核心人物、强烈要求严惩崔益铉的领敦宁府使洪淳穆和左议政姜㳒以及右议政韩启源等被罢免，李裕元任领议政，朴珪寿任右议政，李最应任左议政①。

为了巩固统治基础，闵氏势道集团有必要削弱作为大院君政权武力基础的三军府的兵权及其政治势力，为此设立了武卫所，以取代三军府，并任命赵大妃的侄子赵宁夏为都统使，以协调与赵氏势力的关系②。为了掌握兵权，闵氏集团任命加入反大院君势力的李载元为兵曹判书，下令李景夏任训练大将、赵宁夏任禁卫大将、闵奎镐任御营大将③，由此实现了对各军营的控制。李景夏按照闵氏集团的命令消除了妨碍武卫所兵力指挥的诸多因素，掌握了包括宿卫权在内的宫中军权。但是随着禁卫大将赵宁夏被任命为武卫都统使，李景夏被排挤出政界。赵宁夏任武卫都统使，是得到了赵大妃的鼎立相助。但是，与闵氏集团相比，赵氏势力的力量还是较为薄弱，赵成夏任平安道观察使之后一直在地方留任，未能对中央政局发挥作用；赵康夏曾任大司成、汉城左尹、吏曹参议等官职，但随着赵氏势力政治影响力的衰弱，未能再任高层官职。1875 年 8 月，吏曹判书闵奎镐兼任武卫都统使④，此后又接替被罢免的申櫶和李熙承担任御营大将和总戎使，从而完全掌握了兵权。于是，闵氏集团同时掌握了人事权和军权，成为构筑以闵氏集团为中心的势道政权的契机。闵奎镐在高宗亲政之前就担任承政院都承旨，在政治方面为高宗出谋划策。此后，他历任吏曹参议、吏曹参判、吏曹判书，对政府官僚的任免发挥了其影响力⑤。他曾担任多种官职，积累了丰富的政治和行政方面的经验。

此外，闵氏集团还致力于掌握财政权。在大院君执政时期，金炳国和金世均长期担任户曹判书，宗亲李承辅担任宣惠厅提调，由他们共同掌管国家财政，是大院君政权的重要人物。为了逐渐吸收户曹的财政基础，闵氏集团

---

① 《高宗实录》，高宗十年十一月十一日、十一月十三日、十二月二日、十二月十七日。
② 《日省录》，高宗十一年七月四日。
③ 《日省录》，高宗十一年九月十六日。
④ 《高宗实录》，高宗十二年八月六日。
⑤ 《承政院日记》，高宗十年十二月二日；高宗十一年五月十四日；高宗十二年八月三日。

暂时留任金世均，并且为了确保新设的武卫所所需经费，也继续留用李承辅。但随着统治基础逐步得到巩固，闵氏集团任命闵致庠为户曹判书①，李承辅被迫辞任武卫所和宣惠厅提调。闵致庠进入中央政界是为了牵制在武卫所的设置过程中掌握军权的赵宁夏，赵宁夏是以赵大妃为中心的丰壤赵氏势力的主要人物，其势力的不断发展壮大对闵氏集团构成了严重威胁；此外也是为了削弱在大院君执政时期一直掌握财政大权的安东金氏的势力。由此，闵氏集团完全掌握了财政大权。

在掌握中央政府的人事、财政、军事等方面的大权的同时，闵氏集团还注意加强对地方各级政府的控制，任命一批亲信或同盟势力担任地方政府的官职，以削弱大院君势力在地方的力量：俞致善取代大院君的亲信金世镐任庆尚监司；赵性教任全罗道监司；赵成夏任平安道监司；咸镜道和江原道由徐堂辅、李会正、闵永纬控制；京畿道由闵台镐掌握②。

综上所述，在高宗亲政初期，闵氏集团的力量尚较为薄弱，为此其采取了联合以金炳国为中心的安东金氏、以赵大妃为中心的丰壤赵氏以及以李最应为中心的宗亲势力的政策，从而建立了一个由各反大院君集团的代表人物组成的联合政府，代表着统治阶级中不同派阀的利益。闵氏集团在协调不同派系之间关系的过程中，不断强化自己的统治基础，逐渐发展成为最大、最有影响力的政治集团，为在开港之后确立独揽大权的势道政权奠定了基础。

第三节　两国改革结局的差异及其影响

一　日本的幕府崩溃和朝鲜势道政权的延续

两国改革结局的最大差异，在于日本的幕府在开港后的三次改革过程中崩溃，而朝鲜的封建旧政权却在大院君下野后继续存在，由闵氏新的势道政权取代了大院君时代的势道政权。这是两国改革结局最明显不过的巨大差异。特别是隐居云岘宫的大院君密切关注着时局的变化，随时准备东山再起展开夺权斗争，而导致朝鲜末的局势异常复杂。这种状况与德川庆喜彻底告

---

① 《高宗实录》，高宗十一年十一月七日。
② 《高宗实录》，高宗十年十二月三十日；高宗十年十二月二十三日；高宗十一年九月一日；高宗十年十二月十二日；高宗十二年十一月二十日；高宗十一年八月二十八日。

别政治斗争，移居静冈，未给明治政府制造任何麻烦的情况，是完全不同的。

两国改革的如此结局，对日朝两国的发展产生了哪些影响？概括起来说，主要表现为以下几点：

（一）能否趋利避害，迎头赶上

自 1840～1842 年第一次鸦片战争过后，东北亚进入近代史的发展新阶段。世界近代史的历史发展过程，实际上是资本主义化在全球演进的历史过程。由于各国在这个历史潮流中处于不同地位，因而扮演了不同的历史角色。来自世界资本主义发源地或中心地带的欧美列强，凭借先发优势，最先开展权力变更、生产方法转换和工业革命的优势，先发制人地占据了世界资本主义化进程的有利位置，成为这个进程的主导者和操纵者。通过武力征服、订立不平等条约，其在全世界建立起殖民主义体系，形成资本主义世界市场机制。

在这个过程中，非洲、拉丁美洲和亚洲，包括东北亚地区在内的后发东方国家或民族，无一例外地沦为欧美列强的原料产地、销售市场和投资场所，成为世界近代化进程的被动接受者、被损害者和被奴役者。这种千古未曾经历的巨大变故，在曾经创造过古代文明的东北亚引起的动荡异常强烈。在日朝两国，不乏对自身和周边世界的理解，如何趋利避害，迎头赶上，有识之士也不乏种种构思。但是，形成趋利避害和迎头赶上的理性构思，其思想前提是客观、求实地认知世界形势和发展趋势，正是在这个前提方面，日朝两国封建政权统治者的认识明显存在差异。

在日本，庆应改革的主持者，幕府将军德川庆喜在《大政奉还上表文》中，强调奉还天下兵马统治权的理由是"当今外国之交际日盛，愈感朝权不出一途，则纲纪难立，故应改变从来之陋习，将政权奉归朝廷。广采天下公议，仰尊圣断，同心协力，共保皇国，必可与海外万国并立"[①]。在这里，德川庆喜对世界形势的理解是"当今外国之交际日盛"，看到了对外开放的不可逆转，日本必然融入国际社会。应该说，德川庆喜对形势的把握符合实际。与此同时，这位幕府末代将军还提出了举国一致追求的目标，即"与海外万国并立"。"并立"的内容比较丰富，归结为一点，就是改变日本被动、落后的局面，在国际舞台上与欧美列强并肩而立，成为先进国和强国。

---

① 涩泽荣一：《德川庆喜公传》七（史料篇），平凡社，1967，第 183～184 页。

这一国家发展目标，并未因幕府的崩溃而束之高阁，而是被明治政府所继承，成为日本近代化基本国策的最高目标。

在朝鲜，法国和美国舰队的两次远征，也对大院君政权产生了强烈的刺激作用，具有近代化性质的军制改革兴起。在对世界形势的理解上，通过与法国传教士的秘密会谈，李昰应对世界形势有所了解，因此，1866 年大院君在抗击法国舰队入侵时，曾致书庙堂曰："人死国亡，古今天地之常经也。洋夷侵犯列国至今亦有几百年，此贼不敢得意矣。伊自年前中国许和之后，跳踉之心一倍叵测，到处施恶，皆受其毒。"[1] 对"洋夷侵犯列国"的"外压"，大院君有切实的感受。作为应对的举措，大院君提出四点主张："其一，不耐其苦，若和亲则是卖国也。其二，不耐其毒，若许交易则是亡国也。其三，贼迫京城，若有去邪则是危国也。其四，若有怪术六丁六甲呼鬼唤神，设或逐贼，日后之弊甚于邪学。"[2] 其中，第一个主张把通交视为"卖国"；第二主张把贸易视为"亡国"，表明了誓与"洋夷"对抗到底，决心维持锁国体制。大院君之所以持如此国际观和坚持置身于国际社会之外，是由于李昰应依然以朱子学的华夷观念来观察世界，并以"夷不乱华"的儒学传统立场看待欧美的冲击。在 1871 年 4 月写给美国舰队司令官的信中，大院君说，"天地之大，万方群生，含弘覆载，咸遂其性，东方西国各修其政，各安其民，熙熙雍雍无相侵夺，是为天地之心。苟或不然，上天震怒不祥莫甚，贵大人岂不知此理哉"[3]。以"天地之心""上天震怒"来劝谕美国舰队司令收兵回营，是囿于传统的国际意识，不明世界大势的言论。这种对外部世界的认识，并未因李昰应的下野而改弦易张，从而成为朝鲜一直难以摆脱被动，迎头赶上的重要原因。

（二）社会转型问题

既然要摆脱落后，迎头赶上，东北亚国家就不得不面临着从传统社会向近代社会转型的历史任务。社会转型的进程，实际上是制度更新和生产方式变更的过程，转型是否成功，取决于社会角色重新定位、利益集团重新组合、资源重新配置等是否合理。无论幕府还是大院君政权，均为既得利益、地位和资源的拥有者，指望既得利益者放弃权力、地位和利益，无

---

① 《高宗实录》，高宗三年九月十一日。
② "自云岘书送政府堂上坐起处轮示录纸"，宋近洙《龙湖闲录》卷 4，国史编纂委员会，1979，第 45 页。
③ 《高宗实录》，高宗八年四月十七日。

疑与虎谋皮。

要实现社会角色、利益和资源分割的新搭配，只能将旧有的既得利益势力赶出历史舞台，由新兴力量实现新一轮的搭配。在日本，幕府在开港后的三次改革中，终于找到了其符合历史逻辑的归属，经大政奉还、戊辰战争，迅速崩溃。由一批中下级武士构成的倒幕派执掌了权力，转化为维新官僚。他们在开港后幕府三次改革的基础上，深化改革，不懈地追求建立"东洋英吉利"的国家目标，通过推行富国强兵、殖产兴业和文明开化等基本国策，将日本决定性地纳入发展资本主义轨道，在东北亚，甚至在整个东方，最终实现了社会转型。

相形之下，朝鲜在大院君改革期间，已经在近代化的启动上，远逊开港后幕府三次改革一筹。在大院君下野后，人去政息，恢复旧规，改革的成果几乎化为泡影。执掌政权的，依旧是势道集团，只是由李氏改换为闵氏。新组成的闵氏势道集团，继续垄断着既得利益、社会资源和权力资源，鲜思进取，蹉跎岁月。此后的历史进程表明，闵氏势道集团成为阻碍朝鲜社会转型的新障碍，结果使朝鲜错失了自主发展资本主义的历史时机。

二 日本在时代的激荡中探寻新路

从 1853 年培理率领舰队叩关，到 1868 年江户城开城投降，统治日本近三百年的德川幕府，在短短 15 年之内就轰然崩溃。在此期间，幕府为了维护封建统治，先后推行了安政、文久、庆应三次改革。这些改革虽然未能挽救幕府崩溃的命运，但也为寻找日本此后发展的新路，奠定了制度建设、人才梯队培育、近代化基本国策制定和文明开化兴起等方面的基础，为明治维新的成功而未雨绸缪。

（一）官制建设

开港后幕府的官制改革为明治维新的官制建设提供了一些思路。在1862 年 12 月，幕府已经创设了陆军总裁和海军总裁，专门负责陆海军的军制建设。在幕府的官制中，虽然出现了"总裁"这一新官职，但只是为了协调陆海军新军的编组问题。与庆应年间的官制综合性的创设，固然不无联系，但毕竟不是同等层次的官制调整。在庆应官制调整过程中，幕府接受法国公使罗修的建议，废除了老中轮流坐庄的传统月番制，新设立了由将军掌握曲直裁断之下的 5 个事务局，即国内事务、外国事务、陆军、海军、会计局。据此，任命稻叶正邦为国内事务局总裁、小笠原长行为外国事务局总裁、松平乘谟为陆军局总裁、稻叶正巳为海军总裁、松平康直为会计局总裁，首席老中板仓静胜无任所，相当于首相，辅佐将军，对老中以下的官员实行等级薪水制。5 个事务局总裁均为老中，分工明确，各司其职。该项措施对传统的行政体制进行了调整，使其具有近代官僚体制的某些特点，相当于建立了法国式的内政部、外交部、陆军部、海军部、财政部。这一新官制，是 1603 年德川家康创建江户幕府以来，所未曾有过的官僚新体制，对后来草创时期明治政府中央部门官制的设置不无影响。1867 年 12 月 9 日成立的明治政府，由总裁、议定、参与三职组成。其中，总裁的设定，就是直接沿用了庆应改革时期的总裁制。1868 年 1 月 17 日，明治政府将原来的三职制扩充为三职七科制。新设的七科分别为神祇、内国、外国、陆海军、会计、刑法、制度等事务科，其中，除了神祇、刑法和制度等科为新设官厅外，其余诸科均与庆应改革总裁制的布局大同小异。同年 2 月 3 日，明治政府又改设三职八局制，即总裁局、神祇、内国、外国、陆海军、会计、刑法、制度等事务局，其中的总裁局、内国、外国、军防、会计等事务局，仍然参照了庆应官制改革的机构设置。此后，在"王政复古"方针的指导下，明治政府的官制向大化改新时期的太政官制回归。1869 年 7 月所设官厅的名称显示出一派复古景象，如民部、大藏、兵部、刑部、工部、文部、宫内省等。尽管如此，作为内政外交所需要的政府部门，其主要职能，仍与庆应官制改革没有多大区别。

（二）人才的储备

开港后幕府的三次改革因时局不同而造成人才环境的阶段性和人才梯队结构性差异，但有利于人才的起用、成长和储备。安政改革期间，幕府的改革政策具有一定的开明性，改革的主导者阿部正弘和堀田正睦等采取避战开港政策，理智应对新的形势。为此，他们打破陈规，果断起用一批出身贫寒但能力出众的人才，从而形成了推行安政期幕政改革的新的官吏阶层。堀利熙被任命为海防挂目付，作为箱馆奉行负责处理阿部政权时期日益显出其重要性的虾夷地问题。永井尚志被任命为海防挂目付，翌年被派往长崎任长崎御目付，长崎海军传习所建立之后任总监督。此外，川路圣谟任勘定奉行，筒井政宪从西丸留守居升任大目付，水野忠德任勘定奉行兼长崎奉行，井上清直任下田奉行。由此，一批有能力的官吏陆续被安排到外交、财政等重要部门任职。其中，川路圣谟作为全权代表与俄罗斯的普提雅廷展开针锋相对的较量，赢得对方的尊重；兼任目付和外国奉行的岩濑忠震，熟悉国际法和国际惯例，作为幕府的全权代表与哈里斯进行通商条约交涉，被称为幕末外交的第一人；井上清直和岩濑同为日美缔约谈判的全权代表，并在《日美修好通商条约》上签字。

在文久改革期间，川路圣谟、岩濑忠震等曾受"安政大狱"的迫害被免职的开明派幕府官僚虽复出，但其影响力明显下降，一批中下级武士作为新兴力量开始出现在历史舞台上。在幕府进行改革的同时，诸藩也在开展藩政改革，以增强实力。在藩政改革过程中，萨摩藩的大久保利通、西乡隆盛，长州藩的高杉晋作、木户孝允，土佐藩的后藤象二郎、板垣退助，肥前藩的大隈重信，松代藩的佐久间象山等中下级武士的代表人物脱颖而出，成为各自藩内的实力派，主导了改革进程。熊本藩藩士横井小楠不仅应邀前往福井藩，主导旨在富国强兵的藩政改革，而且还为文久幕政改革的主导者松平庆永出谋划策。他提出的《国是七条》被幕府采纳，成为文久幕政改革的指导方针，幕府按照他的建议改革了参觐交代制，改参觐为述职，从而减轻了各大名的负担，扩大了诸大名对幕政的发言权，而且决定将军上洛，促进公武合体，以图以大政委任的形式确立和巩固幕威幕权。松代藩的佐久间象山提出了实现日本近代化的基本方针，即"东洋道德"与"西洋艺术"的结合，主张将孔孟道德伦理，即"东洋道德"，与欧美的器物特别是船炮制造技术，即"西洋艺术"结合起来，为解决近代化进程中外来文化与民族传统文化的矛盾，找到了一种新思路。这一方针，在明治维新过程中进一步发展为"和魂洋才""士魂商才"。佐久间象山还培养了许多优秀的门生，如胜海舟、坂本龙马、吉田松阴、桥本左内、加藤弘之、津田真道等，他们在历史的转折关头均发挥了重要作用。此外，幕府实行对外开放政策，从1862年9月起，开始向荷兰派出第一批海外留学生。其中，内田正雄、榎本武扬等入学海军学院，西周和津田真道学习法律、经济，伊东玄伯、林研海等学习医学，打开了培养人才的新通道。

在庆应改革期间，中下级武士已经成长为决定今后日本发展方向的主导力量。萨摩、长州、土佐、肥前等西南雄藩的中下级武士占据了政治舞台的主角位置。萨英战争中的惨败，使萨摩藩的尊攘派认识到欧美列强的优势，从而放弃攘夷方针，在大久保利通、五代友厚等的主导下，转而实行大割据政策，大力推行旨在富国强兵的诸项改革措施，增强了藩的实力，成为武力倒幕运动的主力之一。经历"禁门之变"的沉重打击之后，长州藩以木户孝允、高杉晋作为核心的正义派通过艰苦斗争，掌握了藩政，也放弃寄希望于京都朝廷的老路线，开始实行大割据政策，推行一系列富国强兵的举措。在改革中发展壮大的长州藩在第二次征长战争中打败幕府军队，取得了决定性胜利，由此揭开了武力倒幕的序幕。在幕末改革过程中，各类人才崭露头角，为明治维新的展开预先准备了必要的人才队伍。

（三）近代化方针：殖产兴业和富国强兵

在开港后的改革期间，幕府实施了一系列旨在富国强兵的改革措施。其中，引进西学，学习西方军事技术和工业技术，兴办近代军用工业，是幕府殖产兴业方针的主要举措。1855 年，幕府在长崎开办海军传习所，聘请荷兰士官传授航海、造船和炮舰使用技术。1856 年 4 月，在筑地铁炮洲开设了讲武所，注重对洋式队形和枪炮等热兵器的演练。建立近代化陆海军需要配备近代化军舰和各种武器装备。为此，幕府除了直接从国外购买所需军舰和武器之外，还开始注重研制国产武器。1855 年 1 月，幕府命韭山代官江川英敏设立冶炼优质钢铁的高炉"反射炉"，铸造洋式枪炮。1855 年 6 月，汤岛铸炮场开始生产洋式手枪。1861 年 3 月，幕府在荷兰工程师哈尔戴斯的指导下创办了长崎制铁所。1863 年，幕府创建关口大炮制造所，开始试制近代欧式兵器。1865 年 8 月，幕府投资兴建的横滨制铁所竣工。在此基础上，同年 9 月，幕府在法国的援助下兴建的横须贺制铁所工程开工。这些制铁所不仅可以生产军舰，也可以维修出故障的舰船。1866 年 5 月，幕府掌管的石川岛造船所自行设计和建造的"千代田"型木制蒸汽军舰下水，迈出了制造国产军舰的步伐。1867 年 7 月，幕府利用去欧洲采购建立横须贺制铁所所需设备时购买的机械，在江户泷野川动工兴建火药制造所，生产先进的黑色火药。幕府陆续建立的近代兵工厂，为实现富国强兵奠定了坚实的物质基础。

在幕府推行改革的同时，诸藩尤其是西南雄藩也在接受欧美军事、经济等新观念方面不甘落后，纷纷采取了一系列措施，推行藩政改革。肥前藩，是诸藩中首先创办近代军事工业的。1850 年，该藩设立枪炮制造局。1850 年秋至 1852 年春，先后建成日本最早的 4 座反射炉（金属冶炼炉），开始铸造火炮，同年又设立"精炼所"，研究理工化学、枪炮制造和蒸汽锅炉等生产技术。1858 年，从荷兰进口机器，制造西式枪炮。1863 年，该藩制成蒸汽船。1865 年后该藩已能仿制出当时世界上最新式的阿姆斯特朗式后膛枪。萨摩藩在 1857 年建成集成馆，这是当时日本一个规模巨大的近代化企业，其中包括高温炼铁炉、熔矿炉、玻璃厂、陶瓷厂、农具厂，并生产煤气灯、电报机、地雷、水雷等。该藩还积极引进西方先进生产技术，在 1852 年制成雏形的蒸汽机，1855 年加以改进，正式制成蒸汽机，同年用之于船舶，制成日本最早的蒸汽船，并进行了试航。萨摩藩于 1865 年进口英国机器，成立机械厂，制造枪炮、修理船舶并生产机器。1866 年，萨摩藩又建成制糖厂，1867 年又进口英国机器设备建成日本第一个近代纺织厂，也是当时日本规模最大的一个官办民用企业。从 1862 年起，各藩利用幕府实行对外开放政策之机，先后派遣留学生赴欧美各国学习。如 1863 年，萨摩藩向英国派遣了森有礼等 16 名留学生。1865 年该藩又派五代友厚等留学英国。这些留学生回国后一般都在藩政改革中发挥重要作用。如五代友厚回国后参与了萨摩藩的财政改革，并积极促进对外贸易及兴办近代企业。

明治维新开始后，政府在接收上述幕营、藩营的军事工厂的同时，也接过了殖产兴业、富国强兵等近代化方针。通过引进西方技术设备，改造、建立日本近代军事工业的基础。经过合并、改造、调整后，日本至 1880 年前后已经建成了两大陆军工厂——东京、大阪炮兵工厂及其附属工厂，两大海军工厂——筑地、横须贺海军工厂及其附属工厂。东京炮兵工厂是在关口制作所的基础上建立起来的，主要生产步枪。大阪炮兵工厂是在长崎制铁所的基础上建立起来的，主要生产火炮。筑地海军工厂是在石川岛造船所和鹿儿岛造船所的基础上建立起来的，主要生产和维修军舰和武器。横须贺海军工厂是在横须贺制铁所的基础上建立起来的，主要生产海军军舰。

（四）洋学的兴盛

开港之后，先前阻碍欧美文化自由传播的政策、法令失效。幕府为了自救、自强被迫采取的对外开放政策，为洋学的兴旺发展，在客观上提供了有利的条件。在 1854 年《日美和亲条约》订立的当年，幕府设立了处理外交事务的机构"应接挂"，任命筒井政宪、川路圣谟、岩濑忠震、水野忠德等任职。翌年，幕府在江户创办培养外语人员、翻译和研究欧美的图书和外交文书的机构——洋学所；在长崎设立洋式军事学校——海军传习所。1856 年 2 月，洋学所改称蕃书调所，西丸留守居古贺谨一郎任头取，起用了箕作阮甫、杉田成卿、寺岛宗则、大村益次郎等陪臣中擅长洋学的优秀人才任教授和助教。1857 年 1 月，蕃书调所正式开学，招募百余名幕臣子弟来此研修兰学。由此，兰学便确立了作为官学的地位。此后，由于外交的中心转向美国和英国，兰学逐渐衰退，盛行以英语为中心的英学。

洋学机构教授的科目也经历了变化。1862 年 5 月，原来的蕃书调所改称洋书调所。教师西周和津田真道留学荷兰，师从莱顿大学的西蒙教授学习哲学、法学、经济学，学成归国，从而引进了西方社会科学。此后，同为教师的加藤弘之、神田孝平等也开始从事哲学、法学等西方社会科学的研究。由此，原来侧重于医学、天文学等技术科学的洋学的研究范围扩大到全面的西方科学。1863 年 8 月，洋书调所改称为开成所，成为洋学的教育研究机构，开始招生授业。此后，洋学教育取得了长足发展，前来学习的学生不断增加。

　　在庆应年间，无论是幕府还是倒幕派，在对外开放，引进和推广洋学方面，并无二致。在这种情况下，洋学得到良好的发展环境。表现在幕府的洋学人才教育方面，开成所成绩斐然。到 1866 年 10 月，开成所英国学科学生增至 150 名，法国学科学生约有 60 名；至同年年底，英国学科学生人数进一步增加为 300 名，法国学科学生增加为 100 名。1867 年 2 月，数学科学生也达到 150 余名。各种学科的洋学学生达到 550 人，是文久年间的 5.5 倍。

　　幕府的洋学机构除了从事上述的教学和研究工作以外，还从事翻译和出版事业。一开始，洋学机构出版以英学的教科书为主，还有英语、法语单词辞典等。此外，其还进行了外文报纸的翻译和中国刊行的汉字报纸的翻印，1861 年出版的《官版巴达维亚新闻》是日本最早的报纸。1865 年，幕府的开成所训点翻刻了汉译的《万国公法》，广为传阅。1868 年，西周翻译了国际法学，出版了日译版《万国公法》，津田真道翻译政治学，于同年出版了《泰西国法论》。这些书籍的翻译出版奠定了日本近代法学的基础，开阔了日本人的国际法视野。

　　庆应年间的洋学，除了官方洋学之外，还应提及民间洋学的发展和培养人才问题。官民热心洋学，是庆应洋学发展的显著特点。洋学风行于日本，反映了社会对洋学人才越来越大的需要，同时，也与幕府鼓励和提倡洋学不无关系。庆应年间，活跃于大都市的民间兰学私塾形形色色。原来只涉及自然科学的兰学扩大为包括英国学、美国学、法兰西学、俄罗斯学等广阔的洋学领域，包括政治法律、经济制度、哲学思想、文化教育等社会科学，对日本的思想界造成有力的冲击和影响。由于兰学在开港后迅速扩展为洋学，欧美事物在日本的广泛传播，为明治初年"文明开化"风潮的掀起和明治政府推行"文明开化"基本国策预先做了准备。

三　人去政息：朝鲜错失了发展的机遇

大院君下野之后，高宗为了清除大院君的影响，巩固国王亲政体制（实际上是闵氏势道政治体制）停止或撤销了大院君执政时期实施的诸项改革措施。其主要包括以下几项：

（一）禁用清钱

大院君执政时期，为了筹措重建景福宫所需费用，接受左议政金炳学的建议①，曾下令铸造新货币当百钱来缓解财政困难。当百钱的铸造和流通满足了当时激增的财政需求，但导致了严重的通货膨胀，物价暴涨，扰乱了国家和百姓正常的经济生活。于是，以 1868 年 5 月崔益铉的上疏为契机，政府决定停止当百钱的流通。当百钱的禁用使得政府的财政收入锐减，从而加剧了政府的财政困难。此外，当时朝鲜和中国的贸易商品主要是包参和洋布，即朝鲜向中国出口包参、进口洋布，而设在义州的管税厅对贸易商品征收的商税是国家财政的重要来源。后来随着对外危机意识的提高，大院君下令禁止进口和使用洋布。为了不影响朝中之间的正常贸易，急需确定一种新的进口商品以取代洋布。

为了打破这种局面，大院君政权决定输入并流通清钱。1867 年 6 月 3 日起，清钱开始在市场上流通②。清钱的流通虽然在一定程度上缓解了政府的财政困难，但同样也导致了严重的通货膨胀。

1873 年 11 月 3 日，崔益铉再次上疏抨击大院君的政策时，就曾指出"所谓胡钱之不可不革罢者，臣窃惟严华夷之辨，守忍痛之意，是孝庙及宋文正傅授心法，与孔朱同功者也。观先正禁贸房中物货之事，则胡钱之用，亦所以忘会稽臣妾之，昧阴阳向背之分，而发政害事，固已甚矣。且臣于前日既请罢当百，而胡钱之为害又甚于当百。当百之害，百物不通，胡钱之害，百物尽竭。当百之害，如痞滞之证，用涤肠之剂，消下则如故，胡钱之害，如泄下之证，元气日渐，渐尽则死，是不可惧哉。夫以义理言之既如彼，以利害言之又如此，则常平之复，不可一日而少缓也"③，强烈要求禁

---

① "命铸当百大钱""左议政金炳学启言，景福宫营建方张，沁都营造方始，公私事计枝梧不给，臣于是昼宵忧遑，思所以弥纶支调，而未得其策矣"，参见《日省录》，高宗三年十月三十日。

② "命小钱一体通用"，参见《日省录》，高宗四年六月三日。

③ 《高宗实录》，高宗十年十一月三日。

用清钱，恢复使用常平通宝。

高宗亲政之后，以"清钱之当初通用是不得不然之事，而到今物贵货贱，日甚一日，莫可支保云"为由，宣布停止清钱的流通①，但是其真实目的是标榜实施不同于大院君的仁政，以取得民众的支持。当时在朝鲜国内流通的清钱数额非常庞大，仅汉城官衙所有的清钱就达300万两之多②。高宗是在没有与大臣进行认真讨论的情况下突然宣布禁用清钱的，而且也没有提出具体的对策，因而引发了严重的问题。对此，黄玹指出"清钱之罢，在甲戌正月。是时，京乡交易，惟清钱而已，一朝令下，举国钱荒，商货不行，失业者众，蓄常平钱者，坐笼数倍之利，至数月后，稍稍流通"③。禁用清钱的政策不仅扰乱了社会流通秩序，也使原本拮据的国家财政陷入困境④。为此，高宗与领议政李裕元商议之后，决定进口广东布以取代洋布⑤。但所谓的"广东布"并不是产于广东的布，而是中国商人在英国、美国等西方国家生产的斜纹布上贴上中国商标，采用中国包装之后，再出口到朝鲜的⑥。

（二）复设万东庙

万东庙是为了祭祀明朝神宗和毅宗而修建的祠堂，是感念"壬辰倭乱"时期大明再造之恩的象征。老论派首领宋时烈去世之后，按照其遗愿设于宋时烈创办的华阳书院之内。因此，万东庙与老论一派的政治生命息息相关。

1865年3月，大院君借大王大妃之命，以万东庙与建于王宫内的大报坛重设并因年久失修致使庙貌荒凉，多有失礼不敬之嫌为由，下令撤销万东庙并派礼曹判书前往华阳书院将纸榜位和匾额移至大报坛敬奉阁⑦，借此削弱老论一派的势力。大院君撤销万东庙的举措立即遭到了众多儒生的强烈反对，但大院君毫不动摇，动员兵力将这些儒生驱逐到汉江以南。此后，李恒老等大儒纷纷上疏奏请复设万东庙，均遭到

---

① 《高宗实录》，高宗十一年一月六日。
② "顾今京司所在清钱不下三百万两"，参见《日省录》，高宗十一年一月十三日。
③ 黄玹：《梅泉野录》，教文社，1994，第24页。
④ "领议政李裕元仍奏曰：义州商税曾有洋木等税，今为禁物，又有鍮铁税，清钱亦既革罢，税入渐缩，管税厅事势渐不成样矣"，参见《日省录》，高宗十一年五月五日。
⑤ 《日省录》，高宗十一年五月五日。
⑥ 张存武：《清韩宗藩贸易》，台湾"中央研究院"近代史研究所，1978，第153页。
⑦ 《承政院日记》，高宗二年三月二十九日。

拒绝。

1873 年 11 月，李恒老的弟子崔益铉上疏，强调"惟我朝之于皇明，既三百年臣事，而壬辰再造，又有万世不忘之恩，故有万世必报之义"，指出"年前撤享之举，群下非不知圣意之出于专心致敬，而犹且怆恨悲泣，中外舆情，不谋而同，至于三儒臣封章陈义，诸路章甫相继伏合，此可见秉彝之同然，而列圣培养之力，又不可诬也"，提出"渊然深思，幡然改图，亟许复享之请，上遵祖宗之遗志，下副国人之舆情焉"①。对于崔益铉复设万东庙的请求，高宗批复说"万东庙事，既有慈圣处分，则今不敢举论矣"②，以当年裁撤万东庙是奉赵大妃之命而为为由，予以拒绝。

此后，要求复设万东庙和书院的上疏不断出现，其中的大部分是不在公职的儒生、学者，强调复设万东庙在道德、礼仪等方面的重要性。对此，高宗均以"慈圣之命不敢违"为由予以拒绝。围绕着万东庙复设问题，高宗与士林之间产生了矛盾，而士林采取不合作的态度表示对高宗的不满。为了取得知识分子的支持以巩固统治基础，高宗改变了态度，于 1874 年 2 月 13 日宣布重开万东庙纪念明朝的祭祀活动，下令复设万东庙③，但拒绝了复设祭祀宋时烈的华阳洞书院的请求④。9 月 10 日，万东庙复设工程竣工⑤。

（三）设立武卫所与削弱三军府

大院君执政时期，三军府是与议政府相同的正一品衙门，作为最高军令机构总管各军营，而大院君则通过任命各军营的大将掌握了军事权力。高宗亲政之后，采取了一系列措施，试图加强对军队的控制，以巩固自己的统治基础。1874 年 4 月，高宗以护卫王宫的兵力不足为由，下令加强宫内的宿卫力量⑥。同年 5 月，从训练督监选出 500 名健壮者编成五队，每队 100 名轮流担任护卫任务，由训练大将主管，其所需武器装备由三营和军器寺制造⑦。6 月 20 日，高宗下令将其命名为"武卫所"，设"武卫都统使"一职

---

① 《高宗实录》，高宗十年十一月三日。
② 《高宗实录》，高宗十年十一月三日。
③ 《高宗实录》，高宗十一年二月二十三日。
④ 《承政院日记》，高宗十一年四月十四日。
⑤ 《承政院日记》，高宗十一年九月十日。
⑥ 《日省录》，高宗十一年四月二十五日。
⑦ 《承政院日记》，高宗十一年五月二十五日。

作为其主管，规定由曾任捕盗大将或禁军别将的武将担任该职，而武卫所提调则由议政府堂上官担任，并且兼任宣惠厅堂上官①。可见，武卫所不仅掌握军权，还掌管着财政。设立武卫所之后，高宗下令从训练督监、禁卫营、御营厅抽出标下军519名和卜马军71名，不断增强兵力②。此后，武卫所的兵力继续增加，达到了4399名，而当时兵力最多的训练督监也就有5000名③。随着规模不断扩大，武卫所所需经费也大幅增加，而国家军费支出中的大部分投入到武卫所。据户曹判书金世均在1874年11月提交的报告称，拨给武卫所的经费近10万两，而同一时期拨给训练督监的经费为35000两，拨给禁卫营的经费为5000两④。

随着武卫所权力的不断扩大，其军兵的胡作非为也逐渐成为一大问题，引起了大臣们的忧虑。领议政李裕元指出"以此辈作弊，外间传说颇多，臣之屡次仰奏，虑有此弊故也。武艺厅毅率素定皆知承上接下之道，而此辈则各营选入合无毅率，徒知咫尺侍卫之为荣，不知事体之为重"⑤，要求采取措施予以治理。而左议政朴珪寿也指出武卫军存在的弊端，建议"仍使统领严节制，明纪律，允合事宜，而至若粮料服色等事，一付将臣最宜，定式启禀施行，次第非难矣"⑥。但高宗却不以为然，认为"此是新设未及入毅之致也，久则次次与武艺厅相同矣。在上者，惟当一视，而武卫军亦当有操束之方矣"⑦，采取偏袒的态度。

高宗不顾大臣的忧虑和反对，一心致力于扩大武卫所的权力。得到高宗的默许，武卫所的权限日益扩大。1877年4月，高宗下教说，"本所设置，寔仿五卫之制，则非但宿卫之专管，凡系诸班戎务，不可不统辖句检，自今为始，增设三营提调，都统使例兼，口传单付，龙虎营、总戎厅，一体兼管事分付"⑧。由此，武卫都统使不仅兼任三营即禁卫营、御营厅、训练督监的提调，又主管原属兵曹主管的龙虎营和担任首都外围防御的总戎厅，从而

---

① 《高宗实录》，高宗十一年六月二十日。
② 《高宗实录》，高宗十一年七月十一日。
③ 韩国军史研究室编《韩国军制史——近世朝鲜后期篇》，陆军本部，1977，第267页。
④ "近日所贷送者言之，武卫所五万一千两，训练督监三万五千两，禁卫营五千两，且顷以近日上纳钱七千四百两，移纳于武卫所，总而计之，殆近十万两"，参见《高宗实录》，高宗十一年一月一日。
⑤ 《日省录》，高宗十一年八月二十日。
⑥ 《高宗实录》，高宗十一年七月十五日。
⑦ 《日省录》，高宗十一年八月二十日。
⑧ 《日省录》，高宗十四年四月九日。

能够对中央各军营施加相当大的影响力。高宗通过武卫都统使，可以直接掌握各军营的财政权和军事权。

与武卫营规模和力量不断壮大形成鲜明对比的是，江华镇抚营的规模却日益缩小。江华岛是守卫首都的关门，又是漕运船进入汉城的必经之地，具有重要的战略意义。"丙寅洋扰"之后，大院君下令大力加强江华岛的军事力量，江华镇抚营的地位也得到大幅提高，镇抚使的官品由从二品升格为正二品，与中央军营具有同等的地位，从而进一步加强了镇抚使的权限。"辛未洋扰"的爆发使江华岛镇抚营的军事力量再次急剧膨胀，到1874年年初，镇抚营的总兵力达到3300名①，成为大院君执政时期国防力量的核心军营。

1874年7月，高宗下令正二品的江华镇抚使降级为从二品的江华留守，同时废除大院君时期制定的武臣担任镇抚使的规定，重新恢复为由文臣担任②。此后，在"壬午兵变"发生之前，江华留守均由文臣担任。此外，高宗还下令减少对镇抚营的财政支援，用于扩充武卫所的军备和人员。在大院君执政时期，义州管税厅包参税收中10万两拨给镇抚营③。武卫所设立之后，则从镇抚营的收入中划出4万两移交给武卫所④，从而削弱了镇抚营的财政基础。1881年武卫所扩大为武卫营之后，原本应拨给镇抚营的包参税157000千两全部划给武卫营⑤。大院君对高宗的此举大为不满，从云岘宫移住位于杨州直洞的山庄，以示抗议。支持大院君的儒生纷纷上疏指责高宗的不孝，并以江华历来是兵家必争之地、洋夷极有可能再次来犯为由，坚决主张重新强化镇抚营⑥，但均无济于事。此外，随着武卫所权力的不断扩大，原本属于最高军令机构——三军府主管的军令权、人事权、财政权等有关军事方面的权力全部移交到武卫所。三军府沦落为在制定和实施军事政策的过程中可有可无的机构，终于在1880年被废除，在其原址上设立了统理机务衙门。

---

① 《日省录》，高宗十一年一月二十六日。

② 《高宗实录》，高宗十年十二月二十四日。

③ 《日省录》，高宗十一年三月二十日。

④ 《日省录》，高宗十一年八月二十日。

⑤ 《高宗实录》，高宗十八年十一月十三日。

⑥ "护军姜健钦上疏"，参见《日省录》，高宗十一年十月二十六日；"前县监洪钟泰上疏"，参见《日省录》，高宗十二年六月十四日。

第四节　两国改革结局产生差异的原因分析

一　体制原因

（一）幕末体制及其变化：分权趋势的强化

在德川幕府时期，武家政权形成了组织严密的幕藩体制，在此基础上，建立了幕府集权与诸藩分权、将军至强与天皇至尊的双重二元政治结构。其中，由幕府将军和诸藩大名组成的二元政治结构，是领主土地等级所有制在上层建筑的表现，也是对 1600 年德川家康战胜丰臣旧部却无力扫除割据各地大名这一政治现实无可奈何的承认。因此，幕府集权、支配全国与大名分权、坐镇地方相互制衡，构成封建军事领主中央政权与地方政权各为一元的二元政治结构①。幕府集权并支配全国的关键，是将军对大名实施有效控制。在政治上，通过强化幕府官僚机构、颁布法令、人身控制、区别对待等手段，加紧对大名的控制。如 1615 年幕府颁布《武家诸法度》，此后又对此加以修改，用法律手段，毫不松懈对大名的监控；如制定"参觐交代制"，即大名每隔一年须离开本藩，来江户谒见将军，把妻子儿女留在江户，扣作人质。这种制度既可以严密控制大名本人，又大量消耗了大名的人力、物力，使之有后顾之忧。此外，幕府还通过经济、军事、外贸、外交等方面加强了对大名的控制，从而成为幕府与诸藩二元政治结构中强有力的一元。

在幕藩领主二元政治结构中的另一元，是分布在全国各地的诸藩。作为称雄地方的封建领主，诸藩大名在臣从幕府将军、遵守幕府法度和完成幕府摊派赋役的情况下，具有相对的独立性。如在政治上，诸藩大名拥有各自的权力机构，各级官吏均由藩主自行任命，将军不予干涉；在经济上，诸藩大名有权在领地内自行实施检地、确定年贡率或开发新田，而且有权在领内推行殖产兴业政策，幕府将军任其自主；在军事上，诸藩大名可以拥有与其石高相匹配的军队。

将军至强与天皇至尊的二元政治结构中，幕府将军作为"至强"的一元，以强大的经济、军事实力为后盾，掌握统治国家的实际权力，对天皇朝

---

① 沈仁安：《德川时代史论》，河北人民出版社，2003，第 56～57 页。

廷实施监控。在政治上，幕府颁布针对朝廷的《禁中并公家诸法度》，严禁朝廷过问政治，还设置"京都所司代"，监视天皇朝廷；在经济上，皇室的生活来源均依赖幕府赠与的知行地，而其收入只相当于一个小大名。幕府与朝廷二元政治结构的另一元，是"至尊"的天皇。天皇不仅拥有至高无上的神格，而且拥有君臣名分上的优势。在名分上，幕府将军的统治地位，来自天皇向其委任天下兵马统率权，即"征夷大将军"的职位是由天皇赐予和委任，显现了天皇的"至尊"地位。

德川幕府末期，幕府推行的天保改革遭受失败，幕府的实力大为削弱。与此相反，西南雄藩的藩政改革则取得成功。实力得到增强的雄藩大名不满足于现状，要求扩大对幕政的发言权。在这种形势下上台的阿部政权采取联合雄藩的政策，注意取得雄藩的支持。1853 年培理舰队叩关过后，幕府对是否与美国订立条约毫无定见，于是打破惯例向诸藩乃至町人百姓咨询对策，其结果是诸藩大名也存在意见分歧，难以决断。束手无策的幕府派员前往京都请示朝廷。这一行动无疑是幕府自毁《禁中并公家诸法度》不许天皇朝廷过问政治的有关规定。从此，天皇开始干预外交政治，成为国内政治斗争中急遽上升的一极。双重二元政治结构开始发生动摇。

1858 年 6 月，《日美修好通商条约》订立之后，为了平息反对派的意见，幕府决定采取由天皇"敕许"的方式。按照惯例，幕府与外国签订条约不需要天皇的批准。幕府此举主要是出于对天皇不会反对的自信，结果事与愿违。在尊攘派公卿、大名和中下级武士的策动下，天皇拒绝批准条约。其结果是再次损害了幕府在朝廷和大名中应有的地位，导致朝廷对幕政的进一步干预，也为尊攘派依靠朝廷压制幕府提供了机会。与此同时，围绕着将军继嗣问题，支持拥立德川庆福的幕府和主张拥立一桥庆喜的雄藩大名形成在朝的纪州派和在野的一桥派，产生了严重的对立。两派展开激烈斗争，并纷纷拉拢朝廷，争取支持。这样，条约"敕许"问题和将军继嗣问题搅在一起，致使幕末政局更加复杂混乱。在此过程中，天皇朝廷与雄藩大名相互接近，取得了对幕政的发言权，打破了幕府独断专行的局面。由此，双重二元政治结构的力量对比失衡，形成了江户和京都两个权力中心。

井伊直弼出任大老之后，采取强化幕权幕威的强硬政策，不仅不顾雄藩大名的反对，强行拥立德川庆福为第 14 代将军，而且无视天皇的意志，擅自批准《日美修好通商条约》，受到反对派的强烈指责。井伊直弼发动"安政大狱"，对一桥派大名和横议时政的尊攘派展开残酷镇压。井伊直弼的暴行激起了尊攘派的愤怒，决定以暴力回击镇压。1860 年 3 月，尊攘派志士在江户城樱田门外刺杀井伊直弼，尊攘派士气大振，而幕府权威扫地。新上台的安藤政权推行靠拢天皇朝廷、密切将军与皇室关系的"公武合体"政策，改善恶化的朝幕关系，并借助天皇的权威压制尊攘派。在幕府与朝廷的策划下，促成了"和宫下嫁"，其条件是幕府"废约攘夷"。这样一来，幕府两面受击、无所适从，处于非常被动的地位。

此时，一直伺机进入中央政界、扩大影响力的雄藩大名也展开积极的活动：长州藩派出长井雅乐，以《航海远略策》斡旋于朝幕之间；萨摩藩的岛津久光则率兵进京，向朝廷提出改革幕政的建议，并陪伴敕使大原重德东下，对幕政指手画脚。与此同时，尊攘派对公武合体派展开了反击，在江户城坂下门外袭击老中安藤信正，而且不断制造杀伤外国人、火烧英国驻日使馆等攘夷事件，引发外交纠纷，致使幕府处于极其被动的状态。此外，他们云集京都，广泛联络主张攘夷的朝廷公卿，形成一个压力集团，促使天皇下令已经答应废约攘夷的将军德川家茂进京，参拜天皇和神社。迫于压力，将军下令自 1863 年 5 月 10 日起实行全国大攘夷。这些事态表明，朝幕的力量对比正在发生变化，天皇的政治取向越来越重要。与此同时，雄藩大名也积极介入幕政，与幕府分庭抗礼；尊攘派也联合朝廷公卿，不断给幕府施加压力。幕府没有足够的权威，无法有效控制朝廷和雄藩，"分权"的趋势不断强化。

幕末，在幕藩体制基础上建立的幕府集权与诸藩分权、将军至强与天皇至尊的双重二元政治结构发生了巨大变化。幕府"集权"的衰弱，使得幕府无法对诸藩和天皇朝廷进行有效的控制。与此相反，雄藩大名和天皇朝廷则迅速崛起，与幕府形成分庭抗礼的局面。此后，双重二元政治结构的力量对比继续发生失衡。最终，倒幕势力在"尊王"的旗号下组成联军，武力推翻了幕府的统治，建立了采用天皇制的新政府。

（二）大院君改革：强化大一统王权的集权

与日本的双重二元政治结构不同，朝鲜实行的是大一统的中央集权体制。国王是绝对君主，享有至高无上的权力。为了加强中央集权的统治体制，统治阶级对中央统治机构进行了调整，并加强了各机构的职能。议政府是中央最高统治机构，设有领议政、左议政和右议政，辅佐国王掌管各项政治事务。重大问题的处理，一般在国王的参加下，由以议政府高级官吏为中心的会议讨论决定，但最终决定权归国王所有。在议政府下设有吏曹、户曹、礼曹、兵曹、刑曹、工曹六曹，分管政府的重要事务。吏曹是管理和任免官吏的机关，拥有推荐官吏和执行国王任免事务的权限，人事的最终决定权属于国王。户曹主要负责征收租税和管理户籍。礼曹掌管封建统治所需的礼仪和教育，以及施行科举和处理对外关系等事务。兵曹掌管全国军队，对内镇压民众的反抗，对外防御外敌的入侵，并管理武官的人事。刑曹负责制定和实施维护封建统治所需的法律制度。工曹掌管官营手工业、国家的山林、河川、湖泊等资源，并负责宫殿及官衙的修建事务。统治阶级为了巩固中央集权统治，调整和加强了地方行政机构。除京畿外，将全国分为忠清、全罗、庆尚、黄海、江原、平安和咸镜七道，由各道的观察使进行管理。道下设州、府、郡、县，分别设置牧使、府使、郡守、县令等职。这些地方官均由国王直接任命，在各地拥有行政权、司法权、军权。

　　然而，到了朝鲜后期，朝鲜社会进入势道政治统治时期。势道政治是以戚族势力尤其是以后党为中心的一种专制政治，始于18世纪70年代正祖统治时期。正祖即位后，为了巩固其统治地位，处死了他作王储时的反对派官僚，设立宿卫所，任命宠妃之兄洪国荣为大将，掌管宿卫。洪国荣倚仗正祖的信任，主宰国家施政大权，从此开始了势道政治。此后，经过激烈的权力之争，最终形成了以安东金氏为中心的势道政治。势道政治时期，议政府的机能大部分转移到备边司，议政府只担当礼仪方面的事务。六曹决定和执行政策的机能也遭到削弱，只限于执行备边司决定的事务。临时机构备边司掌握了国家的重要政治决定权，变成国家的最高统治机构。备边司既是国家的统治机构，同时也是势道政治集团借用国王的名义谋求自己利害关系的场所。势道政治势力以国王的辅助者自居，掌握备边司以增强其权力基础，主管国家的一切行政事务。在这种形势下，王权虽然遭到严重削弱，但势道政权却不能取而代之，还要极力宣扬王权的至高无上。这是因为，势道政治势力要掌握和行使权力还得倚仗国王的权威。

　　1863年哲宗无嗣驾崩，大王大妃神贞王后赵氏决定以兴宣君次子为王位继承者，他就是朝鲜第26代国王高宗，其父兴宣君李昰应被封为"大院君"。国王生父在世期间被封为大院君，这在朝鲜王朝史无前例，因此对其政治地位和权限均无任何规定。垂帘听政的赵大妃积极主张给大院君赋予政治地位，但元老大臣们却以无前例可依为由欲封锁大院君参政的名分。在赵大妃的一再坚持下，大院君开始参与朝政，并且逐渐巩固了政治地位。赵大妃实际上并不直接干预朝政，而是把一切军国大事委以辅佐高宗的大院君，从而形成了以对抗安东金氏势力为目的的联盟体制。大院君能够顺利掌握政权，除了赵大妃的鼎力相助之外，最为重要的原因是，他作为国王生父，借用了"辅佐幼主"的名义。大院君执政在朝鲜王朝开国的五百年间还是第一次，因此大院君极力强调自己是辅佐年幼的国王执政①，并将大院君辅护国王喻为古典中周公与成王的关系，使自己的执政正当化②。大院君执政之后，抑制和打击安东金氏的政治势力，加强王权，建立以自己为中心的权力结构，成为其第一位要务。

为此，大院君对中央权力机构进行了调整，除了事先与之达成默契的金炳学等之外，安东金氏中的其他核心人物——被黜出权力中心。于是，以赵斗淳为领议政、金炳学为左议政、柳厚祚为右议政的新的中央统治机构开始确立，大院君的心腹人物也相继被安插到政府要害部门担任要职。此外，大院君还对一直受文官压制的武官采取优待政策，不仅破格提高他们的政治地位，还将原来由文官兼任的军事官职改为由武官担任，并且派自己的亲信大将负责管理各军营事务，从而将军权掌握在自己手中。经过一番改造，以大院君为核心的权力结构和中央集权制统治得到了加强，为大院君推行改革奠定了基础。在此基础上，大院君大力推行诸项改革措施。

哲宗驾崩之后，围绕着王位继承问题，安东金氏与丰壤赵氏之间产生矛盾。金左根、金兴根等认为生父健在的王族成员继承王位，会导致两个国王即"二君"③执政的局面。为了避免受到这样的嫌疑，大院君坚持以大臣的身份参与朝政。这是因为，朝鲜国法规定："议政府即大臣之董率百僚、揆察庶政之所也。其所重，与他迥别。"④因此，大臣实际上可以通过议政府掌管国家的一切事务。但他并不满足于大臣的身份，他的正式称呼是"大院君"，而他又以"国太公"自居，即大院君的实际权限是在大臣之上，大臣们要将政府事务报告给大院君并接受其指示，而这种权力又以国王下教的

① "甲子本国王人承大统，老王妃垂帘，其时下生亦为辅政，此为国王冲年故也"，参见《清季中日韩关系史料》卷3，第933页。

② "阁下扶翊圣主，勤劳王家，如周公之于成王，弘赞万机，允升大猷，凡虑宪之运、政令之发，一切以导和延祥，归福上躬"，参见《申櫶全集》，亚细亚文化社，第197页。

③ "哲宗薨无嗣，哲宗曾属意于今上，故诸金欲援立之。兴根曰，兴宣君在，是二君也，二君可得事乎？毋已则直兴宣君可耳"，参见黄玹《梅泉野录》，教文社，1994，第8页。

④ 《高宗实录》，高宗二年三月二十八日。

形式得到保障①。大院君是以"大院位分付"的形式对各行政官署公开下达了指示，涉及对土豪的惩治、对书院的政策、各衙门胥吏的任命等各个方面的内容。但在像朝鲜这样的中央集权制国家，制定政策的最终权力仍属于国王。因此，户布法等诸项改革措施实际上虽然是由大院君制定的，但必须得借助国王传教的名义才能得以实施②。这正是大院君政权的致命弱点。

（三）体制差异对两国改革结局的不同影响

在日本，开港后的政治形势演变剧烈。幕府、朝廷和雄藩三极并立，幕府的开明派官僚与保守派、尊王攘夷派与公武合体派、武力倒幕派与公议政体派的斗争刀光剑影。在这个过程中，决定斗争结局的要素，是把握日本未来的政治势力的集结和与时俱进的壮大。其中，以中下级武士为核心的尊攘派如何演化为倒幕派至关重要。从尊攘派到武力倒幕派的发展变化过程来看，双重二元政治结构的存在，成为尊攘派到武力倒幕派转化的生存条件、得以遭受挫折而能卷土重来的政治大环境。这样，中下级武士们就可能以本藩为根据地和庇护所，在京都或江户展开活动，对抗幕府。一旦形势发生不利的变化，则撤回本藩，休养生息，等待东山再起的机会。在开港后的政治斗争中，尊攘派、武力倒幕派虽屡遭镇压和挫折，但幕府却始终无力将其彻底扫灭。造成这种状况的原因，固然与开港后幕府统治力量不断遭到削弱有关，但更重要的原因，在于西南雄藩的崛起，致使幕府与诸藩二元政治结构力量对比，发生了有利于称雄地方的诸藩的变化。因此，萨长两藩才能够以本藩为根据地实施"大割据"政策，通过积极发展贸易、购置新式武器、增强军事的藩政改革，增强实力，为用武力推翻幕府奠定基础。

与此同时，幕府与天皇朝廷之间的二元政治结构，又给西南雄藩的反幕府乃至推翻幕府，提供了可资利用的有利条件。追根溯源，西南雄藩及其家臣中下级武士最初出现在幕末政治舞台，所借助的旗号，正是源自君臣大义名分的尊王攘夷论。他们打着"尊王"的旗号，云集京都，向幕府发难。在遭受重大挫折，从尊攘派向武力倒幕派转化之后，中下级武士毫不犹豫地

---

① "领议政金炳学曰，臣等以庙堂事务将禀于大院君前，而见今行次孔德里，臣等不得擅离，故敢此仰达矣。上曰，从便进去可也。炳学曰，日后如有似此之时，亦有从便进去乎？上曰，依为之。炳学曰，兵判、各营将臣、左右捕将，若有禀定事，一体从便进去何如？上曰，依为之"，参见《承政院日记》，高宗七年七月十八日。

② "教曰，（中略）自昨年以有大院君分付，班户则以奴名出布，小民则以身军出之。今无白骨黄口之怨，此为导祥迎和之事，自庙堂行会各道，以为万年法式可也"，参见《日省录》，高宗八年三月二十五日。

抛弃了"攘夷"口号，也同样毫不犹豫地继续高举着"尊王"旗号，并以倒幕派公卿炮制的"讨幕密诏"为兵发京坂的正当理由，顺理成章地成为服从天皇朝廷的"官军"，为武力推翻幕府的斗争披上"大义名分"的外衣。这样，同为推翻封建政权的武装斗争，在日本表现为高举"尊王"的旗帜，西南雄藩以"官军"的姿态，讨伐作为"朝敌"或"逆贼"的幕府和佐幕派诸藩。西南雄藩联合为拥戴天皇为共主的"官军"，依靠君臣大义名分论的掩护，孤立了幕府和佐幕势力，得到了其他诸藩的响应和支持。这是加速幕府灭亡，导致幕府在改革中崩溃的重要原因。

在朝鲜，大院君改革的政治环境，是传统的大一统王权的存在。通过起用人才、重建景福宫、裁撤书院等一系列改革措施，大院君政权打击了以安东金氏为中心的势道政治势力，削弱了地方两班的经济、政治基础，从而强化了大一统的封建王权，也巩固了自己的政治地位。但是，大院君独揽大权的专制统治引起了既得利益集团的不满，已经成年的国王也对自己的政治前途产生了危机感。于是，以国王为首的反大院君势力彼此呼应，形成颠覆大院君政权的巨大力量。曾经权倾朝野、貌似强大的大院君政权何以在崔益铉上疏之后，几乎在一夜之间就土崩瓦解，大院君推行的改革措施大部分也被停止或废除了呢？原因是多方面的。但是，其中最为关键的一个原因就是，大院君是以辅佐年幼的国王为名上台执政的，因此可以借助国王的权威推行各项政策，巩固自己的地位并强化中央集权体制。但是，高宗宣布亲政，大院君没有任何理由反对已成年的高宗宣布亲政，致使大院君失去行使权力的合法性和正当性，不得不交出政权。

二　官僚构成的原因

（一）幕末日本的官僚

德川幕府虽然实行锁国政策，但仍然通过长崎这个窗口与外界保持联系，并且从海外引进兰学。兰学在日本经历了曲折的发展过程，逐渐形成了受制于官方和民间自行发展的两个兰学者群体，培养出众多具有近代科学知识的新兴知识分子，逐步形成新时代所需的人才梯队。开港之后，幕府为了自救、自强而被迫采取对外开放政策，为洋学的兴旺发展，在客观上提供了有利的条件。与只涉及自然科学的兰学不同，洋学不仅包括自然科学，还包括政治、经济、法律、哲学、文化、教育等社会科学，对日本的思想界造成有力的冲击和影响。在这种形势下，幕府内部也产生了主张开国、改革的官僚集团，这些开明的上层官僚在开港后幕府改革过程中发挥了重要作用。

安政改革的主持人阿部正弘虽出身于官宦世家，但博学多才，不仅熟读儒学经典，对兰学亦有较深的研究。在执政初期，他曾主张遵照祖法采取锁国政策，但面对外压日增、民族矛盾加剧的状况，由"锁国论"转向"开国论"。1856 年 8 月，阿部正弘指出"变革本邦航海之严禁，向各外国派遣船舶，以贸易通商之利益，充富国强兵之基，此乃顺应当今形势之策"①，表明阿部正弘的意见是倾向于开港通商的。安政改革的另一个主持人堀田正睦有"兰癖"之称，是积极的开国论者。他向评定所、海防挂等机构发出备忘录说，"过去之做法，显然已不能长期维持，应趁太平无事之际，迅速实行变革，并加以监督，是为长远之计"②，表明了幕府要改变外交方针的意向。阿部正弘和堀田正睦均主张采取顺应开国潮流的避战开港政策，理智地应对新形势。阿部正弘和堀田正睦在执政期间，打破陈规，果断起用了堀利熙、永井尚志、岩濑忠震、大久保忠宽、川路圣谟、筒井政宪、水野忠德、井上清直等一批开明官僚，其中的大部分被安排到海防挂任职。海防挂不仅掌管海防事务，而且在对外政策的制定过程中也发挥了重要的作用。这些开明派幕臣成为支持和推行阿部政权幕政改革的主体势力。

安藤信正和久世广周执政之后，放弃井伊直弼时期的强硬政策，采取公武合体政策，与朝廷公卿联合，积极促成和宫下嫁，试图以此密切幕府与朝廷的关系，恢复幕府的权威，借此压制尊攘派。幕府因急于实现公武协调，接受了朝廷提出的废约攘夷的条件，处于非常被动的局面。但是，幕府在主管外交的安藤信正的主导下继续推行对外开放政策。1860 年，幕府派遣以新见正兴为正使、以村垣范正为副使、以小栗忠顺为监察的使节团远赴美国，交换《日美修好通商条约》的原本批准件。这是幕府开国以来首次向国外派遣外交使节。此外，还以保卫使节为名，派军舰奉行木村喜毅和军舰操练所总教习胜海舟指挥从荷兰购买的军舰"咸临丸"前往美国。福泽谕吉作为木村喜毅的随从也同船前往。"咸临丸"作为日本军舰第一次实现了横渡太平洋的航行。而初次有了漂洋过海体验的使节团成员和福泽谕吉等在海外增长了见识，这为他们以后活跃在日本的政治舞台也有重要的意义。1862 年，幕府向西欧派出了首批留学生，并向欧洲派出使节团，就开港开

---

① 《幕末外国关系文书》十四，二一三号。
② 《幕末外国关系文书》十五，二一六号。

市延期问题进行谈判。此外，幕府还向中国上海派出官船"千岁丸"进行贸易并探察中国局势，高杉晋作、五代友厚等藩士也同船前往，目睹了西方列强入侵中国的状况，感触甚大。

继安藤·久世政权之后执政的庆喜·庆永政权继续推行文久改革。担任政事总裁的松平庆永是一个公武合体论者。为了解决当时所面临的政治问题，他认为必须"全国一致"，即实现以幕府为中心的统一国家，因而幕府要由德川氏一己之物的性质改变为代表全国的公有性质，作为解决的手段，他主张"与大小诸侯谋议"。松平庆永的智囊横井小楠，提出了作为改革幕府政治具体方针的《国是七条》，要求对幕府传统的专制制度进行变革，不问外样和谱代之区别，举贤任官，广开言路，实现公共之政。横井小楠所说的"公共之政"是指幕府与诸侯、幕府与朝廷之间的"公议政治"，构成了公武合体政策的基本理念，而实现"公议政治"是文久幕政改革所要实现的最基本的目标。

德川庆喜就任将军之后，大胆起用人才，担任幕府的重要官职。永井尚志、浅野氏祐、平山敬忠、小栗忠顺、栗本瀬兵卫等受到德川庆喜提拔的人才，成为各事务局总裁的参谋，占据了幕府的要职，从而成为推行庆应改革的中坚官僚集团。他们构成了幕府内的"亲法派"，与法国展开积极的外交，欲借助法国在经济、军事等方面的援助，实现富国强兵，以摆脱幕府所面临的困境。此外，文久年间幕府派出的留学人员，至庆应年间学成回国，成为幕府起用人才的重用来源。榎本武杨、西周、津田真道等在文久初年，作为幕府的首批赴欧官派留学生，前往荷兰，数年后先后回国，为幕府官僚梯队补充了新鲜血液。

（二）大院君政权的官僚

哲宗无嗣驾崩，赵大妃选定李昰应次子命福继承大统。李昰应被封为"大院君"，并以辅佐国王的名义摄政。因此，大院君执政初期，其政治基础非常薄弱，强化王权、巩固李氏王朝的统治成为其首要目标。在尚无实力完全推翻安东金氏势力的情况下，大院君采取了既打击又联合的策略，将金左根、金兴根等黜出政界，同时又与金炳学兄弟等联合。此外，大院君还大量任用宗亲势力，欲通过强化宗亲的力量来强化王权。因此，大院君时期的官僚中，以拥护传统秩序的保守派居多。

金炳学在大院君执政期间，自高宗四年（1867年）至高宗九年（1872年）连任领议政一职，为大院君出谋划策，以议政府的名义负责推行了量田、铸造当百钱等多项措施。金炳学认为，"近日洋货之殆遍一国，已为有识之所忧叹，而番舶之来请交易，未尝不因其所好而然"，主张"凡属洋物，一切禁断，三江搜验后，如有冒犯而发现者，即其地枭警之意"①。对于天主教，金炳学认为是异端邪术祸害人心，而且又内通洋夷前来侵扰，主张坚决予以镇压。受到金炳学推荐任同副承旨的李恒老面对政府内的主战论和主和论，指出"今日国论两说交战，谓洋贼可攻者，国边人之说也，谓可和者，贼边人之说也，由此则邦内補衣裳之旧，由彼则人类陷禽兽之域"②，副护军奇正镇也指出，"近日豪华轻薄，喜蓄洋物，耽服洋布，最为不祥，殆海寇东来之兆，命中外官搜括廛人所储洋物，焚之通衢，嗣后贸来者，施以交通外寇之律"③。

洪淳穆是大院君的亲信，高宗九年（1872 年）十月代替金炳学任领议政，直到高宗十年（1873 年）四月。洪淳穆是大院君之师秋史金正喜的侄女婿，但并不支持实学，是一个保守的斥和论者。大院君实施户布法时，他以两班与平民同样缴纳军布会扰乱封建等级制度为由表示反对。当美国舰队侵入江华岛时，时任左议政的洪淳穆认为"我东之为礼，天下之所共知，而见今一种阴邪之气流毒四方，惟此青邱一片独保干净者，以礼义相守故。自丙寅以后，攘斥洋丑又可以有辞于天下，今虽此夷若是侵犯，和之一字断非可论，苟或强许其所欲，国何以一日为国，人何以一日为人"④，从"小中华意识"出发，坚决主张斥和。

申櫶在大院君执政时期任三军府中最重要的官职即训练大将。他是秋史金正喜的弟子，是大院君的同门师兄。大院君执政初期即 1864 年 3 月，他接替金炳冀任舟桥司堂上。在赵大妃撤帘之后，申櫶继续作为最受器重的武将活跃在政界。1866 年 7 月，申櫶担任总戎司时发生了"丙寅洋扰"。当时，他指挥的总戎厅军队在杨花津布阵准备迎击来犯之敌。他具有强烈的斥邪论倾向。当时有众多天主教徒因受到通敌之嫌疑而被斩首，其中的大部分就是在申櫶管辖的杨花津总戎厅执行的。1866 年 10 月，申櫶被任命为训练大将，此后一直到 1871 年 4 月卸任之前。他曾向政府提出"军务六条"，成为大院君推行军事改革的指导方针。此外，在他的主导下，训练督监参考

---

① 《日省录》，高宗三年七月三十日。
② 《日省录》，高宗三年九月十二日。
③ "副护军奇正镇陈疏斥邪赐批"，参见《日省录》，高宗三年八月十六日。
④ 《高宗实录》，高宗八年四月二十五日。

《海国图志》等洋务书籍，开发研制了水雷炮等新武器。但是，他也未能认识到制海权的重要性。1876 年作为朝鲜全权代表签订《朝日修好条规》之后，对于先进的火轮船，他未能想到用于军事方面，而是提出"我国若用此船，则漕运最便矣"①。

朴珪寿是大院君执政时期最为开明的官僚之一。朴珪寿是北学派代表人物之一的朴趾源之孙，因其学识渊博，在翼宗时期就受到国王的器重。在大院君时期，朴珪寿被任命为景福宫营建督监提调，后因对天主教采取宽容态度受到"丙寅邪狱"的牵连，被贬为平安道观察使。但这并不意味着他从此淡出政界。相反，此后他作为处理外交事务的核心，继续活跃在政界，朝鲜致前来黄海道调查"舍门将军"号事件的美国舰队司令的公文《黄海道观察使答美国文字》，就是由朴珪寿起草的。此后，大院君政权与美国进行交涉的过程中起草的所有正式外交文件均出自朴珪寿之手。这是因为，在大院君执政时期的官僚中，朴珪寿是为数不多的对西洋具有一定认识的开明人士之一。

（三）官僚构成的异同及其对两国改革的影响

日本开港后幕府的三次改革和大院君改革，均为两国近代化起步时期顺时应变的多重行动。改革的成败，取决于诸多因素发挥作用。其中，制定和推行改革政策的官僚集团是决定性的因素。在欧美势力打破了东北亚的宁静，将中国和日本先后纳入资本主义世界市场的大变局中，果断抓住历史发展的机遇，变被动为主动，并尽快摆脱落后，避免挨打，需要内部出现新兴官僚集团，利用掌握的权力，令行禁止，展开与时俱进的改革。这种新兴官僚集团，至少应该具备国际眼光，开明机敏，以应对内忧外患一时俱来的挑战。

在日本，安政改革期间，阿部正弘和堀田正睦先后起用了堀利熙、永井尚志、岩濑忠震、大久保忠宽、川路圣谟、筒井政宪、水野忠德、井上清直等一批开明官僚。这些官僚在应对欧美诸国的使节和划定北方国境线的对外交涉中，发挥了作用。其中有不少人在海防挂任职，制定了竭力趋利避害的对外政策。这些开明派幕僚成为支持改革的主体势力。随着对外开放政策的实施，幕僚通过出国考察，视野大为开阔，从整体上提高了幕僚的外交素质。1860 年幕府派遣以新见正兴为正使、以村垣范正为副使、以小栗忠顺

① 《日省录》，高宗十三年二月六日。

为监察的使节团远赴美国，交换《日美修好通商条约》的原本批准件。这是幕府开港以来首次向国外派遣外交使节。随同新见正兴使节同赴美国的，还有军舰奉行木村喜毅和军舰操练所总教习胜海舟等。1861 年，幕府又派出了以竹内保德为正使的遣欧使节团。这样，形成高官访问欧美诸国的惯例。10 年后，明治政府派遣岩仓使节团访问欧美 12 国，不过是幕府时代惯例的活用。德川庆喜就任将军之后，起用永井尚志、浅野氏祐、平山敬忠、栗本濑兵卫等人才，担任幕府各事务局总裁的参谋，成为推行庆应改革的中坚官僚集团。

在朝鲜，大院君的身边也有一批高级官僚，如领议政金炳学、洪淳穆等，也起用了一批人才，例如训练大将申櫶、平安道观察使朴珪寿等。其中力主斥邪锁国的官僚占大多数。与幕府官僚集团主张对外开放，并且多有出国考察欧美诸国的经历不同，朝鲜的官僚集团中，除了朴珪寿等少数人对国外形势有所了解，其他大多数高级官僚坚持锁国立场，无一例外地没有赴欧美考察的经历。他们对海外世界的理解尚停留在数百年前的认知水平。例如，金炳学就认为"谓可和者，贼边人之说也"，斥责主张和平开放的人是"贼"；以为对欧美通交是"由彼则人类陷禽兽之域"[1]。同样是领议政的洪淳穆把欧美冲击看成是"见今一种阴邪之气流毒四方"[2]，如果与其和平交往，则国将不国，人如禽兽。在这种意识下，锁国就成了唯一的选择。

两国提出或推行改革政策的高级官僚对内外事物和形势的认识差距如此鲜明，就难怪日本幕府官僚断然实施对外开放，实施器物或制度方面的近代化尝试，为明治维新的展开提供了思路和某些条件；而大院君改革期间朝鲜的高级官僚，却无法在近代化方面有较大的作为。

三　"外压"因素作用的不同

（一）"外压"在日本长时期发挥作用

自 1853 年 6 月培理舰队闯入浦贺湾，到 1866 年 5 月签署了《江户改税约书》，13 年间，"外压"连续不断地冲击日本。从表面上看，冲击时间之长，是"外压"因素在日本表现的明显现象。如果深入思考，"外压"在不同时期长时间的影响，对开港后不同时期的三次改革，产生了不同的作用。

---

① 《日省录》，高宗三年九月十二日。
② 《高宗实录》，高宗八年四月二十五日。

1. "外压"催生了开港后的幕府改革

对安政改革而言，1853年6月培理舰队的来航，成为1854年展开的安政改革的直接契机。幕府派出人员前往诸藩和京都朝廷征询意见，协调与朝廷和诸藩的关系，是阿部政权推行改革的最初行动。1854年3月，幕府被迫与美国签订《日美和亲条约》。此后，其他欧洲列强接踵而至。继美国之后，英国、俄国、荷兰也先后与幕府订立了类似的"和亲条约"。这些条约规定幕府开放长崎、箱馆、下田三港，美英等国享有片面的最惠国待遇，但并非正式的通商条约，没有领事裁判权的正式规定。

1856年8月，美国首任驻日总领事哈里斯按约来到日本进驻下田。他充分利用第二次鸦片战争爆发的有利形势，向幕府施加压力。正是这些来自欧美列强的压力，促使阿部政权接连开展包括探索建立近代欧式海陆军的改革，1855年幕府雇用以"森宾"号舰长李肯海军中尉为首的军官、机械师为教官，在长崎西役所开设了海军传习所，召集传习生到长崎学习；1855年创办了洋学所，培养翻译人员，以翻译欧美的图书和外交文书，了解欧美各国的情况；1856年幕府在筑地铁炮洲开设讲武所，将军德川家定和老中阿部正弘等幕府高官出席开学仪式。讲武所教授的课程与长崎海军传习所不同，还是以剑术、枪术等传统武艺为主，但也注重欧式骑兵和步兵的队形以及欧式枪炮等武器的演练，等等，开始了日本近代化的探索。

2. "外压"将日本抛入世界市场，引发了国内各种矛盾，从而加速幕府崩溃

1858年6月，日方代表与哈里斯订立《日美友好航海通商条约》，规定欧美国家的外交代表进驻江户、领事进驻开港地；日本开放箱馆、新潟、神奈川、兵库、长崎五港以及江户、大阪两市；实行自由贸易原则、关税协议制；外国在日本享有领事裁判权和单方面的最惠国待遇。同年7月至9月，英国、俄国、荷兰、法国等国，先后与日本订立以日美条约为蓝本的《修好通商条约》。时值安政年间，因此上述条约史称"安政五国条约"。这些条约包括了领事裁判权、关税协议制等集中反映不平等条约特性的条款，从而严重损伤了日本的国家主权，加深了日本的民族危机。

自从开港之后，日本对外贸易额迅速增加。据统计，1860～1865年，按照日本生丝、茶叶等出口商品的价格计算，出口量增加了2.4倍。同期，欧美国家的棉织品、毛织品、棉纱、武器、金属的进口量增加了12.9倍。被欧美列强纳入世界市场的日本无力与欧美国家抗衡，沦为原料产地和商品

市场。欧美国家强制推行的自由贸易原则，对日本的不同行业产生了不同影响。生丝和制茶业发展较快，但棉农、棉织手工工场受到沉重打击，纷纷破产。与此同时，外商利用日本国内金银比价为 1∶5、国际金银比价为 1∶15 的差异，大量套购日本的黄金，造成国内黄金短缺，引起物价暴涨[①]。幕府试图发行大量劣质货币予以弥补，反而引起更大混乱，陷入恶性循环。深受国内、国际双重压迫的农民、市民纷纷暴动，著名的如"可好啦"运动等。

下级武士的生活也日趋贫困。在社会动荡中备受其苦的武士们，将愤怒的目标指向外国人。在通商口岸，掀起了尊攘派武士大肆刺杀外国人的浪潮。1859 年 7 月，两名俄国水兵在横滨被杀；1860 年 12 月，美国公使馆翻译休斯肯在江户被浪士杀害；1861 年 5 月，水户浪士袭击江户的英国临时公使馆东禅寺，致使领事和书记官受伤；翌年 5 月，再次发生担任公使馆警备的藩士杀害英国士兵的事件；1862 年 8 月，岛津久光的随从武士在神奈川生麦村杀伤英国商人；1862 年 12 月，高杉晋作等长州藩攘夷志士袭击并烧毁正在建设中的英国公使馆。接连不断的恐怖事件在驻日外国人中引起恐慌，各国公使向幕府施加压力，要求幕府逮捕和惩治犯人，并要求幕府谢罪和支付赔偿金。为此，幕府不仅要支付巨额赔偿金，而且还要不停地向各国赔罪，在外交上处于非常被动的地位。更为严重的是，英法两国公使以保护本国居民为由，强烈要求两国军队驻屯横滨。迫于压力，幕府只能同意。此后，一直到 1875 年，英法两国在横滨长期驻屯军队。

根据"安政五国条约"，欧美国家向日本出口商品的税率在 5% ~ 35%。欧美列强为了迫使幕府将对日出口商品的关税率一律降为 5%，以便更自由地进入日本市场，决定采取武装示威行动。同时，这也可以达到威慑日本的排外势力、削弱朝廷对幕府外交牵制能力的目的。1865 年 11 月，英法美荷四国组成联合舰队，离开横滨来到兵库海面，用武力迫使朝廷配合幕府的签约行动，并使幕府做出让步。在欧美列强的武力威胁下，德川庆喜力排众议，取得了条约敕许。1866 年 5 月，幕府代表在江户签署了《江户改税约书》，规定欧美国家出口日本的商品，一律按 5% 的从量税税率来征收关税。至此，欧美国家在自由贸易的口号下，进一步把日本变成销售市场和原料产地。

可见，从开港以后，日本的国家主权不断流失，外国人享有领事裁判权、外国军队驻扎横滨、通商关系上贸易关税自主权等。不平等条约使欧美

---

①　安藤良雄：《近代日本经济史要览》，东京大学出版会，1978，第 37 页。

列强占尽殖民权益，损害了日本国家主权。结果，造成黄金外流、物价飞涨、国计民生凋敝等众多问题，激化了日本民族与欧美列强之间的矛盾。与此同时，在民族矛盾的刺激下，阶级矛盾、统治集团内部矛盾一起爆发。三大矛盾互动，形成强大的合力，最终摧毁了幕府的统治。

（二）"外压"在朝鲜表现为短暂的武力冲突

同样是来自欧美列强的"外压"，在朝鲜表现为两次"洋扰"期间，双方发生激烈的武装冲突。尽管如此，其"外压"的效果，与日本比较来看，存在明显的不同。

在大院君执政之前，被称为"异样船"的西方国家船只频繁来航，要求通商，但朝鲜均以"藩臣无外交"为由予以拒绝，并要求清朝礼部代为向欧美国家转达谢绝来航之意。第二次鸦片战争爆发，尤其是北京被占领、皇帝逃往热河之后，朝鲜政府迅速派出问安使节团前往中国打探消息，表现出高度的警觉。但这种危机意识并没有使朝鲜政府对外采取积极的防备政策，而是对内采取强调自修的政策。自修政策的内容是一面强调君主的道德修养，一面致力于解决民生困苦和行政无能、腐败等问题。即不论是国王还是参与决策过程的重臣，均未能探索对外危机的本质、能动地采取积极的措施，而是一味强调内修，采取消极的对策。

1860年，俄国通过《北京条约》夺取了乌苏里江以东40万平方公里的土地，从而把领土扩张到与朝鲜接壤的地方，对朝鲜的安全构成了严重的威胁。此后，俄国方面屡次要求朝鲜在北部边境通商，为俄国移民开辟居留地。面对俄国南下的现实威胁，大院君试图采取"以夷制夷"之策，通过在朝鲜的法国传教士联系法国政府，以建立反俄同盟共同抵抗俄国。但由于遭到金炳学等保守派的强烈反对，加之天主教在朝鲜发展迅猛，引起统治阶级的畏惧，大院君采取了镇压天主教的政策，在国内大肆搜捕并处死法国传教士和朝鲜教徒，造成了震惊内外的"丙寅邪狱"。

法国以此为借口，发动了对朝鲜的武力入侵。在出兵之前，法国向清政府总理衙门发出照会，提出抗议。总理衙门一面照会法国驻华公使，要求法国不要仓促用兵，一面令礼部致函朝鲜政府，通报法国的意向，提醒朝鲜做好准备。1866年9月8日，法军攻占江华岛，进行掠夺。9月10日，法国亚洲舰队司令罗兹发出最后通牒，要求朝鲜政府严惩杀害法国传教士的官吏，并派全权代表前来谈判缔约。大院君政府断然拒绝了法国的要求，并号召军民进行抵抗。朝鲜军队在韩圣根和梁宪洙的指挥下，在文殊山城和鼎足山城抗击法军，取得了胜利。10 月 5 日，罗兹下令从朝鲜撤军。法国发动的历时两个月的武力入侵以失败而告终。

在法国舰队入侵朝鲜的前一个月，美国武装商船"舍门将军"号来到大同江口，以通商为口实逆江而上。通商要求遭到拒绝之后，"舍门将军"号开始了强盗行径，扣留了前来阻止的中军李玄益，以提供一千石大米以及大量金银、人参作为释放条件，还向阻止其掠夺行为的朝鲜军民乱放枪炮，造成 12 人伤亡。平壤监司朴珪寿按照大院君的命令采用火攻，使"舍门将军"号船毁人亡。美国以"舍门将军"号事件为借口，大举武装入侵朝鲜，发动了"辛未洋扰"。1871 年 2 月，美国驻华公使镂斐迪通过清政府礼部照会朝鲜政府，扬言要率领兵船前往朝鲜签约，遭到大院君政府的断然拒绝。4 月 3 日，镂斐迪率领舰队来到朝鲜西海岸。4 月 23 日，美军依靠先进武器攻占了草芝镇炮台，又向广城堡发动进攻。守将中军鱼在渊率领朝鲜军队英勇抵抗，壮烈牺牲。4 月 25 日，美国撤出广城堡，退守勿淄岛。镂斐迪以为朝鲜政府会屈服于美国的军事压力派出全权代表进行谈判，但等待 20 多天仍无任何结果，于是 5 月 16 日率领舰队离开朝鲜回到位于日本的美军基地。这次远征朝鲜，美国虽然在军事上取得了胜利，却未能实现此次远征的最终目的即逼迫朝鲜立约。

"丙寅洋扰"和"辛未洋扰"成为大院君大力推行军事改革的契机。经历"丙寅洋扰"之后，大院君切实感受到加强军备的必要性，采取了一系列政策来增强朝鲜的国防力量。江华岛是守卫首都的关门，又是漕运船进入汉城的必经之地，具有重要的战略意义。"丙寅洋扰"之后，大院君下令大力加强江华岛的军事力量。1866 年 10 月，令武臣镇抚使任原来由文臣担任的江华留守一职，还兼任三道水军统制使，其官品也由原来的从二品升格为正二品，又令三道水军总御营的乔桐隶属镇抚营。从而强调了江华岛的镇抚营与中央军营具有同等的地位。"辛未洋扰"的爆发使江华岛镇抚营的军事力量再次急剧膨胀。美军撤出后，大院君下令征收称为"沁都炮粮米"的税，用以增强江华岛的兵力。到 1874 年，镇抚营的总兵力为 3300 名。此外，在加强军事力量的过程中，新式武器的开发活动也非常活跃。

"丙寅洋扰"和"辛未洋扰"不仅未能实现打开朝鲜国门的目的，反而使大院君进一步强化了攘夷锁国政策，坚持锁国和自我脱离于时代潮流的保守意识盛行。击退洋扰之后，大院君下令在汉城市中心和全国各主要城镇树立刻有"洋夷侵犯，非战则和，主和卖国"字样的斥和碑，以表明政府攘夷的决心。在"丙寅洋扰"和"辛未洋扰"期间，大院君政府采取继续维持传统宗藩关系的政策，将内政外交的主要事项尤其是与法美两国的外交摩擦向清政府报告。清政府对于西方列强进入朝鲜的要求，以不干涉朝鲜内政的朝贡关系原则为由予以拒绝。随着列强与朝鲜之间纠纷频发，清政府实施"从中排解"即居中调解，并且即时通告朝鲜政府，让其"预筹办理"。有了宗藩关系这一道屏障，"外压"对朝鲜的影响不像日本那样明显。于是，大院君可以按照自己的计划按部就班地推行各项改革措施。

在分析"外压"之所以在日朝两国产生如此不同的特点时，不能不看到地缘政治因素所发挥的作用。对美国来说，地处西北太平洋的日本列岛，具备多重战略价值。迫使日本门户开放，不仅可以使美国的捕鲸船获得躲避风浪、补充给养的最佳地点，而且将拥有进入蕴藏着丰厚贸易利润的中国市场的中转站，找到美国舰船的避风港。而且控制了日本，将使美国商品在打开该国市场的同时，使辽阔的太平洋成为美国势力急剧增长的新天地。出于这些考虑，美国决心集中力量，撞击日本的锁国大门。此时，英法俄等欧洲列强虽然也对战略地位异常重要的日本感兴趣，但为了争夺中亚、巴尔干半岛和黑海海峡的霸权地位正在展开激烈的角逐，一时无力东顾。于是，美国趁机采取武力威胁的手段向幕府施加压力，迫使幕府签订条约，从而打开了日本的国门。此后不久，英法俄等欧洲列强紧随其后迫使日本签订条约，将其强制纳入世界市场体系。即在中国被迫开放门户之后，日本就成为欧美列强的首要目标。

相比之下，朝鲜地处远东一隅，被称为"隐士之国"。它远离太平洋主要航道，国小民寡，经济上对欧美列强没有多大的吸引力。从当时美国的远东政策来看，较之朝鲜半岛，美国将经济利权的重点置于日本，其主要目的是迫使日本开港，而朝鲜开港则处于附属地位。法国和美国侵略朝鲜，主要目的在于保护传教和占据半岛的战略位置。因此，在遭到朝鲜军民坚决抵抗、远征计划遭受挫折之后，未再进行新的武力征服。所以，较之朝鲜，日本所受到的外压的冲击力更大。

本章小结

1. 两国改革的结局差异明显
从表面上看，日本幕府在开港后的三次改革与朝鲜大院君改革的结局有类似之处，即最终的改革主持者德川庆喜和李昰应均在改革失败后下野隐居。但是，实际上在两国改革的最终结局之间，存在着明显的差异。在日本，幕府在改革中灭亡，宣告了封建政权彻底退出历史舞台，是一种落伍于时代的权力形态的终结、历史时代新旧交替的转折点和社会转型的开始。

在朝鲜，大院君的下野，只是一场权力斗争的结束、主政官僚的人事变更而已。大院君的下野，并未触及朝鲜王朝封建政权的根基，势道政治依然存在，只是由李氏势道政权转化为闵氏势道政权。闵氏势道集团对大院君的改革政策加以抛弃，政务率归旧例，致使朝鲜很难幡然维新，自主走上社会转型的自立自强之路。

2. 造成差异的基本原因

纵观日本开港后的三次改革和朝鲜大院君改革，之所以出现如此明显的结局差异，是因为两国的制度、权力集团和"外压"因素发挥的作用均有不同。就制度因素而言，日本的双重二元政治结构的国家制度自身存在着可协调性和回旋余地，在历史转折关头，焕发了因势利导、顺应时局变化的作用；在朝鲜，僵化的大一统王权失去了应变的柔韧性和灵活性。就两国主导和推进改革的官僚集团而言，在眼界、观念和应对外来挑战的能力方面存在着诸多差异，导致同样面临民族矛盾、阶级矛盾和统治集团内部矛盾的日朝两国，其政治发展进程的不尽相同。至于"外压"发挥了不同作用，也是由于两国存在国情、政情等内部因素的差异而导致了不同的冲击效果。

3. 对此后两国历史发展的影响

上述差异对日朝两国此后的历史发展，产生了深远的影响。概括起来说，就是日本幕府在改革过程中崩溃，为明治维新的展开，换言之，为日本资本主义化的大规模推行创造了条件，甚至提供了某些可资借鉴的经验。在朝鲜，旧政权的继续存在，使得势道政治形态继续遏制了弃旧图新的可能性，致使朝鲜在近代化的发展进程中，落在了日本的后面。这种落后的后果是严重的。在大院君下野 3 年后，1875 年日本派出舰队，制造了"云阳"号事件，敲开了欧美列强多次冲击而未打开的朝鲜国门。1876 年日本又将第一个不平等条约《日朝修好条规》（"江华岛条约"）强加给朝鲜，从此开始了朝鲜殖民地化的进程。

第五章
两国改革历史定位的再评价

在论述了日朝两国对鸦片战争和欧美冲击的反应，以及对比了两国开展改革的指导方针、主要举措和改革的结局等几个问题之后，本章作为本书的结论，在如下几个问题上，再探讨笔者的基本看法。

一 关于两国改革性质的再评价

对于 19 世纪 50~60 年代日朝两国推行的改革性质的判断，学术界有不同看法，总的评价偏低。从战前一直到战后，日本学者对于涉及军事、政治、经济等诸多方面、最具代表性的庆应期幕政改革的总体评价是：依赖法国的援助以形成德川绝对主义为目标，强调其绝对主义的性质。但也有学者不赞成将德川庆喜的政体构想视为绝对主义权力构想的观点，指出大政奉还时德川庆喜的构想是以诸侯会议或议事制度为国家意志的最高决定机关，建立以朝廷为中心的公议政体论。如何确定大院君改革的性质，则是中韩学界争论不休的一个话题。一般认为，朝鲜王朝受到中国儒学的深刻影响，性理学成为统治阶级维持统治的政治理念。大院君作为统治阶级的代表，也是要维护传统思想。大院君改革的主要目的，是恢复和强化专制王权。

上述观点，或者关注德川庆喜政权的性质，或者把大院君改革视为传统改革的再版，均与近代化无关。但笔者认为，在评价日本开港后三次改革和大院君改革的性质时，应当把这些改革置于两国近代化进程中去把握，从而在改革性质的探讨中再进一步，将其定性为封建政权主导下的近代化尝试。这种视角，更能比较准确地把握这些改革的性质。

笔者认为，在 1854 年至 1867 年之间，幕府为了自救、自强，接连推行开港后的三次改革。但是，在民族矛盾、阶级矛盾以及统治集团内部矛盾日益激化的情况下，三次改革未能挽救幕府的统治，最终被倒幕派用武力推翻。但是从幕府所推行的改革措施及其对明治维新产生的影响和联系来看，幕府在开港后进行的三次改革，构成了日本走向近代化的起点。

之所以这么说，其一，是三次改革始终坚持了对外开放方针。因为幕末改革的主导者，从阿部正弘到德川庆喜，均为幕府的开明官僚，主张与世界各国进行交往，力求变被动为主动，是一群对外开放论者或曰"开国"论者。他们关注国际局势的变化，对时势具有较为清醒的认识，主张"开国远略"和"与万国并立"。在他们的主导下，尽管遇到尊王攘夷势力的顽强阻遏，但幕府当权人物始终坚持对外开放方针，融入国际社会。这种对外方针，为明治政府所继承，并以此为维新变革的基本政策。

其二，提出并推行"富国强兵"的近代化方针。由于幕末改革是在欧美列强的武力冲击下开始的，而且在开港后"外压"日甚，加之国内矛盾也在不断激化，因此，军事改革始终是幕末改革的重要内容。由于幕府认识到日本与列强之间军事力量的悬殊差距，因此，军事改革一开始就侧重于引进和学习西方先进的军事技术、军事理论和武器装备，组建近代化的陆海军。安政改革期间，设立长崎海军传习所和讲武所，培养近代海陆军人才；文久改革期间，曾制订组建庞大的近代陆海军的计划，其中，组建步、骑、炮三兵种的计划得到部分实现；庆应改革期间，幕府在法国的援助下，购置军舰枪炮，加紧近代化军队的建设。此外，幕府还陆续建立近代化兵工厂，研制近代化武器，为近代化军队建设奠定了物质基础。这一方针，同样被明治政府所继承，成为日本近代化的基本国策。

其三，在三次改革的过程中，培养了大批新型人才。为了培养外交、军事等领域急需的人才，幕府设立了洋学教育机构，大力发展洋学教育。1855年8月，幕府创办洋学所，以翻译欧美图书资料、培养翻译人才。此后，洋学所不断发展壮大，其名称也先后改为蕃书调所、洋书调所、开成所，其所授科目也从以自然科学为主的兰学扩大为包括自然科学和社会科学等众多学科的洋学，加深了日本人对欧美的认知程度，培养了众多近代化人才。此外，幕府从文久年间开始向西方国家派出留学生，打开了培养近代化人才的新道路。

其四，三次改革奠定了明治时期"殖产兴业"的初步工业基础。为了促进经济发展、振兴对外贸易，幕府还从国外引进先进技术和设备，在外国技师的指导下建立了长崎制铁所、横须贺制铁所、横滨制铁所等近代化工厂。此外，在庆应改革期间，幕府接受法国公使罗修的建议，制订了振兴殖产贸易、创设新税、开发矿山、兴办运输等计划并实施了调查，虽未来得及实施并收效，但也对此后明治维新中殖产兴业政策的制定和实施积累了一定经验。

其五，官制改革对草创时期的明治政府提供了组建政府的模式。幕府实行的是老中月番合议制，各自的责任都不明确。庆应改革中，幕府参考了法国公使罗修的提议，对传统官制进行调整，废除了老中合议制，新设立了由将军掌握曲直裁断之下的五个事务局，即国内事务、外国事务、陆军、海军、会计局。这些事务局总裁均为老中，分工明确，各司其职。该项措施对传统的行政体制进行了调整，使其具有近代官僚体制的某些特点，对后来草创时期明治政府中央部门官制的设置，不无影响。

开港后幕府推行的上述改革措施具有较为浓厚的近代色彩，在国防、文化、经济、政治等方面，为此后建立的明治政府实施近代化的变革，提供了思路或奠定了基础。总而言之，开港后幕府的三次改革为明治政府的近代化方针奠定了政策基础：频繁的改革，逐步强化了社会各阶层对改革的整体适应能力和心里承受能力；大量涌入的欧美文化，加深了日本社会对欧美的认知程度，开明的人才政策，有利于人才的起用、成长与储备，为明治维新的展开，预先准备了必要的人才队伍；官制改革，为明治维新的官制建设提供了足资参照的思路。以上几个方面，体现了幕府改革为近代化先期探索的性质。

在朝鲜，1863～1873年，国王高宗生父大院君李昰应总摄朝政，"刷新弊政"，推行以强化王权为目标的改革。与日本开港后的幕府改革相比，大院君改革的传统色彩较浓而近代色彩较淡，存在着不可逾越的阶级局限性。但是从另一方面来说，大院君改革还是对弊端丛生的封建旧体制进行了一些调整，为此后朝鲜近代化改革的展开，进行了先期探索。

首先，大院君提出了"富国强兵"的方针，要通过改革充实国家财政和加强国防力量。在以性理学为统治理念的朝鲜后期，历代朝鲜国王无意将富国强兵视为当务之急，以为应以实现王道政治为其目标，富国强兵是水到渠成的结果。因此，在当时的社会环境下，大院君将自己的政策目标定为实现富国强兵，具有应对来自欧美列强"外压"以自立自强的重要意义。大院君下台之后，其推行的大部分改革措施虽然被停止或废除，但在日益严峻的国际形势下，"富国强兵"的方针被继承下来，在此后朝鲜的近代化改革中，均成为主导者的既定方针。

其次，在推行军事改革的过程中，大院君积极鼓励开发研制新武器。大院君下令参考魏源所著《海国图志》等来自中国的洋务书籍，制造水雷炮等武器，还亲自将介绍西洋火炮技术的书籍送到有关机构，表明当时大院君非常关注从中国出版的洋务书籍中收集有关军事技术的信息。此外，他还派人到中国引进佛狼机炮，下令模仿制造。但是，依靠这种简单的仿造不可能在短期内克服武器方面的劣势。为了克服这种局限性，就需要直接学习外国的先进技术，当时主导新武器开发的申櫶也已经认识到了这一点。高宗亲政之后，也注意到这一点，为此，1876 年高宗曾计划从中国引进制造轮船、雷管等技术，1881 年更是为"军械学造事"特意派领选使带领一批学员前往中国学习军械制造技术。

再次，大院君实施的经济改革措施是建立在农本主义基础之上的，未能有效促进工商业和矿业以及对外贸易等方面的发展，但是其中的一些政策具有其合理性，为此后的改革所继承。例如，为了消除还谷制的弊端，大院君下令实施《社仓法》，以减轻农民负担以及充实国家财政。后来的甲午改革中颁布的《社还条例》就是以此时制定的《社仓节目》为蓝本制定，度支部大臣鱼允中发布的度支部第 3 号令规定取消以前还谷制度中取耗补用的机能，只保留其赈贷机能，并将其运营委任于村民[①]。可见，大院君实施的社仓制成为此后甲午改革中实施的地方改革、财政改革的基础。

最后，大院君通过裁撤书院，不仅有力打击了地方两班势力的横暴，而且除掉了危害人民生活和蚕食中央权力的"毒瘤"；通过实施户布法增加国家财政收入，并且在客观上对两班官僚的特权予以打击；通过废除备边司的机构调整和打破门阀党色、任人唯贤的人事政策对以安东金氏为中心的老论势力提出挑战等措施，大胆地改革了传统社会的各种弊端，构成了向近代社会发展的契机，也为此后的近代化改革提供了一些可供参考的思路。通过大院君所推行的内外政策，我们可以从中看到在朝鲜传统封建统治者的意识结构之中难以见到的某些近代因素。

工业革命后欧美国家对东北亚的冲击，迫使中朝日三国做出历史性的选择和变革，这是改革高潮涌现的大背景。选择和变革需要时间，也自然要经历一个由器物层次到典章制度层次再到文明精神层次的演化过程。由于战略

---

① 《旧韩国官报》第 76 号，开国 504 年闰 5 月 28 日，度支部令第 3 号，亚细亚文化社，第 981~988 页。

位置、国情状况、执政者心态和文化传统等诸多因素的不同，三国的选择和变革各具特色、不尽相同，但或早或迟地迈出近代化步伐，或快或慢地趋向社会转型则是三国改革的共同之处。在这个过程中，传统的政治文化程度不等地嬗变，为下一个阶段的激进变革，如日本的明治维新、朝鲜的开化派政变和中国的戊戌变法预作铺垫①。开港后幕府改革和大院君改革，尽管两者近代性存在明显差异，但均为两国近代化进程中不可缺少的环节。因此，笔者认为，在肯定开港后幕府改革对日本近代化先导作用的同时，对同时期的大院君改革也做出类似的定位，并非夸大其历史作用。

二　关于两国改革历史作用的再评价

在欧美列强的武力冲击下，东北亚国家面临着挑战，也面临着社会转型的发展机遇。如何在挑战中捕捉发展的机遇，是当时包括中国、日本和朝鲜在内的东北亚国家面临的共同课题。显然，只顾维护自身统治或家族利益，早已落伍于时代的封建政权已经失去了顺应时势、弃旧图新的机能，成为社会转型的巨大障碍。在这个过程中，日本从开港到幕府政权灭亡的时间最短，仅用了14年的时间，使其也可能捕捉稍纵即逝的发展机遇。在中国，从1842年缔结《南京条约》到1912年清帝逊位、清朝灭亡，整整经过了70年的时间，错失了发展机遇。朝鲜则在1876年订立《朝日修好条规》（"江华岛条约"）开港后，逐渐半殖民地化、殖民地化，最终在1910年被日本吞并。因此，哪个国家最早结束旧政权的统治，哪个国家就越有可能捕捉到历史发展的机遇。正是在这个意义上，可以为日朝两国改革历史作用的再评价，找到新思路。

（一）日本：开港后幕府在三次改革过程中走向灭亡，为日本捕捉发展机遇创造了条件

由于幕府被武力倒幕派推翻，开港后幕府改革遭到失败，但对此后由明治政府进行的明治维新发挥了多方面的积极作用。

幕府在开港之后采取的诸多改革措施，是针对开港后不断发展变化的国内外矛盾所作出的应变反应。面对开港之后的新环境，幕府不得不采取顺应潮流的一系列举措，在购置先进的欧式军舰枪炮、创建近代陆海军，以及大

---

① 宋成有：《关于大院君改革再评价的几点宏观思考》，载朴英姬主编《韩国学研究论丛》第一辑，辽宁民族出版社，2000，第256～257页。

力发展洋学、培养急需人才、振兴对外贸易的同时，协调与朝廷和雄藩的关系，分让部分统治权，被迫接受幕府垄断统治权被朝廷、雄藩分取的新局面。在"群言堂"取代幕府"一言堂"的过程中，以1860年"樱田门外事件"为标志，幕府失去了控制全局的能力，在朝幕藩三足鼎立的较量中，日益被动并被削弱。市民、农民的骚动，动摇了幕府统治的基础。民族矛盾、统治集团内部矛盾和阶级矛盾在短时期内形成了推翻幕府统治的合力，将江河日下的幕府送进了历史的垃圾堆。总之，幕府在开港后的三次改革过程中，一面艰难地迈出了近代化的步伐，一面又不得不日益走向灭亡。

幕府在开港后进行的三次改革不仅未能实现自救，反而加快了走向灭亡的进程。虽然幕末改革采取了诸项具有近代色彩的措施，但改革终究是在幕府封建统治集团的主导下展开的，其目的是维护德川家族的统治，为此甚至不惜出卖国家主权。家族利益压倒民族利益，是其改革最终遭到失败的根本原因。

幕府为了自救而被迫采取的对外开放政策在客观上起到了促进幕府灭亡的作用。在幕府推行改革的同时，各藩尤其是西南雄藩也利用幕府实行开放政策的有利时机，竞相实施一系列改革措施，例如进一步引进西学，开办新式学校，学习西方军事技术和工业技术，兴办近代军用、民用工厂，实行军事改革，发展对外贸易，选派留学生出国等。西南诸藩进行的改革效果显著：引进西方机器生产，兴办了一批近代军用、民用工业，增强了对抗幕府的实力；改革了军制，建立了改革派领导的以西式枪炮武装起来的新式军队。其结果进一步增强了西南诸藩的经济和军事实力，使之逐渐成为武装倒幕的基地。与此同时，在藩政改革的进程中，一大批人才脱颖而出，如萨摩藩的大久保利通、西乡隆盛、小松带刀；长州藩的木户孝允、高杉晋作、伊藤博文、山县有朋；土佐藩的板垣退助、后藤象二郎等。他们逐渐掌握了各藩的大权，成为藩政改革的主导力量。随着对欧美事物认知程度的加深，这些中下级武士的代表人物更加深刻地认识到日本的出路在于推翻腐败的幕府统治，建立一个近代化国家。于是，在他们的领导下，展开了轰轰烈烈的倒幕维新运动，推翻了幕府统治，建立了明治政府。

对外开放政策的推行者幕府因其制定的政策而加快走向总崩溃，事态如此发展为幕府始料未及。但是，幕府统治在开港之后的短短14年之内就遭到崩溃，对日本民族和国家的发展来说，却是一件好事情。这是因为，幕府的崩溃与明治政府的建立，是前后相续的环节，互为前提和结果。由于封建幕府的快速倒台，日本能够及时把握历史发展的机遇，在明治政府的主导下，推行以实现近代化为目标的明治维新，走上资本主义发展道路，成为亚洲唯一成功建立资本主义制度的近代化国家。这与顽固而腐朽的清朝统治者和朝鲜朝的统治者做最后的挣扎、迟迟不肯退出历史舞台、最终贻误民族和国家发展的历史机遇形成了鲜明的对比。

（二）朝鲜：为祸起萧墙的党争埋下伏笔

大院君在其10年的执政期间，以"刷新弊政"号令天下，推行减轻农民负担、裁撤书院、开源节流的财政整顿、不问门第破格起用人才等一系列改革，取得了一定的成效。李氏王族的统治得到强化，国家财政状况也有所好转，对此，韩国史家称"此时富力，足支十年之用"[1]。此外，大院君政权还两次击退欧美列强的军事入侵，捍卫了国家主权和领土完整。但是，从长远的角度看，他的改革措施也存在着不少问题，以崔益铉的两次上疏为契机，最终导致其下野，取而代之的是以闵妃为核心的闵氏势道政治。

大院君执政初期，为了避免重蹈外戚专权的覆辙，在选定高宗的王妃时，持特别慎重的态度，竭力排除一切名门望族和权门势家之女被立为王妃。经过一段时间的仔细筛选，最后确定了府大夫人闵氏家族闵致禄之独生女闵紫英为王妃。大院君经过苦心积虑的衡量，选择了闵紫英，自以为其家势衰微，不会对王权构成威胁。不料，如此慎重的选择竟为日后闵氏势道集团当道打开了方便之门，并且为自己被迫下野埋下了伏笔。

闵妃入宫之后，并不受高宗宠爱，感到苦闷、忧虑。但是，她善于掩饰，把郁闷与自尊深藏于内心，采取韬光养晦之术，以温顺、谨慎、泰然的态度赢得了周边人的尊敬与同情。闵妃在宫中的处境使大院君也顿生恻隐之心。为了安慰闵妃的孤独心情，大院君任用了闵妃的近亲，使其有所倚靠。1866年8月，闵妃之养兄闵升镐被任命为吏曹参议，次年初又晋升为户曹参判，此后又历任吏曹参判和工曹参判。由此，为闵氏势道集团的形成打下基础。

从崔益铉的上疏内容来看，两班官僚对大院君施政的不满主要集中在裁撤书院、人事政策、通用清钱引发的通货秩序的紊乱、频繁的土木工程导致经济负担加重等方面。对此，韩国史家郑乔称"大院君秉国十载，兴土木，滥杀戮，务掊克，用私人，政乱民怨"[2]。大院君政权采取的强行增税和通货膨胀政策，加重了农民的负担，激起了民怨；强化王权的政策又损害了势

① 朴殷植：《朴殷植全书》上，檀国大学出版部，1975，第5页。
② 郑乔：《大韩季年史》，国史编纂委员会，1957，第8页。

道政治和封建儒生的利益。在对外政策方面，大院君认为"倭洋一体"，对日本明治政府采取强硬政策，以外交公文格式及其用语有违旧规为由，拒绝了日本提出的签订条约的要求。日朝关系趋于紧张，在日本朝野掀起了"征韩论"。朝鲜朝野对大院君的"斥倭"政策有可能招致倭乱产生了忧虑。这也给闵氏集团对大院君发动进攻提供了一个机会。

此外，在成功击退两次洋扰之后，大院君未能及时抓住有利时机推进内政的根本改革，以引导国家跟上时代的步伐，而是继续坚持锁国政策，错过了朝鲜近代化的机遇。而维持庞大的军队所需的巨额军费开支引发国家财政拮据，导致政府只能通过征收苛捐杂税弥补财政漏洞，加重了农民的负担。大院君政权的专制不仅激化了阶级矛盾，也使统治集团内部矛盾空前激烈。闵氏集团趁机拉拢对大院君不满的各派势力，形成了一个力量强大的反大院君势力，待羽翼丰满之后，以崔益铉的两次上疏为契机，对大院君政权发动全面进攻，使得貌似强大的大院君专制政权在一夜之间轰然倒塌。

但是，大院君的下野并未能使朝鲜从此走上实现近代化的道路。这是因为，大院君政权的垮台根本就未能触及封建统治的根基，只是完成了封建政权之间的权力更替，即由大院君的专制政权变成闵氏势道政权。在国家和民族出现严重危机的紧要关头，自中世纪以来最腐败的统治体制即势道政治在朝鲜重新得势。

新成立的闵氏势道政权，其实权完全掌握在闵妃手中，内外政事则一切委任于诸闵。闵氏势道政权从戚族专权和派阀私利出发，全面否定大院君的改革政策，使得大院君10年的改革成果化为泡影。

迫于日本的武力威胁缔约开港之后，面对日益严峻的内外形势，闵氏政权为求自保推行了初步的开化政策，起用了金允植、鱼允中、金玉均、朴定阳等开化派人士，但财政、军事等国家大权基本掌握在闵氏势道势力手中，且其开化政策仍停留在维护旧政权的"东道西器"层次上，主要是关注吸收和接纳近代文物器械，引起试图进行更为彻底的政治制度改革的激进开化派的不满。激进开化派发动"甲申政变"，企图夺取政权，实行激进改革，但很快遭到失败。经此挫折之后，闵妃势道政权的政策更加趋于保守，专注于排除大院君、开化派等异己势力，未能与这些势力共谋兴国大计，继续垄断着既得利益、社会资源和权力资源，鲜思进取，蹉跎岁月，成为阻碍朝鲜社会转型的新障碍。结果，朝鲜多次错失了自主发展资本主义的历史时机，逐步走向了殖民地化的道路。

三　关于两国改革进程特点的再评价

（一）日本：自上而下的改革方式与朝鲜相同，但改革的直接契机和改革自主性与朝鲜不尽相同

综观幕末开港后三次改革的推行过程，可以说日益增强的"外压"，成为幕府改革的催化剂。由于改革所面临的环境日益恶化，改革的自主性逐渐流失。1853年6月，美国舰队闯进江户湾，迫使幕府接受要求开港通商的美国总统国书；7月，俄国使节普提雅廷率领舰队驶入长崎，亦提出开港通商的要求。实行锁国政策的幕府面临着前所未有的危机。1854年3月和5月，再次闯进江户湾的美国舰队，以武力胁迫幕府订立了《日美亲善条约》和《下田条约》。此后，英国、俄国、荷兰也先后与幕府订立了类似的"和亲条约"，致使锁国体制发生动摇。在"外压"的刺激下，幕府迅速做出反应，在阿部正弘和堀田正睦的主导下推行了安政改革。安政改革期间，幕府与欧美国家订立的条约虽然规定了英美等国享有片面最惠国待遇，但尚无领事裁判权的规定。在国内，横议时政的尊攘派还只是幕藩体制内的一批持不同政见者。各种矛盾尚在发展之中，幕府具有控制局面的能力，诸改革的自主性较强。因此，其改革政策具有一定程度的开明性。阿部正弘和堀田正睦采取顺应开国潮流的避战开港政策，力图在对外开放中变被动为主动。

1858年6月至9月，美、英、俄、荷、法等欧美列强利用第二次鸦片战争给幕府造成巨大压力之机，迫使幕府与其分别订立友好通商条约，即"安政五国条约"，加深了日本的民族危机。与此同时，围绕着条约"敕许"和将军继嗣问题，幕府与朝廷、幕府与雄藩之间的矛盾激化。朝廷和雄藩相互接近，取得了对政局的发言权。大老井伊直弼采取铁腕手段解决了这个难题，并发动"安政大狱"残酷镇压反对派。愤怒的尊攘派志士在江户城樱田门外刺杀了井伊直弼，致使幕府的权威扫地。在这种内外交困的形势下上台的安藤·久世政权以公武合体为指导方针，推行了文久改革，试图以此恢复幕权幕威。在文久改革期间，天皇朝廷介入了改革进程，雄藩也借机介入中央政界，扩大其影响力。朝廷和雄藩与之分庭抗礼，幕府没有足够的权威，改革的自主空间大为缩小。尊攘派在不断制造杀伤外国人、火烧英国驻日使馆等攘夷事件，使得幕府处于极其被动的状态。英法两国更是以保护本国侨民为由向幕府施压，取得了在横滨驻军的权力，使日本的国家主权进一步受损。

欧美列强通过"安政五国条约"取得了殖民权益，但其并不知足，而是试图取得更大的权益。1865 年 11 月，英法美荷四国组成联合舰队，在兵库海面游弋，向天皇朝廷和幕府施加军事压力，迫使天皇敕许"安政五国条约"，并使幕府在 1866 年订立《江户改税条约》，将输出入关税一律定为从量税 5%，日本的民族危机更加深重。于是，幕府推行覆灭前最后一次改革即庆应改革。庆应改革时期，法国公使罗修成为改革的幕后决策人，指手画脚。为了镇压如火如荼的倒幕运动，幕府对法国的依赖性全面加强，庆应改革的自主性日益流失，其买办性则日益浓厚。

（二）朝鲜：同样采取了自上而下的方式，但按部就班地自主推行，"内忧"的作用大于"外压"

1863 年 12 月，朝鲜朝第 25 代国王哲宗驾崩。因其无嗣，按照赵大妃之令，迎立王族兴宣君之次子李命福为新王，此即高宗。高宗即位时尚年幼，无处理国政的能力，于是封其生父李昰应为大院君，总摄朝政。自 1863 年入朝执政至 1873 年隐退政坛的 10 年间，大院君以"刷新弊政"号令天下，推行一系列改革，以图重整李氏王族的统治。

大院君执政初期，国内阶级矛盾空前激烈，不堪重负的农民在各地奋起反抗，给统治阶级予以沉重的打击，使得原本腐朽不堪的封建制度处于风雨飘摇之中，抚慰民心、恢复封建统治秩序成为大院君政权的当务之急。因此，大院君改革侧重革除国内旧弊，调整内部各利益集团的相互关系，以强化王权。为此，大院君从传统税制的改革入手，优先解决激起民怨最深的"三政紊乱"问题。他下令开展土地调查，查出隐结课税，还整顿宫房田，增加税收；改革还谷制，实施社仓制；实施户布法，规定两班与平民一样缴纳军布。

对三政的整顿虽取得了一些成效，但遇到了地方官僚和两班势力的阻挠，于是大院君严令各地滥设的书院和乡贤祠中，除了 47 所赐额书院以外，其他一律裁撤。通过该举措，大院君不仅加强了中央对地方的控制，强化了王权。此外，他还推行以才择官、四色平等为基调的选官制度改革，并重建景福宫，以显示王权的威势。在改革的实施过程中，发生了"丙寅洋扰"和"辛未洋扰"。朝鲜军民举国一致，挫败了法美两国的入侵，捍卫了民族独立和国家主权的完整。经历两次洋扰之后，整顿军制、加强国防成为大院君改革的一项重要内容。而依靠武力逼迫朝鲜开港的企图受挫之后，由于其东北亚战略的重点不在朝鲜，加之清朝政府的居中调解，法美两国也未再对朝鲜"兴师问罪"。

朝鲜末期改革频仍，与甲申、甲午、光武等其他改革相比，大院君改革的最大特色在于其自主性。当时，中朝两国之间虽然存在着宗藩关系，但由于清朝对朝鲜执行内政外交悉由自主的方针，即"朝鲜虽隶中国藩服，其本处政教禁令，向由该国自行专主，中国从不与闻"①。因此，改革没有受到来自清朝的任何干涉。在改革实施过程中，虽然遇到了来自既得利益集团的阻力，也曾受到欧美列强的武力冲击。但是与幕末三次改革所处的内外环境相比较，大院君改革存在着相当大的自主性，获得了自主改革的广阔空间。因此，大院君可以按照本国统治集团的要求，按部就班实施其改革措施，逐步巩固其政治地位，强化王权。

四　历史的经验教训

19世纪50～60年代，日本和朝鲜的封建统治阶级均面临着民族矛盾、阶级矛盾和统治集团内部矛盾等三大矛盾。这些矛盾交织在一起，两国的封建统治行将灭亡。在这种严峻的形势下，两国统治阶级为了救亡图存，纷纷推行了自救性的改革。通过对上述日朝两国改革的比较研究，我们可以总结出几点有意义的历史经验教训。

第一，东北亚国家要实现近代化，就需要把顽固、落伍的封建统治势力赶出历史舞台，由新的社会阶级和社会力量来完成由传统社会过渡到近代社会的艰巨任务。改革和近代化涉及社会体制、结构和观念等的转换，触及社会集团权力、利益的再分配。在当时的东北亚国家，统治集团核心势力的家族利益压倒了民族利益。封建统治集团均为既得利益、地位和资源的拥有者，以维护"家天下"为最高原则，因而不可能指望它们放弃权力、地位和利益，有理性、有远见地协调社会各种利益的再分配。由于日朝两国国情状况和战略位置、文化传统以及两国改革的指导思想、政策策略等因素的差异，两国改革在范围、深度、力度以及近代性等方面存在着很大的差距。但是，两国的改革均是在封建政权主导下进行的，均属于"补天漏"的行为，不能从根本上解决问题，最终均遭到失败。

第二，在"西力东渐"的冲击和挑战之下，东北亚国家要维护国家主权和实现近代化，需要对世界大势具有清醒的认识，顺应时代的潮流，善于抓住历史机遇，把握历史选择的主动权，克服各种阻力，不断调整和深化改革。东北亚国家的近代化一般是在外来势力的冲击和压迫造成的民族危机和

---

① 王芸生：《六十年来中国与日本》，三联书店，1979，第123页。

社会危机的刺激下启动的，但是由于各国统治者对世界形势的认识、危机意识和改革主动性、自觉性的差别，决定了各国的改革与近代化从一启动就产生了差异，并最终走向不同的道路。两次鸦片战争使幕府统治阶级产生了深刻的危机感，为了避免重蹈中国的覆辙，幕府主动进行改革，推行了一系列具有近代色彩的措施。但是在日甚一日的内忧外患的冲击下，改革的自主性日益流失，其买办色彩却日益浓厚。维新志士发动倒幕运动，推翻幕府政权，实施明治维新全面改革。维新领导集团抓住历史机遇，推行顺应世界潮流的近代化改革，从而掌握了决定本民族前途命运的主动权。相形之下，大院君改革具有相当大的自主性，获得了自主改革的广阔空间，宗主国清朝未对改革进行任何干涉，欧美列强在以武力逼迫朝鲜开港的企图受挫之后，也未继续施压。但是，大院君对世界大势缺乏深刻的认识，未能充分利用自主性，进一步推行顺应时代潮流的改革，从而错失了朝鲜自主实现近代化的历史机遇。

第三，东北亚国家要实现近代化，就需要对社会体制、结构和观念等方面进行彻底的转换，不能仅仅停留在技术的引进等器用方面。近代东北亚国家的近代化进程启动之后，一般的规律是采取仿效西方革新变法的基本模式。在学习西方推进改革和近代化的层次上，往往要经历一个由器物层次到典章制度层次再到文明精神层次的演化过程。19 世纪 50～60 年代，日朝两国的统治集团以救亡图存、富国强兵为目标，掀起了改革的高潮。由于改革目标、战略位置、国情状况、指导思想、文化传统等诸多因素的差异，两国改革的深度、力度及近代化进展的程度大不相同。幕府在开港后推行的三次改革中，安政、文久改革的重点是器物层面，如学习西方科技制造船炮等，影响了改革的深度和力度。庆应改革时，深陷绝境的幕府在情急之下加大改革力度，突破了器物层面，涉及典章制度层次，但为时已晚。推翻幕府成立的明治政府大力推行殖产兴业、文明开化、富国强兵政策，明治维新改革和近代化进程在各个层面、各种领域全面展开，逐步深入，最终实现了向资本主义近代国家的转变。大院君改革具有浓厚的传统色彩，停留在器物低层次，其改革的目标和动机狭隘，严重影响了改革的深度和力度。取代大院君成立的闵氏势道政权虽然迫于形势采取了初步的开化政策，但仍停留在维护旧政权的"东道西器"层次上，严重制约和阻碍了改革深化和近代化进展，在日益险恶的国内外形势下，丧失了选择近代化道路的自主权。

参考文献

阿礼国著《大君之都·幕末日本旅居记》，山口光朔译，岩波书店，1962。

安冈昭男著《日本近代史》，林和生、李心纯译，中国社会科学出版社，1996。

安外顺：《大院君政权的社会经济背景》，《温知论丛》1，1995。

安外顺：《大院君执政期军事政策的性质》，《东洋古典研究》2，1994。

安外顺：《大院君执政期权力结构研究》，梨花女子大学博士学位论文，1996。

安外顺：《大院君执政时期的人事政策与统治阶层的性质》，《东洋古典研究》1，1993。

安外顺：《大院君执政时期高宗的对外认识》，《东洋古典研究》3，1994。

安外顺：《大院君执政时期（1864～1873）政治支配势力研究：以中央堂上官的构成及性质为中心》，梨花女子大学硕士学位论文，1990。

奥平武彦：《朝鲜开国交涉始末》，刀江书院，1935。

板泽武雄：《兰学的发达》，岩波书店，1933。

保景文化社编辑部编《捕盗厅誊录》，保景文化社，1985。

北原雅长：《七年史》（全4卷），启成社，1904。

本庄荣治郎：《幕末的新政策》，有斐阁，1935。

本庄荣治郎：《幕末维新诸研究》，清文堂出版，1973。

边太燮：《韩国史通论》，三英社，1997。

波多野善大编《东亚的开国》，人物往来社，1967。

残花户川安宅编《旧幕府》（全7卷），富山房杂志部，1897～1907。

曹中屏：《朝鲜近代史》，东方出版社，1993。

朝鲜人某：《兴宣大院君略传》，（东京）亚细亚协会，1888。

朝鲜总督府中枢院调查课编《大典会通》，保景文化社，1985。

成大庆：《大院君的书院整顿》，载《千宽宇先生还历纪念韩国史学论丛》，正音文化社，1986。

成大庆：《大院君政权的科举制运营》，《大东文化研究》19，1985。

成大庆：《大院君政权的政策》，《大东文化研究》18，1984。

成大庆：《大院君政权性质研究》，成均馆大学博士学位论文，1984。

成大庆：《大院君执政初期的权力结构》，《大东文化研究》15，1982。

成大庆：《有关大院君政权成立原因的研究》，《人文科学》10，1981。

池内敏：《近世后期的对外观与"国民"》，《日本史研究》344号，1991。

池田敬正：《幕府诸藩的动摇与改革》，载朝尾直弘等编《岩波讲座·日本历史》第十三卷，岩波书店，1977。

川路宽堂：《川路圣谟之生涯》，吉川弘文馆，1901。

春亩公追颂会编《伊藤博文传》，原书房，1970。

茨城县立历史博物馆编《茨城县史料》幕末编1，茨城县，1971。

崔炳玉：《高宗时期三军府研究》，《军史》19，1989。

崔奭祐编《贝尔内文书》，韩国教会史研究所，1995。

崔奭祐编《韩法关系资料（1846～1887）》，韩国教会史研究所，1986。

崔益铉：《勉菴集》，民族文化推进会，1978。

达列著《韩国天主教会史》，安应烈、崔奭祐译，韩国教会史研究所，1990。

大藏省编《日本财政经济史料》（全11册），财政经济学会，1922。

大久保利谦编《江户》（全7卷），立体社，1980～1982。

大久保利谦编《西周全集》，西周纪念会，1966。

大久保利谦：《明治维新的政治过程》，吉川弘文馆，1986。

大口勇次郎：《文久期幕府财政》，《年报·近代日本研究》3号，1981

年 11 月。

大庭修：《江户时代的日中秘话》，东方书店，1980。

大塚武松编《川路圣谟文书》，日本史籍协会，1932。

大塚武松编《德川昭武滞欧记录》，日本史籍协会，1932。

大塚武松：《幕末外交史研究》（新订增补版），宝文馆出版，1967。

岛津公爵家编纂所编《岛津久光公实纪》（全 8 卷），国文社，1910。

狄金斯（Dickins）著《巴夏礼传》，高梨健吉译，平凡社，1984。

东京大学刊行：《东京大学百年史》，《通史》（一），1984。

东京大学史料编纂所《大日本古文书·幕末外国关系文书》，东京大学出版会，1984。

渡边胜美：《朝鲜开国外交史》，《普专学会论丛》第 3 辑，1937。

渡边修二郎：《阿部正弘事迹》（全 2 卷），东京大学出版会，1978。

多田好问编《岩仓公实纪》，（上、中、下），岩仓公旧迹保存会，1927。

法制史学会编《德川禁令考》，创文社，1961。

饭岛千秋：《文久改革时期幕府财政状况》，载德川林政史研究所《研究纪要》，德川黎明会，1981。

饭岛章：《文久军制改革与旗本知行所征发兵赋》，《千叶史学》28 号，1996 年 5 月。

福地源一郎：《怀往事谈·幕末政治家》，《幕末维新史料丛书》八，人物往来社，1968。

福地源一郎：《幕府衰亡论》，平凡社，1967。

高承济等：《传统时代的民众运动》，草光出版社，1981。

高村直助：《工业革命》，吉川弘文馆，1993。

高基阳：《朝鲜后期政治支配关系——以大院君研究为例》，《历史学研究》1，1949。

高木不二：《横井小楠与松平春岳》，吉川弘文馆，2004。

高桥多一郎：《远近桥》，国书刊行会，1912。

公爵岛津家编纂所编《萨藩海军史》，公爵岛津家编纂所，1927。

宫地正人：《从朝幕关系看幕藩制国家的特点》，《人民的历史学》42，1975 年 10 月。

宫内省编《孝明天皇纪》（全 6 卷），吉川弘文馆，1968。

宫崎富美子：《蕃书调所（开成所）的陪臣使用问题》，《东京大学史纪要》二号，1979 年 3 月。

宫崎富美子：《开成所的庆应改革——以开成所'学制改革'为中心》，《史学杂志》89 卷 3 号，1980。

贡德·弗兰克著《白银资本：重视经济全球化中的东方》，刘北成译，中央编译出版社，2005。

古筠纪念会：《金玉均传》上，庆应出版社，1944。

挂川博正：《关于庆应幕政改革的几点思考》，《政治经济史学》166 号，1980 年 3 月。

郭东璨：《高宗朝土豪的成分及其武断状态》，《韩国史论》2，1975。

国史编纂委员会编《备边司誊录》，国史编纂委员会，1982。

国史编纂委员会编《承政院日记》，探求堂，1970。

国史编纂委员会编《高宗纯宗实录》，探求堂，1970。

国史编纂委员会编《高宗时代史》，探求堂，1970。

国史编纂委员会编《韩国史》16，1983。

国史编纂委员会编《壬戌录》，国史编纂委员会，1971。

国史编纂委员会编《同文汇考》，国史编纂委员会，1978。

国史编纂委员会编《中国正史朝鲜传》，天丰印刷株式会社，1986。

国史编纂委员会编《宗亲府誊录》，国史编纂委员会，1992。

国史编纂委员会编《宗亲府条例》，国史编纂委员会，1992。

国史大系编修会编《续德川实纪》（全 5 卷），吉川弘文馆，1933 ~ 1936。

哈里斯著《日本滞在记》，坂田精一译，岩波书店，1953。

海舟全集刊行会：《海舟全集》（全 10 卷），改造社，1927 ~ 1929。

韩国教会史研究所译《韩法关系资料（丙寅洋扰）》，韩国教会史研究所，1979。

韩国教会史研究所译《里德尔文书》1，韩国教会史研究所，1994。

韩国日本问题研究会编《朝鲜外交事务书》，成进文化社，1971。

韩永愚：《寻找我们的历史》，经世院，1998。

何芳川：《十九世纪中叶东方国家的上层改革活动》，《历史研究》1981 年第 4 期。

河内八郎编《德川齐昭伊达宗城往复书简集》，校仓书房，1993。

洪淳钰：《对兴宣大院君政权的考察》，《韩国政治学会报》第 3 辑，1969。

洪以燮：《高宗时代的朝鲜社会》，载《社会科学研究》2，1975。

荒野泰典：《近世日本与东亚》，东京大学出版会，1988。

黄文日：《1880 年前后朝鲜的对外关系研究——兼论朝鲜的近代化进程》，延边大学硕士学位论文，2004。

黄玹：《梅泉野录》，国史编纂委员会，1955。

吉田昌彦：《久世·安藤政权的权力构成》，《日本历史》375，1979。

吉田常吉、佐藤诚三郎：《幕末政治论集》，《日本思想大系》第 56 卷，岩波书店，1976。

加藤祐三：《黑船前后的世界》，岩波书店，1985。

加藤祐三：《黑船前夜的世界》，岩波书店，1987。

加藤祐三：《黑船异变》，岩波书店，1988。

家近良树：《德川庆喜》，吉川弘文馆，2004。

家近良树等编《另一个明治维新：幕末史再探讨》，有志社，2007。

家近良树：《幕末政治与讨幕运动》，吉川弘文馆，1995。

家近良树：《幕政改革》，吉川弘文馆，2001。

姜万吉：《朝鲜后期商业资本的发达》，高丽大学出版部，1973。

姜万吉著《韩国近代史》，贺剑城等译，东方出版社，1993。

姜在彦：《朝鲜的攘夷与开化》，平凡社，1977。

姜在彦等：《封建社会解体期的社会经济结构》，清雅出版社，1982。

姜在彦：《韩国的近代思想》，韩吉社，1985。

姜在彦：《韩国近代史研究》，韩蔚出版社，1983。

姜在彦：《近代韩国思想史研究》，韩蔚出版社，1983。

金炳佑：《大院君的统治政策》，慧眼出版社，2006。

金炳佑：《大院君政权的权力基础及其改革政策》，庆北大学博士学位论文，2004。

金昌洙：《韩国近代民族意识研究》，同和出版公社，1987。

金镐逸：《韩国开港前后史》，韩国放送事业团，1982。

金国荣等：《韩国的政治思想》，博英社，1991。

金奎洛：《云下见闻录》，亚细亚文化社，1990。

金明昊：《初期韩美关系再照明》，历史批评社，2005。

金明淑：《朝鲜后期暗行御使（钦差大臣）制度研究》，《历史学报》115，1987。

金明淑：《永兴龙江书院研究》，《韩国史研究》80，1993。

金平默：《重庵集》，宇钟社，1975。

金荣作等：《韩国近代政治史的争论点》，集文堂，1995。

金荣作：《韩末民族主义研究》，东京大学出版部，1975。

金容燮：《朝鲜后期的赋税制度厘正政策》，载金容燮《增补版韩国近代农业史研究》上，一潮阁，1984。

金容燮：《朝鲜后期军役制厘正的过程与户布法》，《省谷论丛》13，1982。

金容燮：《朝鲜后期农业史研究》，一潮阁，1982。

金容燮：《韩国近代农业史研究》，一潮阁，1975。

金容燮：《还谷制的厘正与社仓法》，《东方学志》34，1982。

金容燮：《军役制的动摇与军役田》，《东方学志》32，1982。

金世恩：《大院君执政期军事制度的整顿》，《韩国史论》23，1990。

金世润：《对大院君书院整顿政策的考察》，西江大学硕士学位论文，1980。

金洋植：《近代韩国的社会变动与农民战争》，新书院，1996。

金义焕：《新发现的〈兴宣大院君略传〉》，《史学研究》39，1987年6月。

金玉根：《朝鲜王朝财政史研究》，一潮阁，1984。

金玉均：《金玉均全集》，亚细亚文化社，1979。

金源模：《近代韩美关系史：韩美战争篇》，哲学与现实社，1992。

金云泰：《朝鲜王朝行政史：近代篇》，一潮阁，1970。

金允植：《从政年表·阴晴史》，国史编纂委员会，1958。

金允植：《续阴晴史》（上、下），国史编纂委员会，1960。

金载润：《德川幕府末期的日法关系》，高丽大学大学院硕士学位论文，2004。

靳树声：《论朝鲜近代史研究中的三大问题》，《江海学刊》1996年第2期。

井上光贞等编《开国与幕末政治》，山川出版社，1996。

井上和枝：《大院君地方统治政策研究》，载李佑成教授退职纪念论丛

《民族史的展开及其文化》刊行委员会上，创作与批评社，1990。

井上胜生：《开国与幕末变革》，讲谈社，2002。

井上勋：《开国与幕末的动乱》，吉川弘文馆，2004。

井野边茂雄：《幕末史研究》，雄山阁，1927。

井伊正弘编《井伊家史料·幕末风闻探索书》，雄山阁出版，1968。

景岳会编《桥本景岳全集》（全 2 卷），景岳会，1939。

久住真也：《长州战争与德川将军：幕末期畿内的政治空间》，岩田书院，2005。

菊池谦让：《朝鲜近代史》，鸡鸣社，1939。

菊池谦让：《韩国最近外交史·大院君传》，日韩书房，1910。

菊地久：《维新变革与幕臣的系谱》，《北大法学论集》29 卷 3 号－33卷 5 号，1979～1983。

开国百年纪念文化事业会编《锁国时代日本人的海外知识》，原书房，1988 年复刻。

李炳柱：《大院君的登场及其军备加强政策》，载韩国军史研究室编《韩国军制史：朝鲜后期篇》，陆军本部，1977。

李昌植：《朝日近代思想的形成及其比较研究》，吉林教育出版社，2000。

李春植编《东亚史上的保守与改革》，新书院，1995。

李光麟：《韩国开化史诸问题》，一潮阁，1986。

李光麟：《开化党的大院君观》，载李光麟《开化派与开化思想》，一潮阁，1989，李光麟。

李恒老：《华西集》，大洋书籍，1973。

李虎：《中朝日三国西学史比较研究》，中央编译出版社，2004。

李能和：《朝鲜基督教及外交史》，朝鲜基督教彰文社，1925。

李文：《武士阶级与日本的近代化》，河北人民出版社，2003。

李瑄根：《大院君人物论》，《新东亚》10 月号，1934。

李瑄根：《大院君势道与内外政治》，载李瑄根《韩国史·最近世篇》，乙酉文化社，1961。

李瑄根：《韩国史·最近世篇》，乙酉文化社，1961。

李瑄根：《近代化的起点问题与 20 世纪 60 年代的韩国》，载李瑄根《韩末的风云与民族的抵抗》，徽文出版社，1987。

李瑄根：《近世势道政治的历史考察》，载国史编纂委员会编《国史上的诸问题》5，国史编纂委员会，1959。

李元烨：《19 世纪 60 年代中韩日三国封建政权近代化改革比较研究》，北京大学硕士学位论文，2000。

李哲成：《朝鲜后期对清贸易史研究》，国学资料院，2000。

历史学研究会编《日本史史料》4，近代卷，岩波书店，1997。

历史学研究会：《明治维新史研究讲座》第 3 卷，平凡社，1969。

历史学研究会、日本史研究会编《日本史讲座》（全 10 册），东京大学出版会，2004～2005。

梁宪洙：《荷居集·丙寅日记》，国防军史研究所，1997。

林复斋编、箭内健次校订《通航一览续辑》（全 5 卷），清文堂出版，1967～1973。

铃木淳：《从铁炮锻制到机械工——幕末的步枪生产及其中坚力量》，《年报·近代日本研究》十四号，1992。

刘金才：《町人伦理思想研究——日本近代化动因新论》，北京大学出版社，2001。

刘天纯：《日本现代化研究》，东方出版社，1995。

刘元东：《韩国近代经济史研究》，一志社，1995。

鹿岛守之助：《幕末外交：开国与维新》，鹿岛研究所出版会，1970。

吕万和：《简明日本近代史》，天津人民出版社，1984。

鸣岩宗三：《幕末日本与法国外交》，创元社，1997。

末松谦澄：《防长回天史》（全 12 卷），柏书房，1921 年。

内藤耻叟：《德川十五代史》6，新人物往来社，1986。

朴珪寿：《朴珪寿全集》，亚细亚文化社，1978。

朴齐炯：《近世朝鲜政鉴》，探求堂，1975。

朴日根：《近代韩美外交史》，博友社，1968。

朴燕：《试论闵氏阀族政治（1873～1895 年)》，北京大学硕士学位论文，2002。

朴殷植：《韩国痛史》，大同编译局，1915。

朴殷植：《朴殷植全书》，檀国大学出版部，1975。

朴英才：《明治日本对韩国的认识》，载赵恒来等编《讲座韩日关系史》，玄音社，1994。

朴哲洙：《大院君执政初期的改革》，《大庆师范学院学报》（哲学社会科学版）1987年第1期。

朴真奭等：《朝鲜简史》，延边大学出版社，1997。

朴姿映：《朝鲜大院君时期的对外关系研究》，延边大学硕士学位论文，2004。

千叶县史编纂审议会编《堀田正睦外交文书》（千叶县史料近世篇），千叶县，1981。

秋望月：《朝俄国境的成立与朝鲜的对应》，《国际学研究》8，明治学院大学国际学部，1979。

权锡奉：《清末对朝鲜政策史研究》，一潮阁，1986。

日本史籍协会编《横井小楠关系史料》（全2卷），东京大学出版会，1977。

日本史籍协会编《木户孝允文书》（全8卷），东京大学出版会，1971。

日本史籍协会编《续日本史籍协会丛书》（全96册），东京大学出版会，1975～1982。

日本思想史谈话会：《季刊日本思想史43（特集：幕末改革思想)》，ぺりかん社，1994。

日本外务省：《日本外交文书（韩国篇)》，日本国际联合协会，1936。

日兰交涉史研究会：《长崎荷兰商馆日记》，松雄堂，1989。

日米修好通商百年纪念行事运营会：《万延元年遣米使节史料集成》（全7卷），风闻书房，1960～1961。

日野龙夫：《出现在近世文学中的异国像》，载朝尾直弘编《日本的近世》第一卷，中央公论社，1991。

三谷博：《明治维新与国家主义》，山川出版社，1997。

三好千春：《大院君政权对中国的认识》，《史林》35，日本女子大学，1994。

三上一夫：《公武合体论研究》，御茶水书房，1979。

涩泽荣一编《昔梦会笔记》，平凡社，1966。

涩泽荣一：《德川庆喜公传》（全7卷），德川庆喜公传编纂所，1918。

森岛通夫著《日本为什么成功——西方的技术和日本的民族精神》，胡国成译，四川人民出版社，1986。

森田武：《幕末期幕府的财政、经济政策与幕藩关系》，《历史学研究》

430 号，1976 年 3 月。

山口宗之：《培理来航前后幕末开国史》，ぺりかん社，1988。

山口宗之：《增补改订幕末政治思想史》，ぺりかん社，1982。

山崎益吉：《横井小楠的社会经济思想》，多贺出版株式会社，1981。

山中蜂雄：《大院君实传》，博文馆，1894。

上白石美：《安政改革期的外交机构》，《日本历史》537 号，1993 年 2 月。

申奭镐：《重新确立的王权：大院君的登场》，载申奭镐等编《韩国现代史》1，新丘文化社，1969。

申櫶：《申櫶全集》，亚细亚文化社，1990。

沈仁安：《德川时代史论》，河北人民出版社，2003。

慎镛厦：《韩国近代社会思想史研究》，一志社，1989。

胜部真长、松本三之介、大口勇次郎编《胜海舟全集》（全 21 卷、别卷 1），劲草书房，1970 ～ 1982。

胜海舟：《吹尘录》，劲草书房，1887。

胜海舟：《海军历史》，海军省，1889（改造社版《海舟全集》8）。

胜海舟：《开国起源》，《明治百年史丛书》，原书房，1968。

胜海舟：《陆军历史》，陆军省，1889（改造社版《海舟全集》7）。

胜海舟全集刊行会：《胜海舟全集》（全 22 卷），讲谈社，1975 ～ 1994。

石井进等：《详说日本史》，山川出版社，1997。

石井宽治、关口尚志：《世界市场与幕末开港》，东京大学出版会，1982。

石井寿夫：《李太王（大院君）时期的朝鲜天主教及对其的迫害》，《史学杂志》52 卷 5 号，1941。

石井孝：《明治维新的国际环境》增订本，吉川弘文馆，1966。

石井孝：《幕末贸易史研究》，日本评论社，1944。

石井孝：《日本开国史》，吉川弘文馆，1972。

石井孝：《实践佐藤信渊学说的尝试——设置国益主法挂的思想背景》，《历史学研究》222 号，1958 年 8 月。

石坡学术研究院：《兴宣大院君史料汇编》（全四卷），玄音社，2005。

石上英一等编《日本的时代史》（全 30 册），吉川弘文馆，2002 ～ 2004。

首尔大学古典刊行会编《日省录》，首尔大学校图书馆，1972。

《水户藩史料》（全5卷），吉川弘文馆，1915。

丝屋寿雄：《大村益次郎：幕末维新兵制改革》，中央公论社，1971。

松平春岳全集编纂委员会编《松平春岳全集》（全4卷），原书房，1973。

宋成有：《关于大院君改革再评价的几点宏观思考》，载朴英姬主编《韩国学研究论丛》第一辑，辽宁民族出版社，2000。

宋成有：《近代中日两国"同途殊归"探要》，载北京大学亚洲太平洋研究中心《北大亚太研究》第2集，1993。

宋成有：《新编日本近代史》，北京大学出版社，2006。

宋成有：《自主性与旧韩末近代化改革述论》，载北京大学韩国学研究中心《韩国学论文集》第7辑，1998。

宋恩德：《大院君执政期的财政政策》，载《淑大史论》13～15合集，1989。

宋近洙编《龙湖闲录》，国史编纂委员会，1979。

孙承：《日本资本主义国内市场的形成》，东方出版社，1991。

孙炯富：《朴珪寿的开化思想研究》，一潮阁，1997。

（台湾）"中央研究院"近代史研究所编《清季中日韩关系史料》，1972。

泰勒·丹涅特：《美国人在东亚》，商务印书馆，1959。

泰萨·莫里斯－铃木：《日本经济思想史》，商务印书馆，2000。

汤重南：《日本资本的原始积累及其历史特点》，载中国日本史研究会编《日本史论文集》，北京三联书店，1982。

汤重南：《中日韩社会变革势力及运动的比较》，第九届日本学国际学术研讨会论文，北京外国语大学，1999年10月。

藤间生大：《大院君政权的结构》，载藤间生大《近代东亚世界的形成》，春秋社，1977。

藤间生大：《大院君政权的历史意义》，《历史评论》254、255，1971。

藤田觉：《近世后期政治史与对外关系》，东京大学出版会，2005。

田保桥洁：《近代日朝关系研究》，1940年刊印，1972年宗高书房复刊。

田保桥洁：《近代日鲜关系》，中枢院，1940。

田保桥洁：《增订近代日本外国关系史》，岩波书店，1943。

田边太一：《幕末外交谈》，平凡社，1966。

田中优子：《江户的想象力》，筑摩书房，1989。

田中彰：《开国》（日本近代思想大系1），岩波书店，1991。

田中彰：《幕末的政治局势》，载家永三郎等编《岩波讲座·日本历史》第十四卷，岩波书店，1962。

田中彰：《幕末维新史研究》，吉川弘文馆，1996。

田中彰：《幕末维新政治史研究》，青木书店，1965。

丸山真男：《日本政治思想史研究》，东京大学出版会，1952。

万峰：《日本近代史》，中国社会科学出版社，1996。

王明星：《韩国近代外交与中国（1861～1910）》，中国社会科学出版社，1998。

王晓秋：《十九世纪东亚各国的对外意识及其比较》，第九届日本学国际学术研讨会论文，北京外国语大学，1999年10月。

王玉洁：《女性参政先例对闵妃的影响》，载朴英姬主编《韩国学研究论丛》第一辑，辽宁民族出版社，2000。

王元周：《卫正斥邪论与民族主义》，载北京大学韩国学研究中心，《韩国学论文集》第12辑，辽宁民族出版社，2004。

王芸生：《六十年来中国与日本》，北京三联书店，1979。

网野善彦等编《日本的历史》（全26册），讲谈社，2000～2003。

维新史料编纂会：《大日本维新史料》，东京大学出版会，1985。

维新史料编纂会：《维新史料纲要》（全10卷），东京大学出版会，1984。

维新史料编纂事务局：《概观维新史》，明治书院，1940。

维新史料编纂所：《维新史》（5卷），吉川弘文馆，1982。

维新史学会编《幕末维新外交史料集成》，第一书房，1978。

尾藤正英：《何谓江户时代——日本史上的近世与近代》，岩波书店，1992。

梶村秀树：《朝鲜近代史的若干问题》，《历史学研究》288，1964。

文庆等编《筹办夷务始末》（同治朝），北平故宫博物馆，1930。

吴洪国：《大院君国防力量强化政策研究》，延世大学硕士学位论文，2003。

吴廷璆：《日本史》，南开大学出版社，1994。

吴瑛燮：《华西学派的思想与民族运动》，国学资料院，1999。

箱石大：《公武合体引起的朝幕关系的重编——解体期江户幕府的对朝廷政策》，载山本博文编《新近世史》，新人物往来社，1996。

小林庄次郎：《幕末史》，早稻田大学出版部，1907。

小西四郎：《开国与攘夷》，《日本历史》第19卷，中央公论社，1966。

小野正雄：《幕藩权力解体过程研究》，校仓书房，1993。

《新异国丛书》（全25册），松雄堂，1968～1970，1982～1985。

信夫清三郎著《日本近代政治史》，周启乾译，桂冠图书公司，1990。

信夫清三郎著《日本外交史》，天津社会科学院日本问题研究所译，商务印书馆，1980。

信夫清三郎著《日本政治史》，周启乾译，上海译文出版社，1988。

熊泽彻：《幕府军制改革的展开与挫折》，载宫地正人等编《日本近现代史》，岩波书店，1993。

徐仁汉：《丙寅辛未洋扰史》，国防部战史编纂委员会，1989。

徐万民：《中韩关系史》（近代卷），社会科学文献出版社，1996。

延甲洙：《丙寅洋扰与兴宣大院君政权的应对》，《军史》33，1996。

延甲洙：《大院君与西洋——大院君是锁国论者吗?》，《历史批评》50，2000。

延甲洙：《大院君政权的性质及其权力结构的变化》，《韩国史论》27，1992。

延甲洙：《大院君政权的性质及其权力结构的变化》，首尔大学硕士学位论文，1991。

延甲洙：《大院君执政时期的国防政策》，《韩国文化》20，首尔大学韩国文化研究所，1997。

延甲洙：《大院君执政时期富国强兵政策研究》，首尔大学出版部，2001。

严立贤：《日本资本主义形态研究》，中国社会科学出版社，1995。

严立贤：《中国和日本的早期工业化与国内市场》，北京大学出版社，1999。

岩崎英重编《坂本龙马关系文书》，日本史籍协会，1926。

岩崎英重编《维新日乘纂辑》，日本史籍协会，1925。

盐田泰编《海防汇议》，内阁文库，1849。

伊文成、马家骏主编《明治维新史》，辽宁教育出版社，1987。

依田憙家：《日中两国近代化比较研究》，上海远东出版社，2004。

应地利明：《绘地图上显现的世界像》，载朝尾直弘等编《日本社会史》第七卷，岩波书店，1987。

樱木章：《侧面观幕末史》，启成社，1905。

于荣：《论兴宣大院君的改革》，北京大学硕士学位论文，2005。

鱼在渊：《双忠集》，辛未洋扰纪念事业会，1984。

玉虫左太夫：《官武通纪》（全2卷），北京大学出版会，1913。

元裕汉：《朝鲜后期货币史研究》，韩国研究院，1975。

原刚：《幕末海防史研究》，名著出版，1988。

原口清：《近代天皇制成立的政治背景——有关幕末中央政局基本动向的考察》，载远山茂树编《近代天皇制的成立》，岩波书店，1989。

原口清：《明治维新研究的一个课题——评田中彰著〈明治维新政治史研究〉》，《历史学研究》285号，1964。

原口清：《文久二、三年的朝廷改革》，《名城商学》41卷别册，1992年3月。

原口清：《〈戊辰战争〉补论》，《静冈大学法经短期大学部研究纪要》法经论集17号，1964。

原口清：《戊辰战争》，墙书房，1963。

原田环：《朴珪寿与洋扰》，载原田环《朝鲜的开国与近代化》，溪水社，1997。

源了圆：《佐久间象山》，PHP研究所，1990。

糟谷宪一：《大院君政权的权力结构》，《东洋史研究》49卷2号，1990。

曾村保信：《培理为何来到日本》，新潮社，1987。

张存武：《清韩宗藩贸易》，（台湾）"中央研究院"近代史研究所，1978。

张大远：《景福宫重建小考》，《乡土首尔》16，1963。

赵珖：《大院君内政改革的特点及其局限性》，载李春植编《东亚史上的保守与改革》，新书院，1995。赵珖等：《丙寅洋扰的历史再照明》，韩国精神文化研究院，2001。

赵建民、刘子苇主编《日本通史》，复旦大学出版社，1989。

郑乔：《大韩季年史》（上、下），国史编纂委员会，1957。

芝原拓自：《开国》，《日本历史》第 23 卷，小学馆，1975。

中根雪江：《奉答纪事·春岳松平庆永实纪》，东京大学出版会，1980。

中根雪江：《昨梦纪事》、《再梦纪事》、《续再梦纪事》，日本史籍协会，1920～1922。

仲田正之：《安政幕政改革中铁炮方江川氏的作用》，《地方史研究》143 号，1976 年 10 月。

周爱萍：《德川时代币制研究——以"货币改铸"为中心》，北京大学博士学位论文，2006。

周一良、吴于廑主编《世界通史》近代部分（上册），人民出版社，1972。

住田正一编《日本海防史料丛书》，海防史料刊行会，1932。

佐藤昌介：《洋学史研究序说》，岩波书店，1969。

佐藤昌介：《洋学史研究》，中央公论社，1980。

佐藤昌介、植手通有、山口宗之：《渡边华山、高野长英、横井小楠、桥本左内》，《日本思想大系》第 55 卷，岩波书店，1971。

后　记

　　经过多年努力，本书终于付梓，有如释重负之感。回望来路，心中感慨良多。在投入到博士学位论文写作的两年中，我的身心也经历了巨大的考验。开始为选题困惑，后来又为文章结构所累，再就是对论文所要阐明的观点进行理论分析和高度概括时又遇到了思路的瓶颈，同时在这个过程了发现了自己知识沉淀的不足和对理论及文字驾驭能力的欠缺，体验到了对于一个跨学科的学生而言，学习历史学需要付出更多的艰辛和努力。幸运的是，在完成论文期间，我得到了导师宋成有教授以及沈仁安教授、汤重南教授、杨宁一教授、王新生教授、李文研究员等答辩委员会各位老师的悉心指导。在从论文开题到定稿期间，导师宋成有教授一直给予耐心细致的指导，在繁忙的教学和研究工作中抽出宝贵时间认真审阅我的论文，提出了许多具有建设性和指导性的修改意见，学位论文的每一个过程都凝结着宋老师的心血；答辩委员会的其他各位教授也在开题、预答辩时，从选题到论文结构等各个方面都给我提供了大量宝贵的指导和建议，使我获益匪浅。正是由于受到各位老师的精心点拨和热忱鼓励，才使得自己在逆境中振作起来，并最终完成了博士学位论文。在此，谨向各位老师表示最衷心的感谢！

　　此外，还要感谢李元烨师兄。他不仅劝导我走进燕园攻读东北亚史博士学位，而且也在学习和生活等各个方面给予很多帮助。在攻读博士学位期间，乔芳、徐志民、梁英华、卞敬爱、李相旼等同学也给予了不少帮助，在此一并表示感谢。

　　在完成论文的过程中，我还在日本小学馆和韩国国际交流财团的资助下，有幸前往日本京都大学和韩国高丽大学学习。在日本和韩国期间，得到了京都大学藤井让治教授、杉山正明教授和高丽大学赵珖教授、闵贤九教授等日本和韩国学者的指导和热心帮助。此外，在韩国期问，贤洙兄及其家人在生活上给予了很多关照。在此，也向他们表示诚挚的谢意。

本书是在我博士学位论文的基础上，结合近年来在中国社会科学院亚太与全球战略研究院研究工作的实践，加以修订而成。在此，我要感谢对本书的修改和出版给予大力支持的亚太与全球战略研究院的各位领导和老师们，以及为本书的最终完成给予诸多帮助的中国社会科学院日本研究所胡澎研究员。

我还要感谢我的父亲和母亲、爱妻和幼子、姐姐和姐夫等家人的支持。我一直感恩，感恩于我可以拥有一个如此温馨的家庭，让我所有的一切都可以在这里得到理解与支持，得到谅解和分担。是他们的关怀和支持，支撑着我走到今天。在此，向我的家人谨表歉疚和感激之情。他们对我的大爱我将铭记在心，并将竭力回报。

最后，还要感谢社会科学文献出版社提供了一个平台，使我有机会将自己的研究成果化成铅字，呈现在读者面前。同时也向为拙著的出版不辞辛苦的王玉敏编辑表示感谢。

仅以此书献给所有曾经支持、鼓励、帮助过我的人，我敬爱的老师，我可爱的朋友，我亲爱的家人。是你们不求回报地默默支持着我，才让我有今天的这份成绩。没有你们就投有今天的我。

再次感谢并祝福你们。真心地希望你们都健康、平安、幸福！

李永春

2012 年 11 月

图书在版编目（CIP）数据

日本和朝鲜封建政权改革比较：1850～1860 年代/李永春著.
—北京：社会科学文献出版社，2013.2
（国际战略研究丛书）
ISBN 978 - 7 - 5097 - 4072 - 9

Ⅰ.①日… Ⅱ.①李… Ⅲ.①封建制度 – 政治体制改革 –
对比研究 – 日本、朝鲜 – 1850～1860 Ⅳ.① D731.39
②D731.209

中国版本图书馆 CIP 数据核字（2012）第 300080 号

· 国际战略研究丛书 ·

日本和朝鲜封建政权改革比较（1850～1860 年代）

著　　者 / 李永春

出 版 人 / 谢寿光
出 版 者 / 社会科学文献出版社
地　　址 / 北京市西城区北三环中路甲 29 号院 3 号楼华龙大厦
邮政编码 / 100029

责任部门 / 全球与地区问题出版中心（010）59367004　责任编辑 / 王玉敏　张文静
电子信箱 / bianyibu@ ssap. cn　　　　　　　　　　　责任校对 / 王伟涛
项目统筹 / 王玉敏　　　　　　　　　　　　　　　　责任印制 / 岳　阳
经　　销 / 社会科学文献出版社市场营销中心（010）59367081　59367089
读者服务 / 读者服务中心（010）59367028

印　　装 / 北京季蜂印刷有限公司
开　　本 / 787mm×1092mm　1/16　　　　　　　印　　张 / 19.5
版　　次 / 2013 年 2 月第 1 版　　　　　　　　　字　　数 / 339 千字
印　　次 / 2013 年 2 月第 1 次印刷
书　　号 / ISBN 978 - 7 - 5097 - 4072 - 9
定　　价 / 59.00 元